LE GUIDE COMPLET DE LA
COUTURE
SINGER®

Correction : Élyse-Andrée Héroux et Joëlle Bouchard
Infographie : Johanne Lemay

Catalogage avant publication de Bibliothèque et Archives nationales du Québec et Bibliothèque et Archives Canada

[Complete photo guide to sewing. Français]

Le grand livre de la couture : la référence essentielle pour débutants et experts : plus de 230 techniques illustrées étape par étape : des projets mode et décoration originaux

Traduction de : The complete photo guide to sewing.
Comprend un index.

ISBN 978-2-7619-3650-7

1. Couture à la machine. 2. Couture (Profession). 3. Confection. 4. Ameublement. I. Patenaude, Ginette. II. Vanier, Paulette. III. Singer Company. IV. Titre.

TT713.C6514 2013 646.2'044 C2013-941065-1

Production de l'ouvrage original : les éditeurs de Creative Publishing international, Inc. en collaboration avec le Sewing Education Department, Singer Sewing Company. Singer est une marque de commerce de The Singer Company Limited utilisée sous licence.

10-13

L'ouvrage original américain a été publié
par Creative Publishing international, Inc.
sous le titre *The Complete Photo Guide to Sewing*

Dépôt légal : 2013
Bibliothèque et Archives nationales du Québec

ISBN 978-2-7619-3650-7

Imprimé en Chine

DISTRIBUTEURS EXCLUSIFS :

Pour le Canada et les États-Unis :
MESSAGERIES ADP*
2315, rue de la Province
Longueuil, Québec J4G 1G4
Téléphone : 450-640-1237
Télécopieur : 450-674-6237
Internet : www.messageries-adp.com
* filiale du Groupe Sogides inc.,
filiale de Québecor Média inc.

Pour la France et les autres pays :
INTERFORUM editis
Immeuble Paryseine, 3, allée de la Seine
94854 Ivry CEDEX
Téléphone : 33 (0) 1 49 59 11 56/91
Télécopieur : 33 (0) 1 49 59 11 33
Service commandes France Métropolitaine
Téléphone : 33 (0) 2 38 32 71 00
Télécopieur : 33 (0) 2 38 32 71 28
Internet : www.interforum.fr
Service commandes Export – DOM-TOM
Télécopieur : 33 (0) 2 38 32 78 86
Internet : www.interforum.fr
Courriel : cdes-export@interforum.fr

Pour la Suisse :
INTERFORUM editis SUISSE
Case postale 69 – CH 1701 Fribourg – Suisse
Téléphone : 41 (0) 26 460 80 60
Télécopieur : 41 (0) 26 460 80 68
Internet : www.interforumsuisse.ch
Courriel : office@interforumsuisse.ch
Distributeur : OLF S.A.
ZI. 3, Corminboeuf
Case postale 1061 – CH 1701 Fribourg – Suisse
Commandes :
Téléphone : 41 (0) 26 467 53 33
Télécopieur : 41 (0) 26 467 54 66
Internet : www.olf.ch
Courriel : information@olf.ch

Pour la Belgique et le Luxembourg :
INTERFORUM BENELUX S.A.
Fond Jean-Pâques, 6
B-1348 Louvain-La-Neuve
Téléphone : 32 (0) 10 42 03 20
Télécopieur : 32 (0) 10 41 20 24
Internet : www.interforum.be
Courriel : info@interforum.be

Gouvernement du Québec – Programme de crédit d'impôt pour l'édition de livres – Gestion SODEC – www.sodec.gouv.qc.ca

L'Éditeur bénéficie du soutien de la Société de développement des entreprises culturelles du Québec pour son programme d'édition.

Conseil des Arts du Canada   Canada Council for the Arts

Nous remercions le Conseil des Arts du Canada de l'aide accordée à notre programme de publication.

Nous remercions le gouvernement du Canada de son soutien financier pour nos activités de traduction dans le cadre du Programme national de traduction pour l'édition du livre.

Nous reconnaissons l'aide financière du gouvernement du Canada par l'entremise du Fonds du livre du Canada pour nos activités d'édition.

LE GUIDE COMPLET DE LA COUTURE

SINGER®

LES ÉDITIONS DE L'HOMME
Une société de Québecor Média

TABLE DES MATIÈRES

Comment utiliser ce livre

La couture commence par l'apprentissage des techniques de base. *Le guide complet de la couture* vous aidera à acquérir les notions essentielles pour coudre vêtements et accessoires de maison. Cet ouvrage traite aussi de spécialités, telles que la confection de vêtements, la couture de vêtements de sport et pour enfants.

Pour commencer

Dans cette section, vous trouverez de l'information concernant la machine à coudre et la surjeteuse. Vous apprendrez comment effectuer un point parfait, et vous découvrirez les caractéristiques et accessoires principaux des deux types de machines. Y figurent aussi la description de fournitures et accessoires conçus pour vous faciliter la tâche et vous faire gagner du temps, ainsi que la présentation de notions de base en couture.

La première partie donne également des explications sur le patron. Vous apprendrez comment prendre les mensurations et choisir la taille de patron appropriée. Un guide complet pour la sélection des tissus, ainsi que des trucs pour la coupe et la couture y sont présentés. Vous recevrez des conseils sur le choix et la pose de l'entoilage.

Les techniques de couture

Au début de cette section, les techniques de base en couture vous sont données. Ces notions vous aideront à réussir tous vos projets, que ce soient des vêtements ou des éléments pour la décoration de la maison. On y aborde l'ajustement, les coutures, l'assemblage, la confection de la pince, de la manche, du collet, de la ceinture, du poignet, du revers de pantalon, et les fermetures. Chaque sujet fait l'objet d'un survol, suivi d'une marche à suivre détaillée, afin que vous obteniez les meilleurs résultats possible. Souvent, on présente plusieurs méthodes, précisant à quelle occasion les utiliser.

Les projets de décoration intérieure

D'abord, vous verrez les notions de base relativement au choix des étoffes et des couleurs et autres trucs pour la planification d'un projet. Dans les directives pour la réalisation d'un travail, différentes méthodes de couture et des suggestions pour gagner du temps sont présentées.

Cette section est divisée en cinq catégories de projets : fenêtres, coussins, lits et salle de bain, housses et tables. Dans la partie sur les parures de fenêtres, vous apprendrez comment fabriquer les modèles les plus populaires, tels que les draperies à plis pincés, les stores romains et bien d'autres. Vous trouverez quatre types de coussins de base et leurs diverses fermetures. Étant donné le vaste choix de tissus offerts, les possibilités sont illimitées. Vous pourrez fabriquer une housse pour la douillette de votre lit, ainsi que des couvre-oreillers et un volant de lit assortis. Ou encore, de nouveaux coussins et une housse pour vos chaises de salle à manger ou pour votre futon. Pour la table, vous apprendrez à faire des nappes rectangulaires et rondes, des napperons et plusieurs modèles de serviettes.

Dans chaque catégorie, on vous montrera comment prendre les mesures pour la réalisation de vos projets. Dans un rectangle de couleur intitulé « Matériel requis », vous trouverez une liste de la mercerie requise pour la réalisation du projet. Les instructions point par point sont complètes : il n'est donc pas nécessaire d'acheter de patrons. Les photographies vous permettent de voir les résultats visés à chaque étape.

Les indications point par point

Les photos complètent les instructions et donnent une image précise de chaque étape. Dans certains cas, les points sont réalisés avec un fil plus épais que nécessaire ou de couleur contrastante, afin de les rendre plus visibles. Certaines lignes ont également été exagérées afin de mettre en évidence un point correspondant.

Si vous êtes néophyte en couture ou si vous désirez rafraîchir vos connaissances, il serait préférable d'exercer vos talents avec une tâche facile plutôt que de vous lancer dans un projet élaboré. Si vous désirez apprendre comment faire une certaine finition de bordure, pourquoi ne pas commencer par réaliser de simples napperons et serviettes ? Si vous confectionnez votre premier vêtement, choisissez un style simple, facile à ajuster et qui comporte peu de détails.

Ce livre est conçu pour vous aider et vous inspirer quelles que soient votre expérience et votre compétence. Utilisez-le comme un guide point par point vers la réussite de vos projets de couture, dans la satisfaction et le plaisir.

POUR COMMENCER

La machine à coudre

La machine à coudre constitue la principale pièce d'équipement en couture, aussi faut-il la choisir avec grand soin. Une machine robuste et bien construite vous offrira de nombreuses années d'agrément en couture.

Il existe une variété de modèles pouvant convenir à tous les budgets et à tous les besoins. Ils vont de la machine de base qui comporte le point zigzag et quelques points à bâtir, à la machine à coudre électronique qui recourt à l'informatique pour la sélection et l'ajustement des points.

Une machine à coudre peut comporter plusieurs éléments, incluant la machine à boutonnières intégrée, le sélecteur de points par code couleur, la marche arrière instantanée, le pied presseur encliquetable, le bras libre pour faciliter la couture de petites surfaces arrondies (telles les jambes de pantalon), la bobineuse intégrée, l'ajustement automatique de la tension et de la pression et l'ajustement automatique de la longueur du point. Chaque élément ajoute habituellement au coût de la machine ; aussi, il est important de rechercher un appareil qui convient parfaitement à vos projets de couture. Achetez une machine qui répond à vos besoins, mais ne payez pas pour des éléments dont vous ne vous servirez que rarement. Il faut également considérer le degré de difficulté de vos projets et le nombre de personnes pour qui vous cousez. Discutez de votre projet avec le personnel d'un magasin spécialisé et d'autres personnes qui cousent. Demandez que l'on vous fasse des démonstrations et essayez vous-même plusieurs modèles. Vérifiez la qualité de l'exécution et la maniabilité, ainsi que les choix de points.

Le meuble de machine à coudre constitue un autre facteur à considérer lors de l'achat. Les machines portatives vous offrent la possibilité de travailler sur différentes surfaces, mais les machines encastrées dans des meubles conçus à cet effet sont ergonomiques et vous permettent de coudre confortablement, à la hauteur idéale. De plus, ces meubles facilitent l'organisation du coin couture, offrant un espace de rangement utile.

Bien que les machines à coudre comportent diverses possibilités et accessoires, chacune est dotée des mêmes parties et contrôles de base. Consultez votre manuel d'instructions pour savoir où se trouvent les commandes sur votre machine.

LE POINT PARFAIT

Il est facile de réaliser un point parfait lorsque le fil est bien enfilé et que la longueur du point, la tension et la pression sont bien ajustées. Ces ajustements dépendent du tissu utilisé et du point désiré. Consultez le manuel d'instructions pour l'enfilage et l'ajustement de la machine à coudre.

Le *règle-point* utilise une échelle en pouces, graduée de 0 à 20, ou une échelle métrique, de 0 à 4, ou encore numérique, de 0 à 9. Pour la couture normale, réglez-le à 10 à 12 points par pouce, ou à 3 sur l'échelle métrique. Dans le cas de l'échelle numérique, plus le nombre est élevé, plus le point est long. Il faut placer le règle-point environ à 5 pour obtenir un point de longueur moyenne.

L'obtention d'un point parfait dépend de l'équilibre délicat entre la pression exercée sur le tissu, le mouvement des griffes et la tension du fil lors de la formation du point. Pour obtenir un point idéal, le fil supérieur et celui de la canette doivent être soumis à la même tension et se croiser entre les deux couches de tissus.

Le *bloc-tension* détermine la pression exercée sur les fils lorsqu'ils passent dans la machine à coudre. Si elle est trop grande, une quantité insuffisante de fil passera et le tissu plissera. Une pression insuffisante fera quant à elle passer trop de fil avec, pour résultat, une couture faible et lâche.

Pour les tissus légers, le *régulateur de pression* doit se trouver au minimum ; il faut l'augmenter pour les tissus lourds. L'obtention d'une pression adéquate assure l'entraînement égal des couches de tissu. Certaines machines ajustent automatiquement la tension et la pression selon le tissu utilisé.

Vérifiez toujours la tension et la pression sur un bout de tissu avant de commencer à coudre. Lors des essais, utilisez une couleur pour la bobine et une autre pour la canette afin de voir plus facilement le croisement des fils.

Tension et pression pour le point droit

(a) Lorsque la tension et la pression sont **adéquates,** les points se nouent entre les couches de tissu. Les points sont d'égale longueur et d'égale tension des deux côtés. Les deux couches de tissu sont entraînées également, sans plisser.

(b) Lorsque la tension est **trop forte,** le nœud se situe sur le dessus ; le tissu a tendance à plisser et le fil se casse facilement. Une pression trop forte amène aussi la couche du dessous à retrousser et risque d'endommager le tissu. La longueur et la tension des points peuvent être inégales. Ajuster le régulateur de pression à un chiffre inférieur pour diminuer la tension.

(c) Lorsque la tension est **insuffisante,** le nœud se place sur le dessous et la couture est lâche. Une pression insuffisante occasionne des points sautés et inégaux, ce qui risque de coincer le tissu dans les griffes. Sélectionner un chiffre supérieur sur le régulateur de pression pour corriger le problème.

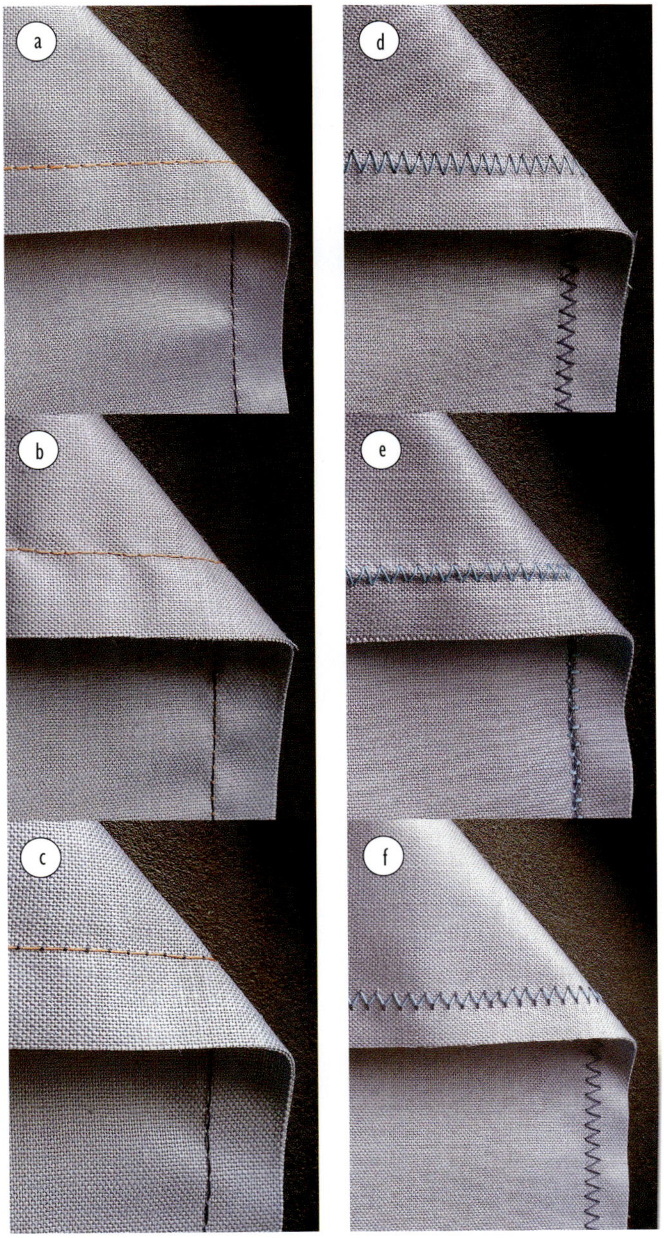

Tension et pression pour le point zigzag

(d) Lorsque la tension et la pression du point zigzag sont **adéquates,** les points se nouent à chaque angle, entre les deux couches de tissu. Les points restent à plat et le tissu ne plisse pas.

(e) Lorsque la tension est **trop forte,** le tissu plisse. Le nœud se place sur le dessus. Diminuer la tension. Une pression inadéquate n'est pas aussi apparente dans le point zigzag que dans le point droit ; toutefois, les points ont tendance à être inégaux.

(f) Lorsque la tension est **insuffisante,** l'épaisseur du dessous a tendance à plisser et le nœud apparaît sur le dessous. Il faut augmenter la tension pour équilibrer le point. Pour une couture décorative, diminuer légèrement la tension, ce qui aura pour effet d'arrondir le point du dessus.

LES ACCESSOIRES POUR APPLICATIONS SPÉCIALES

Chaque machine à coudre est munie d'accessoires permettant la réalisation de tâches variées. Il y a les accessoires universels s'ajustant à toutes les machines, tels le pied à semelle étroite, le pied pour boutonnière et divers pieds ourleurs. D'autres, tel le pied fronceur, économisent temps et efforts lors de la réalisation de projets particuliers.

Avant d'ajouter un accessoire à votre machine, vous devez savoir si elle est munie d'une tige longue, courte ou en oblique. La tige couvre la distance entre le dessous du pied presseur et la vis de fixation. Les accessoires sont conçus pour s'ajuster à l'un des trois types de tige.

La plaque pour zigzag et le pied presseur universel sont habituellement fournis avec la machine. Parmi les accessoires souvent inclus, il y a le pied et la plaque pour point droit, le pied pour boutonnière, le pied à semelle étroite, le guide-droit, divers pieds ourleurs et un pied à godets ou roulant. Le manuel d'instructions explique comment intégrer ces éléments à la machine et obtenir les meilleurs résultats.

(a) Le **pied pour boutonnière** permet de réaliser les boutonnières en une seule étape. Un type de pied coud et ajuste la longueur de la boutonnière en fonction du bouton placé dans un chariot situé derrière le pied. Si la largeur du bouton dépasse 3,8 cm (1 ½ po), s'il a une forme inhabituelle ou s'il est trop épais, on peut utiliser les lignes repères pour se guider, au lieu du chariot. Un autre type de pied pour machines à point droit fait automatiquement les boutonnières à l'aide de gabarits de divers formats ; cet accessoire permet de faire des boutonnières tailleur.

(b) Le **pied et la plaque pour point droit** sont utilisés exclusivement pour les coutures droites. Le trou dans lequel l'aiguille s'engage (flèche) est petit et rond ; celle-ci ne peut donc pas effectuer de mouvements latéraux. Utilisez ces accessoires lorsque le tissu ou l'opération effectuée demande un contrôle serré, par exemple, lorsque vous faites une surpiqûre en bordure ou des pointes de col. Ils conviennent aussi pour la couture de tricots extrafins et de tissus délicats, car grâce au petit trou, ces tissus fragiles ne sont pas entraînés dans les griffes.

(c) Le **pied et la plaque pour point zigzag,** habituellement installés sur la machine à l'achat, sont utilisés pour le point zigzag et les travaux à plusieurs aiguilles, de même que pour les coutures droites sur les tissus rigides. Les trous pour l'aiguille, sur le pied et la plaque (flèche), permettent les mouvements latéraux. Cette plaque et ce pied servent pour la couture générale.

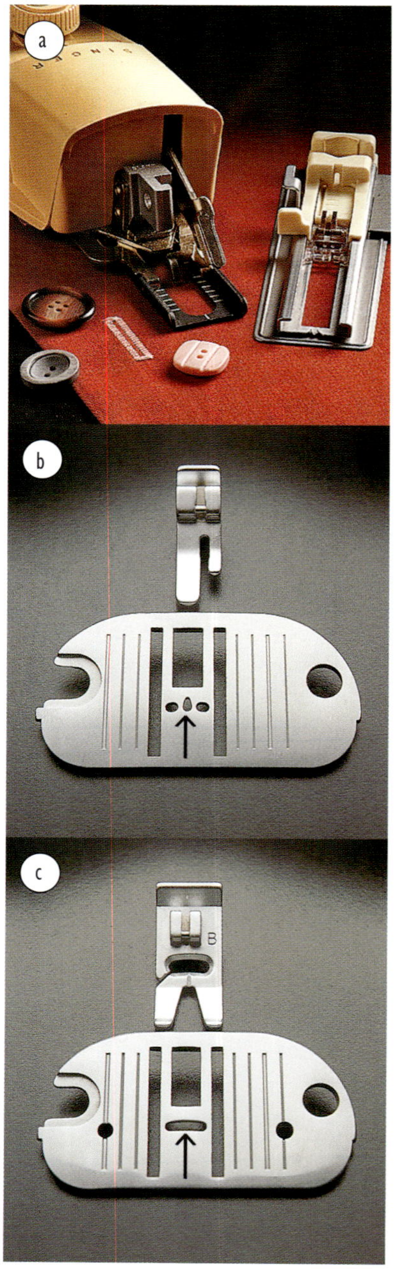

(d) Le **pied à semelle étroite** sert pour les passepoils, l'insertion de fermetures à glissière ou pour toute couture qui comporte plus d'épaisseurs de tissu d'un côté que de l'autre. Il s'ajuste des deux côtés de l'aiguille.

(e) Le **pied pour broderie** comporte une semelle rainurée, permettant d'élaborer des points de broderie. Le guide-droit se fixe à la machine, permettant d'effectuer des réserves de couture et des ourlets égaux.

(f) Le **pied ourleur pour point invisible** aide à guider le tissu en vue de réaliser des ourlets à points presque invisibles à la machine.

(g) Le **pied à galets** entraîne les épaisseurs de tissu également, de sorte que les coutures commencent et se terminent au même endroit. Idéal pour le vinyle, les tissus veloutés et à poils, les gros tricots et tous les tissus ayant tendance à coller, glisser ou s'étirer. Ce pied sert aussi pour les surpiqûres et les tissus à carreaux.

(h) Le **pied pour boutons** maintient le bouton à plat, en position pour la pose sur une machine à point zigzag. Ce pied presseur économise du temps lorsqu'il faut poser plusieurs boutons sur un vêtement.

(i) Le **pied pour point de surjet** régularise la largeur des points et prévient la torsion des bords. Les points sont formés à l'aide d'un crochet situé sur le bord interne du pied.

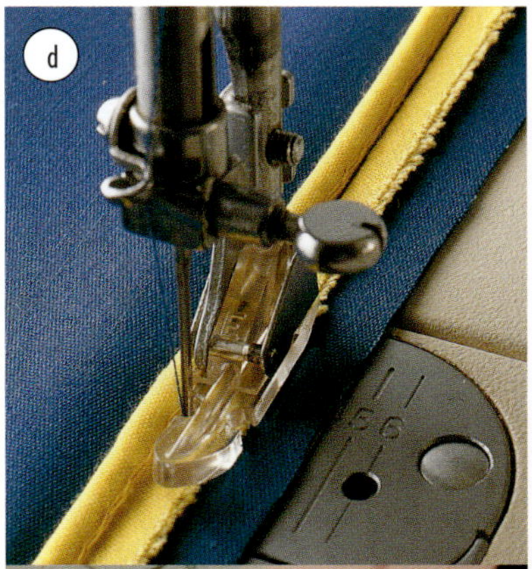

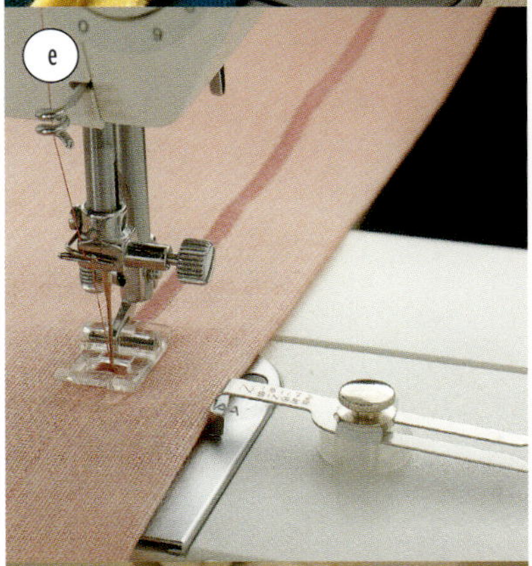

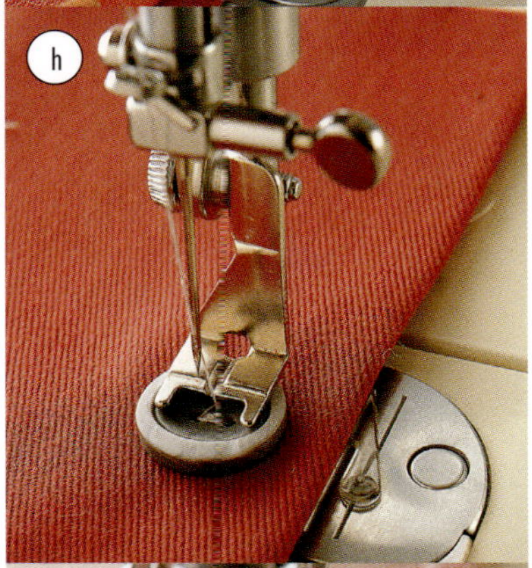

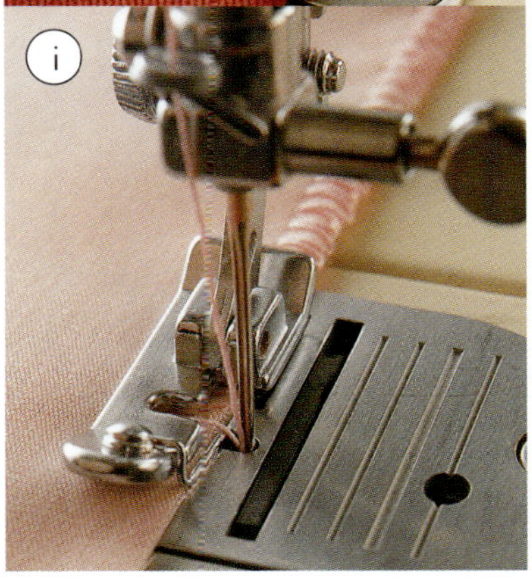

La surjeteuse

Une surjeteuse est une machine à coudre spécialisée qui complète la machine ordinaire. Elle s'apparente à l'équipement haute vitesse utilisé par les confectionneurs de vêtements. La surjeteuse diminue considérablement le temps de couture, car elle rase et enferme les bords vifs à mesure qu'elle effectue la couture. De plus, elle exécute cette triple opération très rapidement. La surjeteuse forme 1500 points ou plus en une minute – environ le double d'une machine courante. Autre avantage : tous les tissus sont entraînés uniformément. Ainsi, même les tissus qui se manipulent difficilement, comme les soies glissantes et les tissus diaphanes extrafins, n'exigent pas plus de temps.

En raison de ses capacités uniques, la surjeteuse simplifie l'assemblage d'un vêtement, éliminant les étapes fastidieuses, et encourage les habitudes efficaces comme l'assemblage à plat, et la couture continue et sans épingles. Avec la surjeteuse, plus besoin de lever et d'abaisser le pied presseur, de faire des points arrière et de remplir les bobines.

Les fonctions et les pièces

La surjeteuse est idéale pour des coutures étroites finies, des roulottés, des ourlets invisibles et des finitions de bords de qualité. C'est aussi l'instrument indiqué pour poser un élastique, un bord-côte, du ruban ou de la dentelle. Utilisez la machine ordinaire pour des points droits ou zigzags, par exemple la surpiqûre, l'insertion d'une fermeture à glissière ou la confection de boutonnières.

Il existe plusieurs modèles de surjeteuses, chacune offrant différents types de points. Les surjeteuses utilisent deux, trois, quatre ou cinq fils. Le nom de chaque machine indique le type de points offerts.
Par exemple, une surjeteuse à 3-4 fils peut effectuer un faux surjet à 4 fils ou un point de surjet à 3 fils. Chaque point a un usage spécifique.

Les aiguilles industrielles, à tige longue ou courte, et celles de type standard pour les machines à coudre courantes s'utilisent avec la surjeteuse. Utilisez l'aiguille recommandée pour votre machine. Les aiguilles industrielles sont plus résistantes, mais elles peuvent être plus coûteuses et plus difficiles à trouver. Changez fréquemment les aiguilles ordinaires. Prenez les plus fines afin de ne pas abîmer le tissu. Les aiguilles de format 80/11 conviennent pour la plupart des tissus.

Les couteaux fonctionnent comme des lames de ciseaux pour raser le tissu selon la largeur de point choisie. L'un est en acier et dure plusieurs années ; l'autre, moins durable, demande à être remplacé trois ou quatre fois l'an. Lorsque les couteaux semblent émoussés, nettoyez-les avec de l'alcool, puis remettez-les en place en serrant bien la vis. Testez-les en cousant lentement. Si le problème persiste, remplacez le couteau moins durable et faites un second test. En dernier recours, changez l'autre couteau.

Les pièces principales de la surjeteuse

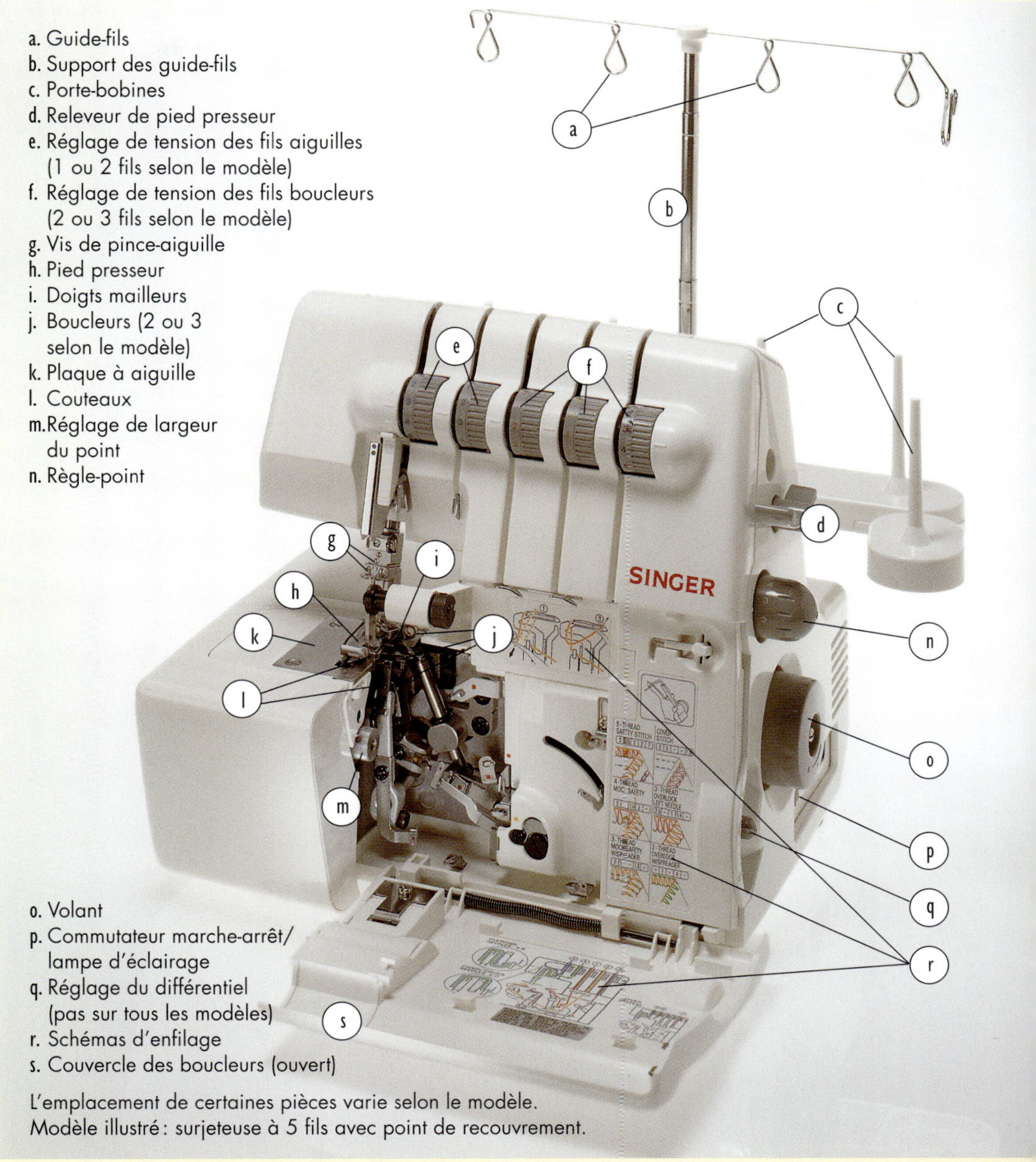

a. Guide-fils
b. Support des guide-fils
c. Porte-bobines
d. Releveur de pied presseur
e. Réglage de tension des fils aiguilles (1 ou 2 fils selon le modèle)
f. Réglage de tension des fils boucleurs (2 ou 3 fils selon le modèle)
g. Vis de pince-aiguille
h. Pied presseur
i. Doigts mailleurs
j. Boucleurs (2 ou 3 selon le modèle)
k. Plaque à aiguille
l. Couteaux
m. Réglage de largeur du point
n. Règle-point
o. Volant
p. Commutateur marche-arrêt/lampe d'éclairage
q. Réglage du différentiel (pas sur tous les modèles)
r. Schémas d'enfilage
s. Couvercle des boucleurs (ouvert)

L'emplacement de certaines pièces varie selon le modèle.
Modèle illustré : surjeteuse à 5 fils avec point de recouvrement.

Fil pour surjeteuse

Comme la surjeteuse utilise plus de fil que la machine ordinaire, on vend généralement ce dernier en cônes, en gros tubes et en tubes compacts. Les tubes et les cônes contiennent au moins 920 mètres de fil et jusqu'à 5520 mètres dans le cas des cônes.

On peut aussi se servir de fil à usages multiples sur la surjeteuse. Il est offert en bobines à flasques ou à fil croisé. Les bobines à flasques nécessitent un capuchon de sorte que l'alimentation soit uniforme. Le choix de fil à usages multiples est de plus en plus vaste ; servez-vous-en pour les tissus lourds ou moyennement lourds quand il est crucial d'assortir les couleurs.

Le fil pour surjeteuse est généralement plus léger que celui à usages multiples. C'est le genre de fil que l'on conseille pour cet usage, car la couture sur surjeteuse en exige une plus grande quantité ; il permet de réduire le surplus de volume.

Comme la surjeteuse fonctionne à vitesse plus grande que la machine ordinaire, la tension qui s'exerce sur le fil est plus forte. Par conséquent, ce dernier doit être robuste et durable. Faites-en l'essai pour en vérifier la robustesse ; le fil de mauvaise qualité risque de se casser par endroits. Utilisez un fil de qualité supérieure, les économies réalisées à l'achat d'un fil bon marché ne compensant pas les problèmes qui résultent de son emploi.

L'entretien

La surjeteuse, qui rase le tissu au fur et à mesure, produit beaucoup de peluche et nécessite un nettoyage extérieur et intérieur fréquent. Avec une brosse à peluche ou de l'air comprimé en bouteille, enlevez la peluche autour des boucleurs et de la plaque. Essuyez les disques de tension, les aiguilles, les couteaux et la griffe d'entraînement avec de l'alcool.

Pour un fonctionnement doux et silencieux, huilez souvent la surjeteuse. Du fait de son système de lubrification à la mèche, la surjeteuse peut perdre de l'huile par gravité, même au repos.

Types de points	**Point de surjet à 2 fils**	**Point de surjet à 3 fils**	**Point de chaînette à 2 fils**	**Point de couture et surjet simultané à 4 fils**
Types de surjeteuse	o finitions de couture légères o pour tissus	O coutures extensibles O coutures ou finitions résistantes O pour tricots et tissus	o point de faufil stable o surpiqûre décorative o pour tissus essentiellement	O coutures stables avec finitions légères O pour tissus tissés essentiellement

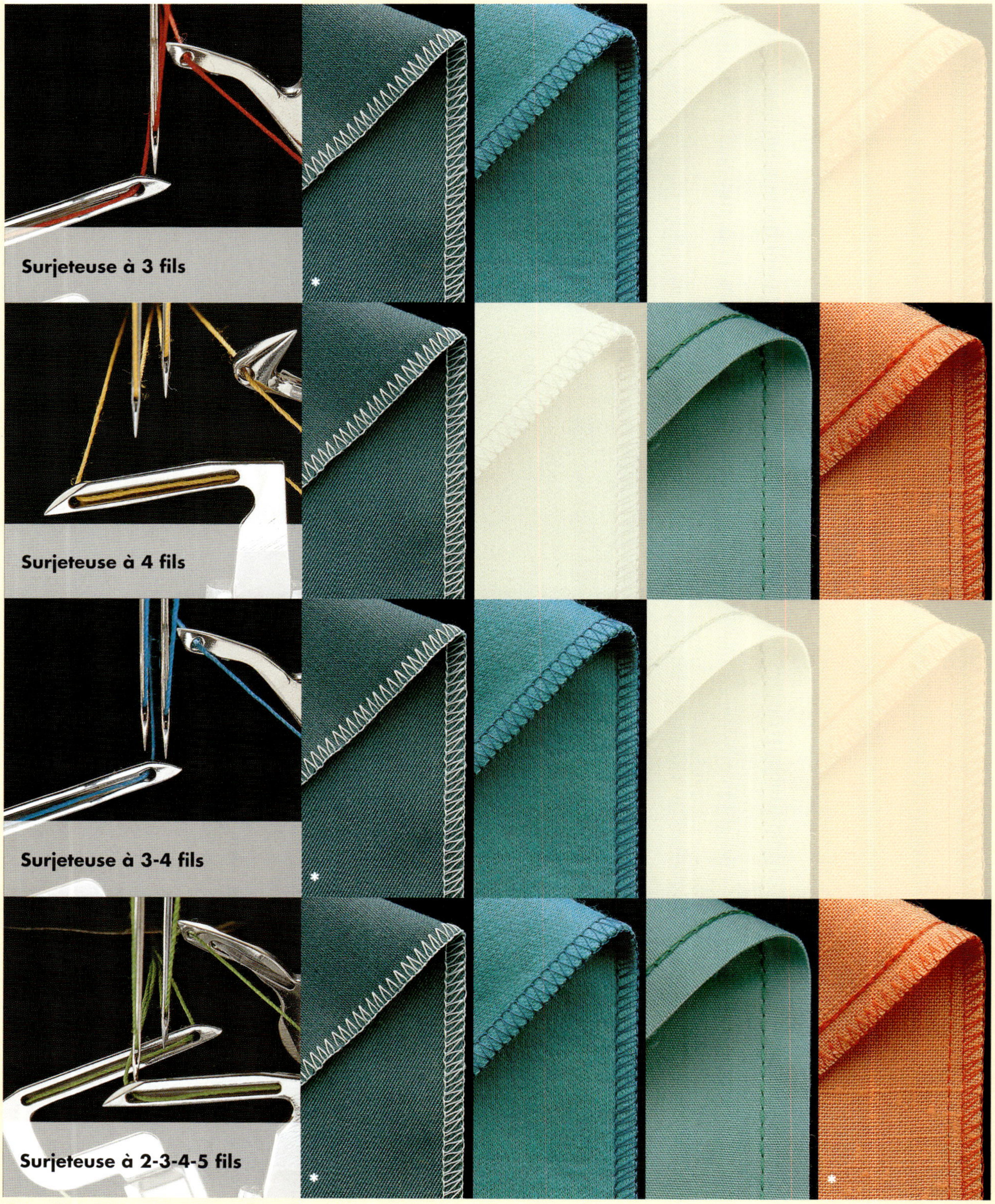

*sur certains modèles

Point de couture et surjet simultané à 5 fils

- coutures stables avec finitions résistantes
- pour tissus essentiellement

Faux surjet à 3 fils

- coutures très extensibles résistantes
- pour tricots très extensibles, par ex. lycra® et spandex

Faux surjet à 4 fils

- coutures extensibles résistantes
- pour tricots et tissus

Point de couture flatlock

- coutures extensibles plates
- couture décorative
- pour tricots essentiellement

Roulotté

- coutures et ourlets étroits
- couture décorative
- pour tricots et tissus

Point couvrant

- coutures et ourlets extensibles
- couture décorative, bordures
- pour tricots essentiellement

*sur certains modèles

LE POINT PARFAIT

Sur une surjeteuse, les réglages de tension sont en fait les sélecteurs de points. Chaque fil a son propre réglage de tension. Grâce à ces réglages, vous modifiez le type de point en changeant la façon dont les fils se bouclent ensemble. Ainsi, en ajustant la tension de la surjeteuse, celle-ci peut coudre avec une vaste gamme de fils et de tissus, et effectuer de nombreuses coutures, ourlets et points décoratifs.

Une bonne façon de se familiariser avec le réglage de la tension consiste à enfiler chaque boucleur et aiguille avec un fil de couleur contrastante. Copiez le code de couleurs utilisé sur le diagramme d'enfilage de la machine. Effectuez plusieurs exemples de points en augmentant la tension, puis en la diminuant. Vous verrez le résultat de chaque réglage et apprendrez comment ajuster la tension pour produire un point équilibré. La plupart des exemples de points illustrés sur cette page et la suivante ont été réalisés sur une surjeteuse à 3 fils. Les points faits sur les autres modèles sont semblables et s'effectuent de la même manière.

Une tension bien équilibrée

(a) Le **surjet à 3 fils** est formé de 2 boucleurs et 1 aiguille. Les fils des boucleurs supérieur (orange) et inférieur (jaune) forment une chaînette lisse au bord vif. Le fil de l'aiguille (vert) exécute des points bien plats.

(b) Le **surjet à 3-4 fils** est formé de 2 boucleurs et 2 aiguilles. Les fils supérieur (orange) et inférieur (jaune) des boucleurs forment une chaînette lisse au bord vif. Les 2 fils d'aiguille (bleu, vert) exécutent des points plats s'entrecroisant aux fils des boucleurs.

(c) Le **surjet à 2-4 fils** produit une double rangée de points avec 2 boucleurs et 2 aiguilles. Le fil de l'aiguille gauche (bleu) s'entrecroise au fil du boucleur inférieur (jaune) pour produire un point de chaînette bien lisse. Le fil du boucleur supérieur (orange) et le fil de l'aiguille droite (vert) s'entrecroisent au bord vif.

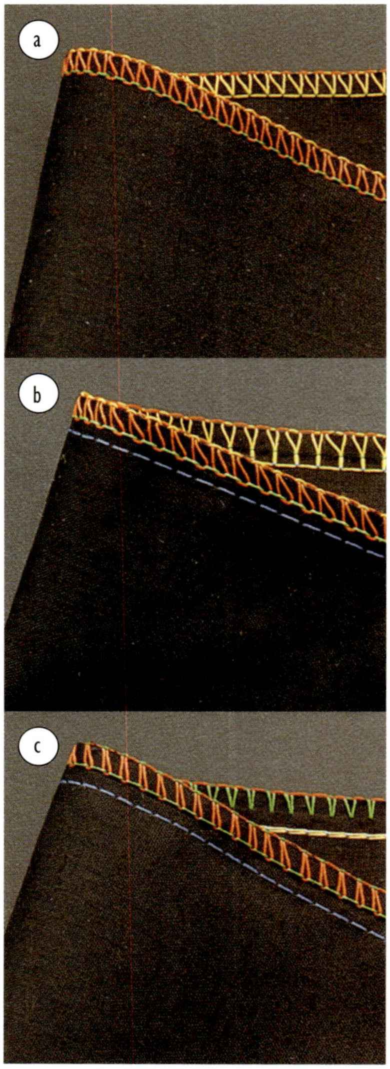

Réglages de tension courants

Boucleur supérieur trop serré. Le fil du boucleur supérieur (orange) tire celui du boucleur inférieur (jaune) vers le haut du tissu. Diminuer la tension du boucleur supérieur pour que les fils s'entrecroisent au bord vif.

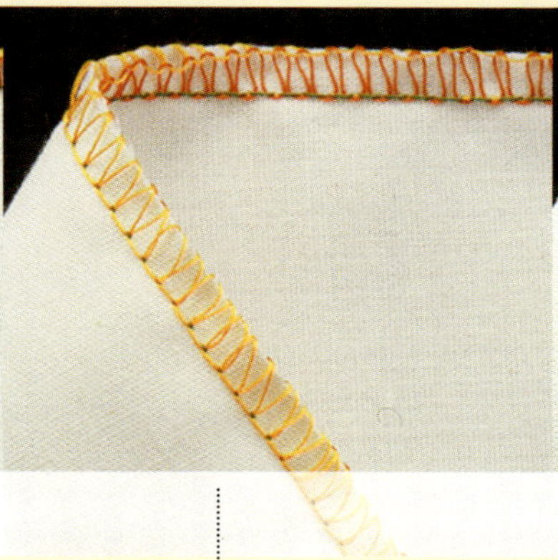

Boucleur inférieur pas assez serré. Le fil du boucleur inférieur (jaune) est lâche sur le haut du tissu. Augmenter la tension du boucleur inférieur jusqu'à ce que les points soient lisses et à plat.

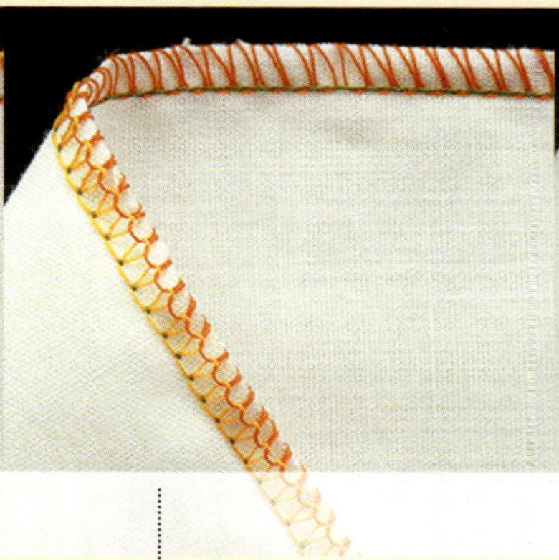

Boucleur supérieur pas assez serré. Le fil du boucleur supérieur (orange) s'entrecroise avec celui du boucleur inférieur (jaune) sous le tissu. Augmenter la tension du boucleur supérieur pour que les fils s'entrecroisent au bord vif.

Boucleur inférieur trop serré. Le fil du boucleur inférieur (jaune) tire celui du boucleur supérieur (orange), ce qui produit des points sous le tissu. Diminuer la tension du boucleur inférieur pour que les fils s'entrecroisent au bord vif.

Boucleurs supérieur et inférieur trop serrés. Le tissu se tasse et plisse entre les points. Diminuer les tensions des 2 boucleurs jusqu'à ce que le tissu se détende.

Boucleurs supérieur et inférieur pas assez serrés. Les fils des boucleurs inférieur (jaune) et supérieur (orange) s'entrecroisent au-dessus du bord vif et forment des boucles lâches. Augmenter les tensions des 2 boucleurs pour que les points reposent sur le bord vif.

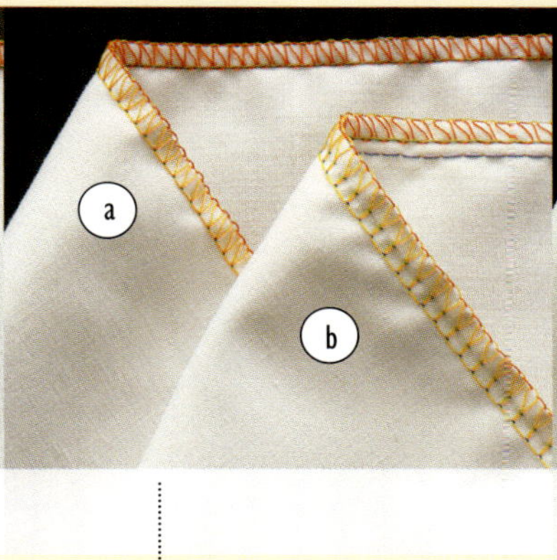

Aiguille trop serrée. Le tissu plisse ou tire en longueur si le fil de l'aiguille (vert) est trop serré (a). Diminuer la tension jusqu'à ce que le tissu se détende. Vérifier si le fil casse avec les tricots et diminuer la tension s'il y a lieu. Sur une machine à 3-4 fils (b), ajuster chaque fil d'aiguille (bleu, vert) séparément.

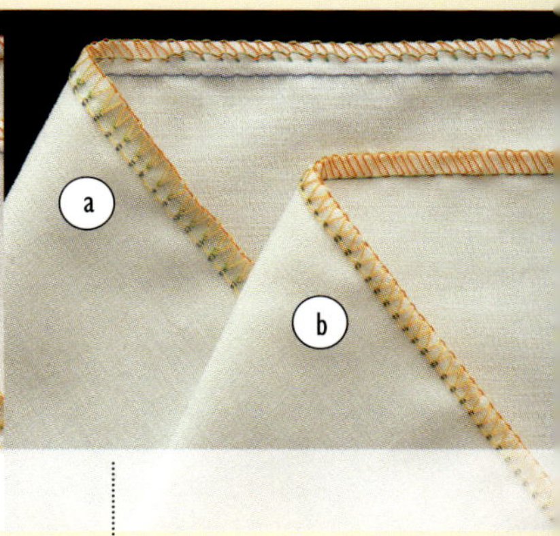

Aiguille pas assez serrée. Le fil de l'aiguille (vert) forme des boucles lâches sous le tissu (a). Augmenter la tension du fil de l'aiguille pour obtenir des points lisses et plats. Sur une machine à 3-4 fils (b), ajuster chaque fil d'aiguille (bleu, vert) séparément.

LES RUDIMENTS DE LA SURJETEUSE

Pour commencer à coudre, faites fonctionner la surjeteuse sans tissu sous le pied presseur de manière à créer une chaîne de points d'une longueur d'environ 5 cm (2 po). Une chaîne au début et à la fin des coutures consolide les points de surjet. Vous n'endommagerez pas la surjeteuse ni ne casserez les fils en la laissant fonctionner sans tissu, car les points se forment sur les doigts d'enroulement des fils.

Sur la plupart des surjeteuses, la plaque à aiguille est munie de un (a) ou deux (b) doigts d'enroulement. Les points sont formés autour du doigt d'enroulement; avec la bonne tension, la largeur de celui-ci détermine la largeur du point. La plaque pour ourlet roulotté comportant un doigt d'enroulement étroit (c) sert à exécuter des coutures ou des ourlets roulottés.

Le doigt d'enroulement peut être intégré au pied presseur (d). Les machines dotées de ce type de pied presseur offrent également un autre pied presseur pour les coutures et les ourlets roulottés.

Comment changer le fil

(1) **Couper** chaque fil près du cône et enlever ce dernier. Attacher le nouveau fil à chaque fil de la machine, en faisant de petits nœuds d'arrêt. Couper les bouts de fil à 1,3 cm (½ po) du nœud.

(2) **Relâcher** les tensions ou les régler à 0. Couper le fil de l'aiguille à l'avant de celle-ci. Tirer sur la chaîne pour séparer les fils.

(3) **Tirer** les fils un à la fois à travers les guide-fils, le boucleur supérieur et le boucleur inférieur. Tirer le fil de l'aiguille jusqu'à ce que le nœud arrive au chas. Couper le nœud; enfiler l'aiguille avec des pinces.

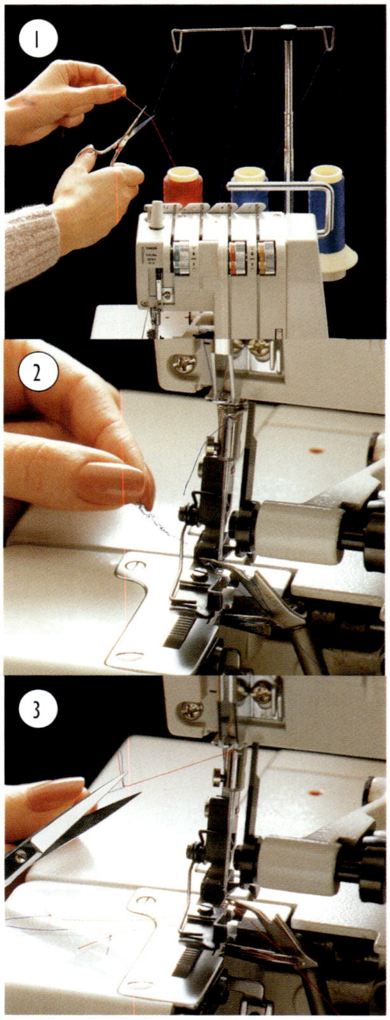

Comment dégager les doigts d'enroulement

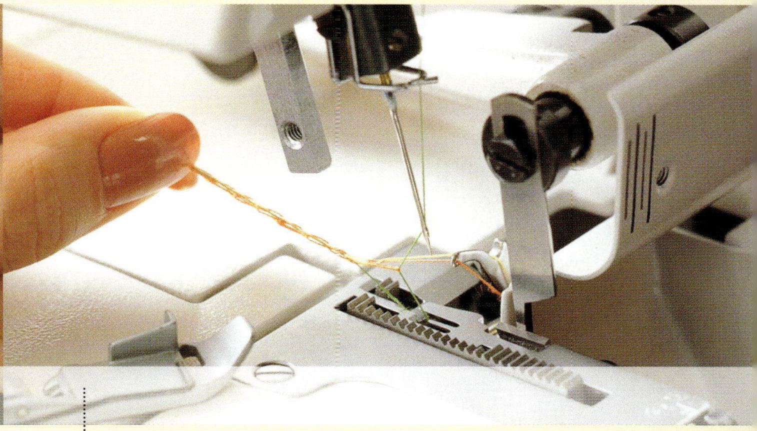

(1) **Relever le pied presseur.** Tourner le volant pour relever l'aiguille. Placer la main gauche sur la chaîne à l'arrière du pied presseur. Pour détendre le fil de l'aiguille, le tirer doucement au-dessus du dernier guide-fil avant l'aiguille. (Le pied presseur a été enlevé pour montrer le détail.)

(2) **Tirer** sur la chaîne à l'arrière du pied presseur, jusqu'à ce que les fils se séparent et que les doigts d'enroulement de la plaque à aiguille ou du pied presseur soient vides.

Comment commencer une couture

(1) **Faire** une chaîne. Commencer la couture en faisant 1 ou 2 points. Relever le pied presseur ; tourner le volant pour relever l'aiguille. Dégager les doigts d'enroulement. Passer les doigts sur la chaîne pour la rendre lisse. (Le pied presseur a été enlevé pour montrer le détail.)

(2) **Amener** la chaîne vers la gauche, puis autour du pied presseur. La placer entre l'aiguille et le couteau ; puis la maintenir en place et abaisser le pied presseur.

(3) **Faire** la couture par-dessus la chaîne sur environ 2,5 cm (1 po) ; puis, amener cette dernière vers la droite pour qu'elle soit rasée tandis que la couture est continuée.

Comment finir une couture

(1) **Faire** un point de plus à la fin de la ligne de couture, puis arrêter. Relever le pied presseur et l'aiguille pour dégager les doigts d'enroulement. (Le pied presseur a été enlevé pour montrer le détail.)

(2) **Retourner** la couture et la faire pivoter pour en aligner le bord avec le bord du couteau. Abaisser le pied presseur. Tourner le volant pour piquer l'aiguille à la fin de la couture et à gauche des points de surjet.

(3) **Coudre** par-dessus les points précédents sur environ 2,5 cm (1 po), puis dégager le tissu du pied presseur pour faire une chaîne hors tissu. Avec des ciseaux ou le couteau de la surjeteuse, raser la chaîne près du bord.

Comment coudre les coins intérieurs et les fentes

1 **Finir** les coutures des coins intérieurs en alignant le bord vif du tissu au couteau de la surjeteuse. Coudre et arrêter avant d'arriver au coin.

2 **Plier** le tissu vers la gauche pour redresser le bord. Cela peut créer un petit pli, qui ne sera pas cousu.

3 **Continuer** de coudre en maintenant le tissu en ligne droite. Une fois le coin dépassé, relâcher le tissu.

Comment coudre les bords arrondis

1 **Commencer** en biais, jusqu'à ce que la ligne de coupe ou de couture désirée soit obtenue.

2 **Guider** le tissu à l'avant du pied presseur pour que le couteau rase le bord vif selon la courbe. Pendant la couture, surveiller le couteau et non l'aiguille.

3 **Arrêter** quand les points recouvrent les points précédents. Relever le pied presseur. Déplacer le tissu pour qu'il se retrouve derrière l'aiguille. Coudre en dégageant le bord du tissu pour éviter un surjet progressif. (Le pied presseur a été enlevé pour montrer le détail.)

Comment coudre les coins extérieurs

(1) **Raser** la réserve de couture qui dépasse le coin d'environ 5 cm (2 po). Si vous confectionnez des serviettes, des napperons ou autres choses semblables, tailler le tissu à la longueur finale et omettre cette étape.

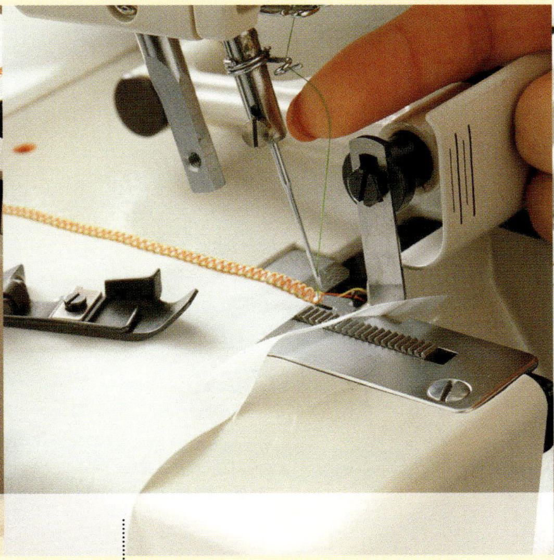

(2) **Faire** un point de plus au-delà du coin, puis arrêter. Relever le pied presseur et l'aiguille afin de dégager les doigts d'enroulement et relâcher légèrement le fil de l'aiguille. (Le pied presseur a été enlevé pour montrer la position de l'aiguille.)

(3) **Pivoter** le tissu, alignant le bord vif de la réserve de couture rasée avec le couteau. Insérer l'aiguille sur le bord surfilé. Abaisser le pied presseur et continuer la piqûre.

Comment découdre

(1) **Surjet à 2 fils.** Couper les fils en faisant glisser le décousoir ou la lame des ciseaux sous les points. Enlever les fils coupés.

(2) **Surjet à 3 ou 4 fils.** Couper les fils d'aiguille tous les trois ou quatre points en travaillant sur le dessus. Tirer les deux fils de boucleur vers le bord. Enlever les fils coupés.

(3) **Surjet à 2 ou 4 fils.** En se plaçant en dessous, tirer sur le fil de boucleur afin d'enlever le point de chaînette. Enlever les fils sur la bordure tel que décrit pour le surjet à 2 fils, à gauche.

Les outils et accessoires de base

La couture se divise en cinq étapes essentielles : les mesures, la coupe, le marquage, la couture à la main ou à la machine, et le pressage. Pour chacune de ces tâches, il existe des outils essentiels qui en facilitent l'exécution et permettent d'obtenir des résultats supérieurs. Au fur et à mesure que vous vous perfectionnerez en couture, enrichissez votre matériel de base de nouveaux accessoires.

Aiguilles à machine

Choisissez la grosseur et le type d'aiguille en fonction du tissu et de son poids, et de la technique de couture choisie. Pour les tissus tissés et non tissés, utilisez des aiguilles ordinaires et, pour les tricots, des aiguilles à pointe arrondie. On les reconnaît généralement à la couleur de la tige. Les aiguilles à usages multiples servent pour un large éventail d'étoffes, tissées ou en tricot ; on en trouve également à chas ouvert qui sont destinées aux mal-voyants. Il existe des aiguilles spéciales pour le cuir et le denim. Pour la couture décorative, servez-vous d'aiguilles conçues pour la surpiqûre, la broderie, les fils métalliques ou les courtepointes. Les aiguilles doubles ou triples, qui sont offertes en divers espacements et tailles, permettent de coudre simultanément deux ou trois rangs parallèles. Les aiguilles empennées servent pour les broderies à l'ancienne. Les aiguilles multiples ou empennées ne peuvent être utilisées que sur des machines à point zigzag dont les plaques sont munies de grandes ouvertures.

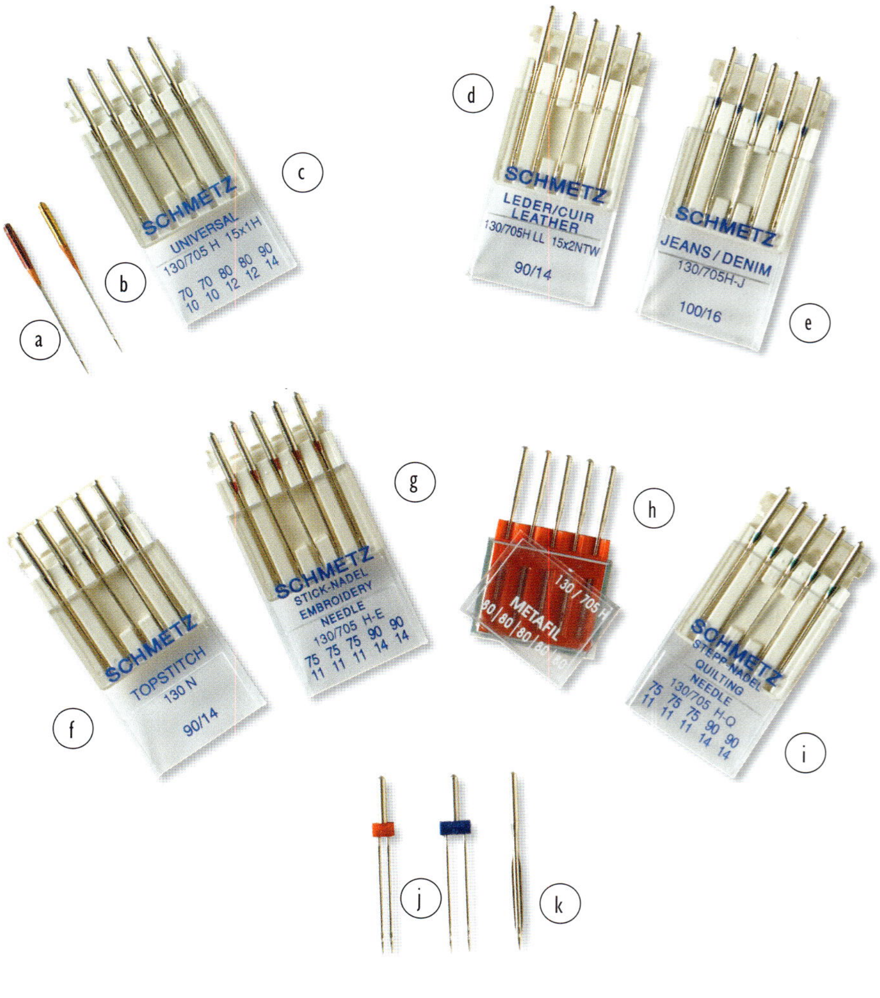

Les accessoires pour la couture à la main

Les aiguilles et les épingles, de grosseurs et de modèles variés, servent à divers usages. Recherchez des aiguilles et des épingles antirouille en laiton, en acier nickelé ou inoxydable. Les épingles à tête ronde colorée sont plus faciles à repérer sur le tissu que les épingles plates.

(a) Les **aiguilles de couturière,** de longueur moyenne, servent pour divers travaux de couture.

(b) Les **aiguilles à broder** sont fines et de longueur moyenne.

(c) Les **aiguilles à pointe arrondie** sont utilisées pour les tricots. La pointe arrondie permet le passage entre les mailles d'un tricot.

(d) Les **aiguilles de tailleur mi-longues** ont un chas arrondi. Utiles pour effectuer de petits points dans des tissus lourds et pour le matelassage.

(e) Les **aiguilles de modiste,** longues avec un chas arrondi, sont utiles pour le faufilage et les fronces.

(f) Les **épingles à soie** conviennent aux tissus légers et moyens, et viennent en plusieurs longueurs : l'épingle nº 17 mesure 2,6 cm (1 1/16 po) et la 20 mesure 3,2 cm (1 1/4 po). Les deux sont disponibles avec des têtes en plastique ou en verre. Les épingles à soie extrafines de 4,5 cm (1 3/4 po) se repèrent plus facilement sur le tissu en raison de leur longueur.

(g) Les **épingles droites,** en laiton, en acier et en acier inoxydable, servent pour la couture générale. Elles mesurent habituellement 2,6 cm (1 1/16 po).

(h) Les **épingles à plis** mesurent 2,5 cm (1 po) et servent à l'épinglage des tissus délicats dans la réserve de couture.

(i) Les **épingles à matelasser** mesurent 3,2 cm (1 1/4 po) et conviennent aux tissus lourds, vu leur longueur.

(j) Les **épingles à pointe arrondie** sont idéales pour les tricots.

(k) Le **dé à coudre** protège le majeur lors de la couture à la main. Il vient en différentes grandeurs, de 6 à 12, afin de s'adapter parfaitement au doigt.

(l) La **pelote à épingles** permet de ranger les épingles de façon sécuritaire. Certaines pelotes ont un coussinet d'émeri pour le nettoyage des épingles et des aiguilles. La pelote montée sur un bracelet (m) permet d'avoir ses épingles à portée de la main.

(n) **L'enfile-aiguille** facilite l'enfilage des aiguilles à main ou à machine.

(o) La **cire d'abeille,** qui vient avec un contenant spécial, renforce le fil et prévient l'emmêlement.

Les instruments de marquage

Les symboles apparaissant sur un patron constituent des guides pour l'assemblage du vêtement. Le transfert de ces symboles sur le tissu s'avère une étape essentielle pour l'ajustement et la couture. Comme vous utiliserez différents types de tissus, il vous faudra divers accessoires de marquage.

(a) **Les roulettes à tracer** se présentent sous deux formes : dentelée ou lisse. La roulette dentelée trace une ligne pointillée. Elle convient à presque tous les tissus, mais risque d'endommager les plus délicats. La roulette lisse, qui convient aux étoffes délicates et souples, telle la soie ou la mousseline, trace une ligne continue.

(b) **Le papier-calque** de couturière est un papier carbone ciré qui reproduit la ligne effectuée par la roulette à tracer sur le tissu. La couleur doit se rapprocher de celle du tissu, mais demeurer bien visible.

(c) **La craie de tailleur** ou crayon marqueur permet un marquage rapide et facile directement sur le tissu. La craie s'efface rapidement, aussi il ne faut l'utiliser que lorsqu'on s'apprête à coudre.

Le marque-repère de tailleur (d) comporte deux parties et permet le marquage sur les deux côtés du tissu.

(e) **Le crayon à encre délébile** permet de marquer rapidement des plis, des pinces et des poches. Certains font des marques qui disparaissent en 48 heures ; d'autres produisent un marquage qui part à l'eau. Il ne faut pas utiliser ces derniers sur les tissus qui marquent à l'eau. Le pressage peut rendre ces marques indélébiles, aussi il faut les effacer avant de presser.

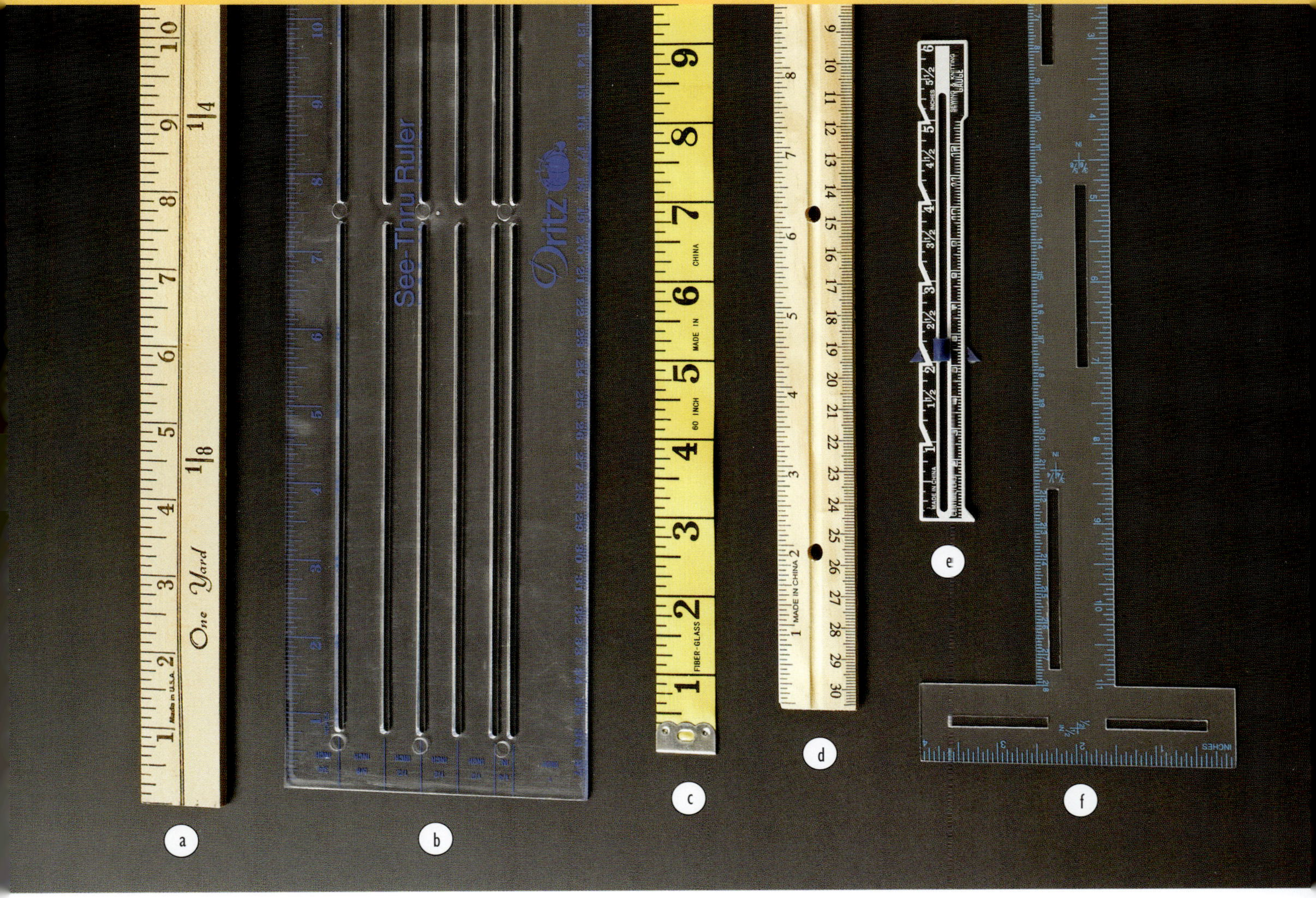

Les instruments de mesure

Les instruments de mesure servent à prendre les mesures du corps et du patron. Des mesures prises fréquemment avec des instruments précis et de qualité assurent des vêtements parfaitement ajustés.

(a) **Le mètre** sert au marquage général et permet de vérifier le droit fil au moment d'établir le plan de coupe. Il devrait être en bois verni ou en métal.

(b) **La règle transparente** permet de voir ce qu'on mesure ou marque. Elle sert à vérifier le droit fil du tissu et à marquer les boutonnières, les nervures, les plis, etc.

(c) **Le ruban à mesurer** permet de prendre les mesures du corps. Choisir un ruban de 152,5 cm (60 po), qui ne s'étire pas, muni d'un bout en métal et portant des chiffres des deux côtés.

(d) **La règle** sert au marquage général. Les règles de 30,5 cm (12 po) ou 46 cm (18 po) sont les plus utiles.

(e) **La règle à curseur** permet de prendre avec rapidité et précision la mesure des ourlets, des boutonnières, des festons et des plis. Elle est petite – 15 cm (6 po) –, en métal ou en plastique, et elle a un curseur mobile.

(f) **Le té transparent** sert à localiser la chaîne et la trame, à modifier les patrons et à égaliser les bords droits.

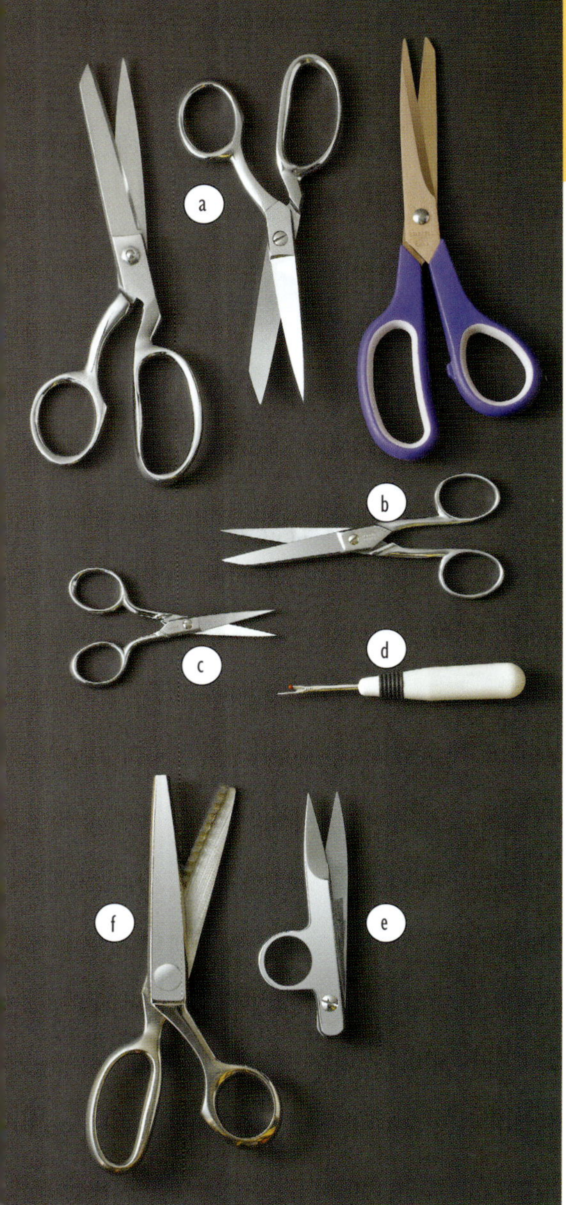

Les instruments de coupe

Procurez-vous des instruments de coupe de qualité et faites-les aiguiser régulièrement par un professionnel qualifié, afin qu'ils offrent toujours un rendement optimal. Certains ciseaux ont des anneaux d'égale grosseur ; d'autres ont un anneau plus gros que l'autre. Les ciseaux forgés en acier de première qualité et très affûtés sont les meilleurs. Les lames devraient être réunies par une vis réglable (non un rivet) afin d'assurer une pression égale. Des ciseaux bien aiguisés permettent d'obtenir des bords et des crans nets et n'endommagent pas l'étoffe. Des ciseaux émoussés ralentissent la coupe et fatiguent rapidement la main et le poignet. Les ciseaux pour la couture ne devraient servir à aucun autre usage, par exemple, couper du papier ou de la ficelle. Ils durent plus longtemps si on dépose de temps à autre une goutte d'huile sur la vis, si on les essuie avec un linge propre et doux après usage et si on les range dans une boîte ou un étui.

(a) **Les ciseaux de coupe** à manche recourbé conviennent parfaitement à la coupe de patrons, car l'angle de la lame inférieure permet au tissu de reposer à plat sur la surface de coupe. Les lames de 18 ou 20,5 cm (7 ou 8 po) sont les plus courantes, mais il en existe mesurant jusqu'à 30,5 cm (12 po). Choisissez une longueur convenant bien à votre main – des lames courtes pour de petites mains et des lames plus longues pour des mains plus grosses. Il existe des modèles pour personnes gauchères. Si vous cousez beaucoup, investissez dans une paire en acier chrome pour couper les tissus épais. Les modèles plus légers, avec lames en acier inoxydable et anneaux en plastique, conviennent si vous cousez moins fréquemment ou si vous utilisez des tissus légers. Pour les tissus synthétiques et les tricots glissants, les ciseaux crantés offrent un maximum de contrôle.

(b) **Les ciseaux de couturière**, avec une lame effilée et une autre arrondie, servent à raser et à cranter les coutures et les parementures. Ceux à lame de 15 cm (6 po) sont les plus pratiques. Les ciseaux à broder (c) ont des lames très effilées de 10 ou 12,5 cm (4 ou 5 po). Les bouts pointus servent aux travaux manuels et à la coupe de précision.

(d) **Le découvit** défait les points et les coutures et ouvre les boutonnières rapidement. À utiliser avec précaution afin d'éviter de déchirer l'étoffe.

(e) **Le coupe-fil** avec lames à ressort est plus pratique que les ciseaux et plus sécuritaire que le découvit.

(f) **Les ciseaux à denteler** ou à cranter forment un bord en zigzag qui ne s'effiloche pas. On s'en sert pour finir les coutures et les bords vifs de plusieurs types d'étoffe.

(g) **La coupeuse rotative** fonctionne de la même manière que le couteau à pizza et convient tant aux personnes gauchères que droitières. Cet instrument s'utilise avec un tapis en plastique spécial offert en différentes grandeurs. Le tapis protège à la fois la surface sur laquelle on coupe et la lame. Pour plus de sécurité, un mécanisme permet à la lame de se rétracter.

Les accessoires de pressage

En couture, le pressage s'avère une étape importante, mais souvent négligée. Il peut sembler inutile et fastidieux de s'interrompre, mais il faut se donner la peine de presser à chaque étape de l'assemblage d'un vêtement pour obtenir un résultat parfait.

Pour prendre cette bonne habitude, c'est une bonne idée de placer les accessoires de pressage à proximité du coin couture et de presser plusieurs morceaux à la fois. Effectuez toutes les coutures possibles à la machine et, ensuite, procédez au pressage.

Pressage et repassage ne signifient pas la même chose. Pendant le repassage, le fer glisse sur le tissu. Pendant le pressage, le fer ne bouge presque pas et reste en contact avec le tissu. Il faut exercer le moins de pression possible sur le fer, suivre le sens du tissu et soulever le fer pour l'amener à une nouvelle section.

Le feuillet d'instructions inclus dans le patron indique précisément à quel moment presser, mais voici la règle générale : pressez chaque couture avant d'exécuter les autres qui la croisent. Pressez sur l'envers du tissu afin d'éviter de lustrer l'endroit et protégez la semelle de votre fer en enlevant les épingles avant le pressage.

(a) **Le fer à vapeur** doit offrir un large éventail de températures afin de convenir à toutes les étoffes. Acheter un fer de qualité d'une marque reconnue. Un fer qui vaporise de la vapeur et des gouttelettes d'eau à tous les réglages et non seulement à haute température est utile pour les tissus synthétiques.

Le coussin de tailleur ou coussin-moufle sert à repasser les sections formées, telles les coutures incurvées, les pinces du corsage, les cols et les têtes de manches. Le coussin de tailleur (b) est un coussin arrondi, rembourré et assez ferme, recouvert de coton sur un côté et de laine sur l'autre pour mieux retenir la vapeur. Le coussin-moufle (c), semblable au coussin de tailleur, sert au pressage de petits éléments difficiles à atteindre. On peut l'enfiler sur la main ou la jeannette.

(d) **La pattemouille** permet d'éviter les reflets et on l'utilise toujours pour appliquer un entoilage thermocollant. Le modèle transparent permet de voir si le tissu est bien lisse et l'entoilage correctement aligné.

(e) **La jeannette** ressemble à deux petites planches à repasser placées l'une par-dessus l'autre. On l'utilise pour presser les coutures et les détails des parties étroites du vêtement, tels les emmanchures et les décolletés.

(f) **Le passe-carreau/bloc à marteler,** constitué de bois dur, sert à ouvrir les coutures dans les coins et les pointes. Le bloc à marteler écrase les coutures en gardant la vapeur et la chaleur dans le tissu. Cet instrument est utilisé dans la confection de vêtements tailleur ; il permet de réaliser des plis prononcés sur des tissus rigides.

(g) **Le rouleau** est un coussin cylindrique bien rembourré qui sert à presser les coutures. La plus grande partie du tissu tombe de chaque côté du rouleau, évitant que la marque de la couture se voie sur l'endroit du tissu.

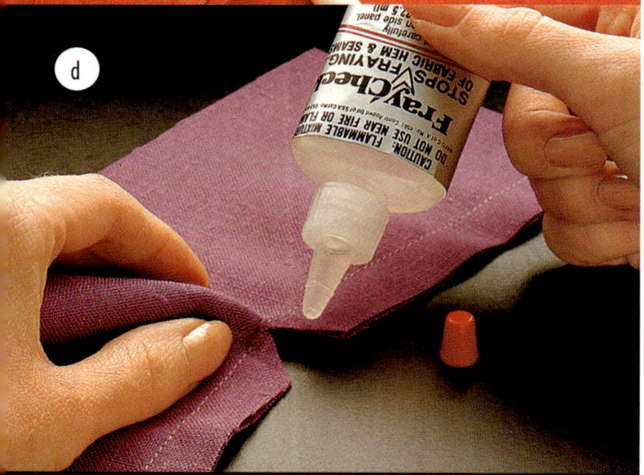

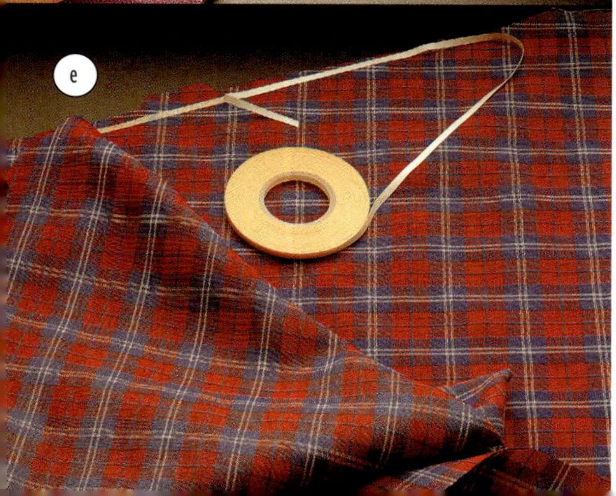

LES OUTILS ET ACCESSOIRES SPÉCIAUX

Il existe plusieurs types d'outils et d'instruments conçus pour économiser du temps lors du marquage, de l'assemblage et du pressage. Plus vous cousez, plus ces aides deviennent des nécessités. Tout comme vous investissez dans l'achat d'ustensiles pour la cuisine ou d'appareils ménagers, n'hésitez pas à acheter des outils pour vous faciliter la tâche et réaliser plus rapidement des vêtements et des projets de décoration de la maison.

Avant d'utiliser un nouvel outil, lisez attentivement toutes les instructions. Il faut connaître quels traitements et quels soins il requiert et à quels tissus ou techniques de couture il convient. Voici un aperçu de quelques-uns de ces accessoires.

(a) **La planche à repasser** de table permet d'économiser de l'espace. Comme elle est portative, il est facile de la poser à proximité de la machine à coudre. Les grandes pièces de tissus peuvent reposer sur la table pendant le pressage, évitant ainsi qu'elles ne s'étirent ou ne traînent par terre. Cet outil favorise la bonne habitude de presser pendant la couture.

(b) **La pince à aiguille** se bloque fermement sur l'aiguille et favorise son passage à travers un tissu épais.

(c) **La colle** remplace l'épinglage ou le faufilage en maintenant en place les épaisseurs de tissu, de cuir, de vinyle, de feutre, ainsi que les bordures, les poches et les fermetures à glissière. Elle sert aussi pour les travaux d'artisanat. Le bâton de colle hydrosoluble n'offre qu'une solution temporaire. La colle liquide peut être appliquée en pointillé dans la réserve de couture afin de maintenir ensemble les épaisseurs de tissu.

(d) **Le liquide pour empêcher l'effilochage** est un plastique liquide incolore qui renforce légèrement le tissu. Il s'avère utile si on a trop coupé dans la réserve de couture ou pour renforcer une poche ou une boutonnière. Il a pour effet de foncer légèrement les tissus pâles, aussi faut-il l'appliquer avec précaution. De plus, il ne s'enlève pas, résistant aux lavages et aux nettoyages à sec.

(e) **Le ruban à faufiler,** adhésif des deux côtés, élimine l'épinglage et le faufilage. À utiliser sur le cuir, le vinyle, ainsi que sur le tissu. Ce ruban permet de faire coïncider les lignes et les carreaux, de poser les fermetures à glissière et de mettre en place poches et bordures. Éviter de coudre sur le ruban afin de ne pas endommager l'aiguille de la machine à coudre.

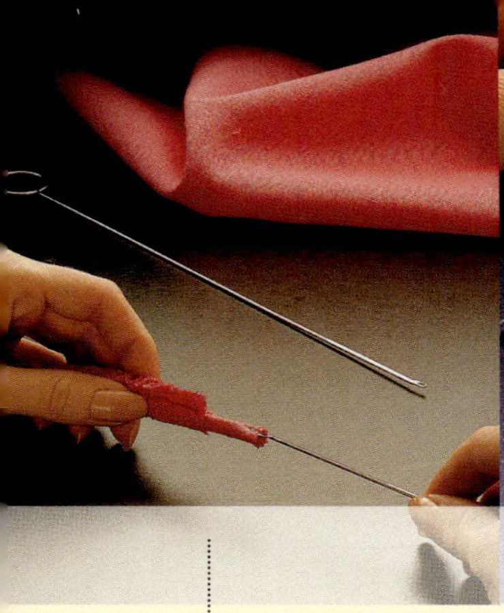

Le tourne-ganse est conçu pour agripper le bout d'un passepoil ou d'une coulisse, afin de les retourner à l'endroit grâce à un crochet à clenche situé à une de ses extrémités. Cette opération est beaucoup plus rapide et facile que celle qui consiste à attacher la traditionnelle épingle de sûreté à un bout et à l'acheminer petit à petit. La tige fine permet de passer dans des coulisses très étroites et dans des brides de boutonnage.

Le passe-lacet permet d'enfiler un ruban, un élastique ou une corde dans une coulisse sans les tordre. Certains passe-lacets comportent un chas dans lequel le ruban ou l'élastique est enfilé ; d'autres se ferment à l'aide d'une pince ou d'une épingle de sûreté à laquelle on accroche l'élastique. Le passe-lacet illustré comporte un anneau coulissant, resserrant les branches du crochet.

Le tourneur ou safran permet de ressortir sans les déchirer les coins des collets, des revers et des poches. En bois ou en plastique, sa pointe s'insère parfaitement dans les coins. Utiliser la pointe pour enlever le fil à faufiler et le bout rond pour maintenir les coutures ouvertes pendant le pressage.

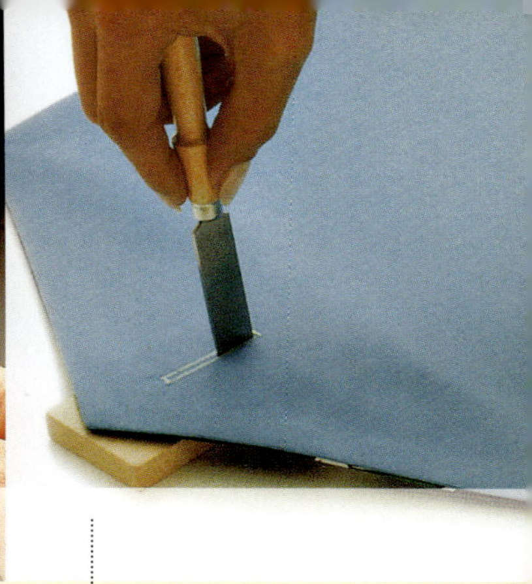

Le coupe-boutonnière permet de faire des coupes précises au milieu des boutonnières. Il est vendu avec un bloc de bois que l'on place sous le tissu afin de protéger le plan de travail et qui accueille la fine lame coupante de l'outil. Il coupe avec plus de précision que les ciseaux ou le découvit et risque moins de couper le fil des points.

Le voile thermocollant avec entoilage de papier est vendu en rouleaux de diverses largeurs étroites. Il permet de coller deux morceaux de tissu et, ainsi, de gagner du temps. On retire le papier protecteur d'un côté après que l'autre a été thermocollé sur le tissu.

La planche à tailler pliante protège la surface de coupe des égratignures causées par les ciseaux et les épingles. Elle empêche le tissu de glisser pendant la coupe et permet de le maintenir en place. On peut épingler le tissu sur la planche, le couper droit en suivant les lignes imprimées et utiliser les carrés de 2,5 cm (1 po) pour une mesure instantanée.

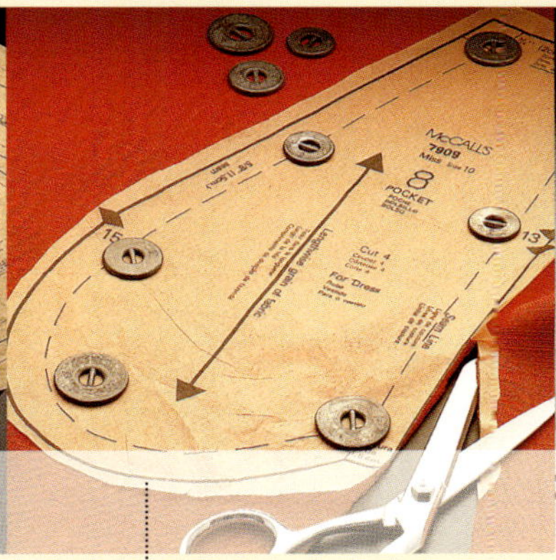

Les poids aident à maintenir le patron en place lors de la coupe. Ils éliminent l'épinglage du patron et protègent les tissus délicats susceptibles de garder les marques des épingles. Les poids sont surtout utiles pour les petites pièces du patron. Certaines personnes utilisent des objets comme des boîtes de conserve au lieu des poids.

La pelote et la plaque à épingles magnétiques permettent de garder les épingles en acier à leur place. La plaque adhère au plateau de la machine et attrape les épingles au fur et à mesure qu'on les enlève pendant la couture. La pelote à épingles aimantée est plus pratique que celle en tissu, surtout pour ramasser des épingles répandues sur le sol.

Le fil

Le fil se présente enroulé sur de courtes bobines épaisses, de longues bobines minces ou des cônes. Lisez attentivement les étiquettes afin de connaître la nature des fibres et le poids du fil. Il faut choisir un fil de bonne qualité en fonction de la fibre et du poids du tissu, ainsi que du projet de couture. De façon générale, on doit utiliser un fil de fibre naturelle pour un tissu de fibre naturelle et un fil synthétique pour un tissu synthétique. Pour obtenir une tension parfaite, utilisez un fil de même nature et de même calibre dans la canette et dans l'aiguille.

(a) **Le fil très fin** permet de réduire le plissage sur les tissus légers. Le fil à usages multiples est fait entièrement de polyester ou de polyester enrobé de coton. Les deux conviennent pour la couture à la main ou à la machine sur toutes les étoffes : fibres naturelles et synthétiques, tissus et tricots. Conçu pour la couture à la machine du denim et de la grosse toile, le fil de plus gros calibre est habituellement fait de polyester à 100 % car plus solide. On peut aussi s'en servir pour les surpiqûres que l'on veut mettre en évidence. Le fil pour bouton et tapis convient aux coutures à la main qui demandent plus de solidité. Il sert également à la surpiqûre.

(b) **Le fil pour surjeteuse**, généralement fait de polyester à 100 %, est enroulé sur de gros cônes. Pour l'utiliser sur une machine ordinaire, placez le cône dans un pot derrière la machine, le plus près possible du premier guide-fil.

(c) **Le fil de polyester** est, à poids égal, le plus solide et le plus durable de tous. Il convient à la plupart des travaux de couture générale pour les tissus lourds à moyennement lourds, mais évitez de vous en servir pour les étoffes légères et délicates car il peut déchirer les fibres délicates si les coutures sont soumises à une forte tension. Légèrement élastique et très lustré, le fil de soie convient à la broderie à la machine. Comme les points s'enfoncent dans le tissu et disparaissent, c'est un bon choix pour les lainages fins et les appliqués ou ourlets cousus à la main. Évitez le javellisant qui l'affaiblit. Le fil de coton mercerisé sert pour les tissus de fibres naturelles, tels que coton, lin et laine ; il n'est pas assez élastique pour les tricots.

Les garnitures et rubans

Les garnitures et rubans doivent convenir au tissu et au fil. La plupart peuvent être cousus à la machine, mais certains doivent être posés à la main. Les garnitures prérétrécies servent pour les vêtements lavables.

(a) **Le biais simple** mesure 1,3 cm (½ po) ou 2,2 cm (⅞ po) de largeur et est disponible en plusieurs couleurs et imprimés. Sa bande étroite sert pour les courtepointes à carrés bordés. On utilise ce biais pour les coulisses, les bordures et les parementures.

(b) **Le biais double,** que l'on replie sur le bord vif, vient en deux largeurs : 6 mm (¼ po) et 1,3 cm (½ po), lorsque plié.

(c) **La dentelle à ourlets** permet d'obtenir un ourlet décoratif.

(d) **Le ruban à ourlet régulier,** 100 % polyester, mesure 1,3 cm (½ po) de largeur. Utilisé pour stabiliser les coutures et finir les ourlets.

(e) **Le galon croisé** est employé pour stabiliser les coutures ou les lignes de pliure. On peut s'en servir aussi comme cordon. Il se présente en diverses largeurs allant de 6 mm à 2,5 cm (¼ po à 1 po), en blanc et noir, et en quelques couleurs.

(f) **Le biais gansé** est une garniture qu'on insère dans les coutures dans le but de définir et d'accentuer les bordures.

(g) Le galon est offert dans le style soutache ou bolduc. On s'en sert comme garniture pour faire un motif en oblique, des cordons de serrage et des brides ordinaires ou de boutonnage.

(h) **Le croquet,** communément appelé ric rac, est disponible en trois grandeurs : 6 mm (¼ po), 1,3 cm (½ po) et 1,5 cm (⅝ po) pour accentuer les bordures.

(i) **Le ruban élastique** s'insère dans des coulisses afin de froncer ceintures, poignets et encolures. Tricotés ou tissés, ils sont plus lisses que les rubans tressés, s'enroulent moins et peuvent être cousus directement sur le tissu. Le ruban élastique pour ceinture comporte des côtes latérales l'empêchant ce se tordre ou de s'enrouler. Fait de polyuréthanne, le ruban transparent convient particulièrement aux tissus diaphanes, à la lingerie et aux maillots de bain.

Les boutons et fermetures

Les boutons et fermetures s'agencent au vêtement ou contrastent pour obtenir un effet mode. Les fermetures peuvent être décoratives autant que fonctionnelles.

(a) **Les boutons à deux ou à quatre trous** sont utilisés couramment et servent à de multiples usages.

(b) **Les boutons à tige** sont munis d'une tige à la face inférieure.

(c) **Les boutons à recouvrir** peuvent être recouverts du même tissu que le vêtement pour un assortiment parfait.

(d) **Les boutons en bâtonnet** sont des attaches à boucle et à bâtonnet munies de garnitures de cuir ou d'imitation de cuir que l'on utilise sur des surfaces qui se chevauchent.

(e) **Les brandebourgs** sont des attaches à boucle et à bouton qui donnent une allure chic à un vêtement.

(f) **Les boutons pression** se placent à l'intérieur, à des endroits qui ne sont pas soumis à une grande tension, par exemple, les poignets.

(g) **Les boutons pression à griffes** se posent à l'aide d'un marteau ou d'un outil spécial sur l'extérieur d'un vêtement pour créer un effet décoratif.

(h) **Les agrafes et portes** sont des fermetures intérieures disponibles dans différentes grosseurs pour divers types de tissus, de poids léger à lourd.

(i) **Les crochets à ceinture** sont très résistants. Ils servent à fermer les ceintures de jupes et de pantalons.

(j) **Les fermetures autogrippantes** (Velcro) sont offertes en rubans ou en petites pièces. On s'en sert pour fermer les parties de vêtements qui se chevauchent ou pour les éléments de décoration.

(k) **Les rubans à boutons pression** sont aussi utilisés comme système de fermeture sur des surfaces qui se chevauchent.

Les fermetures à glissière

Les fermetures à glissière sont faites de dents en métal ou plastique, ou d'un rouleau synthétique en polyester ou nylon fixé sur un ruban tissé. On peut se procurer les deux types dans toutes les grandeurs et toutes les grosseurs. Les rouleaux, plus légers et plus flexibles, résistent à la chaleur et ne rouillent pas. Les fermetures en métal, plus lourdes, conviennent à des tissus lourds et à des vêtements de sport. Bien que les fermetures à glissière se fondent habituellement dans le vêtement, il en existe de grosses et colorées, faites pour être remarquées.

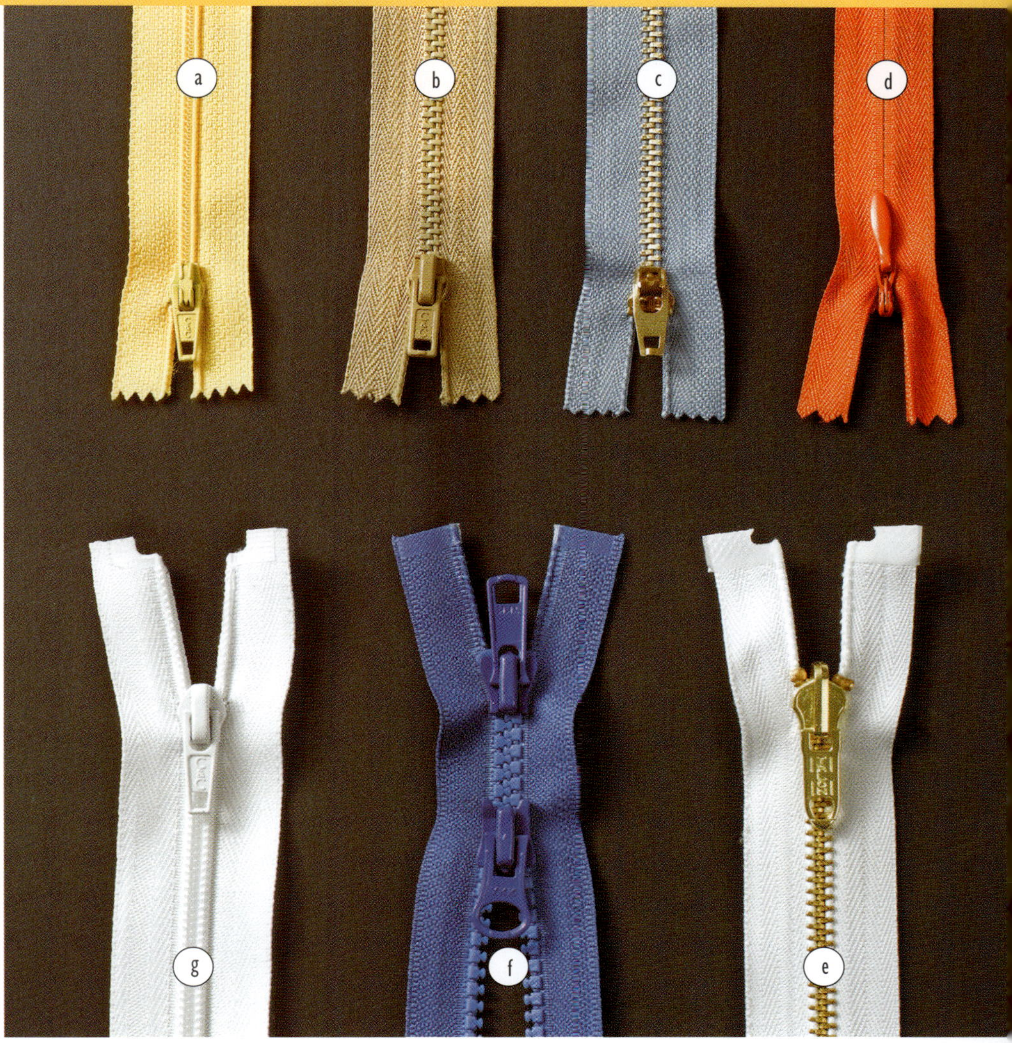

(a) **La fermeture à glissière tout usage en polyester** convient pour tous les tissus. Idéale pour les jupes, les pantalons, les robes et les éléments de décoration intérieure.

(b) **La fermeture à glissière tout usage en métal,** résistante et durable, est destinée aux vêtements de sport, ainsi qu'aux pantalons, jupes, robes et éléments de décoration intérieure.

(c) **La fermeture à glissière en laiton** pour jean à base fixe convient pour les jeans, les vêtements de travail et tout-aller, sur des tissus de poids moyen à lourd.

(d) **La fermeture à glissière invisible** se pose à l'aide d'un pied spécial conçu par son fabricant. Une fois posée, elle se fond entièrement dans la couture ; seule la mince tirette est visible.

(e) **La fermeture à glissière séparable en métal,** de format moyen à gros, est utilisée sur les vestes, vêtements de sport et éléments de décoration intérieure. La fermeture réversible est munie d'une tirette des deux côtés.

(f) **La fermeture à glissière séparable moulée en plastique** est plus légère, quoique résistante et durable. Décorative, elle convient bien aux vêtements d'extérieur et de ski. La fermeture séparable à deux curseurs s'ouvre aux deux extrémités.

(g) **La fermeture à glissière spirale séparable** est conçue pour les vestes de laine et les blousons légers.

Le patron

Consulter un catalogue s'avère beaucoup plus créatif lorsqu'il s'agit d'y choisir un patron et non un vêtement prêt-à-porter. Dans un catalogue de patrons, il n'y a pas de contrainte de tissu, de couleur, de longueur et de mercerie. Vous devenez votre propre styliste. Vous pouvez choisir les éléments qui vous avantagent et qui correspondent à votre personnalité.

Jamais le choix de patrons n'a été aussi vaste. Les modèles couturiers sont disponibles la saison même où ils apparaissent dans les magasins. Il existe des patrons faciles à réaliser pour les personnes qui disposent de peu de temps, des patrons pour confectionner des accessoires, pour la décoration intérieure, pour les tenues de soirée, les vêtements pour hommes et garçons et la plupart des vêtements pour femmes et enfants.

Pour une consultation facile, le catalogue de patrons se divise en catégories, séparées par des onglets, selon la taille et le style. Les modes les plus récentes apparaissent habituellement aux premières pages de chaque catégorie. Des renseignements sur les tissus recommandés et le métrage requis apparaissent près des illustrations. À la fin du catalogue, un index donne la liste des patrons par ordre numérique, avec leur numéro de page. Vous y trouverez également un tableau des tailles pour chaque type de silhouette : homme, femme, enfant et bébé.

Si vous choisissez le niveau de difficulté d'un patron en fonction de votre expérience en couture, vous aurez de bonnes chances de mener à bien votre projet. Si vous manquez de temps ou de patience, choisissez des modèles simples.

Le nombre de pièces énumérées à l'endos de la pochette constitue un bon indice de la complexité du patron. En général, moins il en compte, plus il est facile à réaliser. Certains éléments, tels les poignets de chemise, les cols, les pinces et les plis, augmentent le niveau de difficulté. Un patron étiqueté « Facile à faire » comporte peu de détails de ce type.

Toutes les compagnies de patrons utilisent un système de tailles universel basé sur des mesures standard du corps. Les tailles ne correspondent pas exactement à celles du prêt-à-porter. Afin de choisir un patron de la bonne taille, prenez vos mesures. Enfilez vos sous-vêtements habituels et utilisez un ruban à mesurer qui ne s'étire pas. Pour plus de précision, il est préférable que les mesures soient prises par une autre personne. Notez vos mesures et comparez-les à celles du tableau de la page 37.

Comment prendre vos mesures

(1) **Taille.** Attacher une corde (ou un élastique) au tour de taille et la laisser prendre sa place naturelle ; mesurer exactement à cet endroit avec un ruban à mesurer. Laisser la corde en place afin de faciliter la mesure des hanches et de la longueur du dos.

(2) **Hanches.** Mesurer autour de la partie la plus large, habituellement de 18 à 23 cm (7 à 9 po) sous la taille, selon votre grandeur.

(3) **Buste.** Placer le ruban à mesurer sous les bras, le faire passer sur la partie la plus large du dos et au-dessus de la poitrine. Le tableau des tailles sur la pochette du patron n'indique pas cette mesure, mais elle devrait se comparer au tour de poitrine.

(4) **Poitrine.** Placer le ruban à mesurer sous les bras, passer sur la partie la plus large du dos et de la poitrine. Note : S'il y a une différence de 5 cm (2 po) ou plus entre le tour de poitrine et le tour de buste, choisir le patron en se basant sur la mesure du tour de buste.

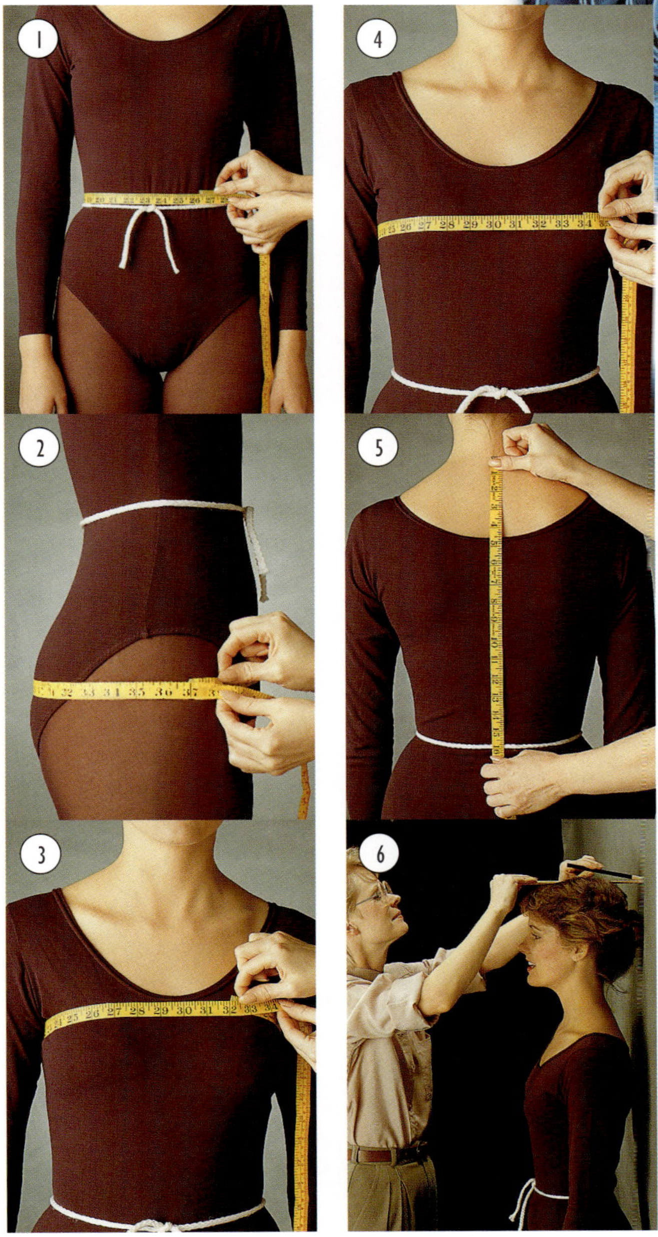

(5) **Dos.** Mesurer à partir de l'os proéminent à la base du cou jusqu'à la corde à la taille.

(6) **Hauteur.** Enlever vos souliers. Appuyer le dos au mur et placer sur la tête une règle perpendiculaire au mur ; faire une marque à cet endroit sur le mur. Prendre la mesure de la marque au plancher.

LA POCHETTE DU PATRON

La pochette du patron contient une foule de renseignements, allant de la description du vêtement au métrage requis. Vous y trouverez des suggestions pour le choix du tissu et de la couleur. La pochette vous permet aussi d'évaluer le degré de difficulté puisqu'on y spécifie s'il s'agit d'un modèle couturier, facile, ou uniquement convenable pour certains types d'étoffes. Toute l'information concernant le choix du tissu et de la mercerie est également indiquée.

Le recto de la pochette

On voit, au recto de la pochette, les illustrations de chacun des modèles et de leurs variantes. Elles montrent, s'il y a lieu, les différentes garnitures, longueurs, combinaisons de tissus ou détails afin d'attirer la couturière débutante ou de poser un défi à la couturière expérimentée.

Le nom de la compagnie et le numéro du modèle apparaissent en évidence.

Les photographies ou illustrations montrent le modèle principal du patron. Ces images suggèrent des types de tissus et des motifs particuliers, par exemple, l'imprimé ou les carreaux. Si vous hésitez, servez-vous de l'illustration comme guide, car elle représente l'interprétation du créateur du vêtement.

Les patrons originaux de couturiers comprennent souvent des détails difficiles à réaliser tels que plis et pinces, surpiqûres et doublures. Les personnes talentueuses qui disposent de temps apprécieront ces patrons semblables au prêt-à-porter.

Une note peut indiquer si le patron privilégie des méthodes d'assemblage, s'il se réalise rapidement, s'il comporte un ajustement particulier, ou comment utiliser les tissus à carreaux, les tricots ou la dentelle. Chaque compagnie a des catégories et des noms spécifiques pour de telles informations.

La taille et le type de silhouette sont indiqués au haut ou sur le côté de la pochette. Un patron à tailles multiples, par exemple 8-10-12, comportera plusieurs lignes de coupe pour toutes les tailles indiquées.

Le verso de la pochette

(a) **Le tableau des tailles et des mesures** permet de déterminer si vous devez effectuer des modifications au patron. Pour un patron à tailles multiples, comparez vos mesures à celles du tableau de façon à choisir la bonne ligne de coupe.

(b) **La description** des vêtements vous informe sur le style, l'ajustement et l'assemblage.

(c) **Le numéro du modèle** est répété au verso de la pochette.

(d) **Le métrage** indique la quantité de tissu à acheter en fonction de la taille et du vêtement choisi. Le métrage requis pour la doublure, l'entoilage et les garnitures est aussi indiqué. Pour déterminer le métrage, reliez à votre taille (mentionnée au haut du tableau) le modèle choisi et la largeur de tissu indiqués à gauche. Le nombre situé à l'intersection des deux colonnes représente la quantité de tissu à acheter. Les largeurs de tissu les plus courantes sont données. Si la largeur de votre tissu ne figure pas sur le tableau, consultez la table de conversion qui se trouve à la fin du catalogue de patrons. Certains patrons indiquent le métrage supplémentaire requis pour les tissus avec sens ou à carreaux inégaux.

(e) **Les quantités de tissu** sont données dans les systèmes impérial et métrique.

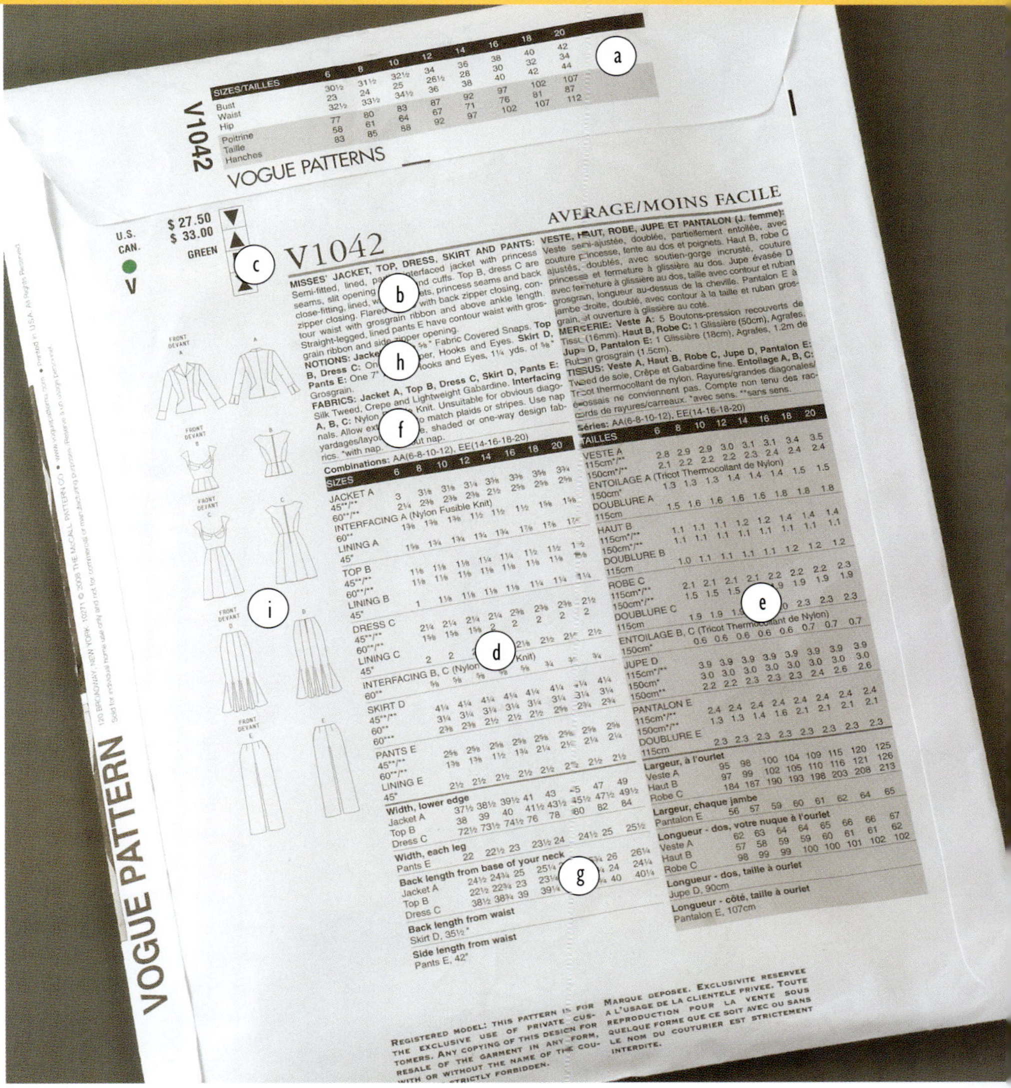

(f) On y recommande **les types de tissus** appropriés pour un vêtement. Utilisez ces indications comme guide pour choisir votre tissu. Les recommandations spéciales, telles que « ne convient pas aux rayures », vous indiquent les tissus à éviter.

(g) **Les mesures du vêtement fini** indiquent sa longueur et sa largeur. Vous devrez peut-être ajuster la longueur. La « largeur du bas » correspond à la mesure de l'ourlet, indiquant l'ampleur du vêtement.

(h) **La mercerie requise,** par exemple le fil, les fermetures à glissière, les boutons et les rubans à ourlets, est énumérée. Achetez-la en même temps que le tissu afin que les couleurs de tous les éléments soient bien assorties.

(i) **Les vues de dos** montrent les détails et le style du vêtement vu de dos.

Le nombre de pièces du patron constitue un indice du niveau de difficulté du modèle à réaliser.

LE CONTENU DE LA POCHETTE

Dans la pochette du patron, on trouve les pièces imprimées du patron et le feuillet d'instructions, qui constitue un guide étape par étape pour la fabrication du vêtement. Lisez le feuillet d'instructions avant d'entreprendre la coupe et la couture. Utilisez-le pour planifier et organiser votre projet de couture et connaître les techniques à maîtriser pour la réalisation du vêtement.

Les schémas d'un vêtement sont désignés par un nombre ou une lettre. Les patrons qui comprennent plusieurs vêtements, par exemple une jupe, une veste et un pantalon (appelés patrons de garde-robe), ne présentent qu'une version de chacun. Dans ce cas, les vêtements sont identifiés par leur nom seulement. Toutes les pièces du patron sont identifiées à l'aide d'un numéro et d'un nom, par exemple, « Jupe devant ».

Les dessins de mode et les schémas des différentes vues apparaissent bien en évidence sur le feuillet d'instructions, sous forme de dessins au trait ou tels qu'ils sont présentés au recto de la pochette. Certains patrons présentent une illustration de chaque vêtement séparément, avec les pièces nécessaires à son assemblage, mais la plupart illustrent toutes les pièces grâce à un code servant à les distinguer les unes des autres.

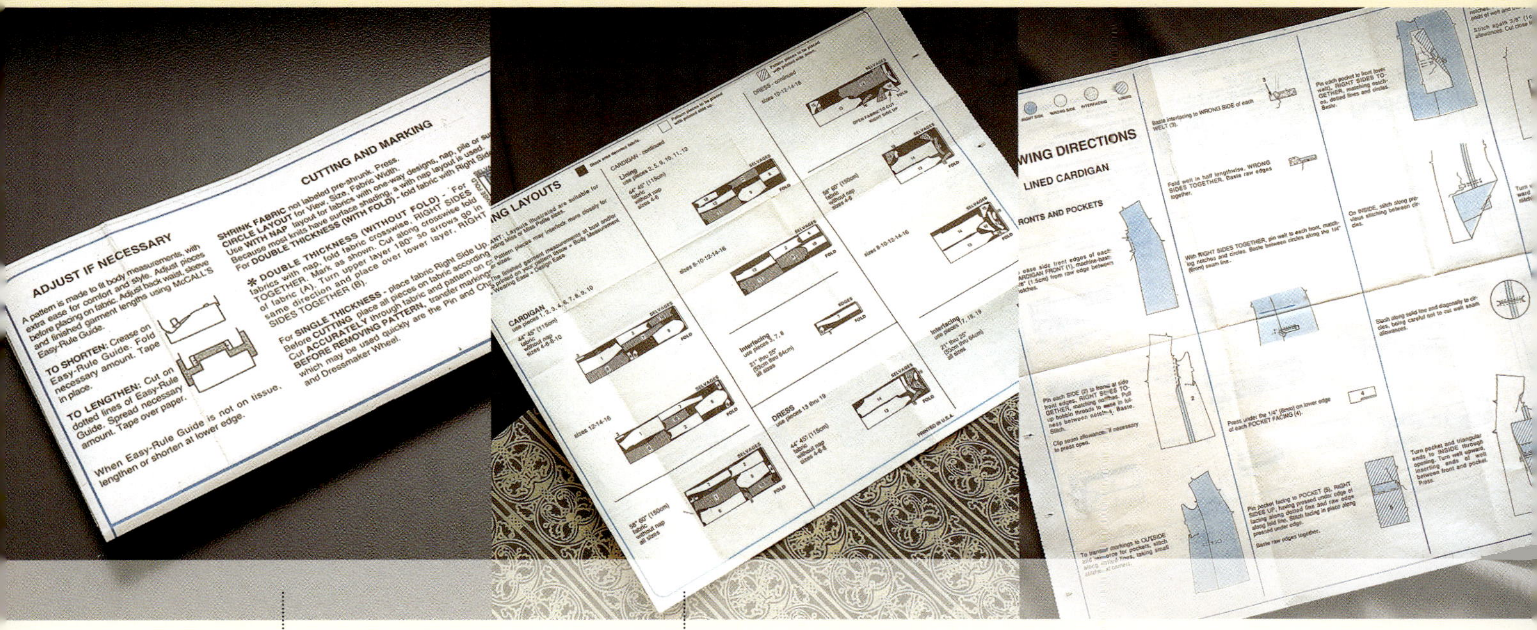

Les instructions générales présentent un bref rappel des techniques utiles. Ces instructions, qui portent différents noms selon les compagnies de patrons, contiennent généralement des conseils sur la façon d'utiliser le patron. Vous y trouverez aussi des renseignements sur la préparation du patron et du tissu, la légende des symboles, des trucs pour le plan de coupe, la coupe, le montage et le marquage, ainsi qu'un glossaire des termes de couture. Un patron « Facile à faire » inclut souvent ces conseils à chacune des étapes.

Les plans de coupe, donnés pour chaque vêtement, diffèrent en fonction de la largeur du tissu, de la taille et selon le sens du tissu, s'il y a lieu. Les plans de coupe des entoilages et doublures sont aussi fournis. Une pièce qui doit être coupée dans une seule épaisseur ou dans le sens de la trame est indiquée aux moyens de symboles expliqués dans les instructions générales. Une pièce devant être coupée endroit vers le haut est illustrée sans ombrage ; quand c'est l'envers qui doit être sur le dessus, elle est ombrée ou rayée. Encerclez le plan de coupe qui correspond à votre taille, à la largeur de votre tissu et au modèle choisi.

Les explications de couture, présentées avec des croquis, vous guident pas à pas dans la confection du vêtement. À chaque étape, un croquis illustre la technique de couture appropriée. L'endroit du tissu est habituellement blanc ; l'envers est ombré. L'entoilage est indiqué par un pointillé. Les croquis et les explications vous donnent la marche à suivre. N'oubliez pas, toutefois, que ce ne sont que des indications d'ordre général et qu'il peut être plus efficace d'avoir recours à une autre technique de couture en fonction du tissu utilisé.

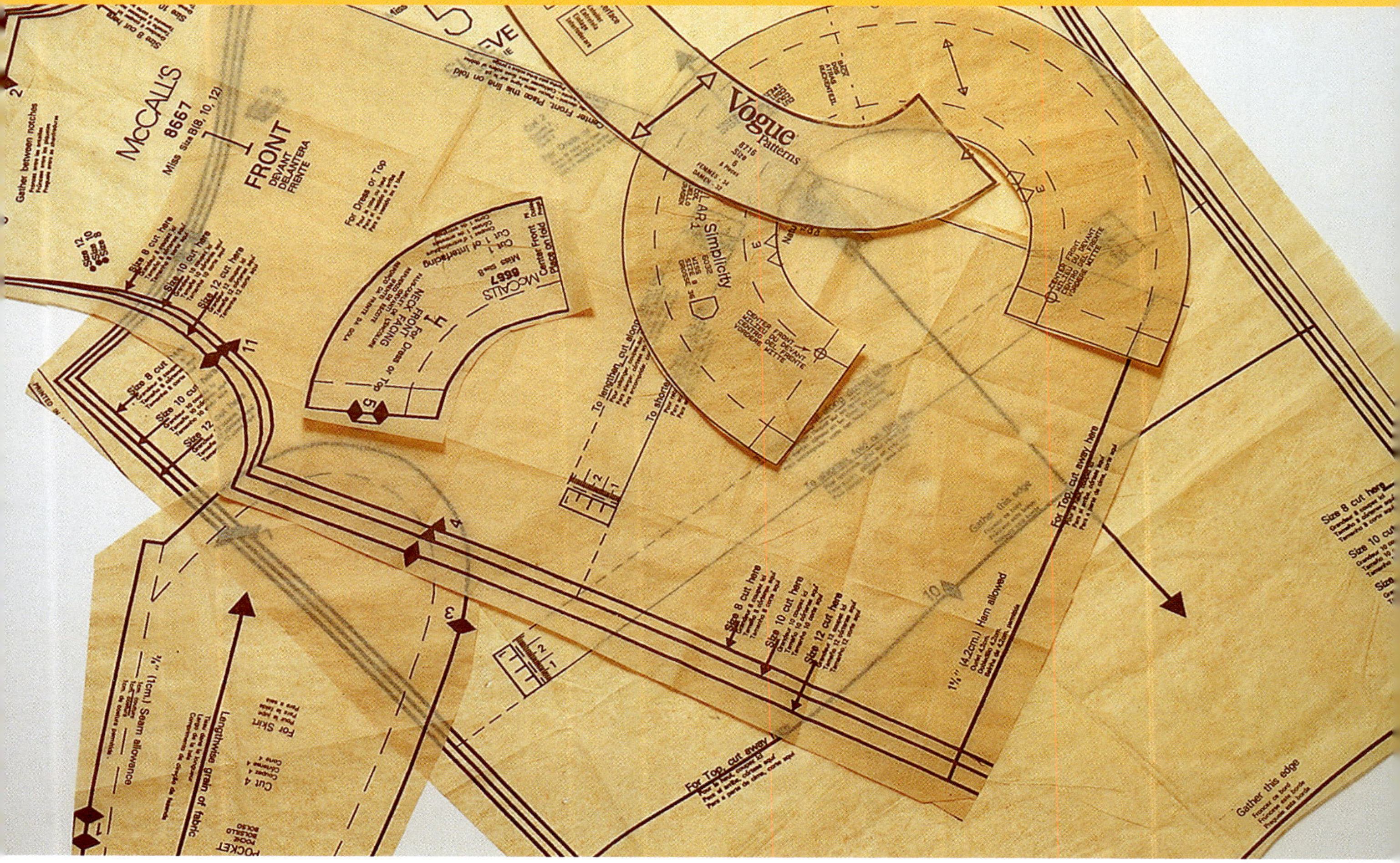

Les pièces du patron

Les pièces du patron peuvent donner l'impression d'être couvertes de symboles secrets mais, tout comme la signalisation routière internationale, il s'agit de symboles universels que tous les fabricants de patrons emploient. Ils vous seront utiles entre le moment où vous disposerez le patron sur le tissu et celui où vous finirez l'ourlet ou coudrez le dernier bouton.

En plus des symboles, les pièces du patron comprennent des indications. Suivez-les aussi méticuleusement que celles du feuillet d'instructions.

Il n'est pas nécessaire de reporter sur le tissu les symboles de coupe tels que le sens du tissu. En revanche, les symboles de confection doivent être reportés avec soin (voir page 81).

Symbole	Description	Mode d'utilisation
	**Sens du tissu.** Ligne continue avec flèches aux deux extrémités.	Disposer la pièce du patron sur le tissu en veillant à ce que le trait avec flèches soit parallèle à la lisière.
	**Pliure.** Trait droit recourbé et doté d'une flèche aux deux extrémités ou indication « mettre sur la ligne de pliure ».	Disposer la pièce du patron en veillant à ce que le symbole ou le bord du patron soit exactement sur le pli du tissu.
	**Ligne de coupe.** Trait épais et plein qui suit le contour du patron. Peut également désigner une ligne de coupe d'une variante du patron.	Couper le long de ce trait. Quand le patron comprend plus d'une taille, choisir la ligne de coupe adéquate.
	**Ligne de retouches.** Trait double indiquant les endroits où le patron peut être rallongé ou raccourci avant la coupe.	Pour raccourcir, faire un rempli sur le patron entre ces traits. Pour rallonger, couper entre ces traits et écarter les deux pièces obtenues.
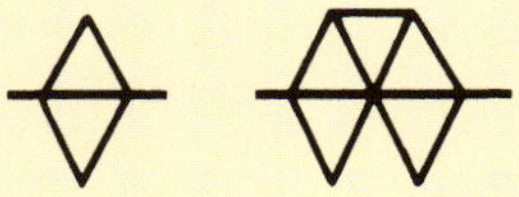	**Crans.** Formes en losange le long du trait de coupe qui sert à raccorder le tissu aux coutures. Ils sont numérotés dans l'ordre d'assemblage des coutures.	Couper dans la marge du patron ou donner de petits coups de ciseaux dans la réserve de couture. Raccorder les crans portant le même chiffre.
	**Ligne de couture.** Long trait en pointillé, habituellement de 1,5 cm (⅝ po) à l'intérieur de la ligne de coupe. Les patrons pour tailles multiples n'ont pas de lignes de couture.	Sauf indication contraire, piquer à 1,5 cm (⅝ po) du bord vif.
	**Ligne de pliure.** Trait continu indiquant les endroits où le tissu doit être plié en cours de fabrication.	Coudre le long de ce trait les parementures, ourlets, remplis ou plis.
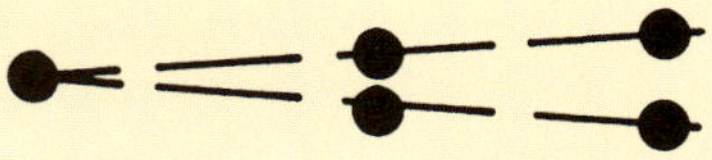	**Pinces.** Traits discontinus et points formant un V, généralement au niveau des hanches, du buste ou des coudes.	Marquer, plier le long du trait central et raccorder soigneusement les traits et les points. Terminer la couture en pointe.
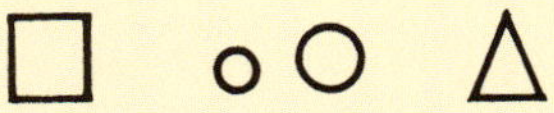	**Points (gros et petits), carrés ou triangles.** Généralement le long des lignes de couture ou des pinces.	Endroits où il est essentiel de raccorder, couper ou coudre avec précision.
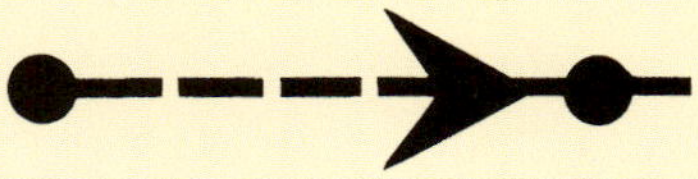	**Ligne de faufil.** Trait court et en pointillés avec un point à chaque extrémité indiquant la partie où l'on doit résorber l'ampleur.	Faufiler la pièce la plus grande ; la froncer afin de l'ajuster à la pièce la plus petite.
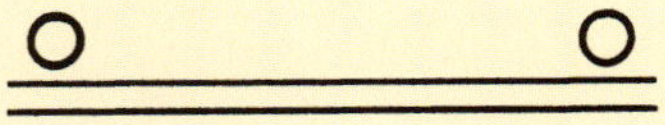	**Lignes de fronces.** Deux traits pleins ou en pointillés, ou deux petits points aux extrémités de la partie devant être froncée.	Faire deux rangs de fronces sur la pièce la plus grande, entre les deux points du patron ; froncer pour raccorder ces points à ceux de la pièce la plus petite.
	**Ligne d'ourlet.** La réserve pour l'ourlet est imprimée sur la ligne de coupe.	Rabattre l'ourlet selon les mesures indiquées, en ajustant au besoin.
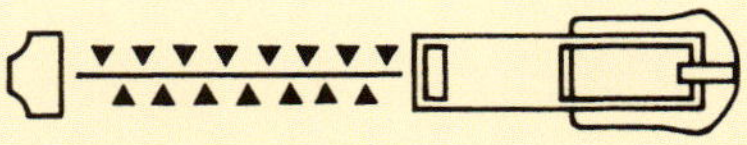	**Emplacement de la fermeture à glissière.** Deux rangs parallèles de triangles le long de la couture où insérer la fermeture.	Insérer la fermeture à glissière de sorte que la tirette et le cran d'arrêt du bas soient placés aux endroits indiqués.
	**Emplacement des détails.** Trait en pointillés indiquant l'emplacement des poches, remplis ou autres détails.	Marquer et placer la pièce à l'endroit indiqué.
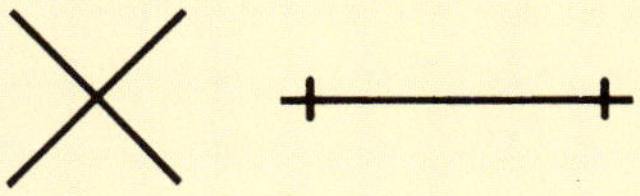	**Emplacement des boutons et boutonnières.** Trait continu indiquant la longueur de la boutonnière ; « X » ou illustration indiquant la taille et l'emplacement du bouton.	Marquer et placer à l'endroit indiqué.

Quelques notions de base sur le tissu

Tous les tissus sont constitués de fibres naturelles ou synthétiques. Les fibres naturelles, telles que le coton, la laine, la soie et le lin, sont d'origine végétale ou animale. Les fibres synthétiques, comme le polyester, le nylon, l'acétate, le spandex et plusieurs autres, sont le résultat de processus chimiques.

Les fibres mélangées combinent les fibres naturelles et synthétiques, mettant en valeur les qualités de chacune. Par exemple, le nylon ajouté à la laine allie la résistance de l'un à la chaleur de l'autre. De même, l'ajout de polyester au coton facilite l'entretien de ce dernier sans rien enlever à son confort.

Il existe une grande variété de mélanges et chacun présente des caractéristiques particulières. Il faut lire l'étiquette à l'extrémité du rouleau de tissu afin de connaître le type et la quantité de fibres qui le composent et les recommandations pour l'entretien. Examinez la main du tissu – la sensation au toucher, la tombée, s'il froisse, s'effiloche facilement et s'étire. Enroulez le tissu autour de votre main ou de votre bras afin de déterminer s'il est aussi souple ou rigide, lourd ou léger que vous le désirez.

Les tissus sont également classés selon leur facture, c'est-à-dire leur mode de fabrication. Tous les tissus sont tissés, tricotés ou non tissés. L'armure toile constitue le tissage le plus commun ; la mousseline, la popeline et le taffetas en sont des exemples. Le denim et la gabardine ont une armure sergée. La satinette est une variante de l'armure satin. Les tricots comportent également plusieurs classifications. Le jersey est un tricot uni. Les tricots peuvent être à mailles retournées, à motifs, ou fabriqués sur un métier rachel. Le feutre est un exemple de tissu non tissé.

Il faut un minimum d'expérience pour choisir un tissu qui convient à l'usage qu'on veut en faire. À cet égard, le verso de la pochette du patron offre des suggestions utiles, mais il faut aussi apprendre à sentir la main d'un tissu. Un tissu de qualité ne coûte pas nécessairement cher. Choisissez des tissus qui tombent bien et qui gardent une belle apparence.

Tissus faciles à coudre

Plusieurs étoffes se cousent facilement et rapidement. En général, il s'agit des armures toiles et des tricots serrés de poids moyen. La plupart ne nécessitent pas de finitions de couture complexes ni de manipulation particulière, car ils s'effilochent très peu.

Les imprimés à petits motifs, les motifs recouvrant tout le tissu et les tissus à rayures étroites sont faciles à coudre du fait qu'ils n'ont pas à être raccordés au coutures. De plus, les imprimés, surtout s'ils sont foncés, peuvent cacher les imperfections de couture. Les armures toiles, comme la popeline ou le broadcloth de coton, constituent des choix judicieux. Les tricots stables ou modérément extensibles ne nécessitent pas de finition de coutures ; en outre, leur extensibilité facilite l'ajustement. Les tissus en fibres naturelles, comme le coton et les lainages légers, se cousent facilement, les points s'y fondant. Vous trouverez au dos des pochettes de patrons simples d'autres suggestions de tissus faciles à coudre.

LA MANIPULATION DES TISSUS SPÉCIAUX

Certaines étoffes, en raison de leur motif ou de leur procédé de fabrication, nécessitent une attention particulière lors de la coupe et de l'assemblage. Certains tissus faciles à coudre entrent dans cette catégorie. Mais ces manipulations particulières sont habituellement simples. Il suffit souvent d'ajouter une étape, par exemple une finition de couture, ou de travailler plus minutieusement.

(a) **Les tissus grattés et à poils,** comme le velours, la velvétine, le velours de laine, la flanelle et le velours côtelé, requièrent des précautions particulières au moment de la coupe. Par exemple, lorsque brossés dans un sens, ces tissus semblent plus pâles, alors qu'ils paraissent plus brillants quand on les brosse dans l'autre sens. Suivez alors le plan de coupe « avec sens » sur le feuillet d'instructions du patron afin d'éviter que le vêtement présente deux tons. Le bord supérieur de toutes les pièces doit donc être placé dans le même sens pour la coupe. À vous de décider dans quel sens vous préférez votre vêtement.

Le satin et le taffetas ne sont pas des tissus grattés ni à poils, mais leur surface lustrée reflète différemment la lumière selon le sens. Là encore, choisissez l'effet désiré et taillez dans un seul sens.

(b) **Les tissus diaphanes** paraissent mieux avec des coutures spéciales et bien finies. Une réserve de couture non finie gâche l'apparence de tissus transparents et fragiles tels que le voilage, la batiste, la broderie anglaise ou la mousseline. La couture anglaise constitue dans ces cas un choix classique, mais d'autres types de finitions peuvent convenir.

(c) **Les tissus à armure sergée,** tels que le denim et la gabardine, présentent des côtes diagonales. Si ces dernières sont très apparentes, utilisez le plan de coupe « avec sens » et évitez les patrons qui ne conviennent pas à un tissu avec diagonales apparentes. Comme le denim s'effiloche facilement, il est préférable d'effectuer des coutures rabattues.

(d) **Les tissus à carreaux et à rayures** nécessitent une attention toute particulière au moment de la coupe (voir pages 72 à 74). Il faut un surplus de tissu pour le raccord des carreaux et des rayures larges. Achetez de 0,25 à 0,50 m (¼ à ½ vg) de plus que le métrage recommandé, selon le format du motif.

(e) **Les tricots** exigent une manipulation délicate durant l'assemblage pour éviter qu'ils ne s'étirent. Il faut exécuter des finitions et des points spéciaux (voir page 109) pour en conserver la bonne extensibilité.

(f) **Les tissus à motifs unidirectionnels,** par exemple certains imprimés à fleurs et à motifs cachemire, nécessitent un plan de coupe « avec sens » de façon que les motifs ne soient pas dirigés vers le haut d'un côté du vêtement et vers le bas de l'autre. Les bordures imprimées sont coupées dans le sens de la largeur plutôt que sur le droit fil. Il faut habituellement du métrage supplémentaire. Choisissez un patron avec une illustration de la bordure imprimée et qui précise le métrage approprié.

Guide des tissus et des techniques de couture

Type	Tissus	Coutures spéciales	Grosseur de l'aiguille de machine	Fil
Diaphane	Rigides : organdi, organza, voilage Souples : batiste, linon, soie de Chine, crêpe georgette, gaze	Anglaise, fausse couture anglaise, ourlée, double	8 (60) 9 (65) 11 (75)	Extrafin : coton mercerisé, polyester enrobé de coton ou polyester à longues fibres
Léger	Soie pour chemises, popeline fine, calicot, coton oxford, cambrai, lins légers, challis, tissu gaufré, broderie anglaise, charmeuse	Anglaise, fausse couture anglaise, ourlée, piquée et dentelée ou multi-zigzag, double	8 (60) 9 (65) 11 (75)	Extrafin : coton mercerisé, polyester enrobé de coton ou polyester à longues fibres
Tricot léger ou de poids moyen	Tricot jeté, interlocks, jerseys, tricots légers, maille bouclée élastique, velours de laine extensible	Double, droite et zigzag, zigzag étroit	11 (75) 14 (90) à pointe arrondie	À usages multiples : coton/polyester, polyester à longues fibres
De poids moyen	Flanelle de laine, tissu s'apparentant au lin, crêpe, gabardine, chino, popeline, chintz, velours côtelé, velours, velvétine, velours de laine, taffetas, tricot double, tissu pour sweatshirts, denim, tissu piqué	Passepoilée, double rabattue, rabattue, fausse couture rabattue, de même que couture simple avec finition de bord appropriée	11 (75) 14 (90) à pointe arrondie pour tricots	À usages multiples : coton/polyester, polyester à longues fibres
De poids moyen à lourd	Flanelle de laine épaisse, fleece, fausse fourrure, toile, denim épais, toile de coton épaisse, étoffe pour habits	Passepoilée, double rabattue, rabattue, fausse couture rabattue, piquée et dentelée	16 (100) 18 (100)	Résistant : polyester enrobé de coton, polyester à longues fibres, fil retors simple
Non tissé	Cuir, suède (naturel et synthétique), daim, box-calf, reptile, plastique, feutre	Passepoilée, double rabattue, fausse couture rabattue, surpiqûre, simple	11 (75) 14 (90) 16 (100)	À usages multiples : polyester enrobé de coton, polyester à longues fibres Cuir : éviter le coton enrobé de polyester

Les tissus classiques : textures et motifs

Que vous ayez ou non de l'expérience en couture, les tissus classiques vous sembleront probablement familiers, car ils sont toujours à la mode. Certains exigent des techniques de couture spéciales et d'autres demandent une manipulation particulière, à cause de leur texture unique. Il y en a aussi qui requièrent plus d'attention au moment de la coupe à cause de leurs motifs, qu'ils soient tissés, tricotés ou imprimés.

(a) **Les tissus lâches,** de texture grossière ou irrégulière, ont tendance à s'effilocher et le principal défi avec eux consiste justement à les empêcher de s'effiler.

(b) **Les tissus à carreaux** nécessitent un plan de coupe méticuleux. Examinez attentivement le tissu pour trouver les lignes dominantes et décider comment les placer sur les pièces du patron ; vérifiez si le tissu est unidirectionnel. Disposez les pièces afin que les motifs principaux se raccordent aux coutures principales. Pour obtenir les meilleurs résultats, épinglez ou faufilez soigneusement avant de tailler.

(c) **Les tissus à rayures** exigent un traitement similaire à celui des tissus à carreaux. Disposez soigneusement le plan de coupe, épinglez et faufilez si nécessaire, afin que les rayures se rencontrent de façon attrayante aux coutures.

(d) **Les imprimés à grands motifs** comptent parmi les tissus les plus spectaculaires. Les motifs peuvent se répéter sur une distance aussi grande que 61 cm (24 po). Il faut planifier la position de si gros motifs pour obtenir un résultat intéressant.

(e) **Les tissus à armure diagonale** ont des motifs tissés, tricotés ou imprimés qui croisent le droit fil en diagonale. Établissez le plan de coupe de façon que les diagonales tombent toutes dans le même sens sur le corps.

(f) **La gabardine** est un tissu rigide à armure sergée, habituellement en laine ou en polyester. De fines côtes en diagonale sur l'endroit du tissu caractérisent ce type d'armure. La surface, pourtant rigide et résistante à l'usure, s'endommage facilement

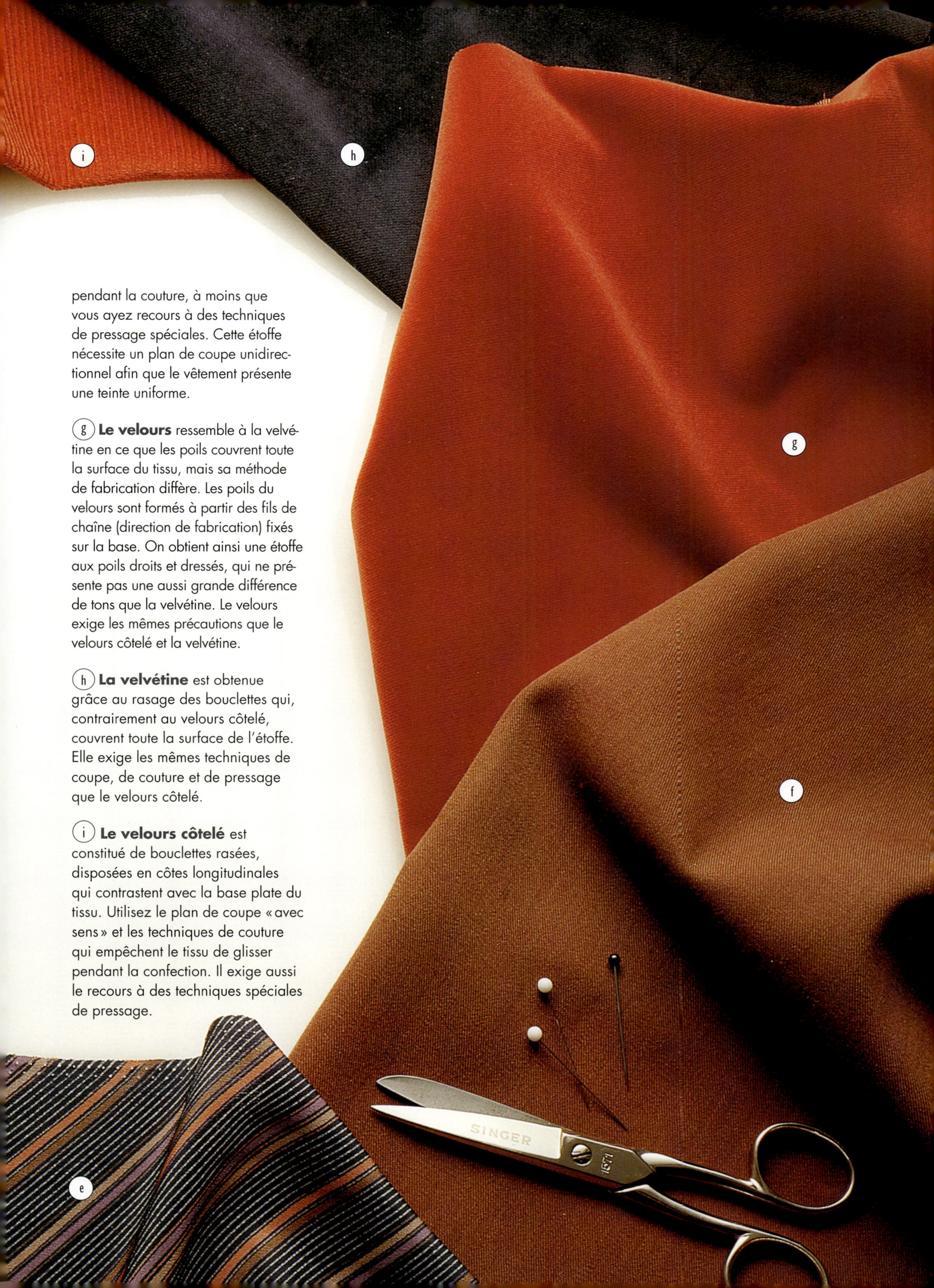

pendant la couture, à moins que vous ayez recours à des techniques de pressage spéciales. Cette étoffe nécessite un plan de coupe unidirectionnel afin que le vêtement présente une teinte uniforme.

(g) **Le velours** ressemble à la velvétine en ce que les poils couvrent toute la surface du tissu, mais sa méthode de fabrication diffère. Les poils du velours sont formés à partir des fils de chaîne (direction de fabrication) fixés sur la base. On obtient ainsi une étoffe aux poils droits et dressés, qui ne présente pas une aussi grande différence de tons que la velvétine. Le velours exige les mêmes précautions que le velours côtelé et la velvétine.

(h) **La velvétine** est obtenue grâce au rasage des bouclettes qui, contrairement au velours côtelé, couvrent toute la surface de l'étoffe. Elle exige les mêmes techniques de coupe, de couture et de pressage que le velours côtelé.

(i) **Le velours côtelé** est constitué de bouclettes rasées, disposées en côtes longitudinales qui contrastent avec la base plate du tissu. Utilisez le plan de coupe « avec sens » et les techniques de couture qui empêchent le tissu de glisser pendant la confection. Il exige aussi le recours à des techniques spéciales de pressage.

LES TISSUS LÂCHES

Les tissus lâches sont souvent fabriqués à partir de fils inusités, épais et légèrement filés, afin d'en préserver les irrégularités naturelles qui créent un effet artisanal. Ces tissus exigent deux précautions : il faut empêcher l'effilochage et conserver leur souplesse.

Les tissus nattés (a) comportent deux fils ou plus tissés ensemble, créant un effet « panier d'osier ». La soie brute lourde (b) tend à s'effilocher à cause des fils de trame minces et épais. Le tissu de gaze (c), léger et ondulé, exige les mêmes précautions de manipulation que les tissus diaphanes. L'aspect toile artisanale (d) est obtenu grâce à un filé léger qui s'effiloche facilement. Une étoffe avec l'apparence de fils tirés à intervalles réguliers (e) donne un tissu à carreaux-fenêtres.

Le choix du patron

Choisissez de préférence un patron sans doublures, parementures ou entoilages, et évitez les boutons et les fermetures à glissière. Plusieurs patrons de vestes, de chemises et de jupes, particulièrement ceux de style pull et portefeuille, peuvent être modifiés pour convenir à ce type de tissu. Moins le tissu est stable, plus le patron devra être ample. Dans tous les cas, il est préférable de choisir des styles simples. La stabilité des tissus lâches varie. Testez la stabilité en drapant le tissu sur votre main et en le laissant pendre librement. Il est ainsi possible de constater son extensibilité et d'en apprécier le drapé. Tirez légèrement sur le plein biais afin d'évaluer l'extensibilité du tissu dans cette direction.

La préparation du tissu

Il faut prérétrécir tous les tissus lâches. Procédez comme avec le vêtement terminé. Pour éviter l'effilochage excessif, faites une couture au point zigzag le long des extrémités coupées ou fixez-les à l'aide d'un biais avant le lavage. Lavez de la même façon que les tissus légers. Séchez le tissu à l'air libre afin d'éviter le rétrécissement dû à l'air chaud du sèche-linge. Enroulez-le dans des serviettes pour extraire l'excès d'humidité, étendez-le à plat pour le séchage et redressez le droit fil.

Le plan de coupe, la coupe et le marquage

Chaque fil du tissage étant apparent, il importe que le tissu soit bien droit et aligné sur le droit fil au moment de tailler. Toute ondulation de fils paraîtra sur le vêtement terminé. Lorsque la texture de l'étoffe provient de fils granulés et irréguliers, utilisez un plan de coupe « avec sens » pour uniformiser la texture de toutes les sections du vêtement. Utilisez beaucoup d'épingles afin de stabiliser les pièces du patron sur le tissu.

Si le tissu s'effiloche facilement, laissez une réserve de couture de 2,5 cm (1 po). Une réserve large facilite l'exécution de coutures et de bordures spéciales et permet de raser les bords vifs. Reportez les marques du patron avec un marqueur ou un faufil.

Les coutures spéciales

(a) **La couture simple avec bords** vifs bordée de ruban de tulle est rapide et nette. Utiliser le point zigzag, le zigzag trois temps, ou un long point droit de 10 à 12 pts/ 2,5 cm (1 po).

(b) **La couture rabattue,** formée sur l'endroit du vêtement, produit une couture réversible. Idéale pour les manches retroussables ou autres parties qui montrent les deux côtés des coutures.

(c) **La couture surjetée,** effectuée par une surjeteuse à 4 fils, ou à 3 fils avec une rangée de points droits, recouvre les bords vifs de fil.

Les ourlets spéciaux

(d) **Surpiquer** afin de stabiliser les bordures. Cette méthode rapide donne des résultats attrayants. Finir le bord vif avant d'ourler ; utiliser un point zigzag ou un point de surjet à 2 ou 3 fils.

(e) **Fixer la bordure** à l'aide d'un ruban de tulle. Coudre l'ourlet à la main au point de flanelle invisible ou faire un ourlet invisible à grands points lâches entre le vêtement et l'ourlet.

(f) **Bord frangé.** Tirer un fil à la largeur de frange désirée. Passer une couture dans l'espace laissé par le fil enlevé (flèche) ; puis retirer un par un les fils se trouvant sous la couture.

LE VELOURS CÔTELÉ ET LA VELVÉTINE

Fait de coton ou d'un mélange de fibres de coton et de polyester, le velours côtelé se présente sous de nombreuses formes. Il porte divers noms, selon la taille et le style de ses côtes (chaînettes).

(a) **Le velours côtelé à côtes fines** est léger et comprend 640 côtes au mètre (16 au po).

(b) **Le velours côtelé à côtes moyennes** est plus lourd et comprend moins de côtes.

(c) **Le velours côtelé à grosses côtes** est un tissu lourd qui peut comprendre aussi peu que 120 côtes au mètre (3 au po).

(d) **Le velours côtelé à côtes grosses et fines** alterne ces deux types de côtes. C'est l'une des nombreuses nouveautés offertes.

(e) **Le velours côtelé sans côtes** possède des poils pelucheux qui rappellent ceux de la velvétine.

Comme il se lave facilement et est durable, le velours côtelé est habituellement employé pour les vêtements de sport ou d'enfants. Choisissez votre patron en fonction de la forme que vous souhaitez utiliser.

Plus le tissu est lourd et plus ses côtes sont épaisses, plus le style du patron devrait être simple. Les velours côtelés plus légers s'adaptent bien aux formes du corps et peuvent être employés pour des vêtements comportant plus de détails, dont des fronces. Les velours côtelés à côtes moyennes servent souvent à la confection de vestes ou vestons ajustés.

(f) **La velvétine** est, tout comme le velours côtelé, composée de coton ou d'un mélange de coton et polyester. Cependant, ses poils sont généralement plus courts et plus denses. C'est un tissu de poids moyen qu'on peut employer quand on veut rendre l'effet du velours. Elle se coud plus facilement et est plus durable que ce dernier.

La préparation du tissu

Avant toute chose, prérétrécissez le velours côtelé et la velvétine, puis passez-les au sèche-linge afin d'en faire bouffer les poils. Le prérétrécissement est particulièrement important pour les tissus de coton, même s'il peut avoir pour effet de décolorer les tissus aux couleurs vives et de les défraîchir prématurément. Les tissus faits d'un mélange de coton et de polyester rétrécissent, se décolorent et se froissent moins que ceux en coton pur.

Trucs pour la couture

Les tissus à poil comme le velours côtelé et la velvétine glissent souvent quand on les coud. Le pied à double entraînement ou le pied presseur roulant peut contribuer à limiter le problème. Vous y gagnerez à rapprocher vos épingles et à bien tendre le tissu devant et derrière le pied presseur. Faites vos coutures dans le sens de l'étoffe afin que la texture reste lisse.

Vous pourriez devoir ajuster la machine de manière à équilibrer la piqûre. La plupart des velours côtelés et velvétines s'accommodent au mieux de 10 à 12 points par 2,5 cm (1 po). Pour les velours côtelés lourds et volumineux, diminuez la pression du pied.

Comme les bords vifs du velours côtelé et de la velvétine s'effilochent facilement, finissez-les au biais à border ou à la surjeteuse. Rasez les coutures enfermées afin de réduire le surplus de volume sans le faire de manière trop rapprochée. Les bords vifs enfermés peuvent s'effilocher s'ils ne sont pas surpiqués ou traités au liquide anti-effilochage.

Pour la velvétine et le velours côtelé lourds, faites l'ourlet à la main ou posez un entoilage afin de réduire le surplus de volume. Utilisez de l'entoilage du commerce ou coupez en biais des bandes de 5 cm (2 po) dans du broadcloth de polyester/coton.

Les techniques de couture pour le velours côtelé et la velvétine

(1) **Décider** de la nuance de couleur désirée avant de disposer le patron sur le tissu. Quand les poils sont vers le haut, le tissu est plus lisse dans ce sens et la couleur semble plus foncée. Quand ils sont vers le bas, il est plus lisse dans ce sens et la couleur semble plus pâle et légèrement lustrée. Le velours côtelé dure plus longtemps quand les poils sont vers le bas.

(2) **Rapporter** les marques de coupe du patron à la craie, au crayon délébile ou avec des épingles sur l'envers du tissu uniquement. N'employer la roulette à tracer et le papier-calque qu'après avoir fait un essai sur une retaille, car la roulette peut endommager les tissus pelucheux.

(3) **Presser** délicatement les tissus pelucheux. Disposer une retaille de tissu, endroit dessus, sur la surface de pressage et couvrir du vêtement, endroit dessous. Presser délicatement pour éviter d'écraser les poils. Pour prévenir les marques lors du pressage, placer des bandes de papier entre la réserve de couture et le vêtement, ou ouvrir les coutures au passe-carreau.

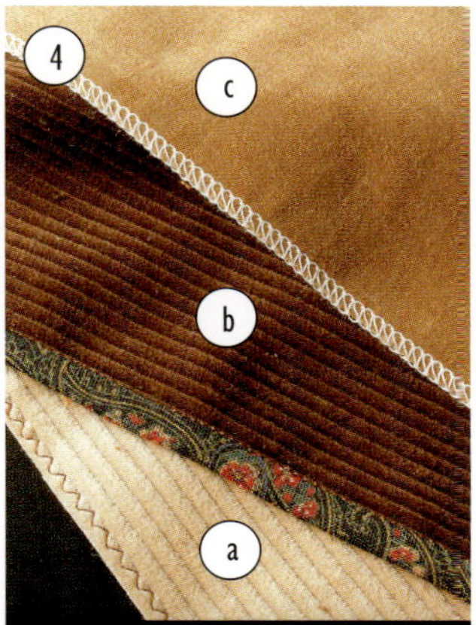

(4) **Finir** tous les bords vifs afin de prévenir leur effilochage. Finir à l'aide d'un point zigzag (a), d'un biais (b) ou d'un point de surjet à 2 ou 3 fils en employant un fil ultra-fin (c).

(5) **Dégrader** les réserves de couture enfermées afin de réduire le surplus de volume. La surpiqûre facultative peut être assez éloignée du bord, de sorte qu'elle enferme les bords vifs des coutures dégradées, ce qui préviendra l'effilochage et renforcera les bords du vêtement.

(6) **Faire l'ourlet** au point de chausson. Border le bord vif d'un biais ou le finir au point zigzag ou de surjet afin de prévenir l'effilochage. Coudre l'ourlet au vêtement en utilisant un point de chausson invisible lâche pour éviter que l'ourlet laisse une marque.

c
d
b
a
j
f
g
i
h

LES TRICOTS

Le tricot résulte de l'entre-croisement de boucles. Il ne froisse pas facilement, est confortable et facile à coudre parce qu'il ne s'effiloche pas. Il existe une grande variété de tricots et la plupart de ceux qui servent à la couture peuvent être regroupés en cinq grandes catégories.

Les **tricots serrés et stables** ne s'étirent pas beaucoup et se manipulent comme les tissus tissés. Dans ce groupe, on trouve les tricots doubles (a), qui présentent de fines côtes dans le sens de la longueur sur les deux côtés, ce qui explique pourquoi on peut difficilement distinguer l'envers de l'endroit, à moins que ce dernier ne présente des motifs. Le tricot rachel (b) a une texture ajourée non extensible parce que les fils dans le sens de la chaîne sont bloqués dans certaines boucles de maille. Certains tricots rachel, faits à partir de fils gonflants, ressemblent à du tissu bouclé ou à des tricots à la main. D'autres, faits à partir de fils plus fins, ressemblent à du crochet.

Les **tricots légers à mailles simples** présentent de fines côtes dans le sens de la longueur sur l'endroit, et des boucles dans le sens de la largeur sur l'envers. Lorsqu'on étire un jersey simple dans le sens de la largeur, le bord s'enroule sur l'endroit. Les tricots simples tels le jersey (c), le tricot jeté (d) et l'interlock (e) ne s'étirent pas en longueur, mais ont un certain jeu en largeur.

Les **tricots texturés** peuvent être simples ou doubles. Cette catégorie se distingue par une surface texturée qui se trouve habituellement sur l'endroit. Le tissu-éponge (f) et le velours de laine (g) sont des tricots à fils relevés qui ressemblent à leurs homologues tissés; cependant, ils s'étirent beaucoup en largeur. Dans cette catégorie, on trouve également les tricots pour chandails (h). Ceux à motifs comportent des fils flottants sur l'envers, car les fils colorés sont transportés d'un motif à l'autre, ce qui limite leur extensibilité en largeur. L'étoffe pour sweatshirt (i) est confortable et ressemble à un tricot simple sur l'endroit; elle présente une surface grattée douce sur l'envers.

Les **tricots avec élasticité chaîne et trame** s'étirent à la fois dans le sens de la longueur et de la largeur et comportent un fort pourcentage de fibres spandex souples. Les tricots absorbants faits de coton, spandex et coton, polyester et spandex (j) sont les favoris pour les vêtements de sport, par exemple le léotard, l'ensemble pour exercices d'aérobie et le corsage-culotte. Les tricots solides de nylon et spandex (k) reprennent bien leur forme même lorsqu'ils sont mouillés et servent habituellement à la confection de maillots de bain.

Le **bord-côte** est un tricot très extensible qui peut servir pour les hauts et pour la finition des vêtements aux poignets, aux chevilles, au cou et à la taille. Le bord-côte tubulaire (l), vendu au pouce (2,5 cm), doit être coupé le long d'une côte avant d'être cousu. La bordure côtelée (m), d'une couleur coordonnée aux tricots pour chandails, a une extrémité finie et une autre qui se coud au vêtement.

Les techniques de couture pour les tricots

Les patrons pour tricots sont conçus en fonction de l'extensibilité et du poids du tricot. La liste des tissus suggérés au verso de la pochette du patron inclut habituellement une combinaison de tricots et de tissés. Un tricot souple et léger, tel le jersey, convient aux patrons avec fronces, drapés et autres éléments semblables. S'il est rigide, comme le tricot double, un patron façon tailleur ou ajusté convient bien. S'il est volumineux ou texturé, comme le tricot pour chandails, un patron avec peu de coutures et de détails mettra davantage en valeur sa texture.

Certains patrons sont conçus spécifiquement pour des tricots extensibles. Il s'agit de patrons pour vêtements très ajustés, comme les maillots de bain et les léotards, qu'il serait impossible d'enfiler s'ils étaient confectionnés dans un tissu non extensible, ou encore les hauts et pantalons qui collent au corps et qui seraient inconfortables dans un autre type de tissu. Sur la plupart des patrons conçus pour les tricots, il y a une règle pour mesurer l'extensibilité imprimée au verso de la pochette. Lorsque le patron précise « tricot extensible dans les deux sens », testez l'extensibilité du tricot dans le sens de la longueur et de la largeur.

Les patrons conçus pour les tricots comportent souvent une réserve de couture de 6 mm (¼ po). Si le patron choisi a des réserves de couture de 1,5 cm (⅝ po), réduisez-les à 6 mm (¼ po) pour les tricots.

La préparation du tissu

Il est préférable de prérétrécir les tricots. Si le lavage et le séchage feront partie de l'entretien courant du vêtement, lavez et séchez l'étoffe avant de la tailler. Ayez recours au nettoyage à sec s'il y a lieu. Il n'est pas nécessaire de prérétrécir les bords-côtes, à moins qu'il ne s'agisse d'un bord-côte foncé sur un vêtement pâle.

Si le coupon montre encore la marque du pli après le lavage, pressez-le. Si la marque ne disparaît pas au pressage, on peut considérer qu'elle est permanente ; tenez-en compte alors dans le plan de coupe afin qu'elle n'apparaisse pas sur le vêtement terminé.

Pour redresser les extrémités du tricot, tracez une ligne à la craie le long des bords vifs, dans le sens des fils de trame, à angle droit avec les côtes. Coupez le tissu le long de la marque.

Comment se servir de la règle pour mesurer l'extensibilité d'un tricot

(1) Un tricot qui convient bien à un patron s'étire facilement jusqu'au côté droit de la règle imprimée sur la pochette. Pour effectuer le test, plier le bord de trame de 7,5 à 10 cm (3 ou 4 po) et le placer contre la règle en l'étirant. Si le tricot s'étire encore plus que la mesure recommandée, on peut quand même l'utiliser.

(2) Un tricot qui doit être étiré au-delà de ses capacités pour atteindre l'extension suggérée sur la règle du patron ne convient pas. Les côtes sont déformées et les bords roulent sur eux-mêmes, en raison d'une tension trop grande. Le tricot choisi n'est donc pas suffisamment extensible pour le type de patron sélectionné.

Le pressage

Pressez les tricots en suivant le sens des côtes, en soulevant et en abaissant le fer. Sélectionnez une température basse et augmentez-la au besoin. Évitez de presser à contresens des côtes ou de manipuler le tricot avant qu'il ne soit complètement refroidi, afin qu'il ne s'étire ni ne se déforme.

Il faut bloquer les tricots pour chandails au lieu de les presser. Pour ce faire, disposez soigneusement le tricot ou le vêtement à plat et passez le défroisseur ou le fer à vapeur au-dessus. Laissez le tissu sécher et refroidir complètement avant de le manipuler.

Le plan de coupe

Avec les tricots, utilisez toujours le plan de coupe « avec sens ». En raison de leur méthode de fabrication, les tricots sont unidirectionnels, ce qui peut occasionner une différence de ton sur le vêtement fini.

Avant de tailler un tricot, étirez les deux extrémités dans le sens de la largeur afin de voir si les mailles filent. Si tel est le cas, les mailles auront tendance à filer plus d'un côté que de l'autre. Placez la bordure la plus susceptible de se défaire sur l'ourlet au moment de la coupe. L'ourlet subit moins de tension, le tricot aura donc moins tendance à filer une fois le vêtement cousu.

Au moment d'établir le plan de coupe et de tailler un tricot, ne le laissez pas pendre en dehors de la surface de travail : le poids du tissu pourrait déformer la partie qui se trouve sur le plan de travail.

Avec des gros tricots ou des tricots texturés, il est plus facile d'établir le plan de coupe pour une seule épaisseur de tissu à la fois. Placez le côté texturé en dessous ; épinglez et marquez sur l'envers, plus lisse, du tricot. Utilisez des poids au lieu des épingles sur les tricots ajourés.

Les entoilages

Posez de l'entoilage sur les tricots pour stabiliser certains détails comme les boutonnières, les pattes et les poches appliquées et donner du corps aux parties formées, par exemple, le col. Choisissez un entoilage souple qui ne changera pas les caractéristiques du tricot. Deux types conviennent particulièrement bien aux tricots : le jersey thermocollant et le non-tissé extensible.

Trucs pour l'entoilage des tricots

(1) Le jersey thermocollant stabilise les tricots mode et leur donne du corps, tout en gardant leur souplesse. Il permet une certaine extensibilité dans le sens de la largeur. Se servir de cet entoilage pour stabiliser les poignets, les poches et les pattes.

(2) L'entoilage non tissé extensible stabilise le tricot dans le sens de la longueur, mais préserve l'extensibilité dans le sens de la largeur. L'utiliser pour donner du corps aux parties entoilées tout en préservant leur souplesse.

LES TISSUS DIAPHANES ET SOYEUX

Les tissus diaphanes peuvent être souples ou rigides au toucher ; les plus rigides sont plus faciles à tailler et à coudre. Parmi les tissus souples, on trouve la batiste (a), la mousseline (b), la soie de Chine (c), et le crêpe georgette (d). Parmi les tissus rigides, il y a l'organza (e), le voilage (f) et l'organdi (g).

La transparence constitue la principale caractéristique de ces tissus. Les points sur l'envers d'un vêtement diaphane paraissent sur l'endroit. Qu'ils soient révélés clairement ou qu'ils se fondent dans le tissu, les détails tels que les coutures, les parementures et les ourlets doivent être nets et étroits pour que le vêtement ait une facture de qualité.

Les tissus soyeux sont faits de fibres de soie naturelles ou synthétiques, comme le polyester, le nylon, la rayonne et l'acétate. Le polyester connaît une grande popularité parce qu'il est moins cher que la soie. La plupart des tissus synthétiques soyeux ne rétrécissent ni ne se décolorent et ils peuvent être lavés et séchés à la machine. Dans ce groupe de tissus, on trouve la charmeuse (h), le crêpe de Chine (i), le jacquard léger (j), le crêpe-satin léger (k) et la faille (l).

Même si la soie et les tissus synthétiques semblables ne possèdent pas les qualités de transparence des tissus diaphanes, ils ont la même finesse et le même type d'armure.

Les détails de construction intérieure peuvent paraître à l'extérieur. Voilà pourquoi plusieurs des techniques et accessoires de coutures suggérés sont semblables pour les deux types de tissus. Compte tenu de leur texture lisse et souple, il faut prendre des précautions spéciales lors de la coupe afin de les empêcher de glisser.

Guide pour la couture de tissus diaphanes et soyeux

Fournitures et techniques	**Diaphanes souples** Batiste, mousseline, soie de Chine, crêpe georgette **Diaphanes rigides** Organdi, organza, voilage	**Soyeux légers** Charmeuse, crêpe de Chine, jacquard, crêpe-satin, faille
Aiguille de machine	Format 8 (60), 9 (65) ou 11 (75)	
Longueur du point	12 à 16 par 2,5 cm (1 po)	
Réglage du point en mm	2,5 à 2	
Fil	Fil de polyester extrafin à longues fibres ; soie ou coton mercerisé. Ces fils sont souvent destinés à la lingerie, à la broderie machine ou au piquage. Choisir le fil le plus fin possible.	
Aiguille à main	De tailleur mi-longue, format 8 à 12	De tailleur mi-longue, format 8 à 12
Entoilages	Diaphane non tissé thermocollant ou à coudre, tissu du vêtement, organza	Jersey thermocollant, entoilage diaphane non tissé (thermocollant ou à coudre), batiste, tissu du vêtement, tissu pour doublure, organza, organdi
Coutures spéciales	Anglaise, surjetée, double, fini filiforme	Anglaise, surjetée, double
Ourlets spéciaux	Surjeté, roulotté à la surjeteuse ou à la main, avec biais diaphane fini filiforme étroit et surpiqué	

Les techniques de couture pour les tissus diaphanes et soyeux

Lors du choix du patron, gardez à l'esprit que les tissus diaphanes et soyeux sont fragiles. Les vêtements amples aux lignes gracieuses et fluides conviennent le mieux. Recherchez les détails comme les fronces, les volants, les bouillonnés ou les drapés. Les tissus diaphanes rigides peuvent convenir à un patron avec détails tailleur, comme une chemise. Les pièces de patron en soie naturelle ou en tissu soyeux synthétique taillées sur le biais sont difficiles à manipuler, ayant tendance à s'étirer et à glisser.

Les vêtements en tissu diaphane ont avantage à être le plus simples possible, car moins le patron comporte de coutures, pinces et entoilage, moins la construction intérieure paraîtra sur l'endroit et moins de temps sera consacré aux finitions spéciales pour la camoufler. Évitez les patrons avec fermetures à glissière et poches montées dans la couture, car ces détails ajoutent du volume et sont inesthétiques sur le vêtement fini.

La préparation du tissu

Pour de meilleurs résultats, lavez et séchez les tissus diaphanes et soyeux avant d'entreprendre la confection, si ce type d'entretien est prévu. Cette opération les rétrécira et enlèvera la résine qui peut occasionner des points sautés et rendre difficile la couture de tissus synthétiques. Suivez les instructions du fabricant pour l'entretien des tissus. En général, on conseille de les laver à la machine au cycle délicat et de les sécher par culbutage à basse température. Avant le lavage, passez une couture le long des bords vifs afin de prévenir l'effilochage.

La soie naturelle et synthétique requiert des soins spéciaux. Elle peut être nettoyée à sec ou lavée à la main. L'eau tiède libère une substance naturelle présente dans la soie qui a pour effet d'en rafraîchir l'apparence. Et le fait de laver le tissu préalablement élimine la crainte des taches d'eau. Il s'avère toutefois impossible d'obtenir une teinture grand-teint avec de la soie qui, par conséquent, finit par se décolorer au lavage. Le lavage à la main, non recommandé pour les couleurs foncées, les imprimés et les tissus chatoyants, convient pour les couleurs pâles et unies. Faites un essai sur un échantillon afin d'évaluer la réaction du tissu au lavage à la main ; puis traitez le reste de l'étoffe en conséquence.

Prenez soin de prérétrécir les autres tissus, tels les entoilages et les doublures, car un rétrécissement, même minime, provoquera l'apparition de godets ou de faux plis, surtout si le tissu est mince et léger.

Si vous optez pour le nettoyage à sec, préparez les tissus en les pressant à la vapeur sur l'envers avec une pattemouille. Réglez le fer à la plus basse température avec vapeur.

Le pressage

La façon la plus sécuritaire de presser un tissu délicat et soyeux consiste à effectuer un essai sur une retaille de tissu. Déterminez la température optimale du fer en le réglant d'abord à basse température et en l'augmentant au besoin. Les tissus composés de rayonne et de polyester roussissent facilement et exigent une basse température. Utilisez une pattemouille ou un couvre-fer afin de protéger les tissus et les fibres fragiles. Évitez d'utiliser une housse de planche à repasser avec revêtement métallique, car elle transmet trop de chaleur au tissu.

La plupart des tissus de soie pure peuvent être pressés à la vapeur à basse température, mais faites un essai pour vous assurer que la vapeur ne laisse aucune tache. Ce risque est plus grand sur de la soie pure qui n'a pas été lavée avant la coupe et sur les tissus lustrés, telle la charmeuse.

Évitez de trop presser avec le fer. La chaleur pénètre rapidement les tissus minces et légers. Une légère pression suffit. Utilisez une brosse à défroisser à vapeur pour repasser les vêtements finis.

Le plan de coupe et la coupe

De façon générale, les tissus légers sont plus faciles à manipuler lorsque la surface de coupe est recouverte d'un drap, d'un tissu à surface mate ou du dessous en flanelle d'une nappe de vinyle. Une planche à tailler en carton ou une surface de travail rembourrée ou couverte de liège contribuent également à tenir en place les tissus glissants.

Pour épingler le patron, utilisez des épingles extra-fines (0,5 mm de diamètre) qui pénètrent dans le tissu sans l'endommager. Essuyez les aiguilles neuves avant de vous en servir afin d'enlever le revêtement huileux, évitant ainsi les risques de taches, ou utilisez d'abord les épingles sur un tissu foncé. Malgré leur nom, les épingles à soie sont trop grosses pour ce tissu et devraient être utilisées avec des tissus plus lourds, comme la soie brute.

La coupeuse rotative coupe rapidement les tissus fins. La lame taille nettement, évitant les glissements pendant la coupe. L'utilisation de ciseaux de coupe à manche recourbé constitue aussi une bonne solution, car la forme de l'anneau permet à la lame inférieure de rester sur la surface de coupe, sans déplacer les couches de tissu. Les ciseaux à denteler peuvent également s'avérer utiles ; les lames spéciales agrippent fermement le tissu mince et glissant, ce qui facilite la coupe et permet de finir les bords vifs du tissu. Quel que soit l'instrument utilisé, il doit être bien affûté ; les lames de ciseaux doivent être parfaitement alignées. Essuyez avec un linge doux la poussière qui se forme sur les lames lors de la coupe des tissus synthétiques.

Choisissez un plan de coupe « avec sens » pour toutes les étoffes lustrées. Cela garantit un vêtement d'une teinte uniforme. Certains tissus semblent plus pâles ou plus brillants dans un sens que dans l'autre. Examinez attentivement le tissu avant d'établir le plan de coupe et décidez quel effet vous préférez.

Comment laver la soie à la main

(1) **Fouler** doucement le tissu dans de l'eau tiède. Utiliser un détergent, un savon doux ou un shampooing naturel tel le savon de Castille. Rincer à l'eau froide.

(2) **Enrouler** le tissu dans une serviette afin d'enlever l'excès d'humidité. Ne pas essorer ni tordre, pour éviter des faux plis difficiles à enlever.

(3) **Presser** sur l'envers du tissu encore humide. Utiliser un fer sec à basse température, réglé, par exemple, sur « Fibres synthétiques ». Suivre le sens du tissu.

Le plan de coupe pour les tissus glissants

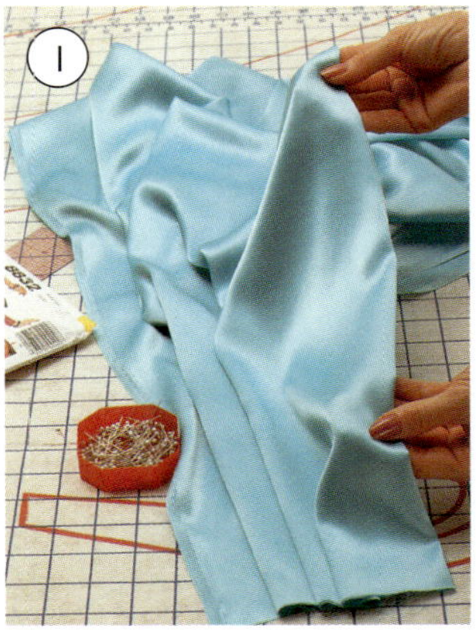

(1) **Plier** le tissu l'endroit sur le dessus afin que les deux épaisseurs de tissu moins luisantes se retrouvent l'une contre l'autre. Tenir le tissu le long du bord replié et le laisser retomber naturellement pour ne pas tirer sur le droit fil.

(2) **Piquer** les épingles dans la réserve de couture et dans la surface de travail coussinée ou recouverte de liège pour immobiliser les épaisseurs du tissu glissant Avec une planche à tailler en carton, ne pas utiliser des épingles extrafines, car le carton les émousse.

(3) **Intercaler** les tissus extrêmement glissants ou très minces entre deux feuilles de papier de soie pour les assujettir. Placer le papier de soie sur la planche à tailler ; mettre le tissu et le patron par-dessus, puis épingler à travers toutes les couches à l'intérieur des lignes de coupe.

LES TISSUS LUSTRÉS

La surface lustrée des tissus pour les grandes occasions peut provenir du tissage, comme c'est le cas pour le satin, ou de fibres chatoyantes comme pour la soie et l'acétate. Certains finis spéciaux créent un effet lustré ; l'ajout de fibres métalliques et de paillettes donne un éclat prestigieux à un tissu ordinaire.

(a) Le **satin** a une armure qui produit une surface lustrée à partir de fils flottants. La combinaison de fibres telles que la soie, la rayonne ou le polyester et de l'armure spéciale font que le satin se tache facilement à l'eau ; protéger le tissu avec une pattemouille et utiliser un fer sec lors du pressage. Utiliser des épingles extrafines afin d'éviter de tirer des fils.

(b) Le **crêpe-satin** est également nommé crêpe à envers satin, parce qu'il est réversible ; d'un côté, il a la surface mate et granitée du crêpe, et de l'autre, la texture lisse et lustrée du satin. L'un des deux côtés peut servir pour faire des bordures et des garnitures.

(c) Le **satin peau de soie** est un tissu rigide à armure sergée sur l'endroit. Il y en a à double face avec de fines côtes dans la trame des deux côtés. Comme les épingles et les coutures peuvent marquer, épingler dans la réserve de couture et faire les rectifications avant de piquer pour éviter d'avoir à défaire des points.

(d) Le **taffetas** est rigide et ne tombe pas en souplesse. Faire l'essai de techniques de couture sur des retailles de tissu, car les épingles et les points défaits peuvent laisser des marques. Lorsque la fibre contient de l'acétate, la vapeur est susceptible d'y laisser des taches.

(e) Le **taffetas moiré** est passé entre des rouleaux chauffants, ce qui lui donne une texture filigranée.

(f) Le **brocart,** disponible dans tous les poids, de léger à lourd, présente des motifs semblables à de la tapisserie. Les motifs doivent être équilibrés sur les principales sections du vêtement et se raccorder le long des coutures visibles. La plupart des brocarts sont tissés, mais il en existe qui sont tricotés. Un pressage soigneux sur une surface coussinée préserve la texture du tissu. Si le brocart comporte des fils métalliques brillants, régler le fer à basse température. Doubler avec de la batiste afin d'améliorer le confort.

(g) Les **tissus métalliques** comprennent des fibres métalliques tissées ou tricotées. La plupart s'altèrent à la chaleur et se décolorent sous l'effet de la vapeur. Presser les coutures avec un dé à coudre ou l'extrémité d'un tourneur ; ou utiliser un fer sec et froid.

(h) Le **lamé** est un tissu métallique doux et brillant, tissé ou tricoté. Le lamé tricoté tombe mieux et se travaille plus facilement que le lamé tissé. Outre les tons or, argent et cuivré traditionnels, le lamé est disponible dans des couleurs chatoyantes.

(i) Les **tissus à paillettes** ont une base tricotée ou tissée transparente. Ces tissus nécessitent des patrons simples. Sinon, ne les utiliser que pour une partie du vêtement, par exemple, le corsage.

Les techniques de couture pour les tissus lustrés

Plusieurs tissus entrent dans la catégorie des tissus lustrés ; certains exigent des précautions tout à fait particulières pendant la confection. Tous se ressemblent cependant sur deux points : il faut choisir un plan de coupe « avec sens » afin d'obtenir un vêtement d'une teinte uniforme, et il faut les manipuler le moins possible. Choisissez des patrons simples, avec peu de coutures et de pinces. Évitez les boutons et les détails tels que les cols façonnés et les poches passepoilées. Finissez les coutures simples en les dentelant, ou en appliquant du liquide pour empêcher l'effilochage sur les bords vifs au lieu de recourir à des techniques élaborées. Prenez des précautions spéciales lors du pressage : exercez une légère pression et couvrez la surface avec une retaille du même tissu, face duveteuse contre face duveteuse. Pour prévenir les marques lors du pressage des coutures, utilisez un coussin de tailleur ou placez des bandes de papier épais entre la réserve de couture et le vêtement.

Guide pour la couture de tissus lustrés

Fournitures et techniques	**Poids moyen** Crêpe-satin, lamé, satin, satin peau de soie, soie, taffetas, moire	**Fortement texturés** Brocart, tissus à paillettes
Aiguille de machine	Format 11 (75)	Format 14 (90) ou 16 (100)
Longueur du point	8 à 12 par 2,5 cm (1 po)	8 à 12 par 2,5 cm (1 po)
Réglage du point en mm	3,5 à 2,5	3,5 à 2,5
Fil	Tout usage en coton ou coton/polyester, en soie pour tissus en soie	Tout usage en coton ou coton/polyester
Aiguille à main	De tailleur mi-longue, format 7 ou 8	De tailleur mi-longue, format 7 ou 8
Entoilages	Cousus, tissés ou non tissés	Cousus, tissés ou non tissés
Coutures spéciales	Simple, dentelée, au point de surfil, zigzag trois temps	Simple ou bordée avec un biais
Ourlets spéciaux	Points de chausson, surpiqûre, ruban de crin, avec parementure	Avec parementure

Conseils pour la manipulation des tissus lustrés

(1) **Coupe.** Épingler dans la réserve de couture afin de prévenir les marques laissées par les épingles. Utiliser des épingles extrafines pour les tissus fins tels le satin et le taffetas. Les ciseaux doivent être bien aiguisés, sinon les lames endommageront les bords vifs. Couper en conservant la même direction pour obtenir des bords bien lisses. Toujours utiliser le plan de coupe « avec sens ».

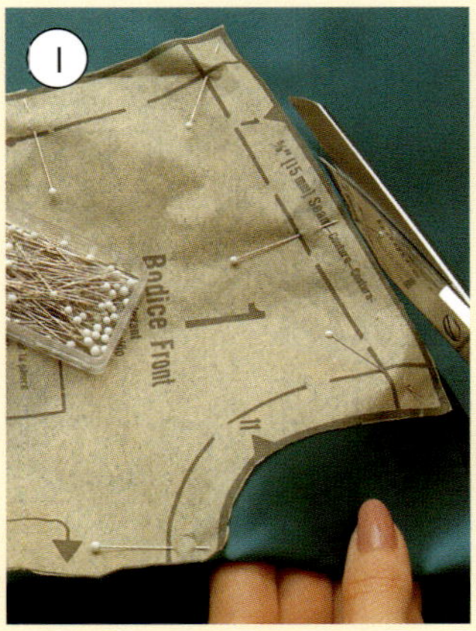

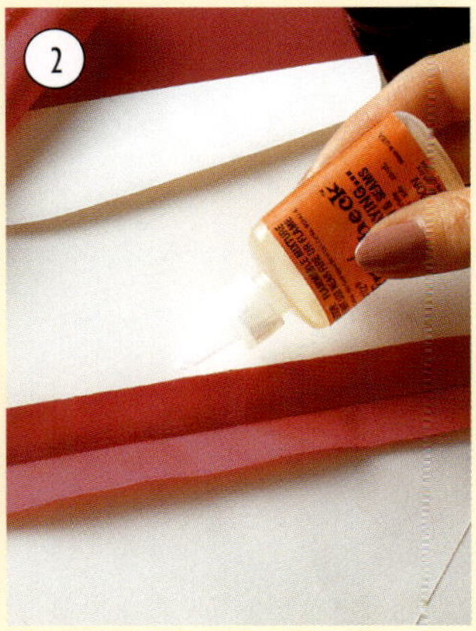

(2) **Coutures.** Faire des coutures et des finitions simples. Les bords vifs peuvent être dentelés, surjetés ou finis au zigzag trois temps. Si le tissu s'effiloche facilement, appliquer une fine couche de liquide pour empêcher l'effilochage sur les bords. Glisser un papier entre la réserve de couture et le vêtement pour le protéger des gouttes inopportunes.

a
h
g
b
e
f
c
d

LES DENTELLES ET LES BRODERIES

La dentelle semble fragile et délicate, mais elle se coud facilement. Les véritables dentelles ont un fond de filet ou de tulle sans droit fil et ne s'effilochent pas. Vous pouvez tailler librement et créer vos propres motifs, car les coutures n'exigent pas de finition particulière ; pour ourler, vous n'avez qu'à raser près des bords des motifs dominants.

Les motifs ajourés de la dentelle ont une longue et riche histoire. Certains portent encore le nom des villes européennes où ils ont été créés à la main à partir de la soie, du coton ou du lin. Aujourd'hui, plusieurs dentelles sont fabriquées à la machine à partir de mélanges de coton, de polyester, d'acrylique ou de nylon, et elles sont faciles d'entretien.

(a) **La dentelle d'Alençon** comporte des motifs soulignés par une fine corde de satin sur un fond de filet diaphane. Une ou plusieurs des bordures sont finies.

(b) **La dentelle de Chantilly** présente des motifs floraux sur un fond de filet délicat, soulignés par des fils soyeux. Prisée pour les vêtements de mariée cette dentelle comporte habituellement un motif continu.

(c) **La broderie anglaise ou Madère** consiste en un tissu de coton (ou de polyester et coton) finement tissé, garni d'une broderie plumetis ajourée. Même si la broderie anglaise ne constitue pas une véritable dentelle, elle requiert les mêmes précautions pour la coupe et le pressage.

(d) **La peau d'ange,** une variante de la dentelle de Chantilly, est fabriquée avec du fil soyeux afin de lui donner une texture douce.

(e) **La dentelle de Venise** est faite de fils lourds et de points particuliers qui lui confèrent une texture tridimensionnelle. Des picots relient les motifs. La dentelle de Venise n'a pas le fond en filet typique de la plupart des dentelles.

(f) **Le point d'esprit** est constitué d'un filet ou d'un fond délicat ajouré de tulle fine avec un motif de points brodés.

(g) **La dentelle de Cluny,** obtenue à partir de fils lourds s'apparentant au coton, ressemble au crochet à la main. Elle comporte habituellement des motifs en roue et parfois des nœuds en relief.

(h) **La broderie Schiffli** consiste en un tissu transparent ou semi-transparent décoré à l'aide d'une machine à broder qui imite la broderie à la main.

Guide pour la couture des dentelles

Fournitures et techniques	**Délicate** Chantilly, peau d'ange, point d'esprit	**Brodée** Broderie anglaise, Schiffli	**Texturée** Alençon, Cluny, Venise
Aiguille de machine	Format 8 (60) ou 9 (65)	Format 9 (65) ou 11 (75)	Format 11 (75)
Longueur du point	12 à 16 par 2,5 cm (1 po)	10 à 12 par 2,5 cm (1 po)	10 à 12 par 2,5 cm (1 po)
Réglage du point en mm	2,5 à 2	3 à 2,5	3 à 2,5
Fil	Extrafin	Tout usage	Tout usage
Aiguille à main	De tailleur mi-longue, format 7 ou 8	De tailleur mi-longue, format 7 ou 8	De tailleur mi-longue, format 7 ou 8
Entoilages	Omettre	Omettre	Omettre
Coutures spéciales	Double rabattue, surjetée, double	Surjetée, double	Double rabattue, double
Ourlets spéciaux	Bordure à même, appliquée	Bordure à même	Bordure à même, appliquée, ruban de crin

Les techniques de couture pour les dentelles et les broderies

Choisissez un patron convenant à la texture et au poids de la dentelle. Une dentelle lourde, telle la dentelle d'Alençon ou de Cluny, convient pour un patron à silhouette simple et ajustée. Une dentelle légère, telle la dentelle de Chantilly, est adéquate pour un patron avec jupe et manches longues et détails comme des volants.

Les patrons pour robes de mariée et de gala illustrées dans des tissus de dentelle peuvent nécessiter un type particulier de dentelle, par exemple, des bordures d'une largeur spécifique ou une dentelle large avec motifs continus. Le verso de la pochette du patron vous indiquera si la dentelle choisie convient.

Si les modèles illustrés sur un patron ne montrent pas de dentelle, choisissez-en un dont les sections correspondent à la largeur du tissu. Si vous prévoyez utiliser une bordure en dentelle sur les manches, et que la dentelle n'est pas suffisamment large pour des manches longues, prenez un patron avec manches courtes ou placez la dentelle sur le bord inférieur d'une manche en organza. Comme on doit habituellement éliminer les parementures, les ourlets et les poches, vous pourriez avoir besoin de moins de tissu qu'indiqué sur le patron. La dentelle n'ayant pas de droit fil, il est possible de tourner les pièces du patron pour utiliser un côté de la dentelle comme bord fini.

La préparation du tissu

Les dentelles nécessitent rarement une préparation particulière avant la couture. La plupart doivent être nettoyées à sec. Il est rare qu'une dentelle rétrécisse, mais si l'étiquette d'entretien indique qu'elle est lavable et que vous la combinez avec d'autres tissus et garnitures sur un vêtement lavable, il est recommandé de la prérétrécir.

Les parementures, les entoilages et les triplures

Les parementures, les entoilages et les triplures ne s'emploient pas sur les vêtements en dentelle. Finissez les bords extérieurs avec une garniture de dentelle, du biais en tricot diaphane ou un bordé double. Coupez les cols et les revers dans une simple épaisseur de tissu et finissez les bords extérieurs avec une garniture ou un appliqué en dentelle. Effectuez des coutures étroites pour les assembler au vêtement.

Si vous devez ajouter du corps ou du soutien à la dentelle, doublez-la avec un filet de tulle. Par exemple, vous pouvez doubler un corsage ajusté ou des manches en dentelle. Le filet de tulle, invisible, renforce la dentelle sans changer son aspect. Vous pouvez aussi utiliser une doublure de couleur contrastante. La dentelle devient opaque ; le motif ressort ; les coutures, pinces et autres détails de la construction intérieure sont dissimulés.

Le plan de coupe et la taille

Le plan de coupe du patron constitue une étape importante. Étudiez d'abord le motif en détail : étalez complètement le tissu sur la surface de travail, en plaçant, si nécessaire, un tissu contrastant en dessous afin de voir le motif plus clairement.

Remarquez l'emplacement des motifs dominants, l'espacement du rapport d'armure et la profondeur des bordures. Ces éléments entrent en ligne de compte pour le plan de coupe parce que les motifs les plus apparents doivent être raccordés aux coutures et centrés ou équilibrés sur les principales sections du vêtement, avec les imprimés. Si le motif a un sens, utilisez le plan de coupe « avec sens ».

Cherchez à utiliser les motifs de façon créative. Certaines dentelles ont de grands motifs principaux et de plus petits secondaires, d'autres présentent des bordures qui peuvent être coupées et servir comme appliqués. Si vous prévoyez utiliser les bordures comme ourlets préfinis, déterminez la longueur de la jupe ou des manches avant d'étaler les pièces du patron sur le tissu. Si vous voulez couper une bordure de dentelle et la coudre au vêtement comme liséré décoratif, il n'est pas aussi important de déterminer la longueur avec précision.

Avant de tailler, décidez quel type de couture vous effectuerez. Toutes les dentelles avec motifs continus se cousent comme les tissus diaphanes, avec des coutures étroites. Si vous travaillez avec une dentelle d'Alençon à grands motifs, des coutures doubles rabattues peuvent toutefois être préférables. Ainsi, le motif ne sera pas interrompu ; la couture sera pratiquement invisible. Avec cette méthode, vous devez épingler et couper les sections du patron une par une, en ordre. Vous pouvez recourir à différents types de couture sur un même vêtement, par exemple une couture double rabattue aux épaules et sur les côtés et un zigzag étroit pour les manches montées.

Une fois la dentelle taillée, la marge de manœuvre pour les ajustements est très faible. Ajustez le patron avant la coupe pour éviter de devoir défaire des points. Coupez le patron dans du tissu de doublure ou de triplure pour l'essayage, ainsi que pour l'intérieur du vêtement terminé. La confection d'une toile d'essayage pour l'ajustement constitue une autre solution. Vous pouvez aussi faire un patron complet avec de la toile à patrons et faufiler les sections pour ensuite tailler la dentelle à partir de ce patron.

Le pressage

Évitez de trop manipuler la dentelle lors du pressage. Si une légère touche est requise, pressez sur l'envers, sur une surface bien coussinée, pour ne pas aplatir la texture. Utilisez une pattemouille afin d'éviter que le bout du fer ne déchire le filet. Si la dentelle est faite à partir de fibres synthétiques, réglez le fer à basse température. Pressez les coutures, les pinces et les autres détails à l'aide d'un dé, en appuyant fermement. S'il faut presser davantage, envoyez un peu de vapeur, puis pressez avec les doigts.

Les appliqués en dentelle

Les appliqués en dentelle, que ce soient des médaillons achetés à l'unité ou taillés à même un tissu de dentelle, font des garnitures élégantes sur des vêtements pour occasions spéciales. On les trouve souvent sur les robes de mariée et les corsages des robes du soir lorsque la jupe est en dentelle. Elles peuvent aussi ajouter une touche féminine sur les articles de lingerie fine, les robes ou chemisiers soyeux.

Il existe trois méthodes pour poser des motifs en dentelle sur un vêtement. Vous pouvez coudre l'appliqué à la main ou à la machine, ou encore utiliser un voile thermocollant. Cette méthode convient aux dentelles et filets qui ne sont pas sensibles à la chaleur et à la vapeur.

Comment poser un appliqué en dentelle

(1) **Avec du tissu de dentelle.** Couper autour du motif; laisser un ou deux rangs de filet pour une meilleure définition du motif et pour empêcher la fine corde de la dentelle de s'effiler. Ou, acheter un appliqué en dentelle.

(2) **À la main.** Faire de petits points devant à 6 mm (¼ po) des bords de l'appliqué. Faire des points lâches pour que le tissu de fond reste lisse et que l'appliqué ne s'aplatisse pas. (Le fil de couleur est utilisé dans le but de montrer les détails.)

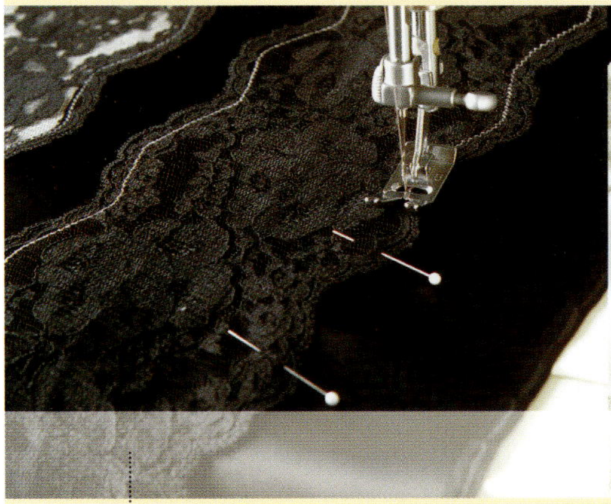

(3) **À la machine.** Utiliser un zigzag étroit ou un point droit court à 6 mm (¼ po) des bords. Raser le tissu sous le motif, près des points, pour créer un effet de transparence. (Le fil de couleur est utilisé dans le but de montrer les détails.)

(4) **Voile thermocollant.** Placer le vêtement endroit vers le haut, sur une surface recouverte. Mettre l'appliqué sur le vêtement, glisser des cercles de voile thermocollant sous l'appliqué. Couvrir avec des serviettes en papier ou une pattemouille, coller selon les instructions du fabricant.

a
b
c
d
e
f
g
h
i
j
k

LA SIMILI-FOURRURE, LE SUÈDE ET LE CUIR SYNTHÉTIQUES

La simili-fourrure est faite de poils serrés sur l'endroit, imitant la couleur et la texture des pelleteries naturelles telles que le vison (a), le phoque (b), le renard (c) ou la peau de mouton (d). La simili-fourrure peut également avoir une texture fantaisie (e), artificielle de toute évidence. Les fourrures synthétiques, habituellement fabriquées à partir de fibres de modacrylique ou de polyester, peuvent être lavées et séchées à la machine. La plupart sont munies d'un envers en tricot.

Le suède synthétique, en polyester et polyuréthane non tissé, est légèrement brossé et ressemble beaucoup au suède véritable. Contrairement à ce dernier, cependant, il est facile d'entretien et peut être lavé et séché à la machine. Le poids constitue la principale différence entre les différents types de suèdes synthétiques. Celui de poids léger (f) tombe en plis souples et convient à tous les patrons. Le suède synthétique de poids moyen (g) ressemble davantage au suède véritable.

Si vous utilisez des méthodes de couture traditionnelles, vous devrez ajouter des étapes à la finition, par exemple, coller la réserve de couture et surpiquer les bords, parce que ce tissu est difficile à presser selon les techniques habituelles. Vous pouvez également recourir aux techniques d'assemblage à plat, telles que la couture double rabattue et l'ourlet avec parementure. En plus d'afficher des couleurs unies, le suède synthétique peut être gaufré (h) ou imprimé (i), ce qui constitue un ajout intéressant au niveau de la texture.

Les tissus en cuir synthétique ou vinyle peuvent être lisses (j) ou granulés (k) et de poids différents. Les vinyles légers et souples ont un envers en tricot ou tissé. La manipulation du vinyle nécessite en général les mêmes méthodes que pour le suède synthétique. Par contre, puisque le vinyle s'endommage au contact de la chaleur et de la vapeur, on ne peut le presser.

Guide pour la couture de la simili-fourrure, du suède et du cuir synthétiques

Fournitures et techniques	Simili-fourrure	Suède synthétique	Cuir synthétique/ vinyle
Aiguille de machine	Format 14 (90) ou 16 (100)	Format 11 (75); 16 (100) pour surpiqûre et fil retors simple	Format 11 (75)
Longueur du point	10 à 12 par 2,5 cm (1 po)	8 à 10 par 2,5 cm (1 po)	8 à 10 par 2,5 cm (1 po)
Réglage du point en mm	3 à 2,5	3,5 à 3	3,5 à 3
Fil	Tout usage en polyester ou polyester et coton, à surpiqûre et fil retors simple ou deux brins de fil tout usage à surpiqûre		
Entoilages	Omettre	Thermocollant	Cousu
Coutures spéciales	Bout à bout	Double rabattue, surpiquée, passepoilée	Surpiquée, passepoilée
Ourlets spéciaux	Avec parementure ou doublé jusqu'au bord	Surpiqué, avec parementure, collé	Surpiqué

L'ENTOILAGE

L'entoilage est une couche de tissu à l'intérieur du vêtement. Il sert à former et à renforcer certains éléments tels les cols, les poignets, les ceintures montées, les poches, les revers de veston et les boutonnières. Il fait partie de presque tous les vêtements, même les plus simples. Il leur donne du corps et les aide à garder leur forme, même après de nombreux lavages et malgré l'usure.

L'entoilage, de léger à lourd, est fait de différentes fibres. Un patron peut en exiger plus d'un type. Choisissez-le en fonction du poids du tissu mode, du type de mise en forme requise et de la méthode de nettoyage. De façon générale, l'entoilage devrait être de même poids ou plus léger que le tissu. Drapez ensemble le tissu et l'entoilage afin de vous assurer qu'ils tombent bien. Les sections comme le col et les poignets nécessitent habituellement un entoilage plus rigide. Avec un tissu diaphane, le tissu lui-même constitue souvent le meilleur entoilage possible.

Il existe des entoilages tissés et non tissés. L'entoilage tissé a une chaîne et une trame et doit être coupé dans le même sens que la partie du vêtement où il sera appliqué. L'entoilage non tissé, fait de fibres agglomérées, n'a ni chaîne ni trame. Stable, il peut être coupé dans toutes les directions et il ne s'effiloche pas. Extensible, il s'étire en largeur et est très utile pour les tricots.

Les entoilages tissés et non tissés se présentent sous deux formes : à coudre et thermocollants. L'entoilage à coudre doit être épinglé ou faufilé avant la pose. L'entoilage thermocollant a un enduit sur une de ses faces qui, lorsque pressé à la vapeur, fond et colle l'entoilage à l'envers du tissu. Prenez connaissance des instructions inscrites sur l'emballage, car chaque entoilage est différent. Lors de l'application, utilisez une pattemouille humide pour protéger la semelle du fer à repasser et fournir un surplus de vapeur.

Le choix entre un entoilage à coudre ou thermocollant dépend de vous. Le premier exige davantage de travail à la main. Le second se pose rapidement et facilement et donne davantage de corps. Certains tissus délicats ne peuvent pas subir l'exposition à la chaleur nécessaire pour poser l'entoilage. Des tissus texturés, tel le coton gaufré, ne peuvent être thermocollés, car ils perdraient leur texture.

Le poids des entoilages varie d'extraléger à lourd. En général, ils sont blancs, gris, beiges ou noirs. Des entoilages spéciaux pour ceintures montées, poignets et revers permettent d'économiser du temps ; ils portent des lignes de couture pour faire des bords droits.

Le voile thermocollant double-face est disponible en bandes de différentes largeurs. Il lie deux couches de tissu ensemble, par exemple l'entoilage cousu et le tissu du vêtement. Le voile thermocollant peut également être utilisé pour maintenir en place avant la couture les ourlets, les appliqués et les pièces rapportées.

Guide des entoilages

L'entoilage thermocollant tissé existe en une grande variété de poids, de moyen à lourd, et en divers degrés de rigidité. Le couper dans le même sens que la pièce de tissu à laquelle il est destiné, ou sur le biais pour une mise en forme plus souple.

L'entoilage thermocollant non tissé existe dans tous les poids, d'extraléger à lourd. Les entoilages stables non tissés s'étirent très peu dans toutes les directions et, par conséquent, ils peuvent être coupés dans tous les sens.

L'entoilage thermocollant en tricot se compose d'un tricot de nylon ; il est stable sur la longueur et s'étire en largeur. Il convient bien aux tricots légers et aux tissus tissés.

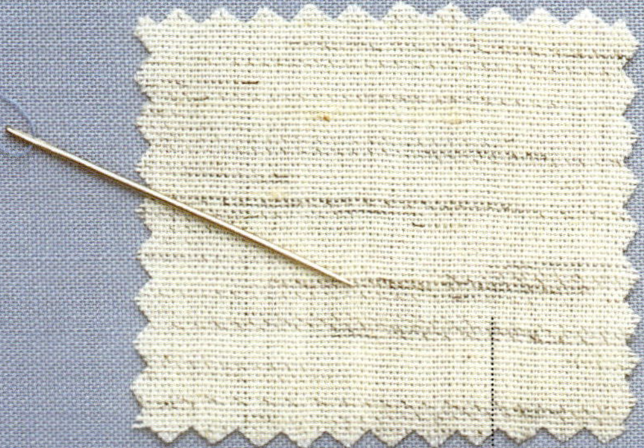

L'entoilage à coudre tissé permet au tissu de conserver sa forme et ses caractéristiques. À utiliser pour une mise en forme naturelle avec les tissus tissés. Il existe en différents poids, de l'organza et la batiste diaphanes à la grosse toile.

L'entoilage à coudre non tissé offre une variété de poids, de couleurs et d'extensibilités. Il peut être plus ou moins stable et en biais. Il convient aux tricots et aux tissus extensibles, ainsi qu'aux tissus tissés. Prérétrécir tous les entoilages non tissés.

Le voile thermocollant est un agent liant qui sert à réunir deux couches de tissu sans les coudre. Il peut servir à coller un entoilage non thermocollant sur le tissu du vêtement.

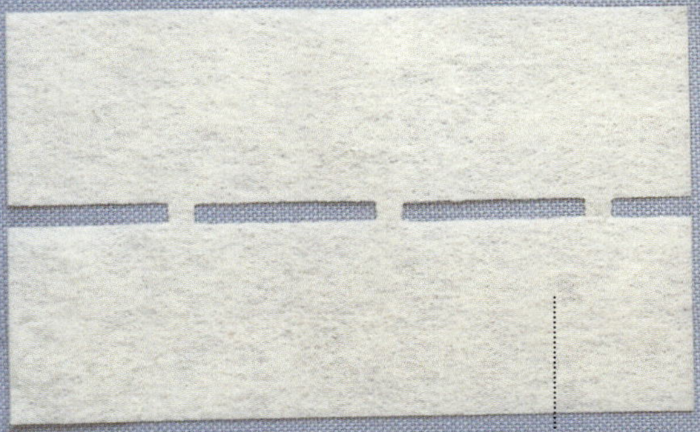

La ceinture ou perfobande thermocollante non tissée est une bande prétaillée de largeur variable. Elle sert pour les ceintures montées, les revers, les pattes et les parementures droites. Des lignes de couture ou de pliure y apparaissent.

La ceinture ou perfobande non tissée à coudre est une bande épaisse et ferme pour les ceintures rigides. Disponible en plusieurs largeurs, elle peut être cousue sur l'envers ou la parementure d'une ceinture montée, mais non dans la couture d'assemblage, vu sa rigidité.

Comment poser un entoilage thermocollant

(1) **Placer** la résine de l'entoilage contre l'envers du tissu ; lisser. Humecter légèrement l'entoilage avec de l'eau ou de la vapeur. Placer une pattemouille généreusement humectée sur l'entoilage, même avec le fer à vapeur.

(2) **Commencer** au centre d'une grande ou longue pièce d'entoilage et se déplacer vers les extrémités. Ne pas glisser le fer d'une position à l'autre. Pour s'assurer que toute la surface est couverte, chevaucher les surfaces déjà thermocollées.

(3) **Utiliser** les deux mains pour appuyer sur le fer durant la période de temps recommandée, de 10 à 15 secondes dans le cas de la plupart des entoilages. Autrement, le collage ne sera pas permanent et l'entoilage finira par se séparer du tissu.

(4) **Presser** la région thermocollée sur l'endroit du tissu pour un meilleur résultat. Utiliser une pattemouille ou un protège-fer afin de protéger le tissu. Laisser refroidir et sécher les tissus thermocollés avant de les déplacer ; l'entoilage se déforme facilement lorsqu'il est chaud.

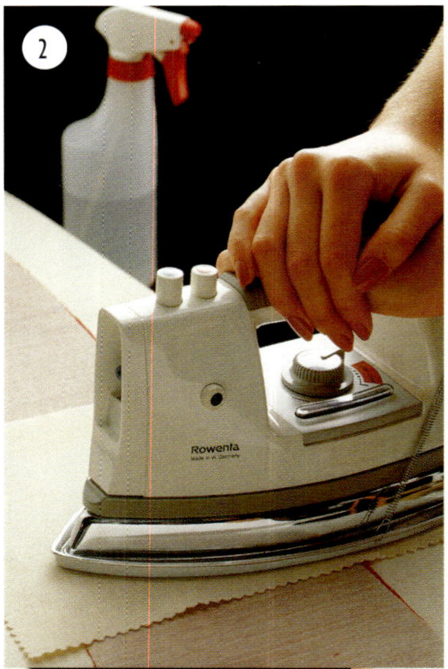

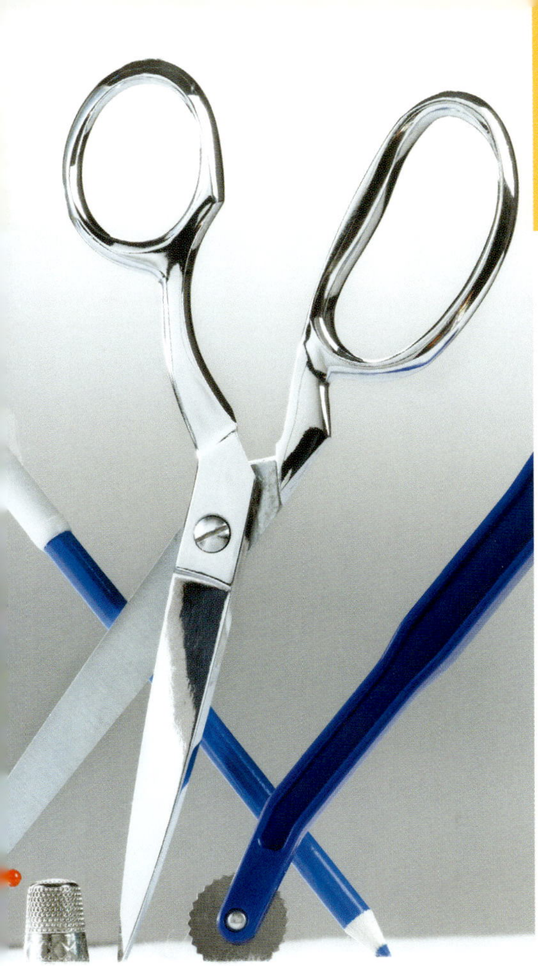

Le plan de coupe, la coupe et le marquage

Lorsque vous avez choisi votre patron et votre tissu, et que vous avez rassemblé l'équipement approprié, c'est le moment de commencer à créer votre vêtement. Avant de tailler, assurez-vous que le tissu a subi une préparation adéquate et que le patron est correctement disposé.

La plupart du temps, la préparation et le plan de coupe ont beaucoup à voir avec le sens du tissu. Le sens du tissu est la direction du fil qui compose l'étoffe.

Les tissus tissés sont composés de fils dans la direction de la longueur qui croisent des fils dans la direction de la largeur. Lorsque ces fils se rencontrent à angle droit, le tissu est alors sur le droit fil. Lorsque l'intersection des fils de chaîne et des fils de trame ne forme pas un angle droit, le tissu est alors sur le biais. Il faut couper le tissu sur le droit fil, sinon, jamais il ne tombera bien ni ne sera correctement ajusté.

La direction des fils dans le sens de la longueur est appelé droit fil de chaîne. Le droit fil de chaîne est parallèle à la lisière, une bande étroite, tissée serré, qui borde les deux côtés d'une pièce de tissu sur la longueur (a). Les fils de chaîne sont plus forts et plus stables que les fils de trame, voilà pourquoi la plupart des vêtements sont coupés dans le sens du droit fil de chaîne. Les fils dans le sens de la largeur forment le droit fil de trame (b), ou travers, qui coupe la lisière à angle droit. La plupart des tissus ont une certaine souplesse dans ce sens. Souvent, on coupe un tissu avec une bordure imprimée dans le droit fil de trame afin que la bordure traverse le vêtement horizontalement.

Toute ligne diagonale à l'intersection du droit fil de chaîne et du droit fil de trame s'appelle biais. Le tissu coupé sur le biais est plus extensible que celui coupé sur le droit fil. Le plein biais (c) est la ligne diagonale qui croise les fils de chaîne et les fils de trame à un angle de 45° : l'angle qui donne au tissu le plus d'extensibilité. Les bandes coupées sur le plein biais servent souvent à la finition des bords incurvés tels que les encolures et les emmanchures. Les tissus à carreaux et rayés peuvent être coupés sur le biais pour créer un effet intéressant. Les vêtements coupés sur le plein biais sont plus souples.

Les tricots sont formés par l'entrecroisement de boucles appelées côtes (d). Les côtes, qui sont parallèles à la direction de fabrication, peuvent se comparer au droit fil de chaîne des tissus tissés. Les rangées de boucles à angle droit avec les côtes s'appellent rangs (e) et sont comparables au droit fil de trame des tissus tissés. Les tricots n'ont ni biais ni lisières. Certains ont des bords perforés comparables à la lisière, mais on ne peut s'y fier pour déterminer le droit fil. Les tricots s'étirent davantage dans le sens de la largeur et sont coupés de façon que les rangs tombent à l'horizontale autour du corps afin de fournir un maximum de confort.

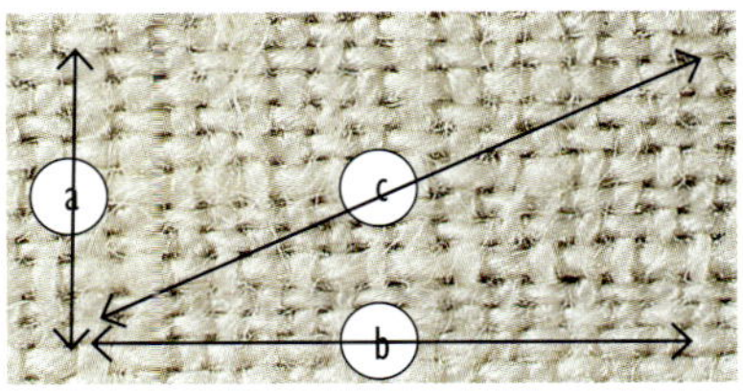

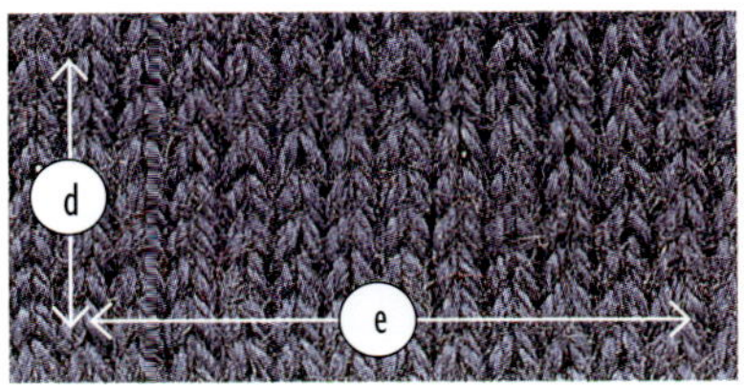

LA PRÉPARATION DU TISSU

Préparez le tissu avant de le tailler. L'étiquette sur les rouleaux de tissu indique si celui-ci est lavable ou s'il doit être nettoyé à sec ; elle donne aussi le pourcentage de rétrécissement, s'il y a lieu. Si l'étoffe n'a subi aucun traitement pour la rendre irrétrécissable ou si l'étiquette indique qu'elle rétrécira de plus de 1 %, vous devez la prérétrécir avant la coupe. Il est bon de prérétrécir les tricots, car cela enlève l'apprêt qui cause parfois des points sautés. Les fermetures à glissière et les garnitures peuvent aussi avoir besoin d'être prérétrécies. Les tissus nécessitant un nettoyage à sec doivent être prérétrécis à la vapeur ou chez un nettoyeur, surtout si vous avez l'intention d'utiliser de l'entoilage thermocollant, car il requiert beaucoup de vapeur et peut faire rétrécir les tissus. Pour vous assurer que le tissu est sur le droit fil, redressez d'abord les extrémités de la trame. Vous pouvez tirer un fil de trame ou couper le long d'un motif tissé ou du rang d'un tricot. Ensuite, pliez le tissu dans le sens de la longueur, en amenant à égalité les lisières et les extrémités de la trame. Si le tissu gaufre, il n'est pas sur le droit fil. Un tissu quelque peu biaisé peut être redressé à la vapeur. Épinglez-le le long des lisières et des deux extrémités, en faisant correspondre les bords. Pressez, des lisières vers le pli. Pour redresser un tissu très biaisé, il faut l'étirer dans la direction opposée. Les tissus traités avec un apprêt permanent ne peuvent être redressés.

Comment prérétrécir un tissu

Laver et sécher le tissu lavable selon la même méthode que le vêtement terminé. On peut également l'immerger dans l'eau chaude. Après une période de 30 minutes à une heure, essorer délicatement et faire sécher le tissu comme dans le cas du vêtement terminé.

Passer à la vapeur un tissu qui doit être nettoyé à sec. Procéder uniformément, en déplaçant le fer à l'horizontale ou à la verticale par rapport au sens du tissu (pas en diagonale). Laisser sécher complètement le tissu sur une surface plane (de quatre à six heures).

Comment redresser les extrémités de trame du tissu

(1) **Tirer des fils** d'un tissu tissé. Couper la lisière et tirer doucement un ou deux fils de la trame. Pousser le tissu le long des fils avec l'autre main, jusqu'à ce que la lisière opposée soit atteinte. Couper le tissu le long du fil tiré.

(2) **Couper dans le sens de la largeur** le long d'une ligne dominante dans le cas d'un tissu à carreaux, rayé ou à motif tissé. Ne pas utiliser cette méthode pour les imprimés, parce qu'ils ne sont pas toujours imprimés sur le droit fil.

(3) **Couper le long d'un rang** (côte horizontale) afin de redresser les extrémités d'un tricot. Il sera plus facile de suivre un rang en le marquant avec un fil contrastant, un crayon ou une craie de tailleur.

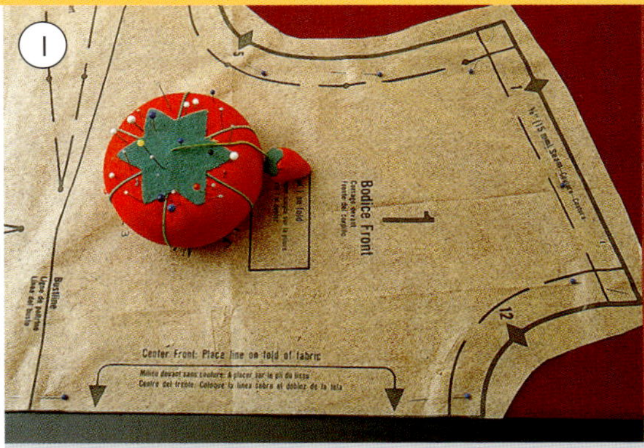

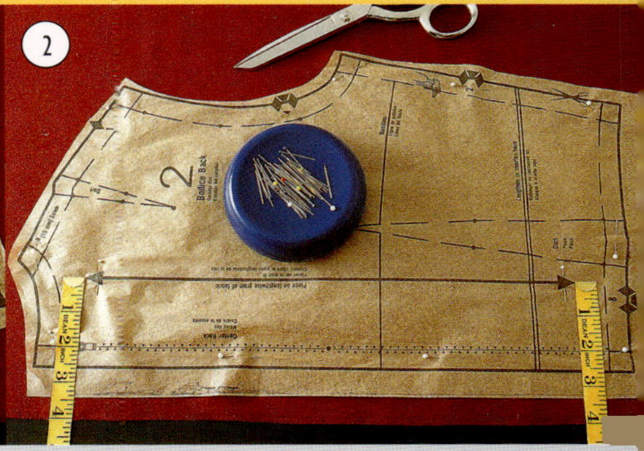

LE PLAN DE COUPE

Avant d'établir le plan de coupe, libérez une grande surface de travail, comme une table avec une planche à tailler. Rassemblez toutes les pièces du modèle choisi et pressez-les au fer sec et tiède afin de les défroisser.

Sur le feuillet d'instructions du patron, repérez le plan de coupe qui correspond au modèle, à la largeur du tissu et à la taille sélectionnés. Les plans de coupe constituent des guides fiables pour disposer les pièces du patron rapidement et efficacement. Dans le cas d'une étoffe duveteuse ou de tout autre tissu ayant un sens (voir page 79), choisissez le plan de coupe « avec sens ». Encerclez le plan de coupe choisi au crayon de couleur pour vous assurer de toujours consulter le même.

Pliez le tissu tel qu'indiqué sur le plan de coupe. La plupart des tissus sont pliés endroit contre endroit pour la coupe, ce qui facilite le marquage et la couture, certaines pièces se trouvant dans la bonne position, prêtes à être cousues. On plie habituellement le coton et le lin envers contre envers sur le rouleau ; on fait le contraire avec les laines. L'endroit de l'étoffe peut présenter une apparence plus lustrée ou plus mate ; le tissage peut y être plus prononcé ; les lisières semblent mieux finies. Mais si vous n'arrivez pas à distinguer l'endroit, choisissez le côté que vous préférez et faites-en l'endroit. Une légère différence de ton, indécelable lors de la coupe, pourrait être apparente sur le vêtement terminé si les deux côtés ont été utilisés indistinctement.

Le plan de coupe indique comment placer les lisières et le pli. On coupe la plupart des tissus sur le droit fil de chaîne. Si on doit couper le tissu plié le long du fil de trame, l'indication « plier sur la largeur » apparaît sur le patron. N'ayez pas recours au pli sur la largeur avec les tissus duveteux ou ayant un sens.

Placez les pièces du patron tel qu'indiqué sur le plan de coupe. Les principales compagnies de patrons utilisent les mêmes symboles et marques. Une pièce blanche indique qu'elle doit être coupée endroit vers le haut. Une pièce ombrée ou rayée doit être coupée endroit vers le bas. Une ligne pointillée signifie que cette pièce doit être taillée une deuxième fois.

Lorsqu'une pièce de patron est à moitié blanche et à moitié ombrée, elle doit être coupée sur du tissu plié. Coupez d'abord les autres pièces, puis repliez le tissu pour couper cette pièce. Une pièce qui s'étend au-delà du pli se taille en une seule épaisseur. Après avoir taillé les autres pièces, dépliez le tissu endroit vers le haut et alignez la flèche du droit fil sur le droit fil du tissu.

Après avoir placé toutes les pièces, épinglez-les au tissu selon les directives données ci-contre. Ne commencez à couper que lorsque toutes les pièces sont en place.

Comment épingler les pièces du patron

(1) **Placer les pièces** devant être coupées sur le pli en premier, directement sur le bord plié. Épingler les coins du patron en diagonale, puis dans la réserve de couture, en plaçant les épingles parallèlement à la ligne de coupe. Placer les épingles à environ 7,5 cm (3 po) d'intervalle et les rapprocher dans les courbes ou si le tissu est glissant.

(2) **Placer la flèche** du droit fil sur le droit fil du tissu, parallèlement à la lisière, dans le cas des tissus tissés, et à une côte, dans le cas des tricots. Mesurer la distance entre chaque tête de flèche et la lisière ou la côte, en déplaçant le patron jusqu'à ce que la flèche soit parallèle. Épingler les deux têtes de flèche afin que le patron ne se déplace pas. Continuer l'épinglage tel qu'indiqué à la première étape.

LE PLAN DE COUPE DES TISSUS À CARREAUX ET RAYÉS

Choisissez des styles simples pour les tissus à carreaux et rayés. Des modèles compliqués peuvent déformer les motifs ou en atténuer l'effet. Évitez les pinces de poitrine diagonales, les longues pinces horizontales et les patrons qui indiquent « Ne convient ni aux carreaux ni aux rayures ».

Il faut du métrage en surplus pour les tissus à carreaux, à cause des raccords aux coutures. La quantité supplémentaire requise dépend du format du rapport d'armure (section à quatre côtés qui contient le motif complet), ainsi que du nombre et de la longueur des principales pièces du patron. Habituellement, un surplus de 0,25 à 0,50 m (¼ à ½ vg) suffit.

Il est plus facile de travailler avec des carreaux égaux et des rayures régulières qu'avec des carreaux inégaux et des rayures irrégulières. Les carreaux égaux ont des couleurs et des lignes qui correspondent dans les deux directions. Le motif complet forme un carré. Dans le cas des carreaux inégaux, la couleur et les lignes forment un arrangement différent dans le sens de la longueur, de la largeur ou dans les deux sens. Les rayures régulières se répètent dans le même ordre dans les deux sens, contrairement aux rayures irrégulières. Pour éviter les raccords, coupez chaque pièce dans une seule épaisseur de tissu.

Avant d'établir le plan de coupe et de tailler, décidez de la disposition des motifs sur le vêtement et voyez où ils tomberont sur le corps. Si possible, évitez de placer une ligne horizontale dominante ou un groupe de lignes à la hauteur de la poitrine et à la taille. Avant de vous décider, drapez le tissu sur vous des épaules à l'ourlet. Certains vêtements à carreaux semblent mieux équilibrés si l'ourlet arrive sous une ligne horizontale dominante. Lors de la coupe de tissus à carreaux et à rayures, faites correspondre les coutures et non les lignes de coupe.

Pour les raccords aux coutures, disposez chaque pièce sur une épaisseur simple, en commençant par le devant du vêtement. Placez les lignes verticales dominantes au milieu du devant et du dos, ou disposez le patron de façon que le milieu du devant se situe exactement entre deux lignes verticales dominantes. Placez les manches de la même manière, en vous servant du point à l'épaule sur la pièce de patron comme guide pour centrer la manche sur les lignes verticales dominantes ou entre celles-ci.

Même s'il n'est pas toujours possible de raccorder les motifs aux coutures, essayez de raccorder les barres horizontales aux coutures verticales au milieu du devant et du dos et aux coutures latérales ; les manches montées au devant du corsage aux crans de l'emmanchure ; les rayures verticales lorsque c'est possible, de même que les poches, les rabats et autres détails, à la partie du vêtement qu'ils couvrent. Les carreaux ne correspondront peut-être pas aux épaules ou au cran arrière d'une manche montée.

Reconnaître un carreau égal. Le carreau égal a des bandes de couleurs dans le sens de la longueur et de la largeur qui correspondent lorsque le motif est plié au centre, en diagonale (a). Le carreau inégal peut avoir des bandes de couleurs différentes dans une ou plusieurs directions (b) ou encore des bandes de couleurs qui correspondent, mais qui ne forment pas une image symétrique lorsque plié en diagonale, parce que le motif n'est pas carré (c). C'est le plus difficile à reconnaître.

Conseils pour la coupe des tissus à carreaux

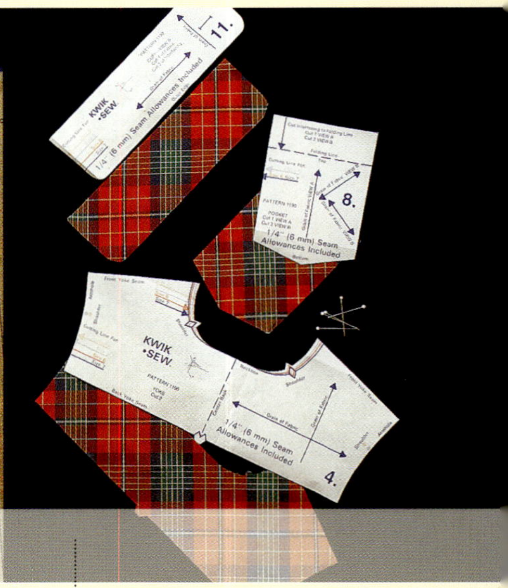

(1) **Disposer** chaque pièce sur une seule épaisseur de tissu en commençant par le devant. Placer la dominante du motif au milieu du devant et du dos. Raccorder les crans aux coutures latérales du devant et du dos.

(2) **Centrer** la manche par rapport à la dominante du motif choisie pour le milieu du devant. Le motif devrait se raccorder aux crans (flèches) sur le devant de la manche et de l'emmanchure ; les crans du dos peuvent ne pas se raccorder.

(3) **Placer** les poches, les revers, les empiècements et les bandes du devant sur le plein biais afin d'éviter la tâche fastidieuse de les raccorder. Centrer un motif dominant sur chaque pièce de patron.

Comment couper les tissus à carreaux inégaux

Placer le patron sur une seule épaisseur de tissu, en faisant pivoter les pièces pour couper les pièces de droite et de gauche. Placer les bandes de couleur dominantes au milieu du devant et du dos ou disposer le patron de façon que le milieu du devant se trouve entre deux lignes verticales dominantes. Placer les pièces dans le même sens, à l'aide du plan de coupe « avec sens ». Les carreaux se répéteront autour du vêtement plutôt que de former un motif symétrique de chaque côté des coutures du milieu du devant et du dos.

LA DISPOSITION DES TISSUS AVEC SENS

Les tissus ayant un sens comprennent les tissus à fils relevés (velours côtelé, velvétine, flanelle), les jerseys bouclettes (simili-fourrure), les tissus luisants (taffetas, satin) et les tissus imprimés à motifs unidirectionnels. D'autres tissus peuvent entrer dans cette catégorie, par exemple certains tissages sergés comme le denim et la gabardine, et des tricots qui semblent plus clairs ou plus foncés selon le sens du droit fil.

Disposez toutes les pièces le haut dans le même sens, afin d'éviter que le vêtement semble avoir deux tons ou que ses motifs se dirigent dans les deux sens. Vous pouvez disposer les tissus à fils relevés poils vers le haut ou vers le bas. Les poils vers le haut font paraître le vêtement plus foncé, plus riche ; les poils vers le bas le font paraître plus pâle et il se portera mieux. Les jerseys bouclettes ont meilleure apparence avec les poils vers le bas. Les tissus luisants peuvent être taillés dans n'importe quel sens. Les imprimés à motifs unidirectionnels doivent être taillés de façon à se trouver à l'endroit une fois le vêtement fini.

Comment disposer un tissu avec sens

Choisir le sens du tissu, puis disposer les pièces du patron selon le plan de coupe « avec sens » sur le feuillet d'instructions du patron. Pour se guider, marquer chaque pièce d'une flèche qui pointe vers le haut. Le patron exige parfois un pli dans le sens de la trame. Dans ce cas, plier le tissu tel qu'indiqué, puis couper le long de la pliure. Tourner la pièce de tissu du dessus afin qu'elle aille dans la même direction que l'épaisseur du dessous et couper les deux épaisseurs en même temps.

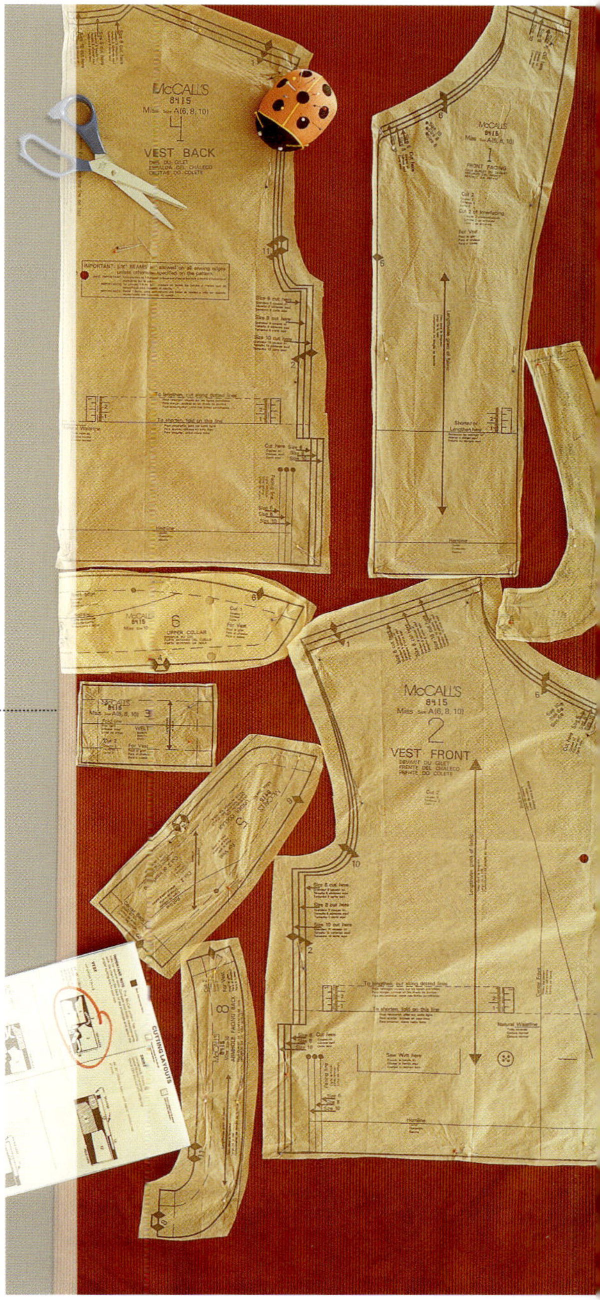

CONSEILS POUR LA COUPE

Disposez votre table de coupe afin de pouvoir circuler autour de façon à avoir accès au patron sous tous les angles. Si c'est impossible, séparez les sections du patron afin de pouvoir les tourner pour les tailler.

La précision est de rigueur, car les erreurs ne sont pas toujours réparables. Avant de tailler, revérifiez l'emplacement des pièces et les ajustements. Avec les tissus à carreaux exigeant un plan avec sens, assurez-vous que le tissu est plié correctement et que le plan de coupe est adéquat. Le ruban à faufiler (voir page 30) peut s'avérer utile pour empêcher le tissu de glisser. Coupez les tissus lourds ou volumineux une épaisseur à la fois. Lorsque vous coupez des tissus glissants, recouvrez la table de coupe d'un matériel non glissant.

Utilisez des ciseaux de coupe à manche recourbé, bien aiguisés, unis ou dentelés, de 18 ou 20,5 cm (7 ou 8 po). Coupez à longs coups réguliers directement sur la ligne de coupe. Donnez de plus petits coups dans les parties arrondies. Posez une main sur le patron près de la ligne de coupe pour empêcher le patron de se déplacer.

La coupeuse rotative (voir page 28) est particulièrement utile pour couper le cuir, les tissus glissants ou plusieurs couches de tissu à la fois. Elle s'utilise, tant par les personnes droitières que gauchères, conjointement avec une planche à découpage afin de protéger la surface de coupe.

Les crans peuvent être coupés vers l'extérieur des marques ou indiqués à l'aide de petites entailles dans la réserve de couture (voir page 83). Ne coupez pas au-delà de la ligne de couture. Les entailles servent à marquer les lignes de pliure et de couture des pinces et des plis, ainsi que les lignes du milieu du devant et du dos. Faites une entaille pour marquer la tête de manche, juste au-dessus du gros point sur le patron. Les entailles ne se voient pas bien dans les tissus volumineux ou lâches ; coupez alors les crans vers l'extérieur. Ne coupez pas séparément les crans doubles ou triples, mais en une seule unité.

Après la coupe, gardez les retailles de tissu pour vos essais de couture, de pressage, de boutonnières ou pour couvrir des boutons. Afin de faciliter le marquage et l'identification, laissez la pièce de patron en place jusqu'à ce que vous soyez prête à la coudre.

Un patron peut comporter des bandes coupées en biais pour enfermer les bords vifs, par exemple à l'encolure et aux emmanchures. Idéalement, coupez ces pièces dans une pièce de tissu assez longue pour la partie à couvrir. Les bandes peuvent également être cousues ensemble pour obtenir la bonne longueur.

Comment couper et coudre ensemble des bandes en biais

(1) **Plier** le tissu en diagonale pour qu'un bord droit de la trame soit parallèle à la lisière ou au fil de chaîne. Le plein biais se trouve sur la ligne de pliure. Couper le tissu le long du pli afin de marquer la première ligne de biais.

(2) **Marquer** des lignes successives à l'aide d'un marqueur ou d'une craie de tailleur et d'une règle transparente. Couper le long des lignes. Lorsqu'un bordé doit être effectué, le patron indique la longueur et la largeur de la bande requises.

(3) **Joindre** les bandes de biais si nécessaire. Placer les deux extrémités endroit contre endroit, en alignant les bords les plus courts. Les bandes formeront alors un « V ». Passer une couture à 6 mm (¼ po). Raser les pointes à égalité du bord de la bande.

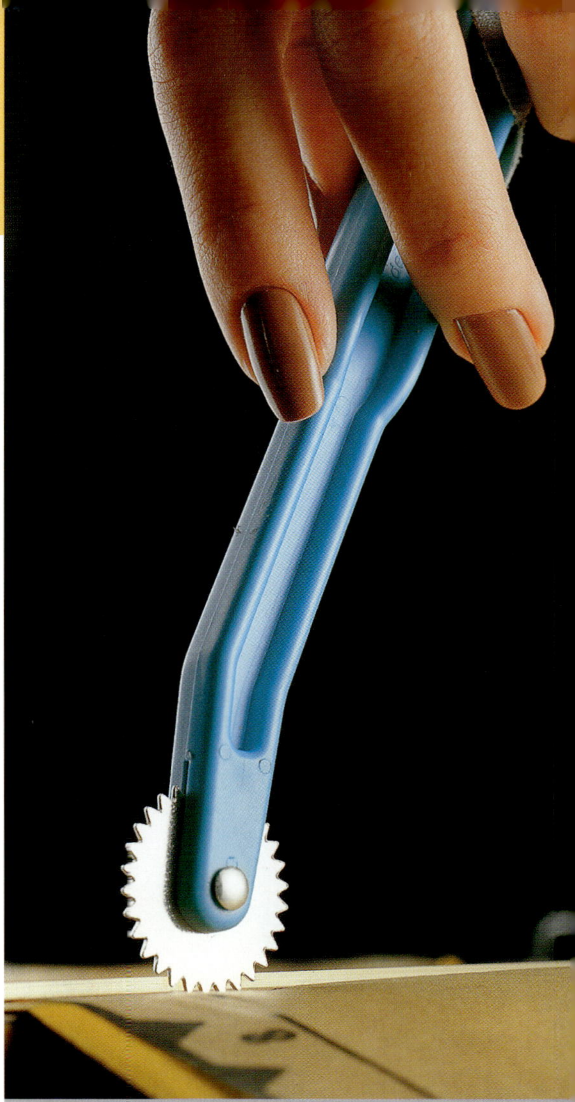

CONSEILS POUR LE MARQUAGE

Lors du marquage, les principaux symboles du patron sont reportés sur l'envers du tissu, après la coupe mais avant d'enlever le patron. Ces marques constituent des points de référence qui vous aideront à toutes les étapes de la fabrication du vêtement. Le marquage à effectuer inclut les symboles de construction et les marques pour l'emplacement des détails.

Habituellement, le marquage se fait sur l'envers du tissu. Certains symboles, comme l'emplacement des poches et des boutonnières, doivent être reportés sur l'endroit (et non marqués sur l'endroit). Pour ce faire, faufilez à la main ou à la machine sur la marque de l'envers. Le fil devient la marque sur l'endroit. Vous pouvez marquer les lignes de pliures en les pressant.

Il existe plusieurs façons de reporter les marques, chacune convenant à différents tissus. Choisissez celle qui permet un marquage rapide et précis.

Les épingles constituent une façon rapide de reporter les marques. Ne vous en servez pas avec les tissus délicats ou ceux qui pourraient garder des marques permanentes, comme la soie et les cuirs synthétiques. N'utilisez ce moyen que si vous avez l'intention de coudre immédiatement, car elles peuvent ne pas tenir, particulièrement dans les tissus lâches et les tricots.

La craie de tailleur, utilisée avec des épingles, convient à la plupart des tissus.

La roulette à tracer et le papier-calque permettent de marquer de façon rapide et précise. La roulette, qui convient mieux aux tissus unis non texturés, peut endommager certains tissus ; faites toujours un essai sur une retaille. Placez d'abord un morceau de carton sous le tissu afin de protéger la table. Les deux couches de la plupart des tissus peuvent être marquées en une seule opération.

Le crayon à encre délébile est conçu expressément pour les tissus. L'encre traverse le papier de soie du patron et marque le tissu. Comme l'encre est délébile, on peut l'utiliser sur l'endroit de la plupart des étoffes.

Le faufilage reporte sur l'endroit les marques faites sur l'envers du tissu. Il peut également servir à marquer les points de raccord compliqués ou points de rotation. Après le marquage sur l'envers du tissu, faufilez à la machine aux marques. Augmentez la longueur du point ou réglez la machine au point de faufil rapide ; utilisez du fil contrastant dans la canette. Le fil de canette marque l'endroit du tissu. Pour marquer un point de rotation, piquez sur la ligne de couture avec un point régulier et du fil de assorti. Laissez ces points en place comme renfort.

On peut faire de **petites entailles** sur presque tous les tissus, sauf les tweeds très lâches et certaines laines volumineuses. Avec la pointe des ciseaux, faites une incision à environ 3 à 6 mm (1/8 à 1/4 po) dans la réserve de couture.

Le pressage peut servir à marquer les lignes de pliure et les plis. Cette méthode convient pour les tissus qui gardent les plis.

Comment marquer à la craie de tailleur ou au crayon délébile

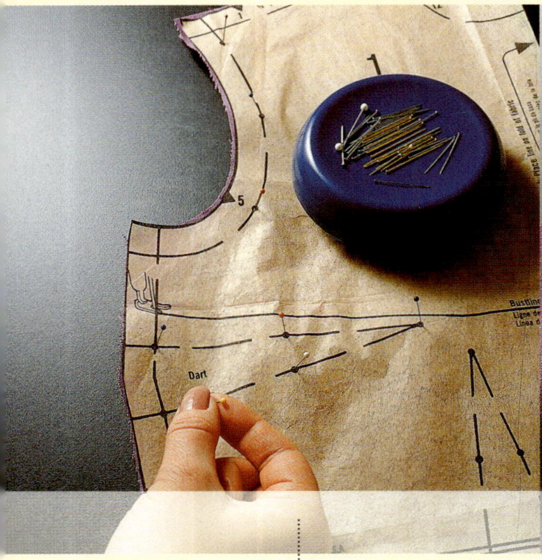

1 **Piquer** les épingles à la verticale sur les symboles du patron, à travers les deux couches de tissu.

2 **Retirer** soigneusement le patron en le faisant passer par-dessus la tête d'épingle. Marquer le tissu du dessus sur l'envers avec la craie ou le crayon, à l'emplacement des épingles.

3 **Retourner** le tissu et marquer celui du dessous à l'emplacement des épingles. Enlever les épingles et séparer les épaisseurs de tissu.

Comment marquer en faufilant ou en repassant

1 **Faufiler** une épaisseur de tissu en cousant à travers le patron en suivant une ligne continue. Faire des points longs sur le tissu et des points courts sur le patron. Retirer soigneusement le patron.

2 **Effectuer** un faufil à la machine afin de reporter de l'envers à l'endroit les marques effectuées à la craie ou au papier calque. Utiliser du fil contrastant dans la canette et sélectionner un point long. Éviter cette méthode avec les tissus qui s'endommagent facilement. Ne pas presser le faufilage.

3 **Presser** le tissu pour marquer les lignes de pliure, les plis et les nervures. Épingler le patron à une seule épaisseur de tissu. Plier le patron et le tissu le long de la ligne de marquage. Presser le long du pli au fer sec.

Comment marquer à la roulette et au papier-calque

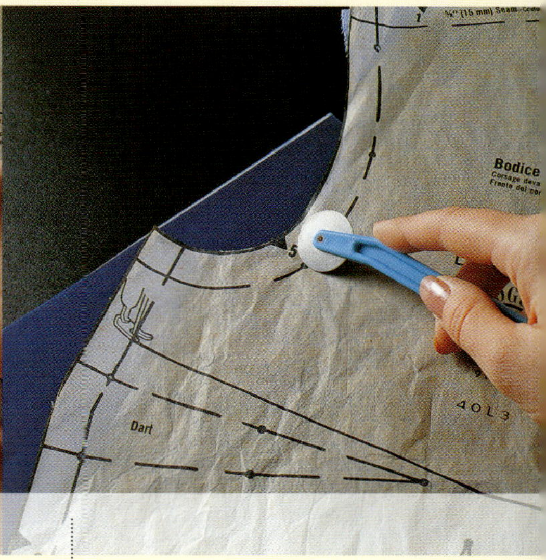

(1) **Placer** le papier-calque sous le patron, le carbone sur l'envers de chaque épaisseur de tissu.

(2) **Passer** la roulette sur les lignes à marquer en incluant les lignes de pliure centrales des pinces. Utiliser une règle pour faire des lignes bien droites.

(3) **Marquer** les points et les autres gros symboles d'un « X » ou avec de courtes lignes perpendiculaires à la ligne de couture. Faire des lignes courtes pour marquer le bout des plis et des pinces.

Techniques de marquage rapides

Faire des entailles pour marquer les crans, le bout des pinces, les lignes de pliure ou le milieu du devant et du dos. Avec la pointe des ciseaux, faire de petites entailles de 3 mm (⅛ po) dans la réserve de couture du patron et des deux épaisseurs de tissu.

Les épingles peuvent marquer les pinces, les points et les lignes de pliure. Les insérer dans le patron et le tissu. Retirer soigneusement le patron en le faisant passer par-dessus les têtes d'épingles. Marquer l'épaisseur du dessous avec un deuxième ensemble d'épingles. Replacer la première série d'épingles.

Le marque-repère de tailleur est constitué d une craie insérée dans deux supports. D'un côté, une épingle s'insère dans le patron et rencontre la craie de l'autre côté. Tourner les deux côtés du marque-repère afin que les craies marquent les deux épaisseurs de tissu en même temps.

LES TECHNIQUES DE COUTURE

Directives générales pour les rectifications du patron

Les rectifications du patron permettent de modifier les mesures et la forme des pièces standard pour qu'elles correspondent à votre silhouette. Effectuez toutes les modifications possibles avant la coupe du tissu, afin de simplifier le processus d'ajustement. Vous trouverez dans les pages qui suivent des directives étape par étape pour effectuer des ajustements spécifiques. Les directives de base suivantes s'appliquent à la plupart des changements que vous ferez.

Commencez par **presser** les pièces du patron au fer sec et tiède. Il est impossible d'obtenir la précision requise avec un patron froissé.

Épinglez le patron sur vous afin d'évaluer si le style convient bien à votre silhouette. Ajustez le patron sur vous ou déterminez les ajustements nécessaires. Si les ajustements sont majeurs, vous songerez peut-être à choisir un autre type de patron. Épinglez de nouveau le patron sur vous après avoir fait les modifications afin d'en vérifier la précision.

Procédez avec logique. Commencez par rallonger ou raccourcir les pièces. Ensuite, faites les modifications de haut en bas sur le patron pour l'ajuster à la largeur et aux contours du corps.

Surveillez bien les réactions en chaîne. Les modifications sur une pièce du patron entraînent habituellement des changements sur les pièces adjacentes. Par exemple, si vous rectifiez la couture du col, il faudra changer la parementure en conséquence. Parfois, il s'agit plutôt de compenser. Par exemple, si vous abaissez les coutures des épaules pour accommoder des épaules tombantes, il faudra peut-être abaisser la couture pour garder l'emmanchure de la même dimension.

Préservez le droit fil original, tel qu'indiqué sur les pièces du patron, afin que le vêtement terminé tombe bien. Tracez le droit fil d'un bord à l'autre de la pièce avant de couper le patron. Cette précaution permet de préserver le sens du tissu pendant les ajustements.

Raccordez les lignes de couture et de coupe aux lignes originales pour préserver la coupe.

Pour raccorder une couture après la modification du patron, tracez une ligne continue à partir de l'endroit où elle a été interrompue. Pour une ligne droite, utilisez une règle et reliez le début et la fin de la nouvelle ligne. Pour une courbe, utilisez une règle incurvée afin de rétablir la ligne originale du patron ; partez d'un point situé à mi-chemin entre les deux extrémités de la ligne de couture.

Raccordez d'abord la ligne de couture et, ensuite, la ligne de coupe. Sur les patrons multi-tailles, qui n'ont pas de lignes de coutures, ne raccordez que la ligne de coupe et piquez à la ligne de couture habituelle, c'est-à-dire à 1,5 cm (⅝ po) du bord.

Lorsqu'il y a une pince dans la ligne de couture, pliez vers l'intérieur avant de rétablir la ligne. Assurez-vous que tous les points, les crans et les pinces sont bien marqués sur la nouvelle ligne de couture.

LE CHOIX D'UNE MÉTHODE D'AJUSTEMENT

Quand c'est possible, deux méthodes sont proposées pour effectuer les modifications les plus courantes : la méthode dans les coutures pour les ajustements mineurs, et la méthode par les lignes de modification pour les ajustements majeurs. Choisissez l'une ou l'autre méthode, en fonction de l'ampleur des ajustements à apporter au patron.

Les rectifications mineures se font rapidement et facilement, car il suffit de les indiquer directement sur le patron, dans la réserve de couture ou dans la marge. Cette méthode ne vous permet toutefois de rajouter ou d'enlever que 1 à 1,3 cm (3/8 à 1/2 po).

Dans les photos explicatives des pages suivantes, nous avons placé du papier de couleur contrastante sous le patron pour marquer les ajouts, étant donné que la marge a été coupée. Il n'est pas nécessaire de procéder de cette manière sur des patrons neufs, puisque leurs marges sont assez larges pour y inscrire les modifications.

Les rectifications majeures permettent d'ajouter ou d'enlever des mesures plus grandes, c'est-à-dire jusqu'à 5 cm (2 po), exactement là où elles sont nécessaires. Respectez cette mesure, car vous pourriez déformer les pièces du patron et le vêtement ne suivrait pas le droit fil. Il deviendrait aussi plus difficile de faire le raccord ou la compensation sur les pièces adjacentes.

Si les ajustements nécessaires sont plus importants que ne le permet la méthode des lignes de modification, il est préférable de vous procurer un patron d'une autre taille. Vous pouvez également distribuer les ajustements sur les réserves de couture et autres détails plutôt que de les concentrer au même endroit.

LA LONGUEUR : RECTIFICATIONS DE BASE

Vous devez ajuster la longueur des pièces avant d'effectuer toute autre modification au patron. Si votre silhouette se rapproche de la moyenne, ce type d'ajustement sera peut-être le seul requis sur la plupart des pièces.

Les rectifications en longueur se font à deux endroits : au-dessus et au-dessous de la taille. Reportez-vous à la longueur de votre dos pour déterminer la bonne longueur de patron au-dessus de la taille. Pour déterminer la bonne longueur sous la taille, prenez la mesure à partir de la taille, dans le dos, jusqu'à l'ourlet suggéré. Procédez à ces rectifications de la longueur en vous guidant grâce aux lignes de modification imprimées sur les pièces du patron.

L'ajustement pour les silhouettes particulières

La plupart des gens peuvent effectuer les ajustements en longueur en utilisant les lignes pour rallonger ou raccourcir prévues à cet effet sur le patron. Si la pointe de votre poitrine ne correspond pas à celle du patron, vous devrez peut-être modifier la longueur des pinces pour qu'elles arrivent au bon endroit. Si vous avez une poitrine forte, ajustez la longueur du devant du patron au-dessus de la taille, tel qu'indiqué à la page 93.

Si votre silhouette exige une demi-taille ou un patron petite jeune femme, réduisez la longueur du patron proportionnellement, en divisant l'ajustement total en quatre mesures plus petites. Raccourcissez le patron au thorax, à la tête de manche et à la ligne des hanches, en plus d'utiliser les lignes de modification imprimées au-dessus et en dessous de la taille. La longueur peut également être ajustée au niveau de l'ourlet.

Normalement, pour raccourcir un patron à une taille petite jeune femme, vous devez enlever 6 mm (¼ po) à la poitrine, 2 cm (¾ po) au-dessus de la taille, 2,5 cm (1 po) aux hanches et 2,5 cm (1 po) à l'ourlet, ce qui raccourcit le patron de 7,5 cm (3 po). Les ajustements pour les patrons demi-taille sont les mêmes, mais en omettant les modifications à la poitrine, parce que l'emmanchure n'a pas besoin d'être réduite. Adaptez les ajustements standard selon vos proportions.

Comment déterminer les rectifications en longueur

(1) **Au-dessus de la taille.** Mesurer la longueur du dos à partir de l'os proéminent à la base du cou jusqu'à la ligne naturelle de la taille. Comparer cette mesure avec celle qui se trouve sur la pochette du patron afin de déterminer les modifications à apporter aux pièces du devant et du dos.

(2) **Au-dessous de la taille.** À partir du milieu du dos, mesurer la taille à l'ourlet ou se fier à un vêtement de la bonne longueur. Comparer avec la mesure suggérée au verso de la pochette du patron pour déterminer la rectification à faire sur les pièces du devant et du dos de la jupe.

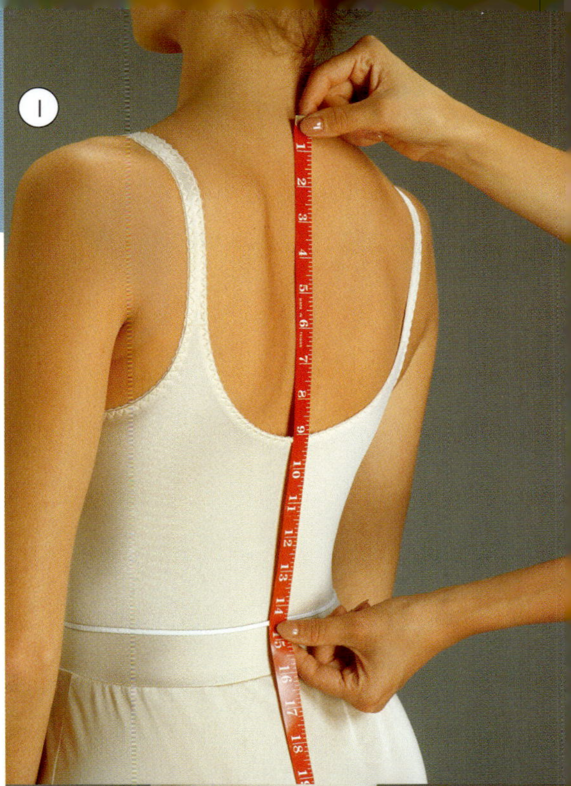

Comment raccourcir

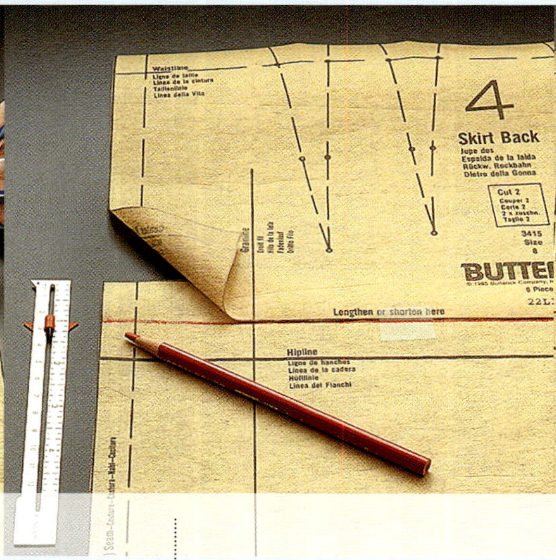

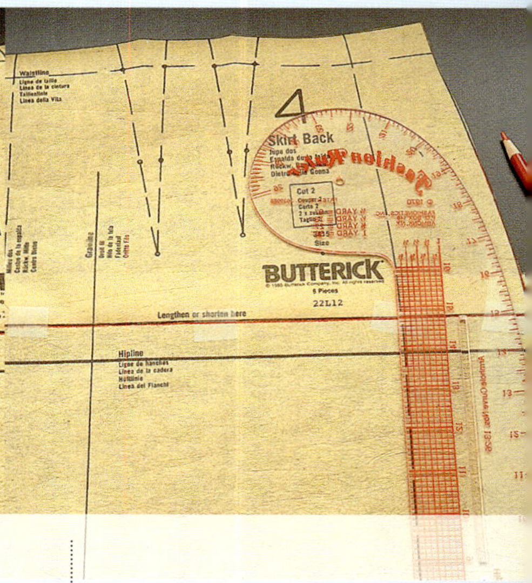

(1) **Couper** le patron sur les lignes de modification imprimées sur le patron. Si ces lignes sont absentes sur un patron de jupe, raccourcir au niveau de l'ourlet.

(2) **Chevaucher** les sections coupées. Le chevauchement correspond à la mesure qui doit être enlevée. Coller les sections avec du ruban adhésif en prenant soin de préserver le droit fil.

(3) **Raccorder** les lignes de couture et de coupe. Effectuer les mêmes rectifications sur les pièces du devant et du dos.

Comment allonger

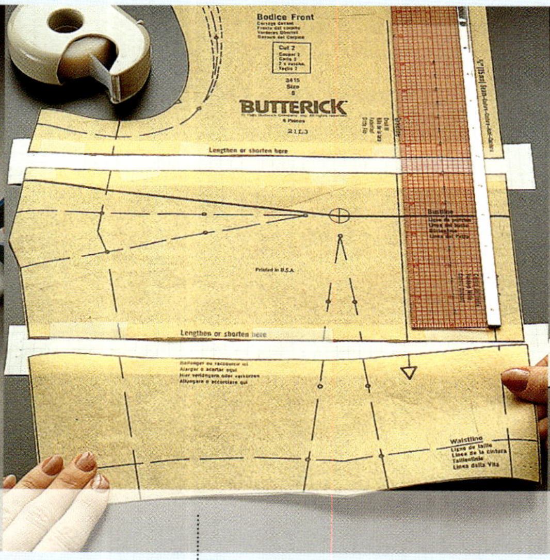

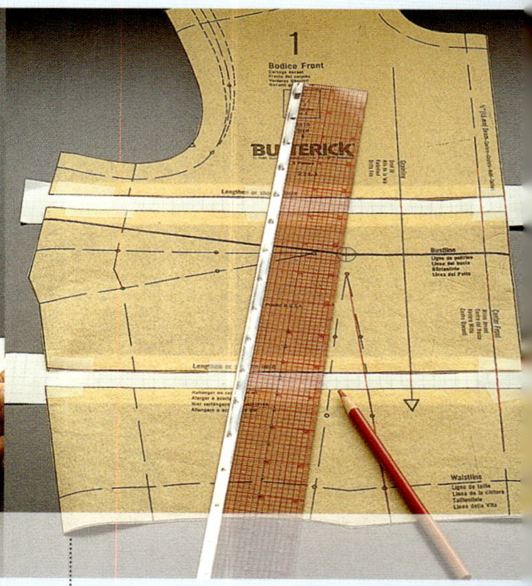

(1) **Couper** le patron le long des lignes de modification.

(2) **Distancer** les sections selon la longueur voulue. Placer du papier sous le patron pour combler le vide. Coller les sections avec du ruban adhésif en prenant soin de préserver le droit fil.

(3) **Raccorder** les lignes de couture et de coupe. Effectuer les mêmes rectifications sur les pièces du devant et du dos.

Comment raccourcir les patrons pour demi-taille et petite

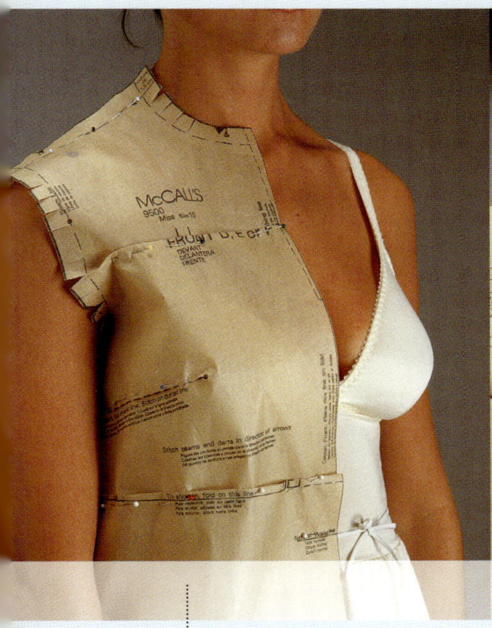

(1) **Épingler** ou mesurer le patron afin de connaître la mesure à enlever au niveau de la poitrine au-dessus des crans de l'emmanchure, à la ligne de modification au-dessus et au-dessous de la taille, et à la ligne des hanches.

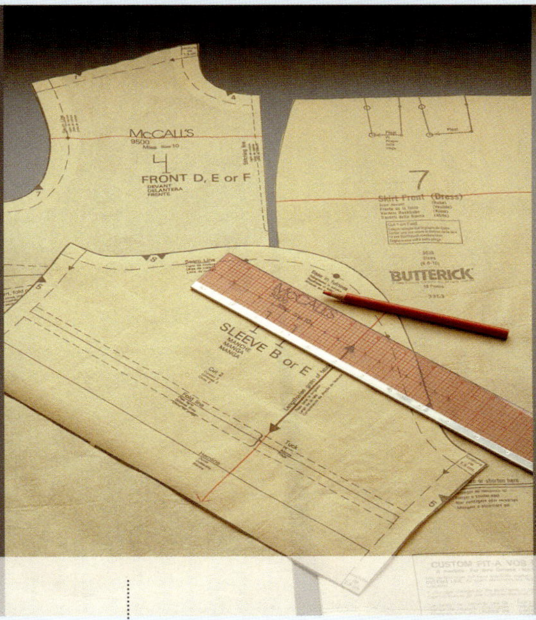

(2) **Tracer** des lignes de modification sur les pièces du devant et du dos, à mi-chemin entre les crans de l'emmanchure et de l'épaule, ainsi qu'à la tête de manche. Tracer une autre ligne aux hanches, à 12,5 cm (5 po) sous la taille, sur le devant et le dos de la jupe.

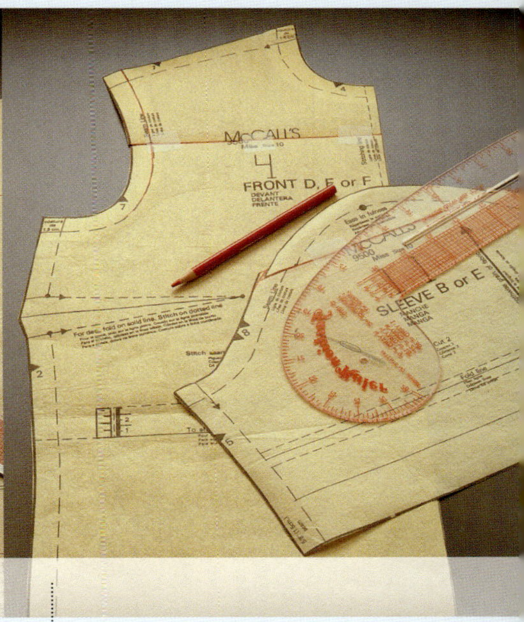

(3) **Couper** les pièces sur chaque ligne de modification ; pour raccourcir, chevaucher les deux parties coupées du patron. Raccourcir d'une mesure égale le devant et le dos. Raccourcir la tête de manche d'une mesure égale à celle ayant été enlevée à la poitrine.

L'AJUSTEMENT AU NIVEAU DE LA POITRINE

Le corsage d'un vêtement bien ajusté ne comporte pas de faux plis sur la poitrine ; les coutures latérales ne tirent pas vers l'avant et la ligne de taille ne remonte pas. Ajustez la longueur du dos du corsage selon la mesure de votre dos. Effectuez les mêmes modifications sur le devant du corsage. De plus, les coutures ou les pinces du devant du corsage nécessiteront peut-être un ajustement afin de s'adapter à la taille et à la forme de votre poitrine.

Si votre poitrine est plus grosse que la moyenne, vous devrez peut-être rallonger et élargir le patron du devant du corsage. N'oubliez pas que les coutures latérales du devant et du dos doivent se raccorder. Si le patron que vous avez choisi est de style ample ou non ajusté, vous pouvez utiliser une certaine partie de l'aisance pour accommoder une poitrine forte et ainsi réduire les modifications.

Si votre poitrine est moyenne ou petite, épinglez le patron sur vous, comme à la troisième étape ci-contre, pour déterminer s'il est nécessaire d'élever ou d'abaisser les pinces. Il suffira peut-être de replacer les pinces pour améliorer l'ajustement.

Aisance minimale

Vêtement	Aisance minimale à la poitrine
Chemisier, robe combinaison	6,5 à 7,5 cm (2 ½ à 3 po)
Veste non doublée	7,5 à 10 cm (3 à 4 po)
Veste doublée	9 à 11,5 cm (3 ½ à 4 ½ po)
Manteau	10 à 12,5 cm (4 à 5 po)

S'il ne suffit pas de changer la hauteur de pinces, il serait préférable de coudre une toile d'essayage à partir du patron ajusté. Bien des solutions d'ajustement se visualisent mieux dans du tissu, et cette étape supplémentaire pourrait vous faire gagner du temps en fin de compte.

La marge d'aisance est essentielle au confort au niveau de la poitrine. Reportez-vous au tableau ci-dessus et ajoutez la quantité minimale d'aisance à la mesure de votre poitrine, avant de la comparer au patron pour décider si vous devez modifier ce dernier.

Les mesures du tableau ne constituent que des indications générales. À certains moments, vous désirerez plus ou moins d'aisance. Par exemple, les tissus épais nécessitent plus d'aisance que les tissus légers ; les tricots en nécessitent moins que les tissus tissés ; les tricots très extensibles forment des vêtements ajustés sans aucune aisance.

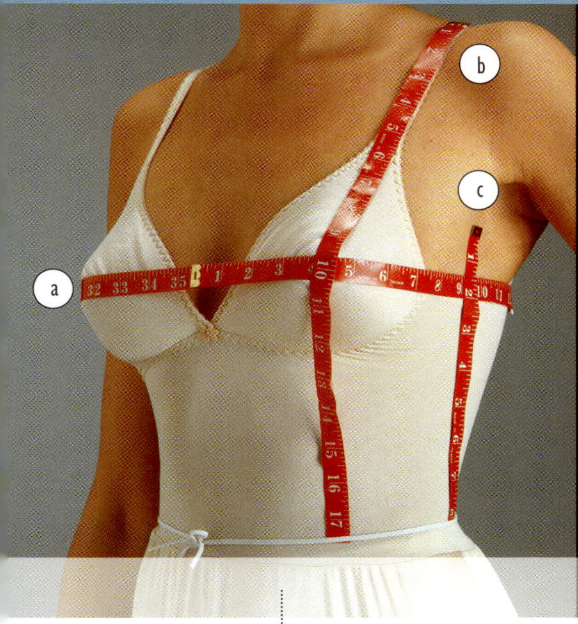

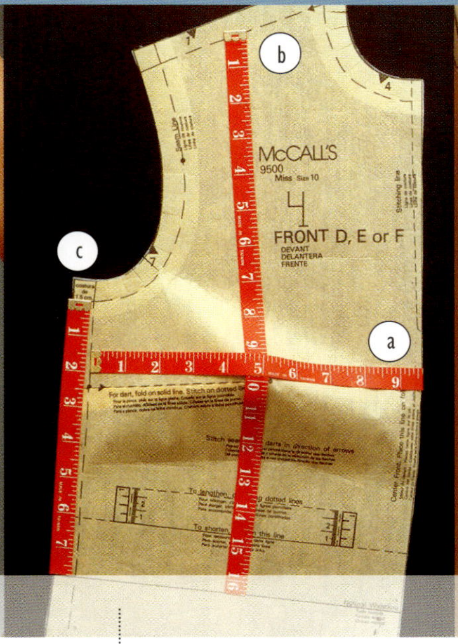

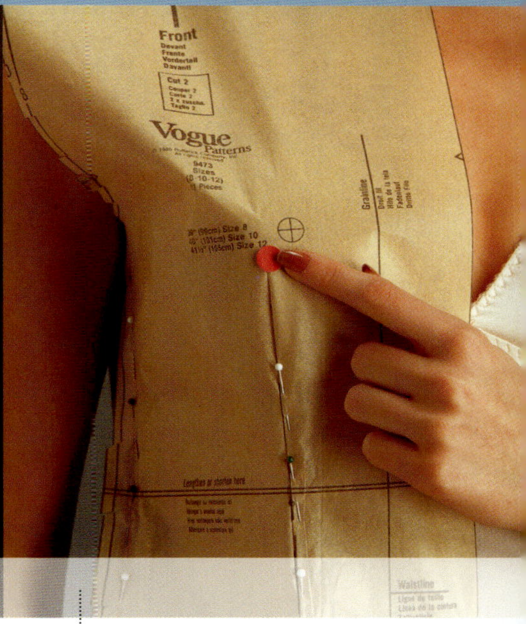

Comment déterminer les rectifications du patron

Mesurer la poitrine (a) à la partie la plus forte, en gardant le ruban à mesurer parallèle au sol. Ajouter l'aisance minimale. Mesurer la longueur du devant (b), du milieu de l'épaule en passant sur la pointe du sein, jusqu'à la taille. Mesurer la couture latérale (c) à partir de 2,5 cm (1 po) sous le bras jusqu'à la taille. Mettre deux doigts sous le bras pour figurer 2,5 cm (1 po).

Mesurer le devant et le dos du patron à la ligne de la poitrine (a). Mesurer le devant du corsage, du milieu de l'épaule, en passant par la pointe du sein, jusqu'à la taille (b). Voir si le patron doit être ajusté au-dessus de la taille ou au niveau de la poitrine (voir pages 88 et 89). Mesurer la couture latérale du devant du corsage, du dessous du bras à la taille (c). Voir si la longueur du patron doit être modifiée.

Épingler le patron sur le corps et marquer la pointe du sein. Voir s'il faut modifier la forme de la poitrine en élevant ou en abaissant les pinces du patron. Comparer la mesure du patron à celle du corps, en incluant une aisance minimale pour déterminer de combien il faut augmenter ou diminuer le tour de poitrine.

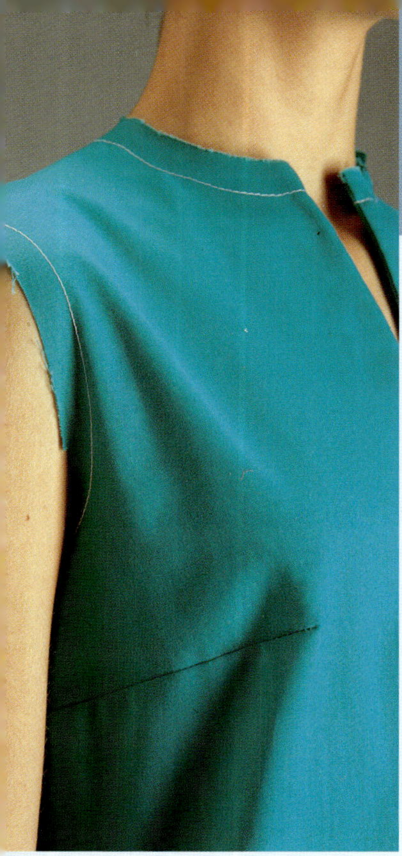

Poitrine haute

Mauvais ajustement. Lorsque la poitrine est plus haute que la moyenne, de faux plis se forment à la partie la plus forte, de même qu'au-dessous. La pince n'arrive pas au bon endroit. La pince du dessous du bras doit être élevée ; la pince partant de la ligne de la taille doit être allongée.

Poitrine basse

Mauvais ajustement. Lorsque la poitrine est plus basse que la moyenne, de faux plis se forment à la partie la plus forte, de même qu'au-dessus. Les pinces sont trop hautes et doivent être abaissées et raccourcies.

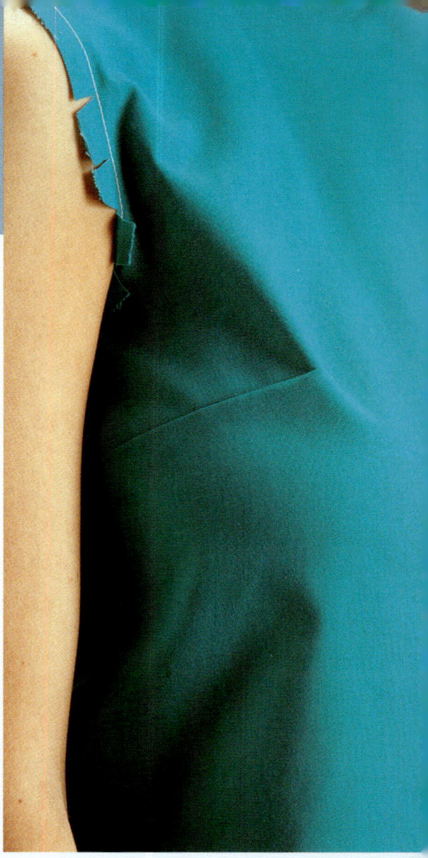

Élever ou abaisser les pinces

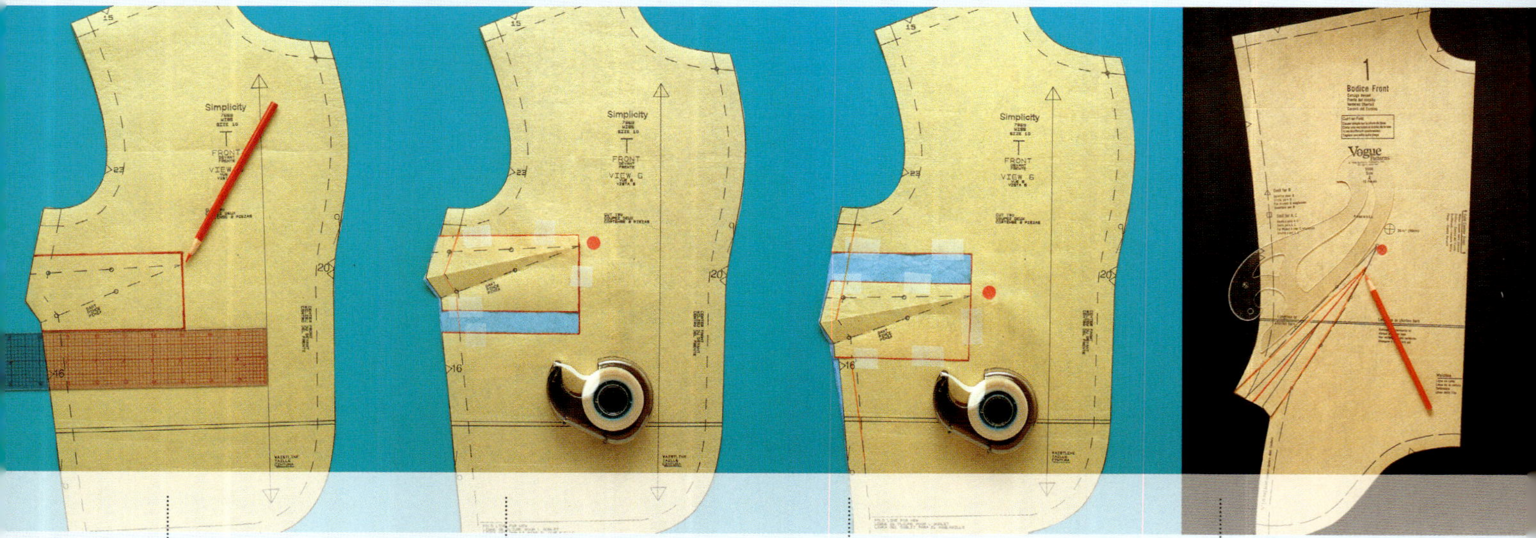

(1) **Tracer** des lignes horizontales sur le patron à 1,3 cm (½ po) au-dessus et au-dessous de la pince du dessous du bras, à angle droit par rapport au droit fil. Relier ces deux lignes par une verticale qui passe par la pointe de la pince. Couper sur ces lignes.

(2) **Élever** la pince autant que nécessaire pour une poitrine haute. Placer la pince de façon qu'elle se dirige vers la pointe du sein (point rouge) ou la partie la plus forte de la poitrine. Placer du papier sous le patron et fixer avec du ruban adhésif en maintenant les bords droits. Retracer la couture latérale.

(3) **Abaisser** la pince autant que nécessaire pour une poitrine basse. Placer la pince de façon qu'elle se dirige vers la pointe du sein (point rouge) ou la partie la plus forte de la poitrine. Placer du papier sous le patron et fixer avec du ruban adhésif en maintenant les bords droits. Retracer la couture latérale.

(4) **Pour changer le sens** d'une pince diagonale afin qu'elle se dirige vers la pointe du sein, marquer la nouvelle pointe de pince sur le patron. Rectifier la pince, en reliant les extrémités de la pince sur la couture latérale à la nouvelle pointe.

Comment accommoder une poitrine forte sans pinces

Pour accommoder une poitrine forte, modifier un patron de style non ajusté sans créer de pinces. Cette méthode peut être utilisée pour agrandir le patron jusqu'à un certain point. Au-delà de l'ajustement maximal suggéré, le droit fil se déformera au bas du vêtement. Ce type d'ajustement ne convient pas aux tissus à carreaux et rayés.

(1) **Tracer** une ligne à travers le devant du corsage, à mi-chemin entre le cran de l'emmanchure et la couture de l'épaule, à angle droit par rapport au droit fil. Tracer une deuxième ligne à 5 à 10 cm (2 à 4 po) sous l'emmanchure, à angle droit par rapport au droit fil. Tracer une troisième ligne passant à la pointe des seins, parallèle au droit fil, afin de relier les deux premières lignes ; prolonger la ligne au bas du vêtement.

(2) **Couper** le patron sur les nouvelles lignes. Glisser la portion de l'emmanchure vers l'extérieur, jusqu'à un maximum de 2 cm (¾ po) pour ajouter au total 3,8 cm (1 ½ po) à la largeur du corsage. Glisser la section de la taille du devant jusqu'à un maximum de 5 cm (2 po) vers le bas pour allonger le corsage. Fixer avec du ruban adhésif.

(3) **Raccorder** les lignes de couture et de coupe au niveau de l'emmanchure et de la couture de côté. Utiliser une règle courbée pour amener les lignes du milieu du devant à rejoindre la couture de côté originale.

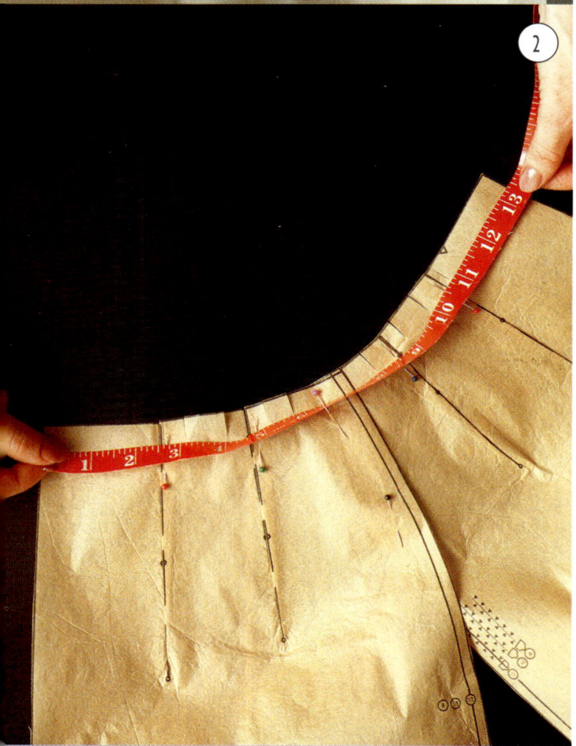

L'AJUSTEMENT AU NIVEAU DE LA TAILLE ET DU VENTRE

Même si une ceinture montée et une ligne de taille exigent un ajustement serré, elles doivent mesurer un peu plus que votre tour de taille afin de bien tomber. Pour être confortable, une ceinture montée doit mesurer 1,3 à 2,5 cm (½ à 1 po) de plus que le tour de taille. De plus, allouez une aisance de 1,3 cm (½ po) à partir de la mesure des hanches du patron jusqu'à la ceinture montée. Appliquez les mêmes principes d'ajustement aux vêtements comportant une parementure à la ligne de taille. Si le vêtement a une couture mais pas de ceinture à la taille, accordez un total de 2,5 à 3,8 cm (1 à 1 ½ po) d'aisance.

La façon dont les coutures latérales tombent permet de voir si un vêtement est bien ajusté à la taille. Les coutures devraient être droites, divisant le corps en deux, sans tirer vers l'avant ni vers l'arrière. La silhouette et la posture peuvent occasionner une distorsion des coutures latérales, ce qui justifie un ajustement différent pour l'avant et l'arrière de la jupe. Ainsi, il faudra élargir et allonger le devant de la jupe avec un ventre proéminent. Dans le cas d'une posture cambrée vers l'arrière, le corps est plus court que la moyenne au milieu du dos ; la mesure de la ligne de taille au dos est donc inférieure. Ces ajustements devront être faits en même temps que ceux du tour de taille.

Comment déterminer les ajustements du patron

(1) **Mesurer** le tour de taille et le comparer à la mesure de la taille indiquée sur le patron. L'aisance minimale est incluse dans la mesure du patron ; en tenir compte dans les ajustements.

(2) **Épingler** les pinces, les nervures et les plis de la taille pour mesurer le patron afin de le comparer à la mesure de votre corps, en incluant l'aisance. Mesurer à la ligne de couture ; s'il n'y en a pas, mesurer à la marque de la ligne de la taille, à l'endroit le plus étroit. Doubler la mesure du patron afin de comparer avec votre tour de taille.

Taille fine

Un mauvais ajustement se voit par une ligne de taille ou une ceinture montée trop grande malgré un bon ajustement aux hanches et à la poitrine. Une robe avec une couture à la ligne de taille trop ample présente des plis verticaux lâches à la taille. Dans le cas d'une jupe ou d'un pantalon, la ceinture ne colle pas au corps et elle a tendance à tomber sur les hanches.

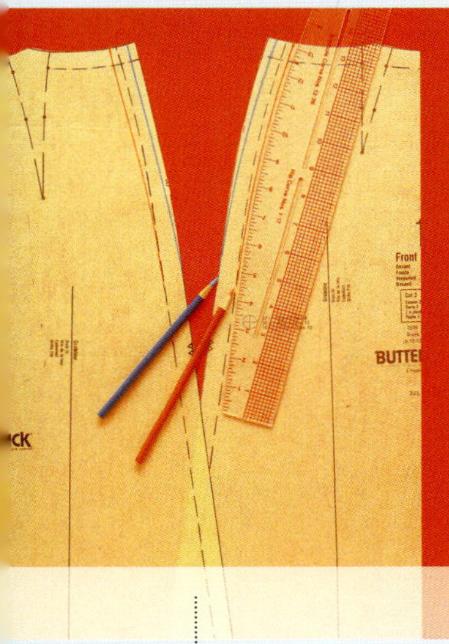

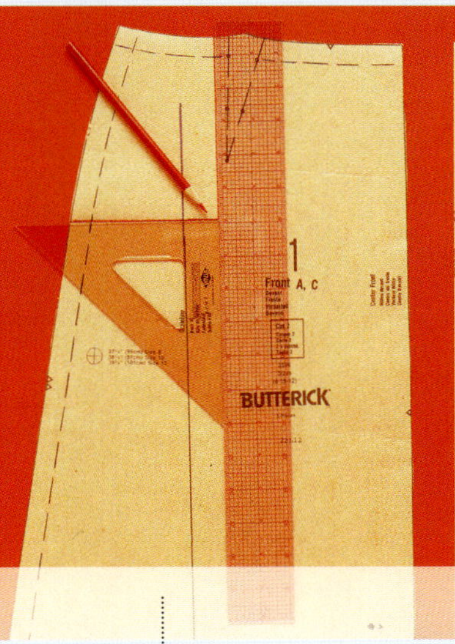

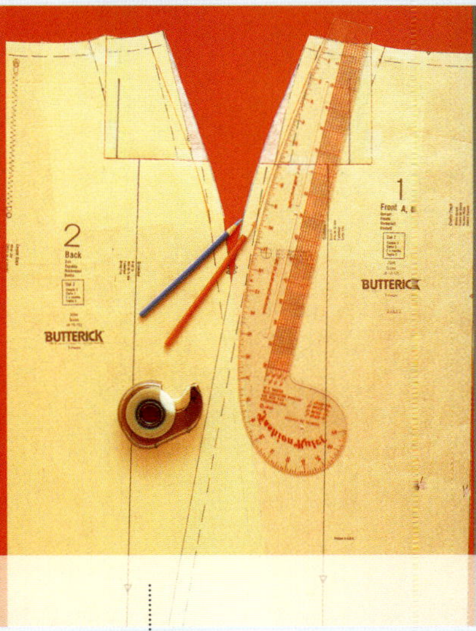

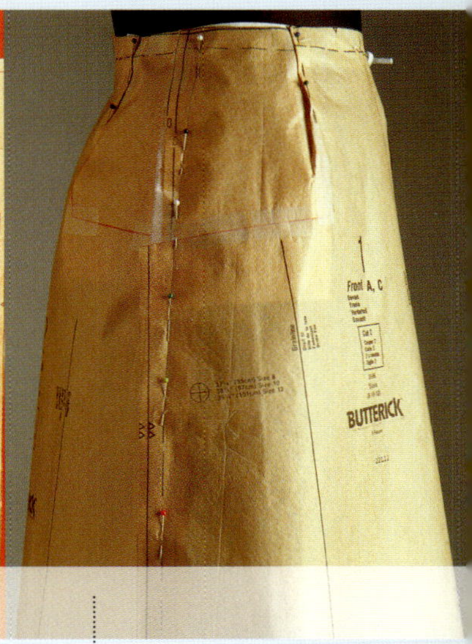

Ajustement mineur

Enlever un quart de la mesure requise à chaque couture. On peut enlever au maximum 1 cm (⅜ po) par réserve de couture pour les tailles de patron inférieures à 16. À partir de la taille 16, enlever un maximum de 1,5 cm (⅝ po). À l'aide d'une règle incurvée, retracer les lignes de couture et de coupe. Pour les jupes et les pantalons avec pinces, ne pas approfondir ces dernières pour raccourcir le tour de taille à moins qu'il soit nécessaire d'agrandir au niveau des hanches et des fesses. Ajuster les pièces de patron adjacentes.

Ajustement majeur

(1) **Tracer** une ligne parallèle au droit fil de chaîne de 12,5 cm (5 po), entre la couture latérale et la pince. Tracer une deuxième ligne à partir du bas de la première ligne jusqu'à la couture latérale, à angle droit par rapport au droit fil.

(2) **Glisser** la section vers l'intérieur pour enlever jusqu'à 2,5 cm (1 po) à la ligne de taille. Coller du papier sous le patron. Raccorder les lignes de couture et de coupe. Faire les mêmes ajustements au dos, enlevant un total de 5 cm (2 po) à chaque couture, pour une réduction totale de 10 cm (4 po).

(3) **Épingler** le patron afin de vérifier l'emplacement des pinces à la taille. Il sera peut-être nécessaire de reformer les pinces ou de les rapprocher davantage du milieu du devant et du dos afin d'obtenir un meilleur ajustement. Reporter ces ajustements sur les bandes, les entoilages ou sur le corsage.

Taille large

Un mauvais ajustement se traduit par des plis horizontaux qui font remonter la ligne de taille de la robe. La ceinture montée plisse à cause de la tension. Des faux plis en éventail partent de la taille ou des plis horizontaux se voient sous la ceinture.

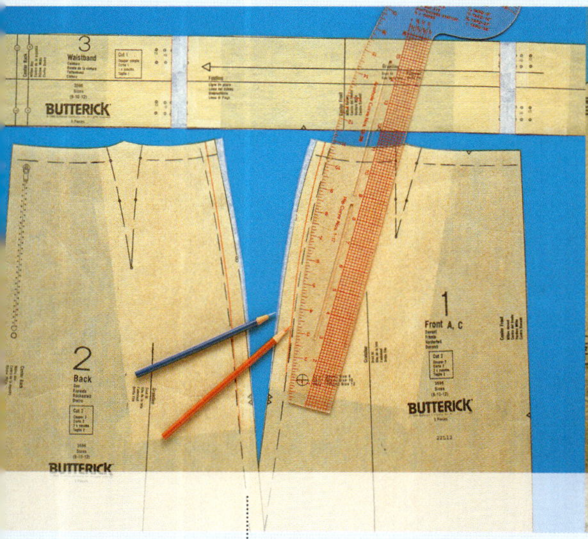

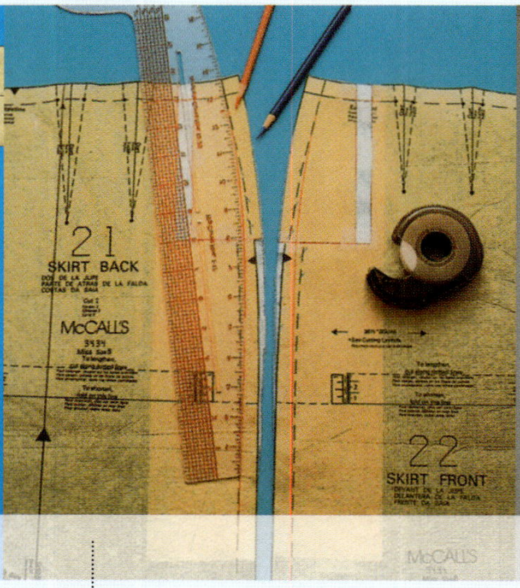

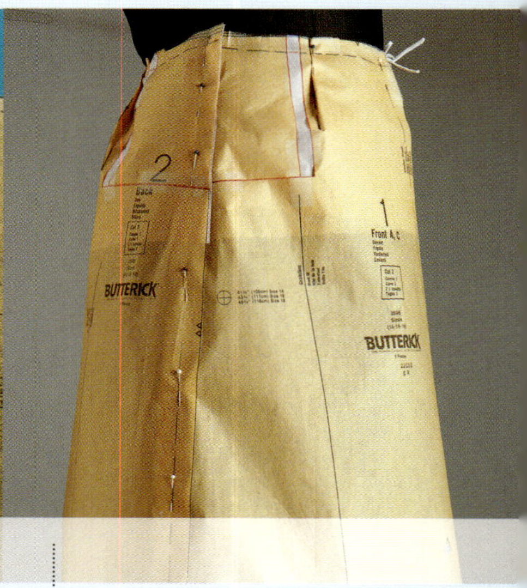

Ajustement mineur

Ajouter un quart de la mesure requise à chaque couture, jusqu'à 1 cm (3/8 po) par réserve de couture, pour un total de 2 cm (3/4 po) par couture. Pour des jupes avec pinces, on peut diminuer chacune de 6 mm (1/4 po) afin d'agrandir le tour de taille. À l'aide d'une règle incurvée, retracer les lignes de couture et de coupe. Reporter les rectifications sur la ceinture montée, l'entoilage ou le corsage.

Ajustement majeur

(1) **Tracer** les lignes d'ajustement et couper le patron comme à l'étape 1 de la page 95. Glisser la section jusqu'à 2,5 cm (1 po) vers l'extérieur. Coller du papier sous le patron. Retracer les lignes de couture et de coupe vers la taille, à l'aide d'une règle incurvée, et vers l'ourlet à l'aide d'une règle droite. Faire les mêmes ajustements au dos du patron, en ajoutant jusqu'à 5 cm (2 po) par couture, pour un total de 10 cm (4 po).

(2) **Épingler** le patron afin de vérifier l'emplacement des pinces à la taille. Il sera peut-être nécessaire de reformer les pinces ou de les rapprocher des coutures latérales afin d'obtenir un meilleur ajustement. Reporter les rectifications sur la ceinture montée, l'entoilage ou le corsage.

Ventre proéminent

Un mauvais ajustement se traduit par des faux plis horizontaux sous la ligne de taille. Des plis en diagonale partent du ventre et tirent les coutures latérales vers l'avant. Souvent, la ligne de taille et la ligne d'ourlet remontent. Le milieu du devant nécessite un surplus en longueur et en largeur.

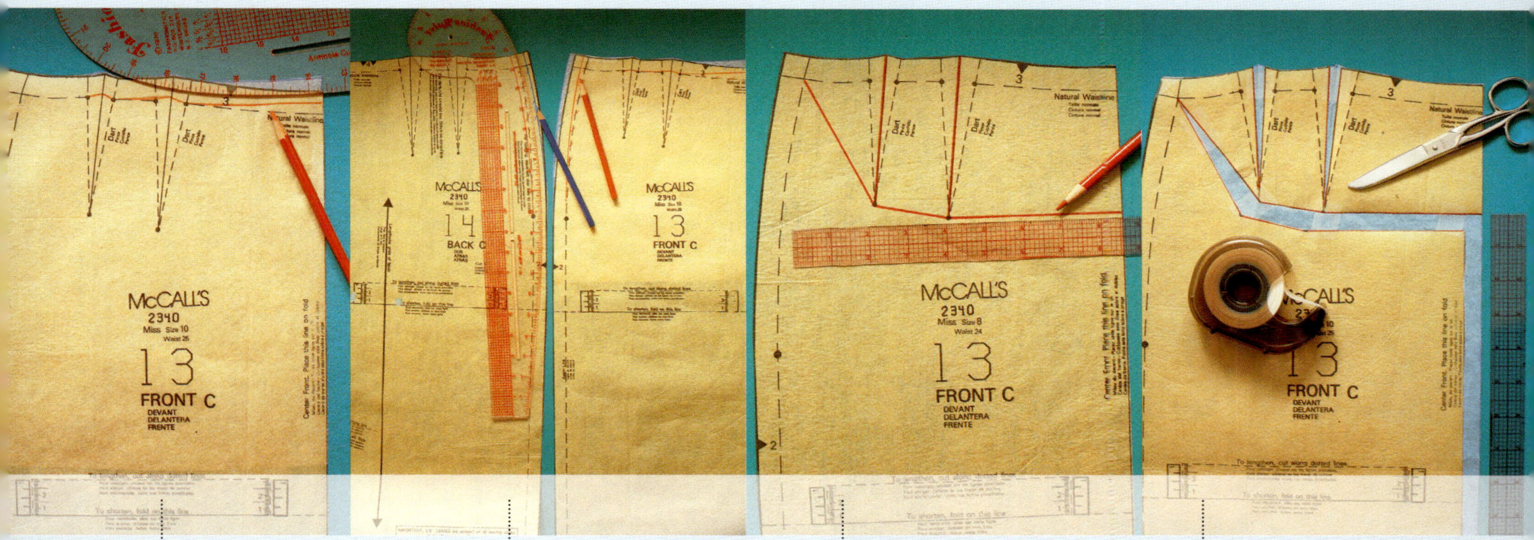

Ajustement mineur

(1) **Remonter** la ligne de la taille sur le devant de la jupe ou du pantalon jusqu'à 1 cm (3/8 po) au milieu du devant afin d'augmenter la longueur. Former les pinces et retracer les lignes de couture et de coupe à l'aide d'une règle incurvée.

(2) **Ajouter** jusqu'à 1,3 cm (1/2 po) à la couture latérale de la pièce du devant. Enlever la même mesure sur la pièce du dos afin de préserver la circonférence de la taille. Pour améliorer davantage l'ajustement, transformer les pinces du devant en fronces ou en plis non pressés.

Ajustement majeur

(1) **Tracer** des lignes d'ajustement diagonales à partir de l'intersection des coutures latérales et de la ligne de taille, en passant par l'extrémité des pinces, et en continuant à l'horizontale jusqu'au milieu du devant. Couper sur cette ligne. Couper sur les lignes de pliure des pinces, sans toutefois en dépasser l'extrémité.

(2) **Glisser** la section du centre vers le haut autant que nécessaire et vers l'extérieur selon la moitié de la mesure nécessaire ; ouvrir les pinces et la coupure diagonale. Extrapoler la ligne du milieu du devant, de la nouvelle position jusqu'à l'ourlet. Les pinces peuvent également être transformées en fronces ou en plis non pressés. Retracer les lignes de couture et de coupe à la ligne de taille.

Ventre plat

Un mauvais ajustement se traduit par des plis verticaux et un excédent de tissu au milieu du devant. Les os des hanches peuvent être apparents. Les pinces sont mal placées et trop profondes.

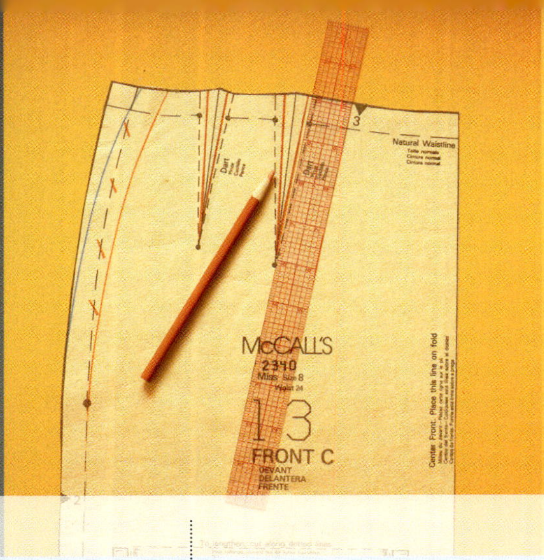

Ajustement en fonction d'un ventre plat

(1) **Retracer** des pinces moins profondes en en enlevant la même mesure de chaque côté de la ligne de pliure. Pour préserver la mesure originale, enlever la même mesure à la couture latérale en la retraçant à l'aide d'une règle incurvée, en partant d'un point sur la couture de la taille jusqu'à la ligne des hanches.

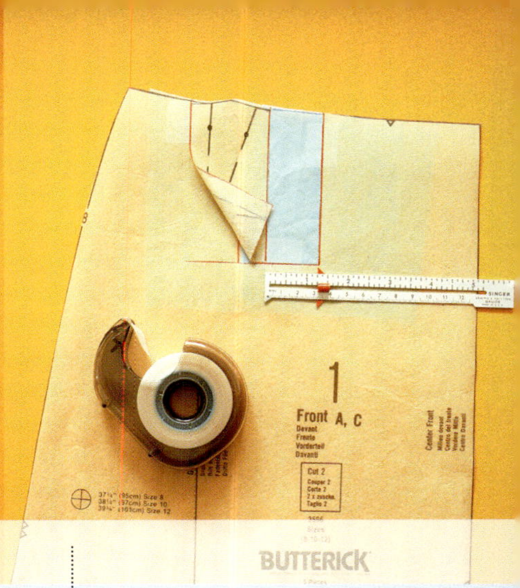

(2) **Rapprocher** les pinces de la couture latérale si les os des hanches sont saillants. Couper la pince comme pour élever ou abaisser les pinces de la poitrine (voir pages 92 et 93), et la glisser au bon endroit après avoir épinglé le patron sur vous. Former la pince et retracer les lignes de couture et de coupe de la ligne de taille à l'aide d'une règle incurvée.

Dos cambré

Le mauvais ajustement est occasionné par un défaut de posture. La partie du dos située immédiatement sous la taille n'est pas bien ajustée ou la jupe fait des poches à la hauteur des fesses, trahissant un surplus de tissu au milieu du dos. Des plis se forment en diagonale, indiquant que la largeur ou la longueur de la pince ne convient pas à la forme du corps. Épingler le surplus de tissu afin de déterminer la mesure à enlever au milieu du dos.

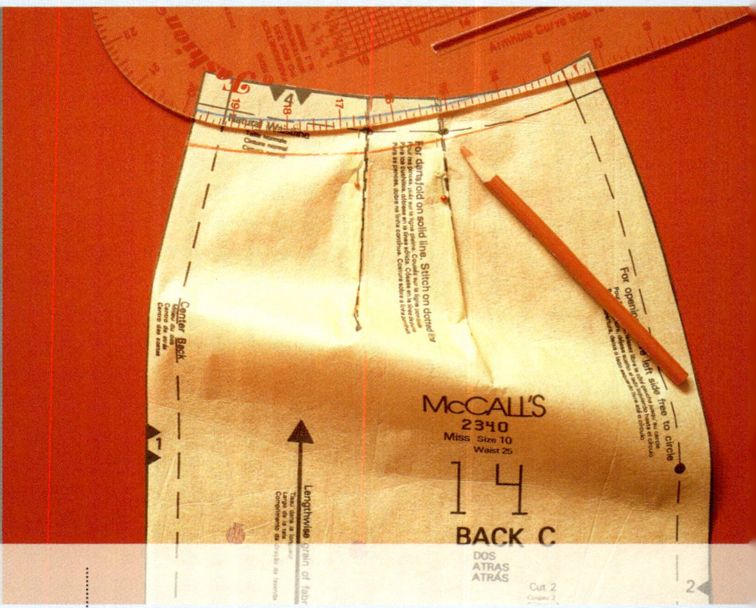

Ajustement en fonction d'un dos cambré

Rectifier les pinces si nécessaire, afin d'adapter le patron au siège proéminent. Si la largeur de la pince est changée, faire le même ajustement à la couture latérale afin de garder la taille originale. Abaisser la ligne de couture de la taille au dos autant que nécessaire. Former les pinces vers le centre et retracer les lignes de couture et de coupe à l'aide d'une règle incurvée.

L'AJUSTEMENT AU NIVEAU DES HANCHES

Un vêtement bien ajusté au niveau des hanches est confortable, que ce soit en position debout ou assise. De plus, il est souple, ne plisse pas et ne fait pas de poches.

Avant de modifier la largeur, faites toutes les rectifications en longueur sous la ligne de taille. Ces ajustements peuvent éliminer la nécessité d'ajuster le tour des hanches du patron. Si vous avez une hanche plus haute que l'autre, vous devrez peut-être recopier le patron et ajuster séparément les deux côtés du corps. Si vos hanches sont plus étroites ou plus fortes que la moyenne, rectifiez le patron de manière à inclure l'aisance minimale de 5 cm (2 po) à la ligne des hanches pour un patron d'une taille moindre que 16. Pour les tailles 16 et plus, allouez une aisance minimale de 6,5 cm (2 ½ po). Il se peut que l'aisance minimale ne soit pas suffisante, par exemple, si vous avez des hanches fortes ou si vous utilisez un tissu épais. Si vous travaillez avec un tricot, vous devrez peut-être la réduire.

Comment déterminer les rectifications du patron

(1) **Déterminer** l'endroit où tombe la ligne des hanches en mesurant de la taille à la partie la plus forte des hanches, sur la couture latérale. Mesurer le tour des hanches en maintenant le ruban à mesurer parallèle au sol. Ajouter une aisance minimale de 5 à 6,5 cm (2 à 2 ½ po) à cette mesure.

(2) **Marquer** la couture latérale sur le patron à l'endroit le plus large. Chevaucher le devant et le dos du patron à cet endroit. Mesurer la ligne des hanches à partir du milieu du devant jusqu'au milieu du dos. Doubler cette mesure afin d'obtenir la circonférence du vêtement fini. Comparer cette mesure avec celle du tour des hanches, incluant l'aisance, afin de déterminer si un ajustement est nécessaire.

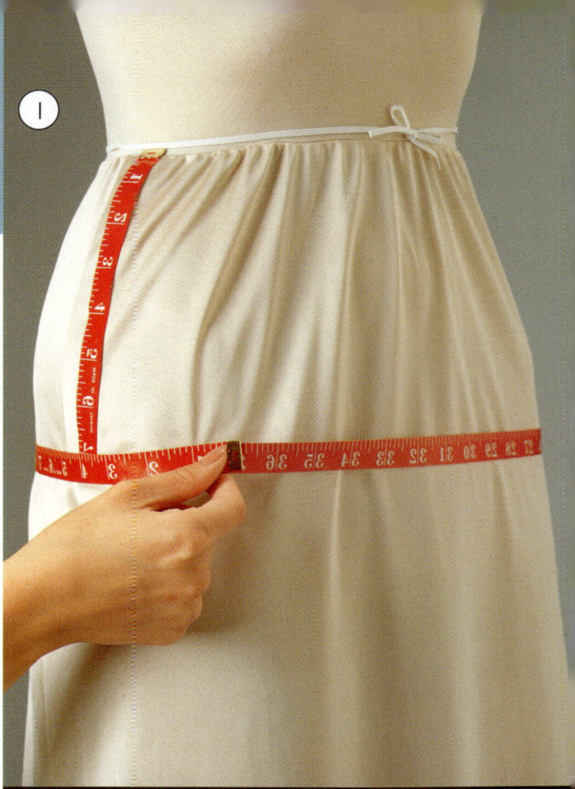

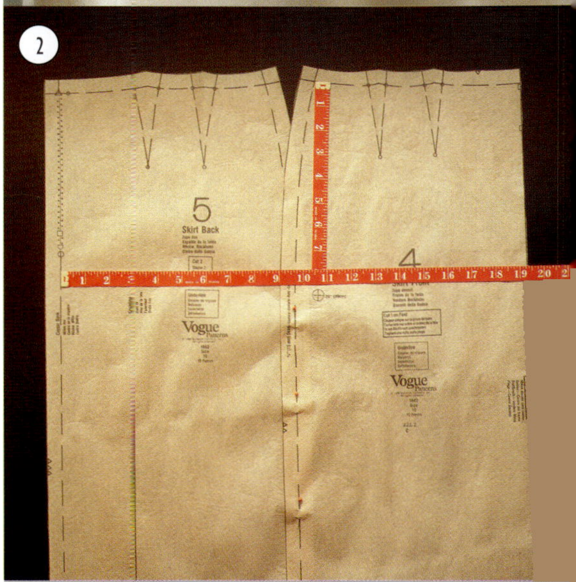

Hanches fortes

Un mauvais ajustement occasionne des plis horizontaux au niveau des hanches. La jupe gaufre sous le siège et tend à remonter parce que la largeur est insuffisante au niveau des hanches. Le patron doit être agrandi à la ligne des hanches.

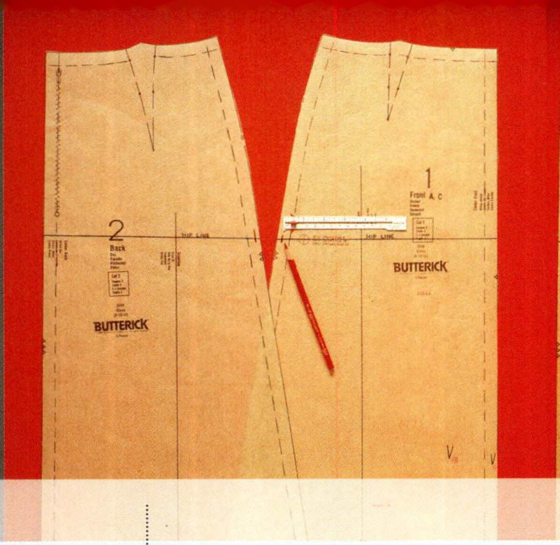

Ajustement mineur

(1) **Marquer** la ligne des hanches sur la couture latérale des patrons du devant et du dos. Ajouter un quart de la mesure requise à chaque couture latérale, près de la marque. Ajouter un maximum de 1 cm (3/8 po) à chaque réserve de couture, pour un total de 2 cm (3/4 po) par couture.

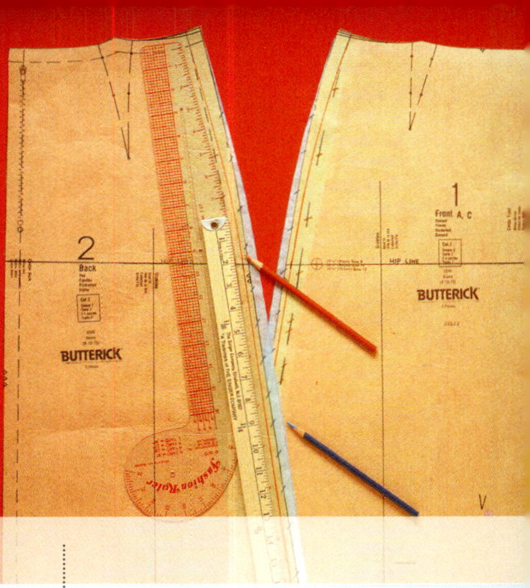

(2) **Retracer** les lignes de couture et de coupe de la hanche à la taille à l'aide d'une règle incurvée. Marquer les nouvelles lignes de couture et de coupe, de la hanche à l'ourlet, avec une règle droite.

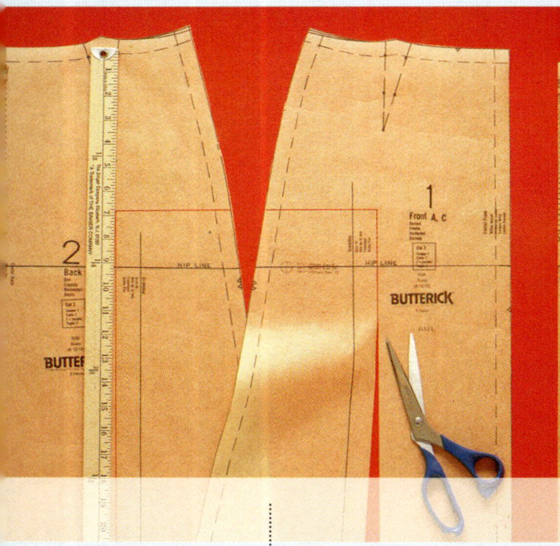

Ajustement majeur

(1) **Tracer** une ligne parallèle à la ligne des hanches, à environ 12,5 cm (5 po) sous la ligne de taille. Tracer une deuxième ligne parallèle au droit fil de chaîne, partant de la fin de la première ligne jusqu'à l'ourlet. Couper sur les lignes.

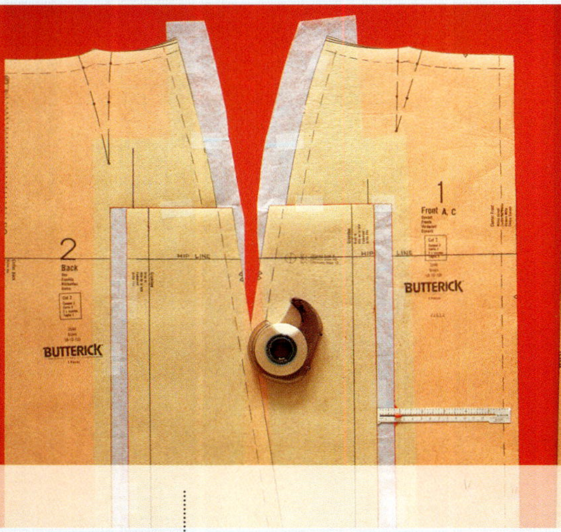

(2) **Glisser** la section vers l'extérieur, en ajoutant un quart de la mesure requise. Ajouter au maximum 2,5 cm (1 po) pour les tailles 16 et moins, pour un total de 5 cm (2 po) par couture, et 3,8 cm (1 ½ po) pour les tailles 16 et plus, pour un total de 7,5 cm (3 po) par couture.

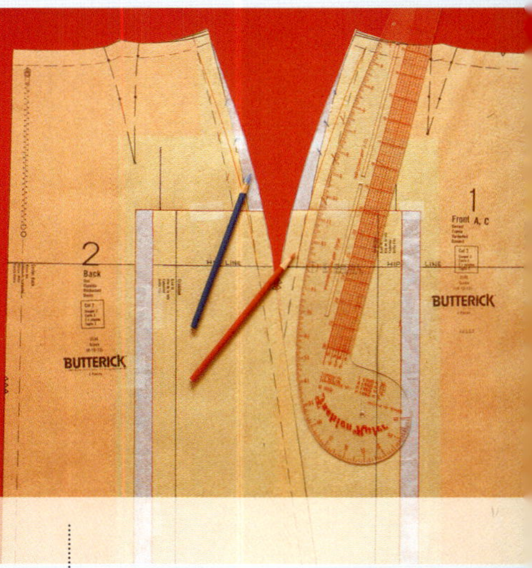

(3) **Retracer** les lignes de couture et de coupe, de la hanche à la taille, à l'aide d'une règle incurvée. Tracer une nouvelle ligne de la hanche à l'ourlet à l'aide d'une règle droite.

Hanches étroites

Un mauvais ajustement se trahit par un excédent de tissu qui plisse et semble bouffant. La ligne des hanches est trop large. Le patron devra être diminué à la ligne des hanches et les pinces devront peut-être aussi être réduites. Dans ce dernier cas, les coutures latérales devront être diminuées d'autant (voir page 95).

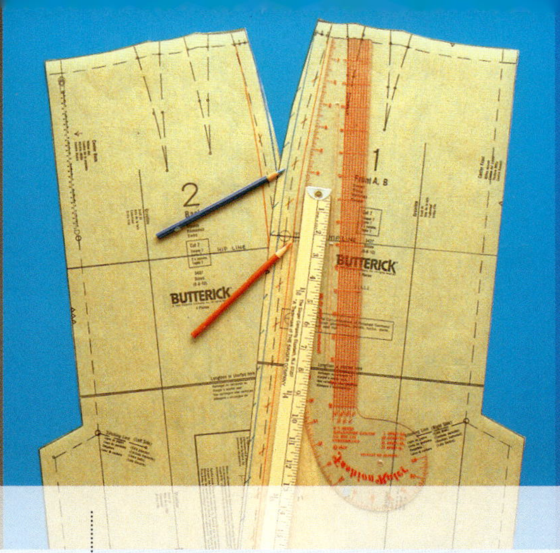

Ajustement mineur

(1) **Marquer** la ligne des hanches sur la couture latérale du devant et du dos. Enlever un quart de la mesure requise à chaque couture latérale, près de la marque. Enlever un maximum de 1 cm (3/8 po) dans chaque réserve de couture, pour un total de 2 cm (3/4 po) par couture. Retracer les nouvelles lignes de couture et de coupe comme à l'étape 2, au bas de la page 100.

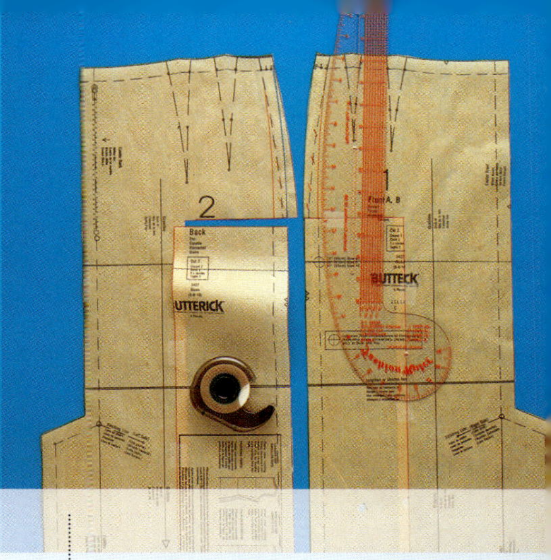

Ajustement majeur

(2) **Diminuer** les pinces selon les besoins. Faire les ajustements à la ligne de taille (voir page 95). Tracer la nouvelle ligne et couper comme à l'étape 1 de l'ajustement majeur des hanches fortes (voir page 100). Glisser la section vers l'intérieur, en enlevant un quart de la largeur en trop à la ligne des hanches. Retracer les lignes de couture et de coupe, de la taille à la hanche, à l'aide d'une règle incurvée, et de la hanche à l'ourlet à l'aide d'une règle droite.

Hanches inégales

Un mauvais ajustement occasionne des plis diagonaux sur un des côtés de la jupe. Le tissu n'est plus sur le fil droit. Une hanche peut être plus forte, plus étroite ou plus haute que l'autre. Ajuster la largeur des pinces et des coutures latérales.

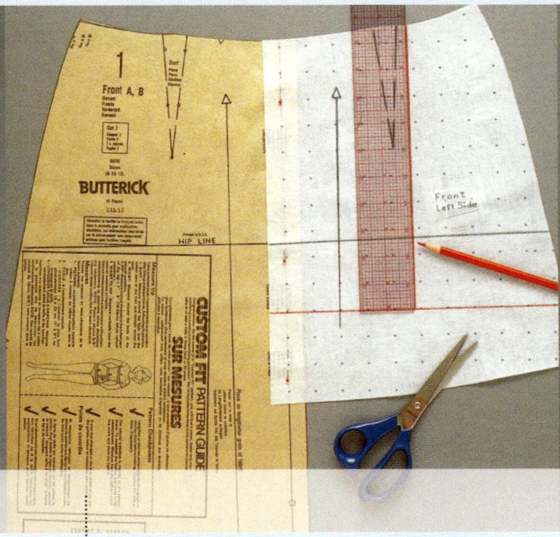

Comment ajuster en fonction d'une hanche plus haute

(1) **Copier** le devant et le dos du patron de la jupe. Identifier les côtés droit et gauche. Tracer une ligne de modification parallèle au droit fil de 12,5 cm (5 po) sur le côté qui nécessite un ajustement, en partant à mi-chemin entre la couture latérale et la pince. Tracer une deuxième ligne à angle droit à partir du bas de la première jusqu'à la couture latérale.

(2) **Glisser** la section vers le haut jusqu'à ce que la longueur convienne à la hanche haute. Coller du papier sous le patron. Modifier le devant et le dos de la jupe afin qu'ils concordent. Plier les pinces ou les nervures dans le sens du pressage. Retracer les lignes de couture et de coupe aux coutures de taille et latérales.

Les coutures

La couture, qui se définit comme l'assemblage de deux morceaux d'étoffe par une suite de points, habituellement à 1,5 cm (5/8 po) du bord vif, se trouve à la base de la confection de tout vêtement. Des coutures parfaites constituent la signature d'un vêtement de qualité. Des coutures lâches, tordues ou inégales en gâchent l'ajustement autant que l'apparence.

En plus de tenir les sections d'un vêtement ensemble, les coutures peuvent servir d'élément décoratif. Une couture située à un endroit inhabituel ou surpiquée avec du fil contrastant ajoute une touche spéciale à un vêtement.

La plupart des coutures simples doivent être finies afin de prévenir l'effilochage. La finition des coutures constitue une façon de traiter ou d'enfermer le bord vif de la réserve de couture.

Il existe plusieurs variantes de la couture simple : bordée, enfermée, surpiquée et soutenue. Certaines, telle la couture rabattue, sont plus résistantes et forment le vêtement. D'autres, telle la couture anglaise ou la couture bordée, améliorent l'apparence et la durabilité d'un vêtement.

Techniques pour les coutures à la machine

(1) **Placer** la plus grande partie du tissu à gauche de l'aiguille et les bords vifs à droite. Soutenir et guider délicatement le tissu avec les deux mains pendant la couture.

(2) **Utiliser** les guides sur la plaque à aiguille de la machine à coudre pour faire des coutures droites. Le guide-droit ou une bande de ruban adhésif collée à la distance désirée sont également utiles.

(3) **Utiliser** le coupe-fil à l'arrière de la barre du pied presseur ou un coupe-fil distinct pour couper les fils.

Comment effectuer une couture simple

(1) **Épingler** la couture à intervalles réguliers, endroit contre endroit, en réunissant avec précision les crans et autres marques. Placer les épingles à angle droit sur la couture, habituellement à 1,5 cm (5/8 po) du bord, les pointes dépassant légèrement la ligne de couture et les têtes vers le bord vif afin de pouvoir les enlever facilement.

(2) **Bloquer** la couture en faisant quelques points arrière. Piquer ensuite vers l'avant sur la ligne de couture, en enlevant les épingles à mesure. Terminer par des points arrière sur une distance de 1,3 cm (1/2 po) afin de bloquer la couture. Couper les fils.

(3) **Presser** la couture sur l'envers du tissu afin de l'aplatir. Cette opération fond le fil dans le tissu. Ouvrir la couture et presser. La maintenir ouverte avec vos doigts ou le bout rond d'un tourneur. Si la couture est incurvée, comme au niveau des hanches pour les jupes et les pantalons, la presser avec un coussin de tailleur.

Comment faire une couture incurvée

(1) **Piquer** une couture de soutien juste à l'intérieur de la ligne de couture au milieu de la courbe. Faire des entailles jusqu'à la ligne de couture, à intervalles réguliers, dans la réserve de couture incurvée.

(2) **Épingler** les deux morceaux de tissus courbés endroit contre endroit, le bord entaillé sur le dessus, en ayant bien soin de raccorder toutes les marques.

(3) **Piquer** sur la ligne de couture, avec les entailles sur le dessus, en utilisant un point plus petit que la normale et en s'assurant que l'épaisseur du dessous reste bien à plat.

(4) **Faire des crans** dans la réserve de couture de la courbe extérieure en coupant de petits plis en V. Attention pour ne pas couper dans la ligne de couture.

(5) **Presser** la couture afin d'incruster et de lisser les points. Retourner et presser de l'autre côté.

(6) **Ouvrir** la couture au fer sur un coussin de tailleur, en utilisant seulement la pointe du fer. Ne pas presser le vêtement. Si le contour des coutures n'est pas pressé, les lignes de couture se déformeront.

LES COUTURES ENFERMÉES

Utilisez les coutures enfermées pour les chemisiers, les vestes non doublées, la lingerie et les rideaux transparents. Elles constituent également un excellent choix pour les vêtements d'enfants, car elles résistent aux durs traitements et aux lavages répétés.

La couture ourlée est une couture simple dont une réserve de couture est pliée par-dessus l'autre et cousue ainsi.

La couture anglaise ressemble à la couture simple sur l'endroit et à une nervure étroite sur l'envers. Il s'agit d'abord de coudre les envers de tissu ensemble. Cette couture est difficile à réaliser dans les courbes ; aussi, il est préférable de la réserver pour les coutures droites.

La fausse couture anglaise est une couture simple dont les réserves sont rasées, pliées vers l'intérieur et cousues le long de la pliure. La couture ourlée et la fausse couture anglaise peuvent être utilisées dans les endroits courbes ou dans les parties rectilignes.

Les coutures enfermées diffèrent des coutures bordées, car elles ne nécessitent aucun tissu ou bordé supplémentaire. Les bords vifs des réserves de couture sont enfermés à même la couture. Ce type de couture convient parfaitement aux tissus légers, puisque vous n'avez pas à vous soucier du surplus de volume. Ces coutures sont particulièrement appropriées pour les tissus diaphanes, car aucun bord vif ou contrastant n'est apparent sur l'endroit. Utilisez le pied et la plaque pour point droit (voir page 12) afin d'éviter que le tissu ne se coince dans les griffes.

Comment faire une couture ourlée

(1) **Effectuer** une couture simple et ne pas l'ouvrir au fer. Raser une réserve de couture à 3 mm (1/8 po).

(2) **Replier** la réserve de couture non rasée de 3 mm (1/8 po). La plier en enfermant le bord étroit rasé et en amenant le bord plié à la ligne de couture.

(3) **Piquer** sur le bord plié, aussi près que possible de la première ligne de couture. Presser à la vapeur sur un côté.

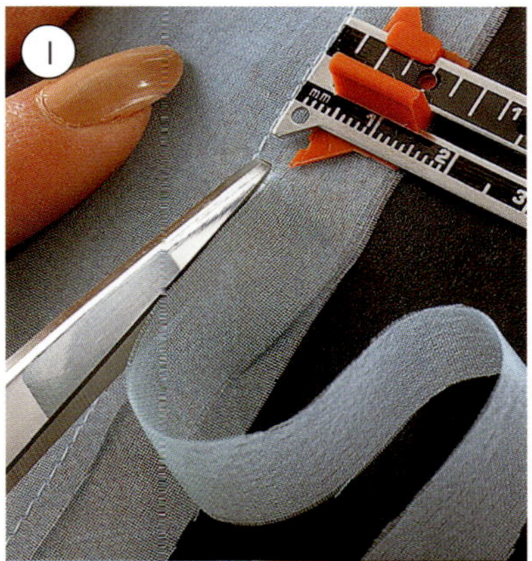

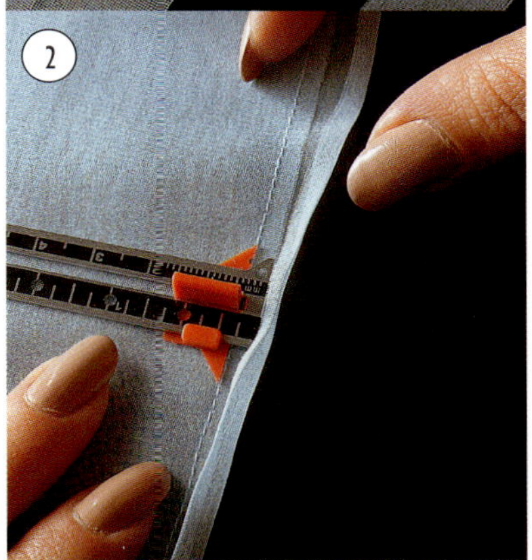

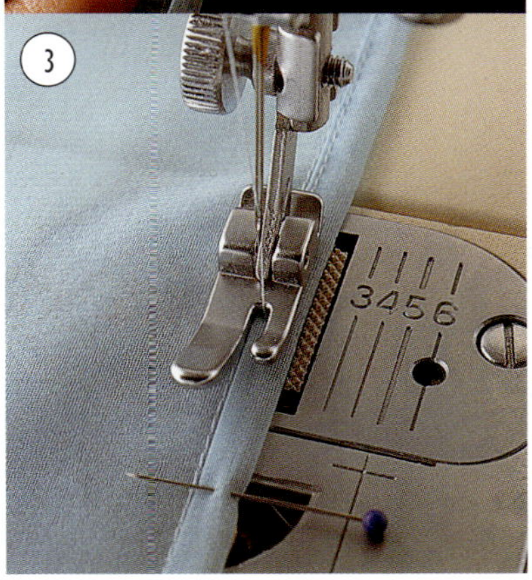

Comment faire une couture anglaise

(1) **Épingler** les deux épaisseurs de tissu envers contre envers. Piquer à 1 cm (3/8 po) du bord sur l'endroit du tissu.

(2) **Raser** la réserve de couture à 3 mm (1/8 po). Replier endroit contre endroit en faisant arriver la ligne de couture exactement sur la pliure. Presser à plat.

(3) **Piquer** à 6 mm (1/4 po) de la pliure pour enfermer les bords vifs. S'assurer qu'aucun effilochage ne paraît sur l'endroit. Presser à la vapeur et coucher les bords sur un des côtés.

Comment faire une fausse couture anglaise

(1) **Effectuer** une couture simple. Raser les deux réserves de couture à 1,3 cm (1/2 po). Ouvrir la couture au fer.

(2) **Repasser** les bords vifs à 6 mm (1/4 po) du bord et faire un rentré de façon qu'ils se rejoignent à la ligne de couture.

(3) **Piquer** les bords ensemble aussi près que possible de la pliure. Presser pour coucher la couture d'un côté.

Comment faire une couture rabattue piquée

(1) **Épingler** le tissu envers contre envers à la ligne de couture, les têtes d'épingles vers les bords vifs. Piquer à 1,5 cm (⅝ po).

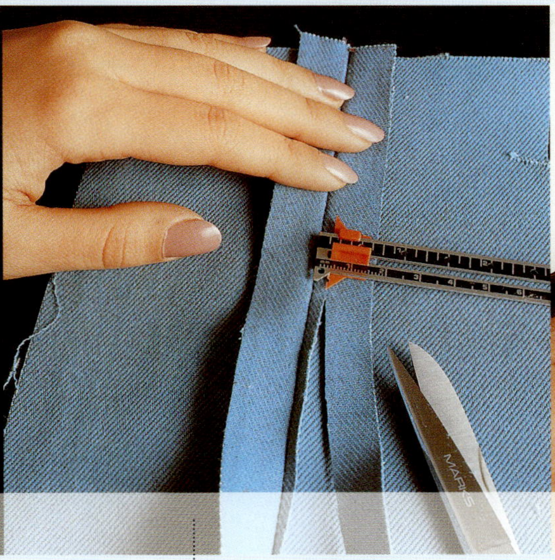

(2) **Coucher** les deux réserves de couture vers le même côté. Raser la réserve de couture du dessous à 3 mm (⅛ po).

(3) **Replier** la réserve de couture du dessus de 6 mm (¼ po) et presser.

(4) **Épingler** la réserve de couture pliée au vêtement, en prenant soin de cacher le bord inférieur rasé.

(5) **Surpiquer** en bordure du pli, en enlevant les épingles à mesure.

(6) **La couture finie,** plate et réversible, montre deux rangées visibles de points de chaque côté.

Comment faire une fausse couture rabattue

① **Effectuer** une couture simple. Coucher les réserves vers le même côté. Raser la réserve de couture du dessous à 6 mm (¼ po).

② **Surpiquer** sur l'endroit du vêtement, à une distance de 6 mm à 1,3 cm (¼ à ½ po) de la ligne de couture. Surpiquer en bordure de la ligne de couture.

③ **La couture finie** ressemble à la couture rabattue sur l'endroit, mais comporte une réserve de couture exposée sur l'envers.

LES COUTURES EXTENSIBLES

Plusieurs tissus extensibles servent à la confection de vêtements de sport : le jersey, le tricot à maille bouclée élastique, le velours extensible et autres tricots. Parmi les tissus tissés, mentionnons le denim, la popeline et le velours côtelé extensibles. Pour les maillots de bain et les léotards, on trouve les tricots de Lycra. Avec ces tissus, les coutures doivent être extensibles et épouser les mouvements. Certaines machines à coudre offrent des points spéciaux extensibles.

Cousez d'abord sur une retaille afin de vérifier si la couture convient au poids et à l'extensibilité du tissu. Certains points spéciaux extensibles sont plus difficiles à défaire que les points simples ; aussi, assurez-vous que le vêtement est bien ajusté avant de coudre. Comme les tricots ne s'effilochent pas, il n'est pas nécessaire de finir les coutures.

La couture double constitue un renfort avec son deuxième rang de points. Utilisez cette méthode si votre machine n'effectue pas le point zigzag.

La couture au point droit et zigzag combine la couture droite à l'extensibilité du point zigzag. Cette solution est appropriée avec les tricots qui ont tendance à s'enrouler le long des bords vifs.

La couture étroite au point zigzag est utilisée pour les tricots qui ne s'enroulent pas le long des bords. Cette couture extensible s'effectue rapidement et facilement.

Le point droit extensible est formé par le mouvement arrière-avant sur machine avec marche arrière. Cette couture, résistante et extensible, convient bien aux endroits qui subissent beaucoup de tension, par exemple les emmanchures.

Le point droit combiné au point de surjet allie le point droit à une couture en diagonale. Cette méthode réunit les deux épaisseurs de tissu et finit la couture en une seule opération.

Le point zigzag extensible constitue un excellent choix pour les maillots de bain et les léotards. Le point combine le zigzag étroit et le zigzag large.

La couture bordée avec un biais est utilisée dans les endroits qui ne doivent pas s'étirer, par exemple les coutures d'épaules.

Comment effectuer une couture avec biais

(1) **Placer** les tissus endroit contre endroit et épingler le ruban sergé ou à ourlet sur la ligne de couture. Faire en sorte que le ruban chevauche de 1 cm (3/8 po) la réserve de couture.

(2) **Faire** une couture double, un point droit et zigzag, un surjet ou zigzag étroit. Ouvrir la couture ou a coucher d'un côté, selon le type choisi.

(3) **Raser** la réserve de couture près de la couture, en prenant soin de ne pas couper le ruban à ourlet.

La finition donne un aspect soigné et améliore ainsi l'apparence d'un vêtement. Elle empêche les tissus tissés de s'effilocher et les tricots de rouler. De plus, cette opération renforce les coutures et aide les vêtements à résister à l'usure et aux nombreux lavages, ainsi qu'à garder leur aspect neuf.

LES FINITIONS DE COUTURE

Vous devez finir les coutures à mesure que vous les effectuez, avant qu'elles se croisent. La finition ne devrait pas ajouter de volume ni laisser de marque sur l'endroit du vêtement après le pressage. Pour choisir le type de finition qui convient, essayez-en plusieurs sur une retaille de tissu.

Toutes les finitions de couture présentées ci-contre commencent par une couture simple. Toutes peuvent être utilisées pour les bords de parementures et d'ourlets.

La lisière ne requiert aucune finition. Elle est appropriée pour les coutures droites sur les tissus tissés. Vous n'avez qu'à ajuster le plan de coupe de façon que la couture arrive le long de la lisière.

La réserve de couture coupée et crantée convient aux étoffes aux tissages serrés. Cette finition, rapide et facile, prévient l'effilochage et le roulage.

La réserve de couture repliée et piquée (également appelée à bords rentrés) convient pour les tissus légers ou de poids moyen.

Les finitions au point zigzag ne s'effilochent pas et conviennent bien aux tricots, parce que le point zigzag est plus extensible que le point droit. Ce type de finition se fait à l'aide des points intégrés aux machines à points zigzag.

Les finitions de couture de base

(a) **La lisière.** Ajuster le plan de coupe du patron de façon que la couture se fasse le long de la lisière. Entailler les deux lisières tous les 7,5 à 10 cm (3 ou 4 po) une fois la couture finie, afin de prévenir le rétrécissement et les faux plis.

(b) **La réserve de couture piquée et dentelée.** Piquer à 6 mm (¼ po) du bord de chaque réserve de couture. Ouvrir la couture au fer. Raser près de la couture avec des ciseaux à denteler.

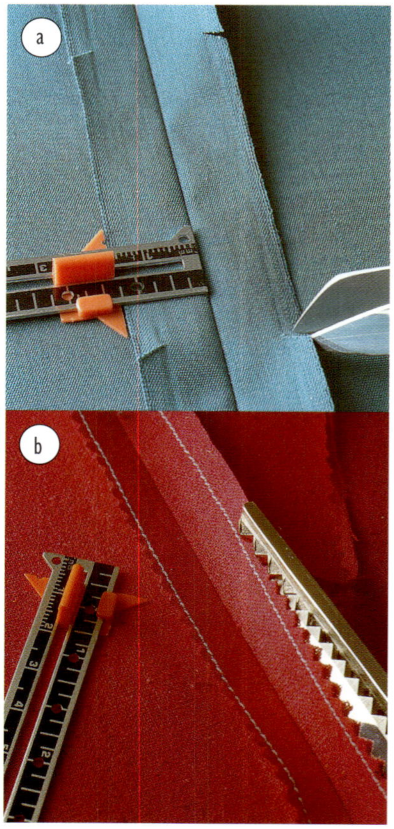

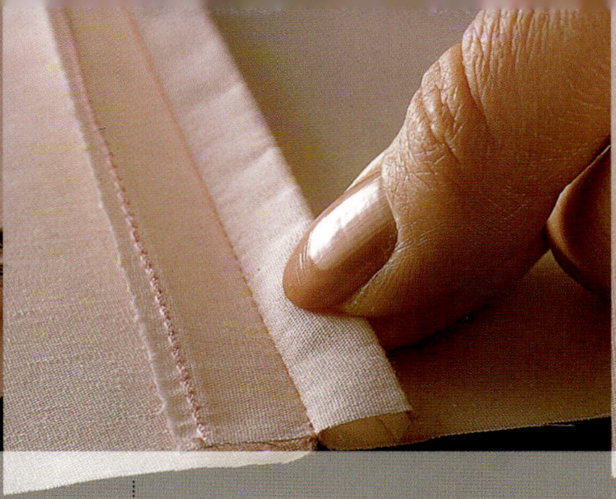

Comment finir une couture en repliant et en piquant la réserve

(1) **Piquer** à environ 3 à 6 mm (¼ à ⅛ po) du bord de chaque réserve de couture. Cette étape n'est pas toujours nécessaire avec les bords droits.

(2) **Plier** la réserve de couture sur la ligne de points. La couture aide le bord à plier, surtout dans les courbes.

(3) **Piquer** au bord du pli, uniquement dans la réserve de couture. Ouvrir la couture au fer.

Comment finir une couture au point zigzag

(1) **Sélectionner** la largeur maximale pour le point zigzag. Piquer près du bord de chaque réserve de couture.

(2) **Raser** près de la couture, en veillant à ne pas la couper.

Autres finitions au point zigzag

Zigzag. Si nécessaire, égaliser les bords des coutures. Ajuster la longueur et la largeur du point en fonction du tissu. Piquer près du bord de chaque réserve de couture de façon que les points la recouvrent. Si le tissu plisse, diminuer la tension.

Zigzag en trois temps. Régler la machine pour obtenir trois petits points droits couvrant la largeur d'un point zigzag. Ajuster la largeur et la longueur du point en fonction du tissu. Piquer près du bord de chaque réserve de couture, en prenant bien soin de ne pas étirer le tissu. Il existe, sur certaines machines, un point serpentin qui donne les mêmes résultats. Raser près de la ligne de couture.

LES COUTURES BORDÉES

Les bordés enferment complètement le bord vif de la réserve de couture et empêchent ainsi l'effilochage. Ils améliorent aussi l'apparence d'un vêtement à l'intérieur. Les coutures bordées constituent un bon choix pour les vestes non doublées, surtout si le tissu est lourd ou s'effile facilement.

Les coutures bordées sont le plus souvent bordées avec du biais, du tricot ou selon la finition Hong Kong. Les tissus de poids moyen, tels la serge, le denim, le lin, la gabardine et la flanelle, de même que les tissus lourds tels la laine, le velours, la velvétine et le velours côtelé se prêtent bien aux trois types de finition. Dans tous les cas, commencez par faire une couture simple. Les bordés peuvent également être utilisés pour les ourlets et les parementures.

Les bordures bordées avec un biais sont les plus faciles à poser. Acheter un biais double en coton, en rayonne ou en polyester, afin de l'assortir à votre tissu.

Les bordés en tricot constituent une finition presque invisible pour les tissus diaphanes et délicats ou volumineux et à poils. Procurez-vous des bandes de biais en tricot transparent ou coupez des bandes de filet de nylon ou de tricot léger de 1,5 cm ($\frac{5}{8}$ po) de large. Le filet de nylon doit être coupé sur le biais et le tricot, sur le droit fil de trame pour plus d'extensibilité.

La finition Hong Kong est une technique employée pour les vêtements de haute couture. Mais comme elle est facile à réaliser et donne une très belle finition à l'intérieur d'un vêtement, c'est devenu une favorite de bien des couturières.

Comment effectuer une finition Hong Kong

(1) **Couper** des bandes de biais de 3,2 cm (1 ¼ po) de largeur dans du tissu à doublure. Joindre les bandes au besoin (voir page 80) de sorte que la longueur finale soit le double des coutures à finir.

(2) **Aligner** la bande de biais sur l'endroit de la réserve de couture. Piquer à 6 mm (¼ po) du bord vif, en étirant légèrement le biais. Utiliser le bord du pied presseur comme guide.

(3) **Raser** la réserve de couture des tissus lourds à 3 mm (⅛ po) afin de réduire le surplus de volume. Il n'est pas nécessaire de le faire pour les tissus légers.

(4) **Presser** le biais sur la réserve de couture. Le replier en enfermant le bord vif.

(5) **Épingler** le biais en traversant toutes les épaisseurs de tissu. Il n'est pas nécessaire de finir le bord du biais puisqu'il ne s'effiloche pas.

(6) **Piquer** au ras du biais (dans le sillon où il a été assemblé au tissu). Cette piqûre, qui ne se voit pas sur l'endroit, prend le bord vif de la partie de dessous du biais. Presser légèrement.

Les coutures et leurs finitions à la surjeteuse

Les coutures à la surjeteuse s'utilisent pour de nombreux vêtements. Votre livret d'instructions peut suggérer certains usages. Plusieurs facteurs doivent être pris en considération lorsque vient le moment de choisir la couture appropriée : le style du vêtement, le tissu et les préférences personnelles. La couture surjetée utilisée seule ne convient pas toujours pour l'assemblage d'un vêtement. Souvent, la surjeteuse s'utilise conjointement avec la machine à coudre ordinaire. Par exemple, les pantalons, les vestes et les autres vêtements ajustables, de même que les coutures soumises à beaucoup de tension doivent être cousus à la machine ordinaire avec des réserves de couture ouvertes au fer et surjetées.

Les types de coutures et de finitions

Les coutures surjetées (voir pages 14 et 15) conviennent tant pour les tissus tissés que pour les tricots. Choisissez le point de surjet à 3 fils pour des coutures non ajustées ou subissant peu de tension.
Les points à 4 et à 5 fils, plus solides, sont utilisés principalement avec les tissus tissés, pour empêcher le point de chaînette de se défaire à l'étirement. Le point de surjet à 3 fils et simili-point composé à 4 fils produisent des coutures extensibles durables et peuvent également servir avec les tissus tissés.

Le point de surfil (voir page 116), utilisé pour les coutures conventionnelles, garde la réserve de couture intacte à 1,5 cm (5/8 po). C'est le meilleur choix pour les vêtements tailleur en laine, en lin et en soie. Ce point est également recommandé lorsque l'ajustement est incertain, afin de pouvoir reprendre les coutures plus tard au besoin.

La couture renforcée (voir page 116) est recommandée pour les points qui subissent beaucoup de tension.

La couture anglaise (voir page 116) est idéale pour les tissus légers et les tissages lâches. Ce type de couture ajoute du volume ; aussi, il est préférable de l'utiliser sur des articles amples et froncés comme les jupes et les tentures.

La couture roulottée (voir page117) peut remplacer la couture anglaise avec les tissus diaphanes tissés serré et les dentelles.

La fausse couture double rabattue (voir page 117) est utilisée pour le denim et les autres tissus tissés lourds.

La couture double rabattue réversible (voir page 117) convient pour les vêtements réversibles ou les tissus épais tissés lâchement, car elle est résistante.

La couture froncée (voir page 118) se finit en une seule étape facile à l'aide d'un entraînement différentiel et d'un pied fronceur. Une autre méthode consiste à utiliser la machine à coudre ordinaire et la surjeteuse.

La fausse couture flatlock (voir page 118) produit un effet ornemental lorsqu'un fil décoratif est utilisé dans le boucleur supérieur.

La couture flatlock sur un pli (voir page 119) est utilisée pour son effet ornemental sur un tissu qui a été plié et piqué.

Les types de coutures stabilisées

Il existe plusieurs méthodes pour stabiliser les coutures lors de l'assemblage d'un vêtement à la surjeteuse. Le type de tissu choisi et l'effet désiré déterminent la méthode à utiliser.

La couture peut être stabilisée (voir page 119) avec des bandes d'entoilage thermocollant. L'entoilage peut aussi servir de base stable pour la finition d'une bordure décorative sur des tricots extensibles ou des tissus coupés sur le biais.

La couture stabilisée extensible (voir page 119) se réalise avec un élastique transparent afin de permettre le maximum d'extensibilité et de récupération, tout en empêchant le tissu de se déformer.

La couture stabilisée inextensible (voir page 119) s'effectue avec du ruban sergé ou du galon de soutien afin de prévenir l'étirement du tissu à la couture.

La couture stabilisée légèrement extensible (voir page 119) se fait avec du biais en tricot afin de renforcer et stabiliser une couture là où une légère extensibilité est souhaitable. À utiliser pour les chandails et les t-shirts en tricot qui nécessitent un soutien sans toutefois perdre toute leur extensibilité.

Les coutures et les finitions de base

(1) **Finition au point de surfil** pour couture traditionnelle. Piquer à 1,5 cm (5/8 po), endroit contre endroit, à la machine à coudre ordinaire. Piquer la réserve de couture au point de surjet ou de surfil en rasant légèrement le bord vif.

(2) **Couture renforcée.** Piquer à 1,5 cm (5/8 po), endroit contre endroit, à la machine à coudre ordinaire ; utiliser un zigzag étroit pour les tricots moyennement extensibles. Surjeter les réserves de couture ensemble à 3 mm (1/8 po) de la ligne de couture.

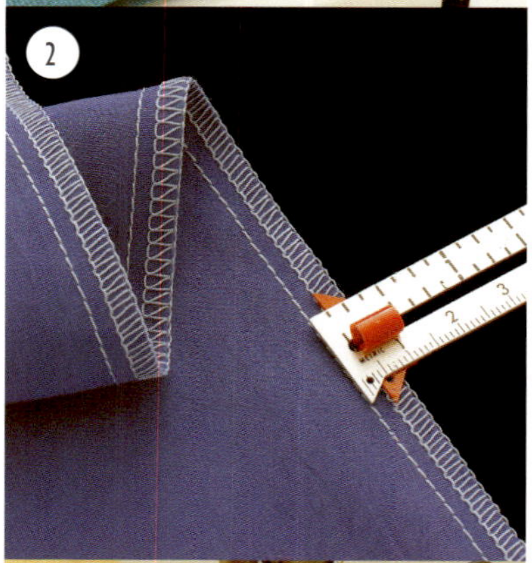

(3) **Couture anglaise.** Surjeter une couture, envers contre envers, l'aiguille de gauche placée à 6 mm (1/4 po) à l'intérieur de la réserve de couture. Plier le tissu, endroit contre endroit, de façon à enfermer la couture surjetée ; presser. Sur une machine ordinaire, piquer au point droit près des points de surjet enfermés, à l'aide du pied à semelle étroite.

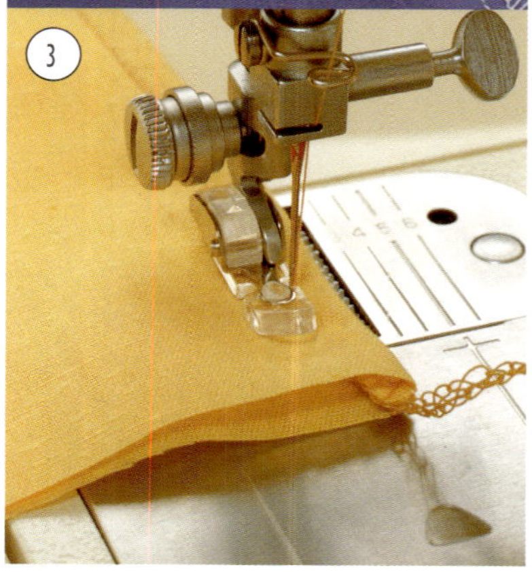

Couture roulottée. Placer le tissu endroit contre endroit. Coudre au point d'ourlet roulotté, l'aiguille placée sur la ligne de couture ; raser la réserve de couture. Presser. Utiliser, si désiré, un biais en tricot afin de stabiliser une bordure en dentelle, tel qu'illustré à la page 119.

Fausse couture double rabattue piquée

(1) **Placer** le tissu endroit contre endroit. Piquer à la machine ordinaire. Surjeter ensemble les réserves de couture en les rasant légèrement.

(2) **Coucher** les réserves de couture sur un côté au fer ; surpiquer sur l'endroit près de la ligne de couture à la machine ordinaire. Surpiquer à nouveau, à 6 mm (¼ po), à travers toutes les épaisseurs.

Comment faire une couture double rabattue réversible

(1) **Piquer** chaque réserve de couture simple au point de surjet ou de surfil en alignant l'aiguille sur la ligne de couture.

(2) **Superposer** les sections du vêtement de façon que les lignes de couture se rencontrent ; appliquer de la colle pour les maintenir ensemble.

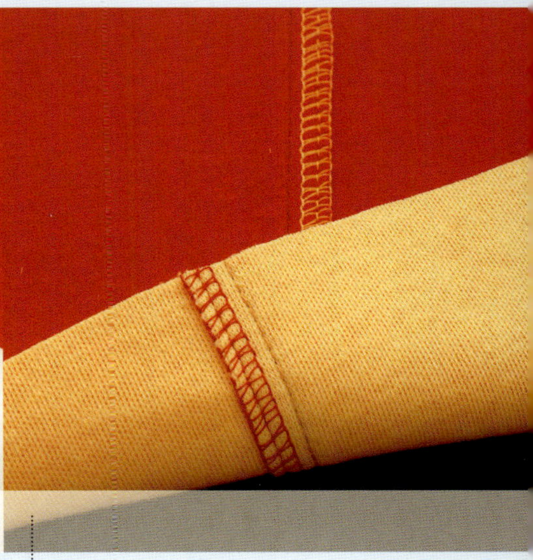

(3) **À la machine ordinaire,** piquer au point droit à travers toutes les épaisseurs, à 3 mm (⅛ po) des points de surjet, des deux côtés du vêtement.

Comment faire une couture froncée

(1) **Installer** le pied ourleur ; régler l'entraînement différentiel à un chiffre plus élevé. Aligner les bords des deux tissus ; placer les épaisseurs de façon que le tissu à froncer se trouve en dessous. Piquer au point de surjet, l'aiguille sur la ligne de couture.

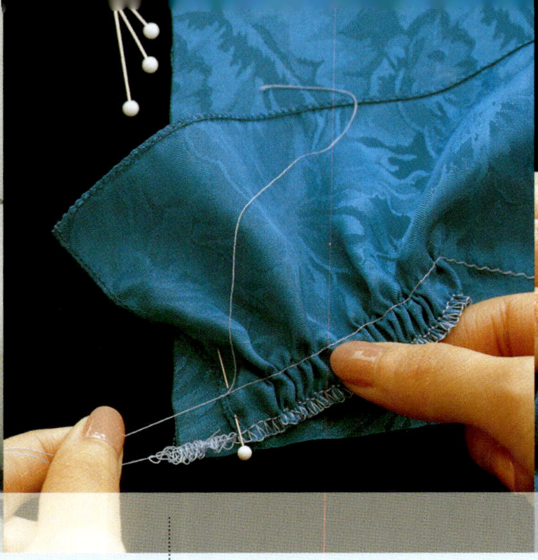

Autre méthode

(1) **Bâtir** dans la réserve de couture près de la ligne de couture, à la machine ordinaire. Faire un point de surfil dans la réserve de couture en rasant légèrement le bord vif. Aligner le tissu surfilé à la section correspondante, endroit contre endroit, en raccordant au besoin ; épingler. Tirer le fil de la canette et le fil d'aiguille de la surjeteuse pour froncer le tissu jusqu'à ce qu'il soit ajusté.

(2) **Piquer** la couture à la machine ordinaire. Surjeter les réserves de couture ou faire un point de surjet en plaçant l'aiguille gauche sur la ligne de couture ; raser la réserve de couture ; enlever les épingles à mesure qu'elles approchent des couteaux.

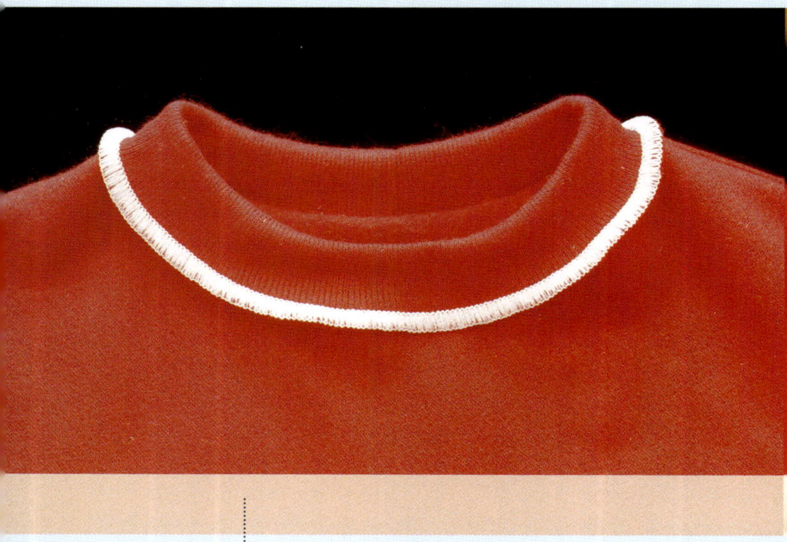

Comment faire une fausse couture flatlock

(1) **Utiliser** du fil décoratif (voir page 15) dans le boucleur supérieur. Surjeter le tissu envers contre envers ; coucher d'un côté en laissant le fil décoratif sur le dessus.

(2) **Surpiquer** la couture décorative surjetée à travers toutes les épaisseurs, à la machine ordinaire.

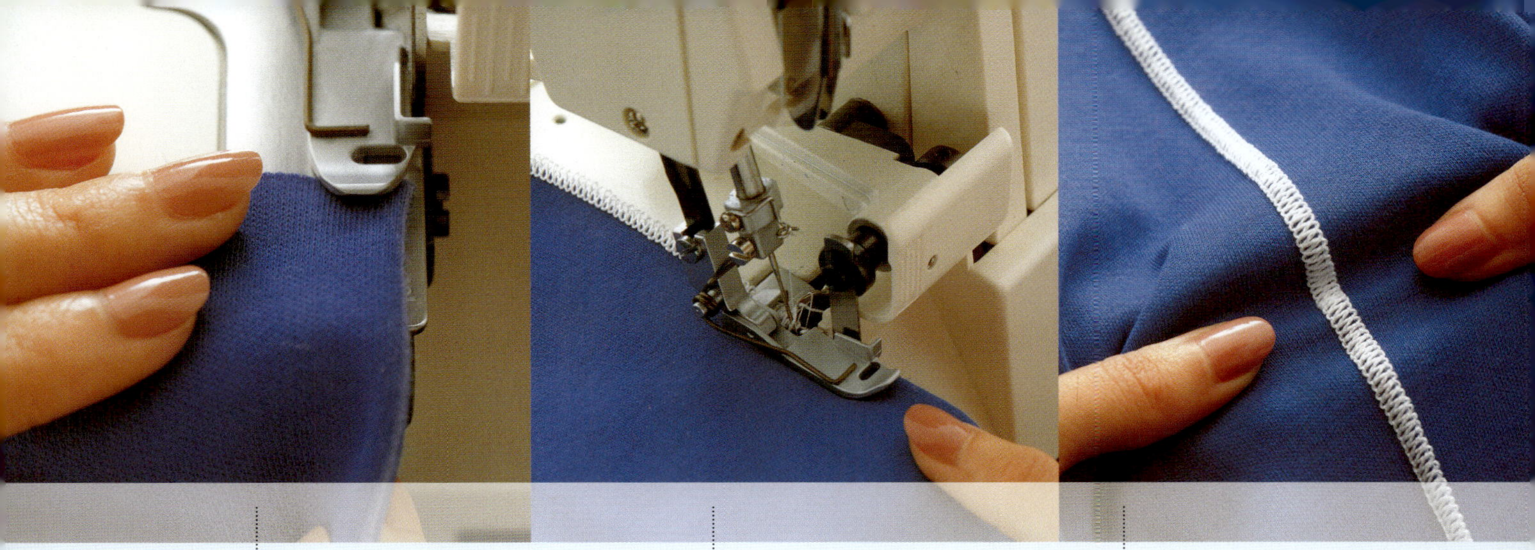

Comment faire une couture flatlock sur un pli

(1) **Marquer** la ligne de couture sur l'endroit du tissu. Plier envers contre envers sur la ligne marquée. Ajuster la surjeteuse au point flatlock et placer le tissu légèrement à gauche des couteaux.

(2) **Surjeter** la couture sans raser le pli de tissu. Placer les points à moitié sur le tissu et à moitié en dehors.

(3) **Ouvrir** le tissu et tirer sur les points afin de les aplatir.

Les coutures stabilisées

Couture stabilisée avec entoilage thermocollant. Couper une bande de 2 cm (¾ po) d'entoilage thermocollant, de la longueur de la couture. Coller sur l'envers du tissu. Piquer la couture.

Couture stabilisée extensible. Utiliser un pied pour élastique ; en ajuster la tension pour qu'il glisse contre l'élastique. Surjeter en piquant à travers l'élastique, sans froncer. Avec un pied presseur, le placer sur la ligne de couture et faire un point de surjet sans raser l'élastique ; augmenter l'entraînement différentiel pour plus d'aisance.

Couture stabilisée inextensible. Surjeter comme pour la couture extensible ; utiliser un ruban sergé ou du galon de soutien. Ajuster la tension du pied afin qu'il n'entraîne pas le stabilisant. Diminuer l'entraînement différentiel, si désiré, afin de prévenir les faux plis.

Couture stabilisée légèrement extensible. Couper du biais en tricot de 2 cm (¾ po), de la longueur de la couture. Surjeter à travers la bande sans l'étirer ; raser le surplus de biais près des points. Si désiré, augmenter légèrement l'entraînement différentiel afin d'empêcher la couture de trop s'étirer.

Les pinces

La pince sert à façonner une pièce de tissu plate afin qu'elle s'ajuste à la poitrine, à la taille, aux hanches ou aux coudes. Il existe deux types de pinces : la pince simple, large à une extrémité et en pointe à l'autre, et la pince fuseau, avec des pointes à chaque extrémité. Elle est habituellement utilisée à la ligne de taille, les pointes dirigées vers la poitrine et les hanches. Les pinces, en plus de fournir un ajustement plus près du corps, permettent de créer des effets couturiers spéciaux et des styles originaux. Les pinces parfaites sont droites et lisses. Elles ne plissent pas aux extrémités. Les pinces à gauche et à droite d'un vêtement devraient être de la même longueur et situées à la même hauteur.

Techniques pour les pinces

Les pinces fuseaux se font en deux étapes, de la ligne de taille vers chaque pointe. Chevaucher les points à la taille, sur environ 2,5 cm (1 po). Faire de petites entailles dans le pli de la pince à environ 3 à 6 mm ($\frac{1}{8}$ à $\frac{1}{4}$ po) de la couture pour permettre à la pince de courber aisément.

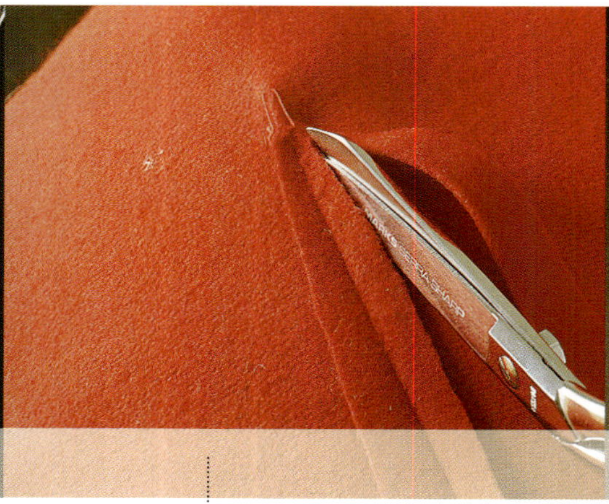

Les pinces larges et les pinces effectuées dans des tissus volumineux doivent être ouvertes sur la ligne de pliure et rasées à 1,5 cm ($\frac{5}{8}$ po) ou moins. Couper jusqu'à 1,3 cm ($\frac{1}{2}$ po) de la pointe. Ouvrir la pince au fer et aplatir la pointe.

Presser les pinces sur un coussin de tailleur afin de préserver la courbe. Les pinces verticales sont habituellement pressées vers le milieu du devant ou du dos. Les pinces horizontales sont habituellement pressées vers le bas.

Comment coudre une pince

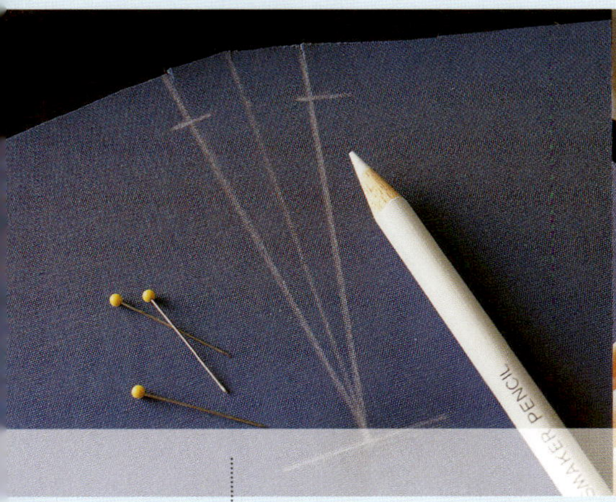

(1) **Marquer** la pince selon une méthode qui convient au tissu. Tracer une ligne horizontale à la pointe de la pince.

(2) **Plier** la pince à la ligne centrale, en réunissant les lignes de couture et les marques à l'extrémité large, à la pointe et entre les deux. Épingler en plaçant les têtes vers le bord plié afin de pouvoir les enlever facilement lors de la couture.

(3) **Piquer** à partir de l'extrémité large jusqu'à la pointe. Bloquer le fil avec des points arrière au début, puis continuer la piqûre jusqu'à la pointe, en enlevant les épingles à mesure.

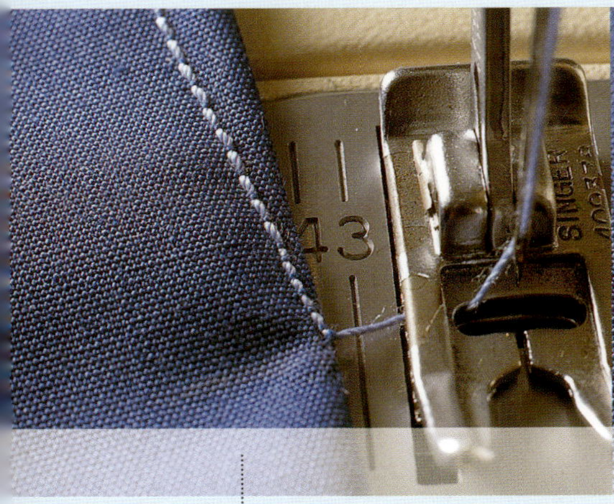

(4) **Effiler** jusqu'à la pointe de la pince. À 1,3 cm (½ po) de la pointe, raccourcir le point pour obtenir 12 à 16 points par 2,5 cm (1 po). Effectuer les deux ou trois derniers points directement sur le pli. Ne pas bloquer le fil à cet endroit afin d'éviter les faux plis. Continuer la couture au-delà du tissu.

(5) **Relever** le pied presseur et amener la pince vers l'avant. À environ 1 po (2,5 cm) de la pointe, abaisser le pied presseur et arrêter le fil en piquant plusieurs fois dans le pli de la pince, la longueur du point réglée à 0. Couper les fils près du nœud.

(6) **Presser** à plat le bord plié de la pince en prenant bien soin de ne pas faire de faux plis au-delà de la pointe. Placer ensuite la pince sur le coussin de tailleur et presser dans la bonne direction (ci-dessus). Pour une finition impeccable, presser les pinces avant de les prendre dans la couture.

Les fronces

La ligne souple et gracieuse d'un vêtement provient souvent des fronces. Celles-ci se trouvent à la ligne de taille, aux poignets, aux empiècements, aux encolures ou aux têtes de manches. Les tissus légers produisent un drapé souple et les tissus rigides créent un effet de vague.

À la base, les fronces sont constituées de deux coutures parallèles sur une longue pièce de tissu. Les fils sont ensuite tirés à chaque extrémité afin de resserrer le tissu. Finalement, la pièce de tissu froncée est assemblée avec une autre pièce de tissu moins longue.

Augmentez la longueur du point pour froncer. Un tissu moyen exige de 6 à 8 points par 2,5 cm (1 po), et les tissus légers ou transparents, de 8 à 10 points. Faites un essai afin de déterminer la longueur de point appropriée. Un long point facilite le fronçage, mais un point plus court permet un meilleur contrôle lors de l'ajustement des fronces.

Avant de piquer, diminuez la tension du fil supérieur. C'est le fil de la canette que l'on tire pour former les fronces, et une tension plus lâche facilite cette opération.

Comment faire des fronces simples

1 **Exécuter** une rangée de points à 1,5 cm (5⁄8 po) du bord vif sur l'endroit du tissu, en commençant et en finissant à la ligne de couture. Diminuer la tension du fil supérieur et augmenter la longueur du point en fonction du tissu utilisé. Effectuer une deuxième rangée de points dans la réserve de couture, à 6 mm (1⁄4 po) de la première. Cette double rangée de points permet d'exercer un meilleur contrôle pour froncer.

2 **Épingler** le bord cousu à la section correspondante du vêtement, endroit contre endroit, en raccordant les coutures, les crans, les milieux et autres marques. Le tissu retombera entre les parties épinglées. Si vous ne pouvez vous guider sur aucun repère, plier le bord droit et le bord froncé en quatre parties égales. Marquer les lignes de pliure avec des épingles. Épingler les bords ensemble, en faisant correspondre les épingles.

3 **Tirer** les deux fils de canette à une extrémité, en faisant coulisser le tissu. Lorsque la moitié de la section froncée s'ajuste au bord droit, bloquer le fil de canette en l'enroulant en huit autour d'une épingle fixée à l'extrémité. Tirer les fils de canette à l'autre extrémité afin de froncer l'autre moitié.

4 **Épingler** les fronces à intervalles rapprochés. Distribuer les fronces également entre les épingles. Régler la longueur de point et la tension pour la couture normale.

5 **Coudre** juste à l'extérieur des lignes de fronces, le côté froncé sur le dessus. Ajuster les fronces tout en cousant. Étirer les fronces avec les doigts de chaque côté de l'aiguille afin d'éviter la formation de plis indésirables.

6 **Raser** les réserves ayant été prises dans la couture des fronces en coupant les coins en diagonale.

7 **Presser** la réserve de couture sur l'envers avec la pointe du fer. Ouvrir le vêtement et presser la couture dans son sens définitif. Presser la couture vers les fronces pour un effet bouffant et vers le vêtement pour une allure plus sobre.

8 **Presser** l'intérieur des fronces avec la pointe du fer sur l'endroit du vêtement. Soulever le fer à la couture. Ne pas presser les fronces, afin ne de pas les aplatir.

Les fronces avec élastique

Les fronces formées avec un élastique produisent un ajustement confortable sur les tricots et les vêtements de sport. Cette technique crée des fronces uniformes et donne une forme s'éloignant davantage du corps que les autres méthodes de mise en forme.

L'élastique peut être cousu directement sur le vêtement ou inséré dans une coulisse. Celle-ci peut être faite à partir d'un bord replié ou avec du ruban en biais cousu sur du tissu. Choisir un élastique qui convient à la technique de couture utilisée et à l'endroit où il doit être posé (voir page 33).

L'élastique dans une coulisse peut être de n'importe quelle largeur. Utiliser un élastique tressé ou ferme comportant des côtes longitudinales qui rétrécit en largeur lorsque étiré.

L'élastique cousu au vêtement doit être tissé ou tricoté afin d'allier souplesse, solidité et confort. Sur les endroits restreints, tels que les manches ou les bords de pantalon, il est préférable de poser l'élastique lorsque la pièce de tissu est à plat, c'est-à-dire avant de coudre les coutures latérales. Lorsque l'élastique doit être cousu à la ligne de taille, superposez les extrémités et cousez-les avant de l'épingler au vêtement.

Coupez l'élastique selon la longueur recommandée sur le patron. Cette longueur inclut la réserve de couture. Si le patron ne prévoit pas d'élastique, coupez-le légèrement plus court que la mesure du corps, en ajoutant la réserve de couture. Allouez 2,5 cm (1 po) de plus pour un élastique cousu au vêtement et 1,3 cm (½ po) pour un élastique dans une coulisse superposé aux extrémités.

Comment coudre un élastique au vêtement

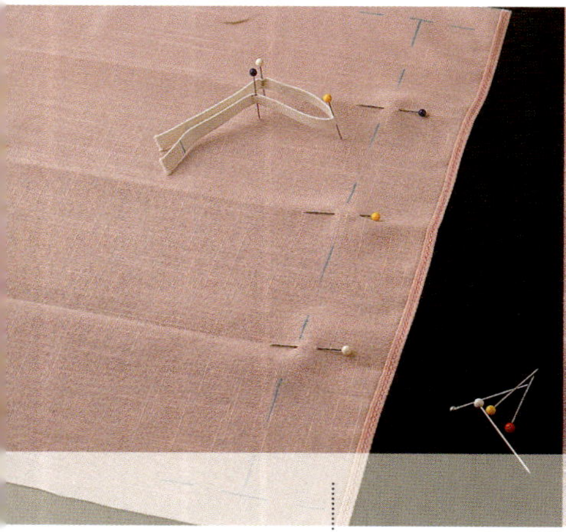

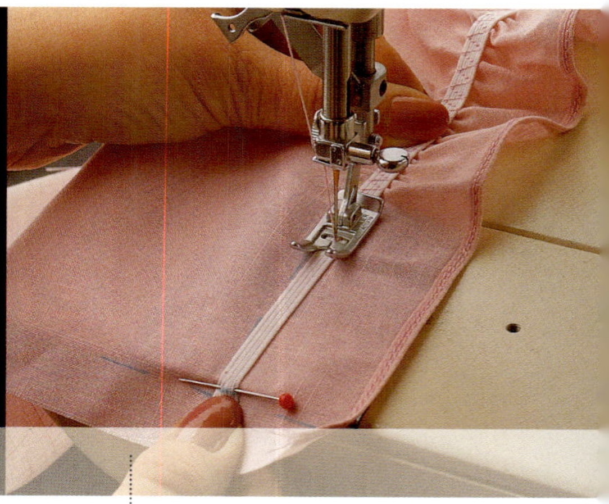

(1) **Plier** l'élastique et la pièce de tissu en quatre parties égales. Marquer les lignes de pliure à l'aide d'épingles.

(2) **Épingler** l'élastique sur l'envers du vêtement en faisant correspondre les épingles. Laisser 1,3 cm (½ po) de réserve de couture à chaque extrémité de l'élastique.

(3) **Piquer** l'élastique au tissu, en le plaçant sur le dessus et en l'étirant entre les épingles, une main derrière l'aiguille et l'autre à l'épingle suivante. Utiliser un zigzag, un surfilage spécial, ou deux rangs de points droits, un sur chaque bord de l'élastique.

Comment poser un élastique dans une coulisse (à la ligne de taille)

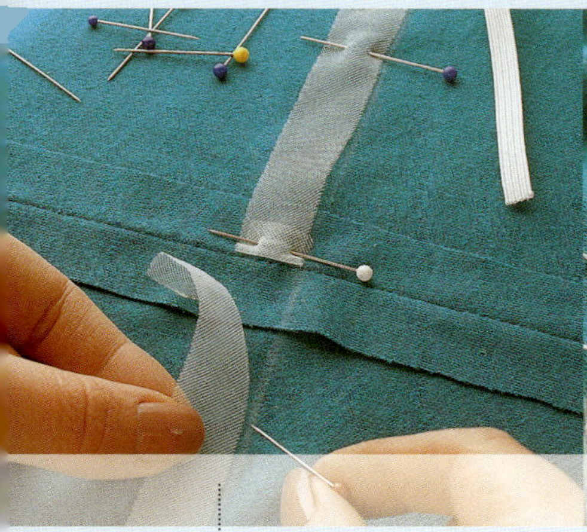

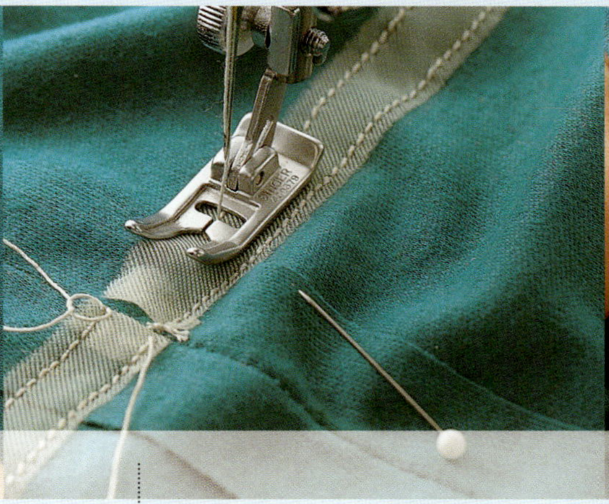

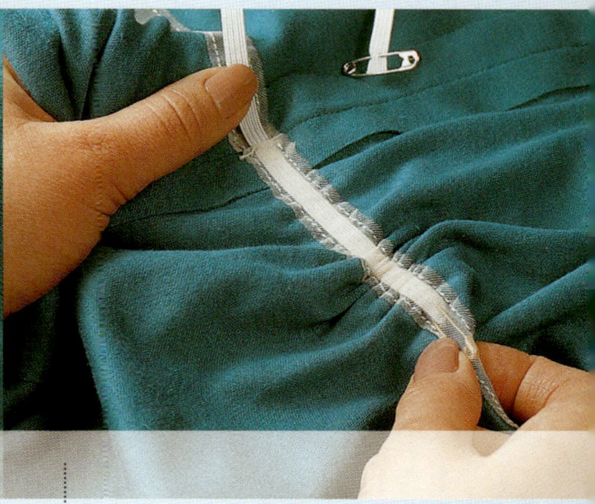

(1) **Épingler** du galon de tricot ou du ruban en biais de 6 mm (¼ po) plus large que l'élastique, à l'intérieur du vêtement, le long des lignes de marquage, en commençant et en finissant à une couture latérale. Replier le ruban de 6 mm (¼ po) vers l'intérieur à chaque extrémité et épingler à la ligne de couture. Pour faciliter la pose, s'installer sur une planche à repasser, le vêtement à l'envers.

(2) **Piquer** le ruban, près des bords, en laissant une ouverture afin d'insérer l'élastique. Ne pas bloquer le fil aux extrémités, car cette couture paraît sur l'endroit du vêtement. Tirer plutôt les quatre bouts de fil à l'intérieur et les nouer.

(3) **Insérer** l'élastique dans la coulisse à l'aide d'un passe-lacet ou d'une épingle de sûreté en prenant soin de ne pas le tordre. Attacher une grosse épingle de sûreté à l'extrémité libre de 'élastique, afin qu'il ne soit pas attiré dans la coulisse.

(4) **Superposer** les extrémités de l'élastique sur 1,3 cm (½ po) et effectuer un point droit ou zigzag, coudre vers l'avant, vers l'arrière, puis à nouveau vers l'avant. Couper les bouts de fil et replacer l'élastique dans la coulisse.

(5) **Effectuer** un point coulé pour fermer les extrémités de la coulisse. Distribuer les fronces également le long de l'élastique.

Les manches

Courtes ou longues, les manches présentent toujours l'un des trois styles de base : montée, kimono ou raglan.

La manche montée a une tête arrondie qui est plus large que la partie correspondante de l'emmanchure. Pour bien s'ajuster, la tête doit être resserrée. Pour un effet mode, on peut aussi la froncer ou former des plis. La méthode habituelle pour la monter consiste à piquer deux lignes de fronces de manière à ajuster la tête. La méthode à plat, à droite, est employée pour les manches de chemise ajustée pour homme, qui a moins d'ampleur que les modèles classiques. On fixe la manche au vêtement avant de piquer les coutures latérales.

La manche kimono est taillée à même le devant et le dos du vêtement et ne comporte donc pas de couture d'emmanchure. La forme de l'épaule est arrondie, comme pour la manche raglan. La manche est généralement peu ajustée et tombe doucement sous le bras. Malgré tout, elle est sujette à une tension dans cette région. Renforcez la couture arrondie avec du ruban, deux lignes de piqûres, des points courts ou une couture de renforcement extensible.

La manche raglan est fixée au vêtement par une couture oblique sur le devant et le dos. La plupart du temps, la couture est arrondie à l'épaule et se prolonge sur toute la longueur de la manche. Sur certains patrons, c'est une pince plutôt qu'une couture qui forme l'épaule. Pour plus de confort et un meilleur ajustement, assemblez la manche et piquer la couture latérale avant de monter la manche sur le vêtement.

Dans certains cas, la manche est rehaussée par une épaulette ou un renfort de tête de manche. Ce dernier consiste en une bande de rembourrage qui gonfle les fronces de la tête et permet à la manche de mieux tomber.

Conseils pour la couture des manches

Les crans, points et marques de la ligne d'épaule du patron permettent d'ajuster la manche montée sur l'emmanchure. Il faut donner plus d'aisance au tissu sur le dos de la manche que sur le devant. Évitez de froncer le haut de l'emmanchure sur une longueur de 2,5 cm (1 po) au niveau du point central.

Les crans figurant sur les pièces du patron indiquent comment raccorder les bords de la manche et de l'emmanchure. Le cran double indique qu'il s'agit du dos de la manche et de l'emmanchure, et le cran simple, du devant. Marquez-les en effectuant des entailles de 6 mm (¼ po) dans la réserve de couture.

Comment coudre une manche (montage à plat)

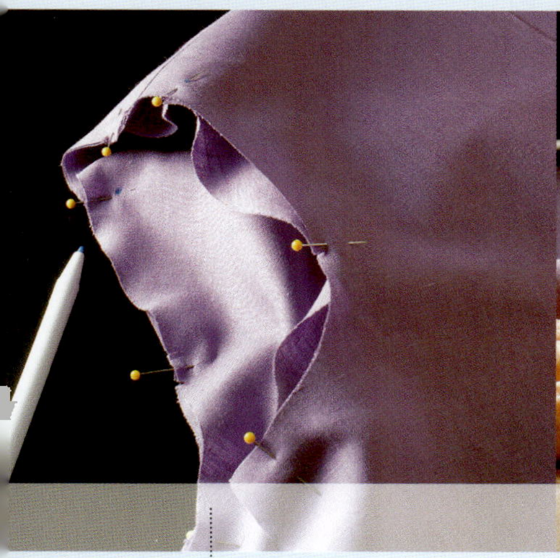

(1) **Épingler** la manche et l'emmanchure endroit contre endroit, en raccordant les crans et les petits points. Épingler du côté de l'emmanchure, en fronçant la tête de manche pour l'ajuster.

(2) **Piquer** la manche et l'emmanchure du côté de cette dernière. L'entraînement des griffes permet d'ajuster la manche à l'emmanchure.

(3) **Presser** la couture en la couchant vers le vêtement. Raser la réserve de couture du vêtement à 6 mm (¼ po) pour donner l'effet d'une couture rabattue piquée.

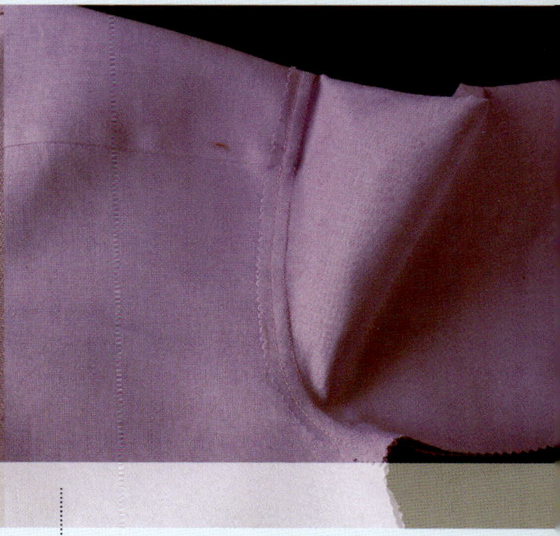

(4) **Surpiquer** la couture de la manche sur l'endroit du vêtement à 6 mm (¼ po) de la ligne de couture.

(5) **Surpiquer** au ras de la ligne de couture.

(6) **Épingler** la couture latérale du vêtement à la manche. Piquer en continu. Renforcer le dessous du bras en effectuant de petits points ou faire une fausse couture double rabattue piquée.

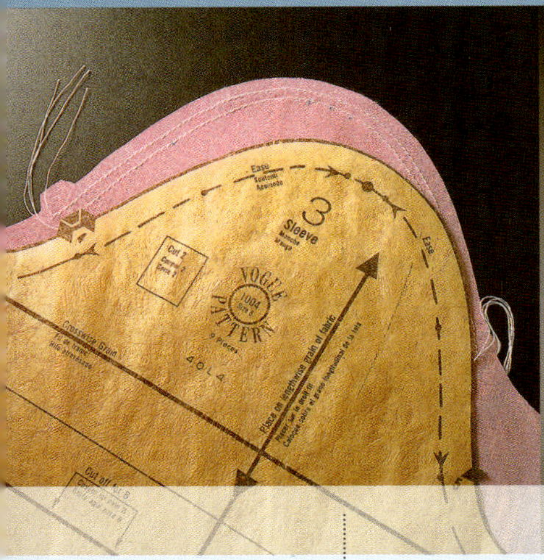

Comment coudre une manche montée

(1) **Effectuer** un rang de fronces sur la tête de manche (entre les crans) sur l'endroit, légèrement à l'intérieur de la ligne de couture. Faire un autre rang de fronces à 1 cm (⅜ po) du bord.

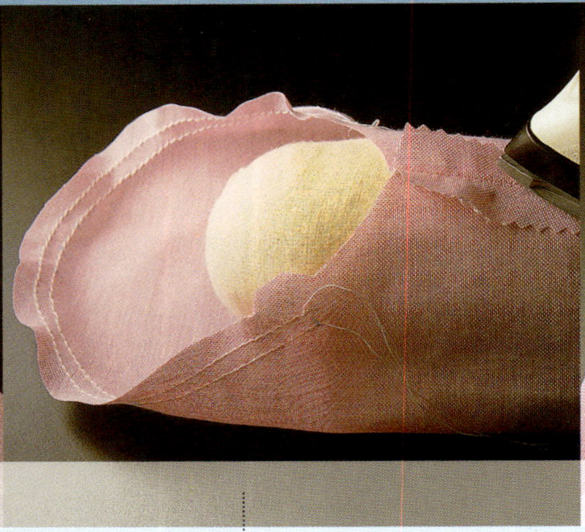

(2) **Piquer** la couture de la manche sous le bras, endroit contre endroit. Presser la couture, puis l'ouvrir au fer. Utiliser la jeannette ou le rouleau pour ouvrir les coutures afin de prévenir l'impression de la couture sur l'endroit de la manche.

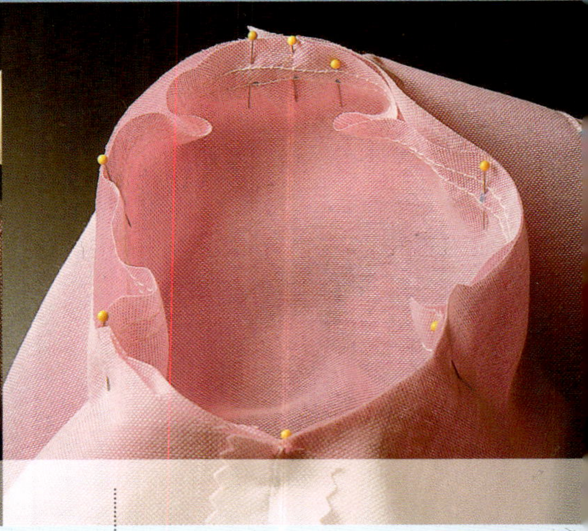

(3) **Retourner** la manche à l'endroit et le vêtement à l'envers. Insérer la manche dans l'emmanchure, endroit contre endroit, en raccordant les crans, les points, la couture du dessous de bras et la ligne d'épaule. Piquer des épingles sur la ligne de couture pour un meilleur contrôle de l'ampleur.

(4) **Tirer** les fils de la canette des deux piqûres d'aisance jusqu'à ce que la tête de manche s'ajuste à l'emmanchure. Distribuer l'ampleur également, en laissant 2,5 cm (1 po) sans fronces sur la tête de manche, à la couture de l'épaule.

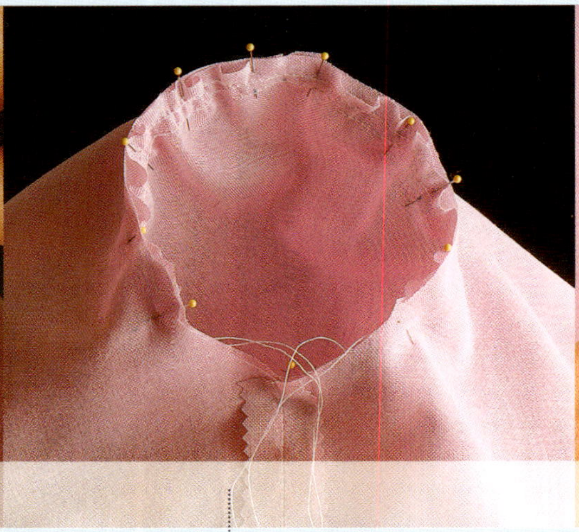

(5) **Épingler** la manche à l'emmanchure à intervalles rapprochés, en utilisant plus d'épingles avant et après le gros de l'aisance.

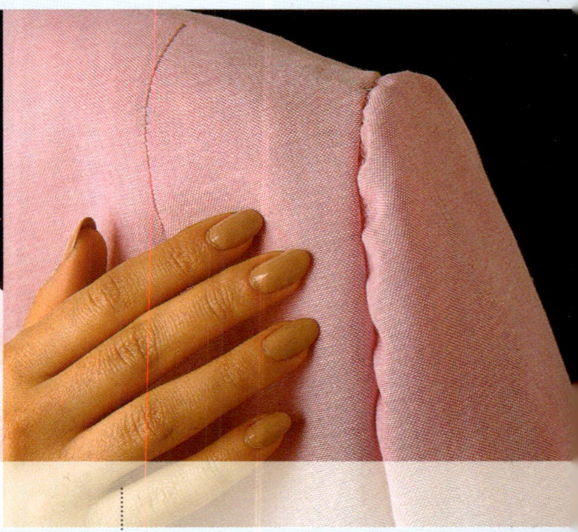

(6) **Vérifier** l'ajustement de la manche en retournant le vêtement à l'endroit afin de lisser et de corriger le tombant. Ajuster si nécessaire. Il peut se former de petits plis ou inégalités dans la réserve de couture, mais non sur la ligne de couture.

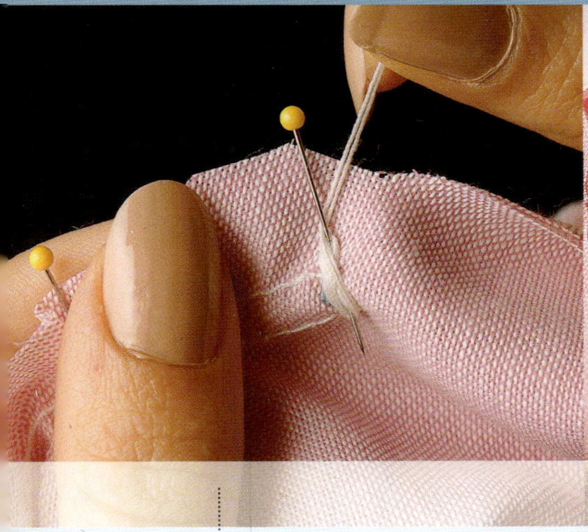

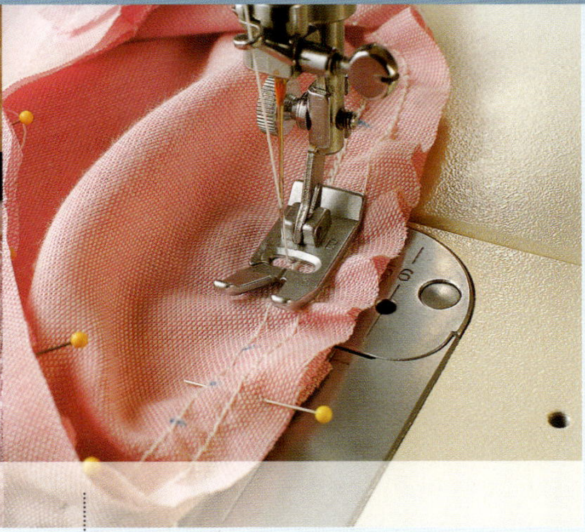

(7) **Bloquer** les fils de la piqûre d'aisance en les enroulant en huit autour d'une épingle au niveau des crans.

(8) **Piquer** juste à l'extérieur de la piqûre d'aisance, la manche sur le dessus, en commençant à un cran. Piquer autour de la manche jusqu'à l'autre cran. Renforcer le dessous du bras en effectuant deux rangs de points. Enlever les épingles à mesure.

(9) **Raser** la réserve de couture à 6 mm (¼ po) entre les crans seulement en dessous du bras. Ne pas raser la réserve de couture de la tête de manche. Piquer ensemble les réserves de couture au point zigzag.

(10) **Presser** uniquement la réserve de couture de la tête de manche à l'aide du coussin-moufle ou avec le bout de la jeannette. Ne pas presser l'intérieur de la manche.

Les poignets

Sur les chemises, les chemisiers et les vestons légers, les manches longues sont souvent munies de poignets boutonnés. Le montage du poignet ressemble en bien des points à celui du col. Les conseils de détourage, d'entoilage et de pressage donnés aux pages 135 à 139 pour le col s'appliquent également au poignet.

Poser l'entoilage sur la moitié d'un poignet d'une seule pièce. La partie entoilée se trouve sur l'extérieur de la manche finie. La partie sans entoilage est repliée pour former une parementure. Pour un poignet en deux pièces, entoiler une des pièces, celle qui sera sur l'extérieur de la manche. L'autre partie formera la parementure intérieure.

Coudre le poignet en le surpiquant ou à la main. La surpiqûre, qui est exécutée à la machine, est généralement plus rapide. Les poignets sans surpiqûre doivent être finis à la main ; aucune couture n'est visible sur l'extérieur.

La patte continue consiste en une fente rendue indéchirable au moyen d'une bande de tissu. La fente est coupée sur le sens de la longueur afin d'en assurer la stabilité. Quand le poignet est fermé, la patte n'est pas visible.

La patte chemisier consiste en une fente garnie d'une parementure formée. La parementure est pliée et cousue de sorte que les bords de la fente se chevauchent parfaitement. Inspirée des vêtements tailleur pour homme, ce type de fente se retrouve sur les patrons aux détails classiques. Quand le poignet est fermé, la pointe de la parementure est visible.

Comment coudre une patte continue

(1) **Faire une piqûre de soutien** sur le pourtour de la fente. Piquer de petits points de chaque côté de la pointe de la fente et un point en travers. Entailler la pointe jusqu'à la couture.

(2) **Presser** un bord de la patte à 6 mm (¼ po) pour le replier. Ouvrir la fente entièrement afin de l'épingler sur l'autre bord de la patte, endroit de la patte contre envers de la manche.

(3) **Piquer** au ras de la piqûre de soutien à 6 mm (¼ po) du bord de la fente. Les bords vifs ne seront alignés qu'aux bouts de la couture.

(4) **Ramener** le bord plié de la patte sur la couture. Le pli devrait à peine recouvrir la couture. Surpiquer à travers toutes les épaisseurs de tissu ; presser.

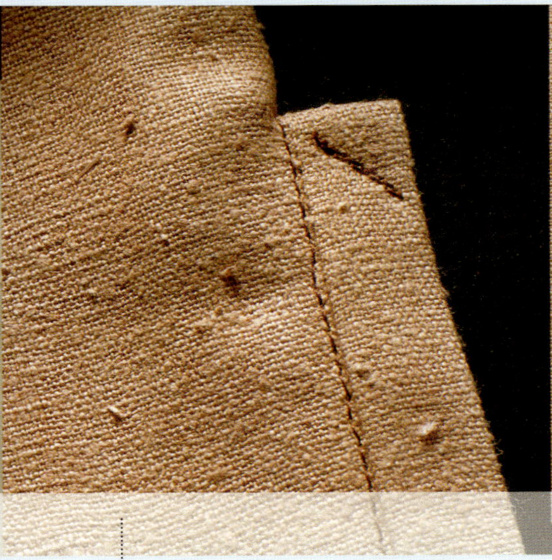

(5) **Aligner** les bords de la patte sur l'envers de la manche ; piquer en diagonale depuis le haut de la patte afin de la maintenir à l'intérieur quand le poignet sera fini.

(6) **Presser** à plat la partie de la patte qui sera recouverte. Presser en la repliant la partie de la patte qui recouvrira l'autre. Monter le poignet sur la manche (voir page 133).

Comment coudre une patte chemisier

(1) **Presser** des réserves de couture de 6 mm (¼ po) sur les côtés de la parementure. Faufiler en travers du haut de l'ouverture à patte.

(2) **Presser** les côtés de la parementure le long des lignes de pliure. Les bords de la parementure devraient être alignés avec les marques de l'ouverture à patte.

(3) **Presser** les réserves de couture de la pointe. Former les coins à angle en pliant les réserves de couture de la pointe avant de plier celles des côtés.

(4) **Raccorder** les marques de la parementure et de la fente de la manche, endroit de la parementure contre envers de la manche ; piquer. Entailler à 6 mm (¼ po) du haut, puis aux coins.

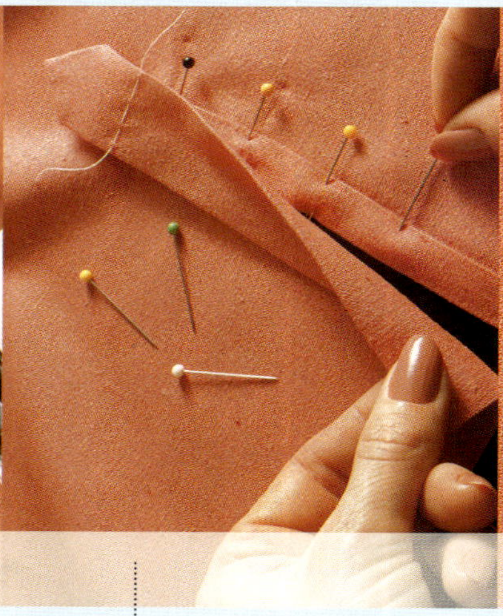

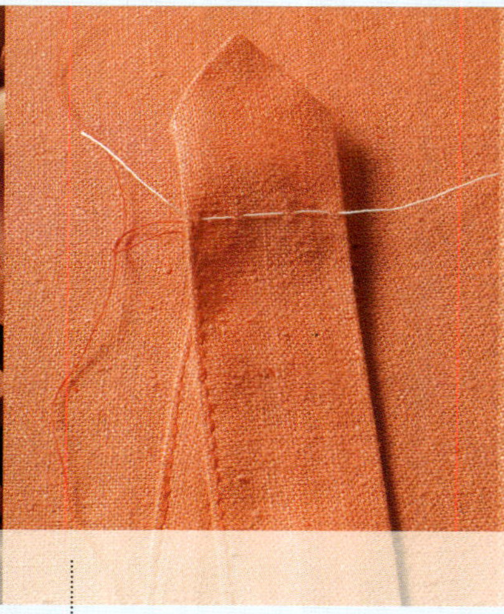

(5) **Retourner** la parementure sur l'endroit de la manche en la passant par l'ouverture. Presser les coutures vers l'ouverture à patte. Presser la pointe du haut de la patte.

(6) **Épingler** le bord étroit de la parementure afin de couvrir la couture de la fente ; surpiquer le pli intérieur de la parementure en traversant toutes les épaisseurs.

(7) **Plier** l'autre côté de la parementure afin de couvrir la couture de la fente ; épingler. Surpiquer le pli extérieur de la parementure du dessus. Tirer les fils sur l'envers et les nouer.

(8) **Placer** les parties se chevauchant de sorte que les bords soient à plat et alignés. Surpiquer dans le sens des flèches en commençant par le bas, en contournant la pointe et en traversant la patte. Bloquer la couture. Fixer le poignet à la manche (voir page suivante).

Comment assembler un poignet

1 **Plier** le patron du poignet en deux et couper l'entoilage thermocollant en éliminant les réserves de couture. Coller l'entoilage sur le haut du poignet.

2 **Presser** et plier la réserve de couture contre le côté entoilé. Plier le poignet en deux dans le sens de la longueur, endroit contre endroit ; piquer les extrémités et ouvrir la réserve de couture pressée. Raser et dégrader les coutures. Ouvrir les coutures au fer. Retourner le poignet à l'endroit.

3 **Épingler** et assembler à la manche, envers contre le côté non entoilé du poignet ; raccorder les crans. S'assurer que l'extrémité du poignet arrive à égalité avec les bords de la patte. Ne pas raser les réserves de couture.

4 **Enrouler** la partie libre du poignet autour de l'ouverture à patte sur le devant de la manche, aussi loin que possible, endroit du poignet contre endroit de la manche. Épingler à 2,5 cm (1 po) de l'ouverture à patte.

5 **Coudre** la partie épinglée à chaque extrémité du poignet, exactement sur la première couture de sorte que le premier rang de points soit invisible sur l'endroit. Raser près de la couture afin de réduire l'épaisseur.

6 **Retourner** le poignet à l'endroit ; presser. Le bord de l'endroit du poignet est cousu à la manche sur environ 2,5 cm (1 po) de l'ouverture de la patte.

7 **Coudre** en bordure du poignet sur la couture. Surpiquer à 6 mm (¼ po) du bord du poignet. Sinon, fixer sur l'endroit de la manche, retourner vers l'intérieur et effectuer un point coulé.

Les cols

Le col constitue un détail important qui mérite un grand soin lors de la confection. Un col bien fait entoure le cou sans bâiller et sans tirer et garde son apparence soignée malgré les nettoyages fréquents. Les pointes doivent toujours être identiques et les bords, lisses et plats.

L'entoilage, habituellement taillé dans la même pièce du patron, forme, soutient et stabilise le col. Presque tous les types de cols profitent de la légère rigidité que procurent les entoilages thermocollants. Si vous utilisez le coton oxford ou la popeline, choisissez l'entoilage thermocollant rigide, conçu pour les chemisiers d'hommes. Si le tissu est souple et délicat, comme le challis ou le crêpe de Chine, choisissez un entoilage thermocollant léger qui colle à faible température.

Le col transformable ressemble au col tailleur à revers d'un blazer. Les parementures du devant se replient afin de former les revers. Ce col peut être porté ouvert ou fermé. Le bouton du haut est habituellement omis sur les vêtements de sport.

Le col chemisier avec pied de col tire son origine des vêtements masculins traditionnels. Il est fait de deux sections séparées : le col et le pied de col, qui se situe entre le col et l'encolure. Sur certains patrons, le pied de col est une extension de la section du col, ce qui élimine une couture. Toutefois, la technique de couture reste la même dans les deux cas. Pour une finition professionnelle, surpiquez les bords des cols et piquez les coutures du pied de col près des bords.

Le col montant peut être coupé en double largeur et plié dans le sens de la longueur pour faire une parementure à même.

Conseils pour la confection des cols

Raser les bords extérieurs du dessous de col de 3 mm (⅛ po) afin que la couture roule vers le dessous du col une fois cousue et retournée. Épingler le col et le dessous de col endroit contre endroit, les bords extérieurs à égalité.

Ouvrir les coutures au fer sur un passe-carreau ; retourner le col à l'endroit. Ressortir délicatement les pointes à l'aide d'un tourneur. Presser le col en laissant la couture s'enrouler légèrement vers le dessous du col.

Donner au col sa forme finale et épingler. Raser, si nécessaire, le bord vif du dessous de col afin qu'il soit à égalité du bord du dessus. Cette opération permet au col de prendre sa forme au moment d'être cousu.

Comment confectionner un col chemisier (avec entoilage cousu)

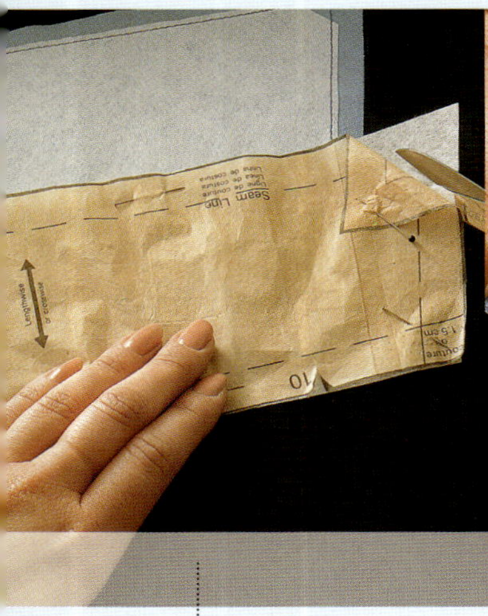

1 **Raser** les coins de l'entoilage en diagonale, juste à l'intérieur de la ligne de couture. À la machine, bâtir l'entoilage sur l'envers du dessus de col, à 1,3 cm (½ po) du bord. Raser l'entoilage près de la couture.

2 **Raser** 3 mm (⅛ po) des bords extérieurs du dessous de col, afin de l'empêcher de s'enrouler sur l'endroit une fois le col cousu à l'encolure. Épingler le col et le dessous de col endroit contre endroit, les bords extérieurs à égalité.

3 **Piquer** sur la ligne de couture, en effectuant un ou deux points courts en diagonale à chaque coin, plutôt que de pivoter en angle, afin d'obtenir des pointes plus nettes.

4 **Raser** les coins, d'abord en travers de la pointe près de la couture, puis en angle avec les coutures de chaque côté de la pointe.

5 **Dégrader** les réserves de couture en rasant celle du dessous de col à 3 mm (⅛ po) et celle du col à 6 mm (¼ po).

6 **Ouvrir** les coutures au fer sur le passe-carreau. Tourner le col à l'endroit.

7 **Ressortir** délicatement les pointes à l'aide d'un tourneur.

8 **Presser** le col à plat, en faisant légèrement rouler la couture vers le dessous, afin qu'elle soit invisible sur le col fini.

Comment confectionner un col rond (avec un entoilage thermocollant)

(1) **Raser** la réserve de couture de l'entoilage et le coller sur l'envers du dessus de col, en suivant les directives sur l'emballage.

(2) **Raser** 3 mm (⅛ po) des bords extérieurs du dessous de col, comme pour le col chemisier (voir page 136). Coudre le col et l'entoilage, endroit contre endroit, en utilisant des points plus courts dans les courbes.

(3) **Raser** la réserve de couture près de la ligne de couture à l'aide de ciseaux à cranteler, ou dégrader et entailler les réserves de couture. Ouvrir la couture au fer, même si elle est enfermée. Cette opération permet d'aplatir la ligne de couture et de tourner le col plus facilement.

Comment doubler une parementure avec un entoilage

(1) **Coudre** l'entoilage thermocollant à la parementure, endroit contre endroit, en laissant une réserve de couture de 6 mm (¼ po) ; le côté non collant de l'entoilage est l'endroit. Inciser dans les courbes.

(2) **Presser** la couture en s'éloignant de la parementure. Afin d'éviter que l'entoilage ne colle à la planche à repasser, s'assurer que le fer ne va pas au-delà de la réserve de couture.

(3) **Plier** l'entoilage sur la ligne de couture. Presser le pli avec les doigts et placer l'entoilage sur l'envers de la parementure. Coller l'entoilage à la parementure, puis l'assembler au vêtement.

Comment poser un col transformable

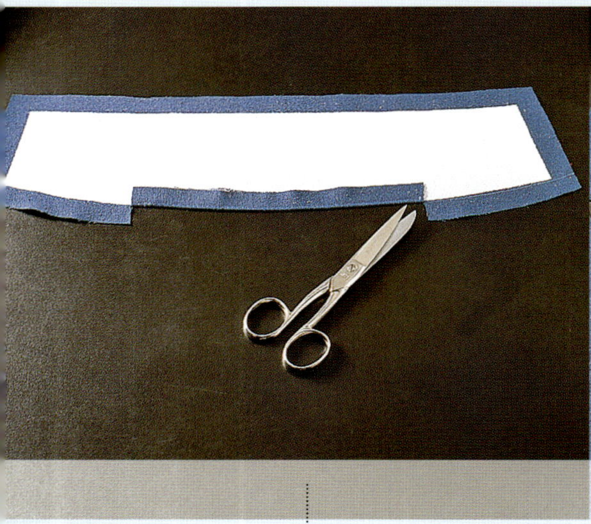

(1) **Effectuer** une couture de soutien sur le dessus de col avant de l'assembler au dessous. Entailler la réserve jusqu'à la couture de soutien du col aux marques d'épaules. Presser la réserve de couture sur l'envers entre les entailles.

(2) **Entoiler** les parementures du devant jusqu'à la ligne de pliure, en finissant les bords d'une façon convenant au tissu. Tourner les réserves de couture de la parementure vers le dessous aux coutures d'épaules ; presser.

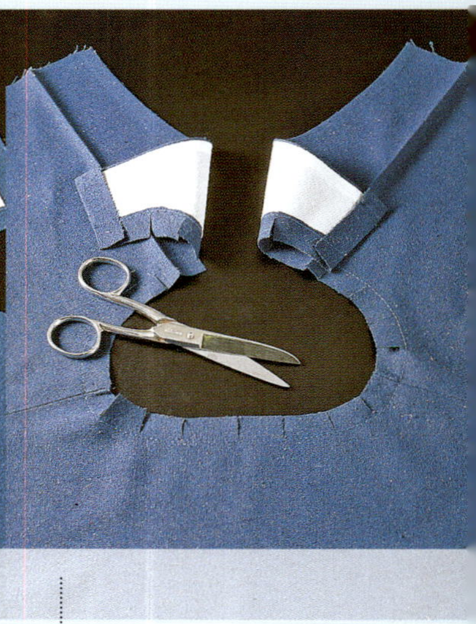

(3) **Piquer** les coutures d'épaules. Faire une couture de soutien sur l'encolure, à la ligne de couture. Entailler la réserve jusqu'à la couture de soutien, à intervalles rapprochés. Coudre le dessus et le dessous de col. Tourner à l'endroit et presser.

(4) **Épingler** seulement le dessous de col au vêtement, entre les coutures d'épaules. Laisser libre le bord de l'encolure. Épingler le dessus et le dessous de col à l'encolure avant, en faisant correspondre les marques.

(5) **Plier** les parementures du devant sur le col. Épingler toutes les épaisseurs. Piquer la couture d'encolure, l'endroit du vêtement vers le haut ; prendre soin de ne pas prendre le bord plié du col dans la couture. Couper les coins et dégrader les coutures. Tourner les parementures à l'endroit.

(6) **Amener** le bord plié du dessus de col sur la couture d'encolure et fixer à points coulés ou surpiquer. Fixer également à points coulés les parementures aux réserves de couture des épaules.

Comment assembler un col de chemisier avec pied de col

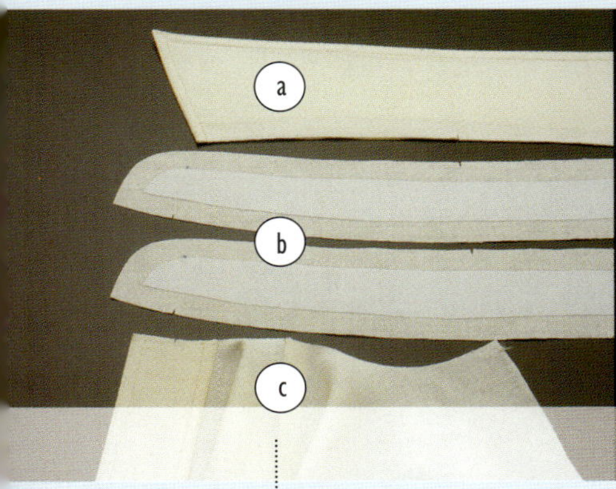

(1) **Surpiquer** le long du bord extérieur du col (a). Entoiler les deux parties du pied de col (b). Finir l'encolure (c).

(2) **Épingler** les parties du pied de col, endroit contre endroit, en intercalant l'encolure.

(3) **Piquer** le pied de col sur la couture de l'encolure. Arrêter à 1,5 cm (⅝ po) des bords du pied de col (flèche). Raser et dégrader la couture.

(4) **Rouler** le devant du chemisier pour l'éloigner. Piquer l'arrondi entre la ligne de l'encolure et la marque.

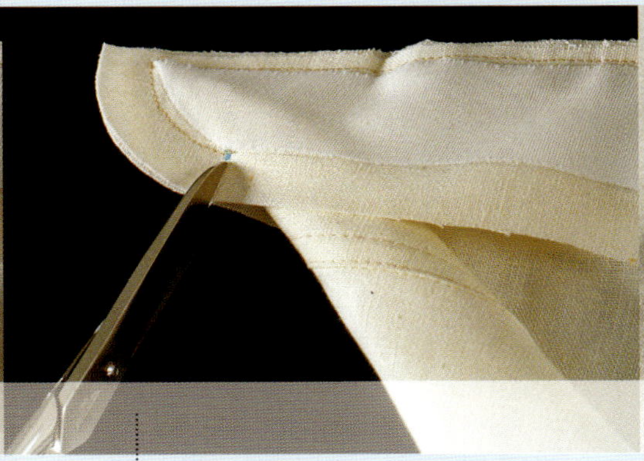

(5) **Entailler** à la marque, jusqu'à la couture. Raser les réserves de couture et les entailler.

(6) **Retourner** le pied de col à l'endroit.

(7) **Coudre** le col sur l'endroit du pied de col extérieur, le dessous du col près du pied. Raser et dégrader la couture ; presser en couchant les réserves de couture vers le pied de col.

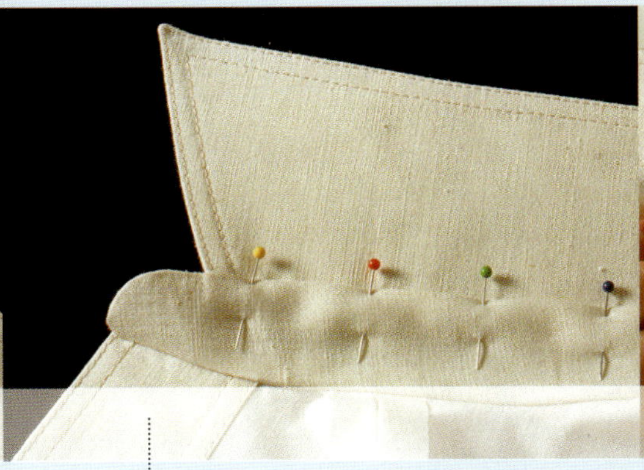

(8) **Presser** la réserve de couture du pied de col intérieur ; raser à 6 mm (¼ po). Épingler le bord pressé du pied de col de manière à couvrir la couture.

(9) **Surpiquer** le pourtour du pied de col en traversant toutes les épaisseurs.

Les ceintures montées

La ceinture montée, qui borde et soutient le vêtement, se doit d'être solide. La ceinture de base de la jupe ou du pantalon est taillée sur le droit fil, là où le tissu est le moins extensible, et stabilisée par l'ajout d'entoilage appliqué et cousu au bord de la ceinture, incluant la réserve de couture.

En général, la ceinture est repliée à l'intérieur et le bord sert de finition. Pour gagner du temps, placez le patron de la ceinture le long de la lisière qui ne s'effiloche pas. Ainsi, inutile de plier le bord vif, ce qui réduit l'épaisseur à la ceinture. De plus, cette méthode permet de confectionner la ceinture entièrement à la machine. Pour enlever encore plus d'épaisseur, doublez les ceintures en tissu lourd avec du tissu léger ou du ruban de gros-grain.

Au moment de la coupe, calculez l'aisance et la valeur des croisures aux extrémités. La longueur de la ceinture devrait égaler le tour de taille plus 7 cm (2 ¾ po). Ce surplus comprend 1,3 cm (½ po) pour l'aisance, 3,2 cm (1 ¼ po) pour les réserves de couture et 2,5 cm (1 po) pour les croisures. La largeur devrait être du double de la largeur désirée, plus 3,2 cm (1 ¼ po) pour les réserves de couture.

Comment confectionner une ceinture (taillée sur la lisière)

(1) **Couper** la ceinture sur le droit fil, la ligne de coupe longeant la lisière.

(2) **Tailler** l'entoilage pour ceinture ou la perfobande, selon le patron, en coupant les extrémités aux lignes de couture afin que l'entoilage n'empiète pas sur les réserves de couture.

(3) **Coller** la partie la plus large de l'entoilage du côté de la lisière de façon à laisser une réserve de couture de 1,5 cm (⅝ po) du côté cranté (réserve de couture de la lisière plus étroite).

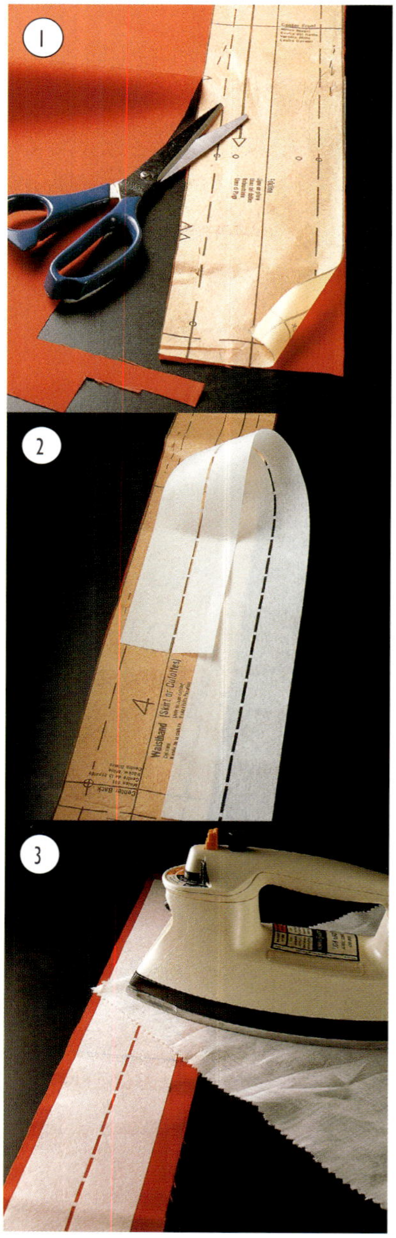

④ **Épingler**, endroit contre endroit, le bord cranté de la ceinture sur le vêtement, en raccordant les marques. Piquer à 1,5 cm (⅝ po).

⑤ **Retourner** la ceinture vers le haut. Presser la réserve de couture en direction de la ceinture.

⑥ **Dégrader** les réserves de couture à 6 mm (¼ po) sur la ceinture et à 3 mm (⅛ po) sur le vêtement afin de réduire l'épaisseur.

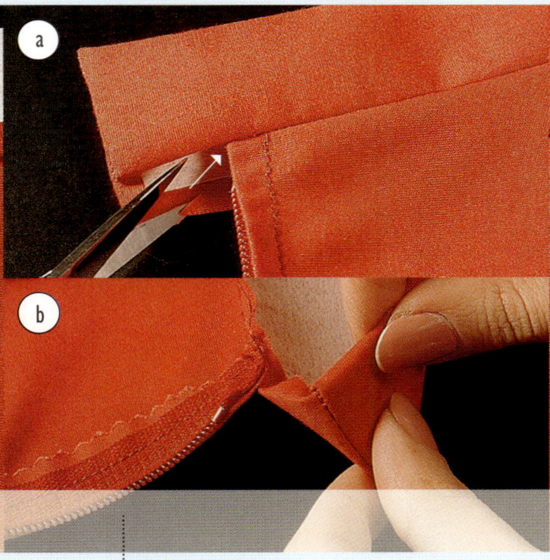

⑦ **Plier** la ceinture à la ligne de pliure centrale de la perfobande de façon que la ceinture soit à l'envers. Coudre à 1,5 cm (⅝ po) à chaque extrémité. Raser les réserves de couture à 6 mm (¼ po) et les coins en diagonale.

⑧ **Retourner** la ceinture à l'endroit. ⓐ Sur la croisure du dessus, entailler en diagonale, de la lisière jusqu'au coin (flèche). ⓑ Rentrer la réserve de couture à l'intérieur de la ceinture, du pli jusqu'au bout de l'entaille. Rentrer le coin coupé en angle.

⑨ **Épingler** la lisière. Piquer sur l'endroit du vêtement dans le sillon de la couture de la ceinture, ou surpiquer à 6 mm (¼ po) au-dessus de la couture en prenant la lisière dans la couture. Surpiquer le bord inférieur de la croisure du dessous (flèche) si vous piquez dans le sillon de la couture.

Les ourlets

Un ourlet devrait être pratiquement invisible sur l'endroit, à moins d'être décoratif. Utilisez donc du fil de la même teinte ou un peu plus foncé que le tissu.

Si vous faites un ourlet à la main, ne prenez qu'un ou deux fils à chaque point sur l'épaisseur extérieure. Ne tirez pas trop sur le fil, ce qui occasionnerait des plis. Pressez soigneusement en évitant que la ligne de l'ourlet ne s'imprime sur le vêtement.

L'ourlet peut atteindre 7,5 cm (3 po) de largeur sur un vêtement droit et de 3,8 à 5 cm (1 ½ à 2 po) sur un vêtement ample. Les tissus diaphanes, quel que soit leur style, nécessitent un ourlet étroit, roulotté. Un ourlet étroit sur les tricots mous permet d'éviter que le bord pende. Les bords ourlés et surpiqués à la machine sont durables et permettent de gagner du temps.

Il est préférable de laisser le vêtement suspendu pendant 24 heures avant de faire l'ourlet, surtout s'il est circulaire ou taillé dans le biais. Essayez-le avec les mêmes sous-vêtements que vous porterez. Assurez-vous qu'il est de la bonne longueur et qu'il tombe bien. Portez des souliers et une ceinture, s'il y a lieu.

Le marquage de l'ourlet se fait habituellement avec l'aide d'une deuxième personne qui, avec le marqueur à épingles ou le mètre, se déplace autour de vous. Prenez une posture normale et utilisez des épingles ou une craie pour marquer, en vous assurant que la distance entre le sol et l'ourlet reste constante. Épinglez l'ourlet et faites un essayage en face d'un miroir pleine longueur afin de vous assurer qu'il est parallèle au sol.

Les ourlets de pantalons ne peuvent être tracés à partir du sol comme ceux des jupes et des robes. Le bas du pantalon doit normalement reposer sur la chaussure sur le devant et descendre légèrement en arrière. Épingler l'ourlet aux deux jambes et essayer le pantalon en face d'un miroir afin de vous assurer qu'il est de la bonne longueur.

Avant de coudre l'ourlet, finissez les bords vifs afin de prévenir l'effilochage. Choisissez un type de finition (page suivante) et un point appropriés au tissu et au vêtement.

Rapide et durable, le point invisible, intégré dans plusieurs machines à coudre, convient bien aux tissus et aux tricots. L'ajout d'un pied spécial ou d'un guide-droit en facilite l'exécution.

Le ruban (ci-dessus) ou dentelle à ourlet offre un fini convenable pour les tissus qui s'effilochent, tels que la laine, le tweed ou le lin. Chevauchez de 6 mm (¼ po) le ruban à ourlet sur l'endroit de l'ourlet. Piquez le bord en croisant les bouts à la ligne de couture. Utilisez un ruban à ourlet tissé pour les ourlets droits et un ruban en dentelle extensible pour les ourlets arrondis et les tricots. Ourlez les tissus de poids léger à lourd au point de chausson et les tissus duveteux au point invisible.

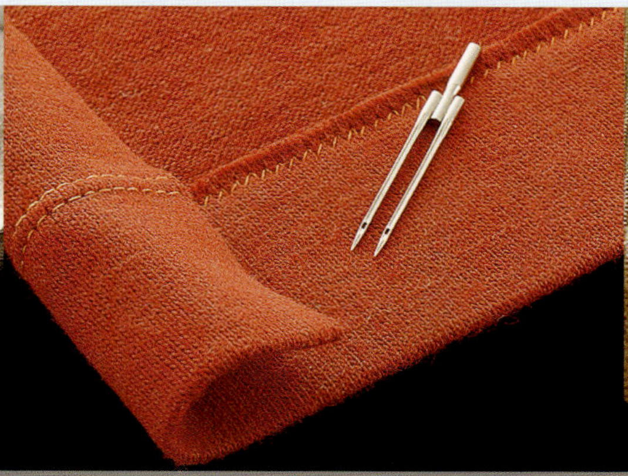

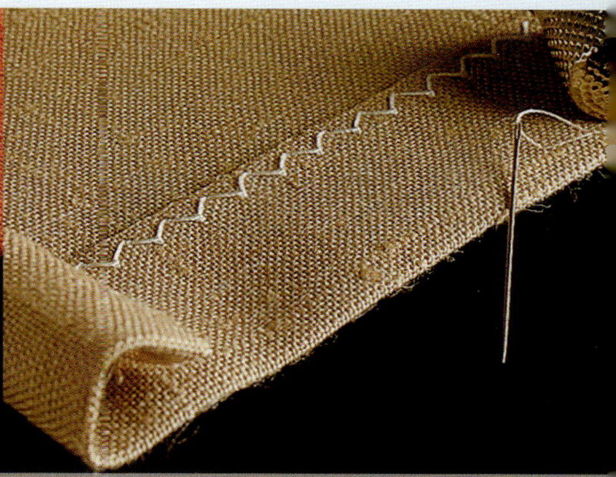

L'ourlet surpiqué finit le bord vif et l'ourlet en une étape. Plier l'ourlet à 3,8 cm (1 ½ po) du bord et épingler. Si le tissu s'effiloche, cranter ou replier le bord vif. Sur l'endroit, surpiquer à 2,5 cm (1 po) du bord plié. Pour une finition décorative, surpiquer un deuxième rang de points.

L'ourlet à l'aiguille double convient aux tricots et aux styles tout-aller. L'aiguille double produit deux lignes de points parallèles sur l'endroit et un point zigzag sur l'envers. Plier l'ourlet à la largeur désirée et coudre à l'aide d'un guide-droit en se plaçant sur l'endroit. Raser le surplus de la réserve de couture.

La finition au zigzag convient aux tricots et aux tissus qui s'effilochent parce que ce point s'étire. Piquer près du bord vif en sélectionnant un point zigzag de largeur et de longueur moyennes. Raser près de la couture. Fixer l'ourlet au point d'ourlet ou de chausson invisible, à la main ou à la machine.

L'ourlet replié et cousu convient aux tissus légers. Faire un rentré de 6 mm (¼ po) et piquer au bord de la pliure. Finir l'ourlet au point coulé ou invisible.

L'ourlet bordé est approprié pour les lainages lourds et les tissus qui s'effilochent. Finir le bord vif avec un biais double ou faire une finition Hong Kong (voir page 113). Ourler au point d'ourlet ou de chausson invisible. Ne pas trop tirer sur le fil, car le tissu risque de plisser.

Les ourlets dentelés et thermocollés permettent de finir rapidement et facilement les tissus légers. Appliquer une bande de voile thermocollant entre l'ourlet et le tissu. La plupart collent après environ 15 secondes, aussi, s'assurer que chaque section de l'ourlet est bien collée.

Comment tracer un ourlet

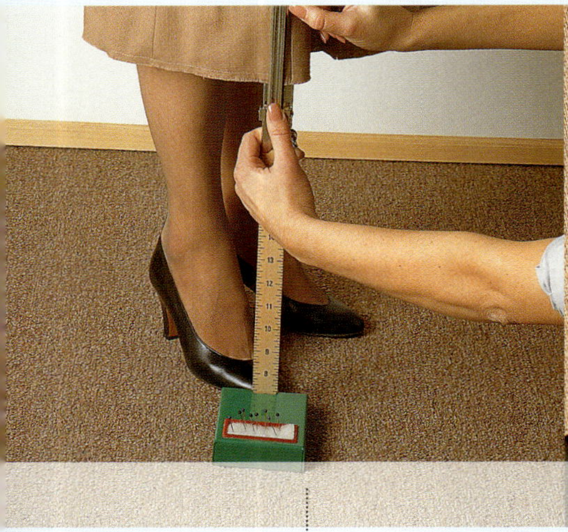

(1) **Marquer** la ligne d'ourlet partout à la même distance du sol avec des **épingles** ou une craie, et un mètre ou un arrondisseur, et laisser l'assistant se déplacer autour de vous. Faire une marque tous les 5 cm (2 po).

(2) **Raser** les réserves de couture à l'intérieur de l'ourlet afin de réduire l'épaisseur. Raser les coutures, du bord vif au pli de l'ourlet.

(3) **Replier** l'ourlet le long du tracé, en insérant les épingles à angle droit avec le pli à intervalles réguliers. Faire un essayage.

(4) **Faufiler** à la main à 6 mm (¼ po) du bord plié. Presser légèrement le bord, afin que l'ourlet s'ajuste au vêtement.

(5) **Mesurer** et marquer l'ourlet à la largeur désirée avec une règle à curseur ; ajouter 6 mm (¼ po) pour la finition du bord vif. S'installer sur une planche à repasser pour marquer.

(6) **Raser** le surplus le long du tracé. Finir le bord vif (voir page 143). Épingler le bord au vêtement ; aligner les coutures.

Comment faire un ourlet arrondi

① **Préparer** l'ourlet comme précédemment, mais sans finir le bord vif. Diminuer la tension du fil de machine et faire une couture lâche à 6 mm (¼ po) du bord ; commencer et finir le long d'une couture.

② **Tirer** sur une boucle du fil de canette avec une épingle à intervalles réguliers et résorber l'ampleur. Ne pas trop tirer. Presser le bord sur un coussin-moufle afin de résorber quelque peu l'ampleur.

③ **Finir** le bord vif avec un point zigzag, un biais, un ruban à bord ou passer les ciseaux à denteler. Épingler ; aligner les coutures et les milieux du devant et du dos. Ourler à la machine ou à la main au point invisible.

Comment faire un point d'ourlet invisible à la machine

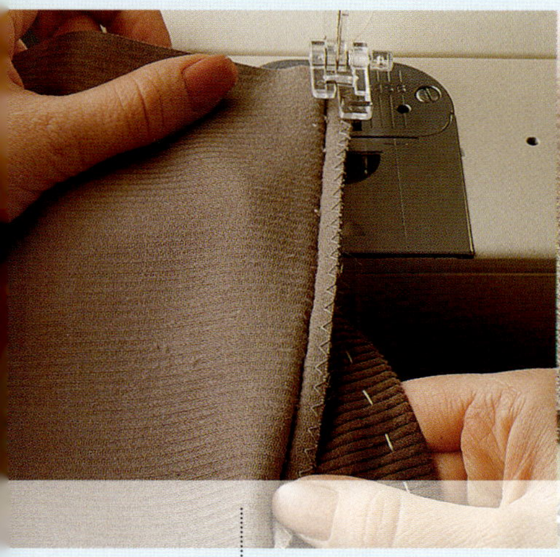

① **Préparer** l'ourlet comme précédemment et le faufiler au vêtement à 6 mm (¼ po) du bord. Régler la machine au point invisible et poser le pied pour couture invisible. Régler la longueur et la largeur du point zigzag selon le tissu. Le point peut s'ajuster de 1,5 à 3 mm (1⁄16 à ⅛ po).

② **Placer** l'envers de la réserve de couture contre l'entraînement. Replier le vêtement derrière la ligne de bâti. Le pli devrait toucher la partie de droite du pied (flèche). Le même effet peut être obtenu avec un pied de biche zigzag et un guide-droit.

③ **Coudre** le long de l'ourlet, près du pli, en prenant soin de piquer seulement sur le vêtement. Guider l'ourlet en ligne droite pendant le piquage et appuyer le pli contre le pied presseur ou le guide-droit. Déplier l'ourlet et le presser à plat.

Trois ourlets effectués à l'aide de la surjeteuse et de la machine ordinaire

Ourlet surjeté et cousu au point invisible. Marquer la hauteur de l'ourlet et dégrader les coutures à l'intérieur de l'ourlet. Finir le bord au point de surjet. Plier l'ourlet comme à l'étape 2, ci-dessous. Épingler l'ourlet et coudre au point d'ourlet invisible, à la machine ou à la main.

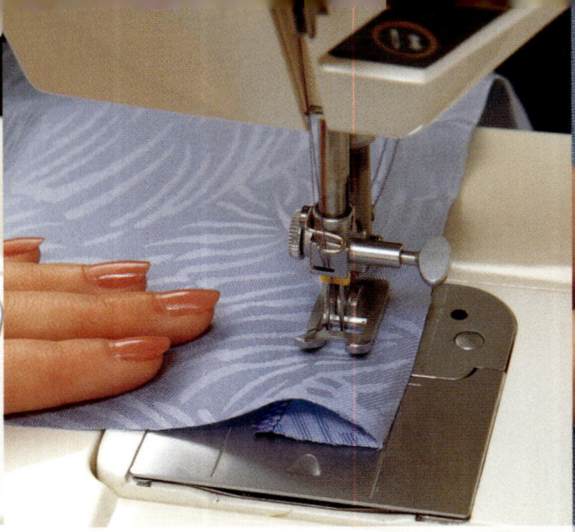

Ourlet surjeté et surpiqué. Piquer le bord vif au point de surjet. Plier l'ourlet et presser. Surpiquer sur l'endroit du vêtement à la machine à coudre ordinaire avec, si désiré, une aiguille double.

Ampleur résorbée. Résorber l'ampleur de l'ourlet en tirant sur le fil du dessus, ou utiliser l'entraînement différentiel de façon à froncer légèrement. Épingler l'ourlet et le coudre au point d'ourlet invisible, à la machine ou à la main.

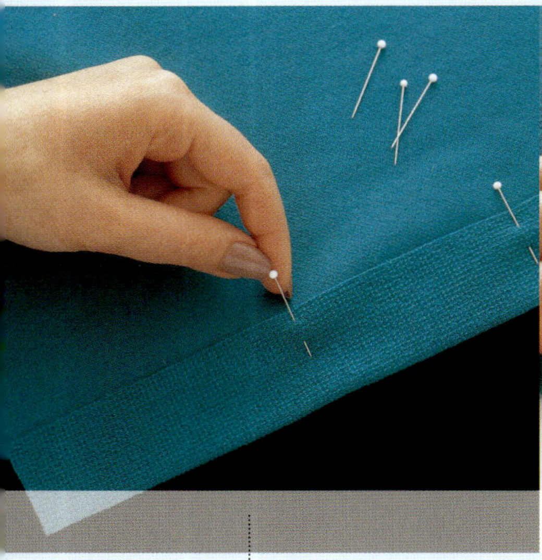

Comment effectuer un ourlet surjeté invisible

(1) **Ajuster** la surjeteuse au point flatlock ; poser, si possible, un pied presseur pour point invisible. Régler la longueur du point à 4 mm. Replier l'ourlet. Épingler sur l'envers en dirigeant les têtes d'épingles vers le vêtement.

(2) **Plier** l'ourlet sur la réserve d'ourlet en laissant dépasser le bord de 6 mm (¼ po). Piquer sur le bord, l'aiguille piquant à peine sur la pliure ; enlever les épingles à mesure.

(3) **Déplier** l'ourlet et aplatir le tissu. Sur les tissus légers, un rang de points est visible sur l'endroit, mais non sur les tissus plus lourds et texturés.

Comment faire un ourlet à points couvrants

Ourlet séparé. Ajuster la machine au point couvrant. Presser l'ourlet. Placer le tissu sous le pied presseur relevé, l'endroit sur le dessus, le pli vis-à-vis de la ligne guide appropriée sur la plaque à aiguille. En tenant les fils, tourner le volant jusqu'à ce que les aiguilles commencent à ourler. Coudre jusqu'au bord du tissu à la fin de l'ourlet ; relever les aiguilles et le pied presseur. Tirer délicatement les fils vers l'arrière tout en maintenant fermement les points. Couper les fils en les laissant dépasser un peu ; nouer. Fixer les queues à l'aide d'un tourne-ganse ou d'une aiguille.

Ourlet circulaire. Ajuster la machine comme pour l'ourlet séparé ; commencer à la couture du dos ou du côté et repasser sur les premiers points sur environ 2,5 cm (1 po). Relever les aiguilles et le pied presseur. Tenir fermement les fils derrière le pied ; tirer délicatement le tissu, un peu vers l'arrière, et ensuite vers la gauche. Couper les fils. Tirer les fils lâches et les nouer. Enlever le surplus de fil sur la plaque.

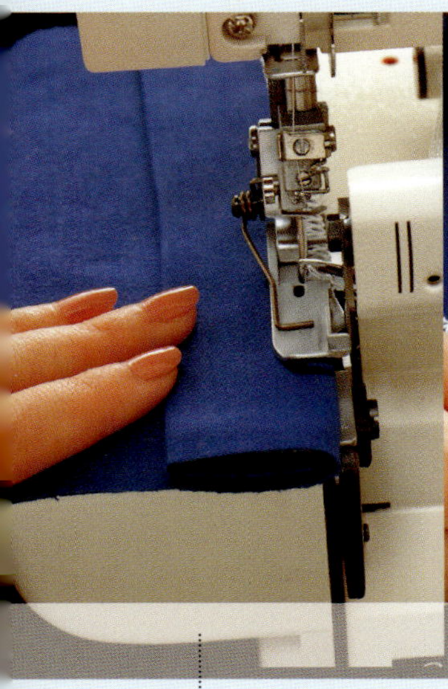

Comment faire un ourlet au point flatlock sur un vêtement de sport

(1) **Ajuster** la machine au point flatlock. Plier l'ourlet et presser. Replier et presser à nouveau, en emprisonnant le bord vif ; piquer au point flatlock sur le pli en prenant soin de prendre l'ourlet dans la couture.

(2) **Ouvrir** l'ourlet et aplatir le tissu. Presser légèrement. Des boucles décoratives ornent l'endroit du vêtement.

Comment faire une frange à l'aide du point flatlock

(1) **Marquer** la largeur de la frange en tirant un fil ou en traçant une ligne. Presser un pli le long de cette ligne. Ajuster la surjeteuse au point flatlock et piquer sur la pliure.

(2) **Couper** le tissu sur le droit fil jusqu'à la couture tous les 7,5 cm (3 po). Enlever les fils de trame afin de créer la frange. Enlever les points coincés dans la frange à l'aide d'un découvit et appliquer du liquide anti-effilochage à ces endroits.

Les bords simples

On peut facilement finir à la machine les bords d'un corsage non boutonné. Une parementure en biais dont les extrémités se chevauchent finit bien l'encolure, tandis que des ourlets étroits piqués à la machine donnent une belle finition aux manches et au bas du vêtement.

Pour la parementure, couper une bande de biais de 3,2 cm (1 ¼ po) de la longueur de l'encolure plus 5 cm (2 po) pour le chevauchement.

L'ourlet étroit piqué à la machine est peu volumineux, ce qui convient aux tissus légers ou soyeux, de même qu'aux vêtements en satin. On peut ajouter un ruban de crin pour donner plus de corps à l'ourlet étroit.

Avant de piquer l'ourlet, raser la réserve de couture à 1 cm (⅜ po).

Comment coudre une parementure en biais sur l'encolure

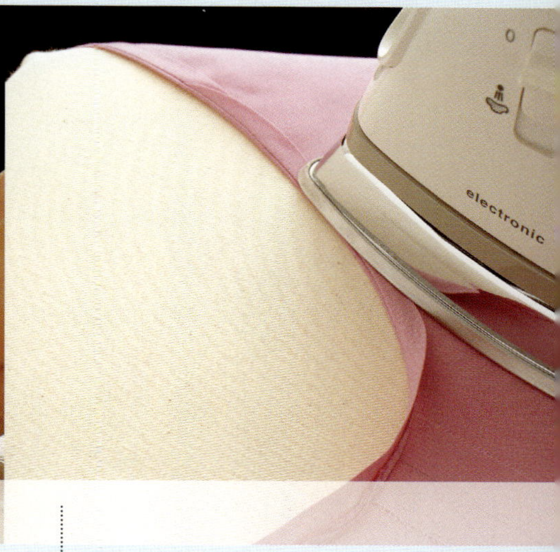

(1) **Couper** le biais (page de gauche). Le plier en deux dans le sens de la longueur, envers contre envers ; presser. Raser la réserve de couture du vêtement à 6 mm (¼ po). Poser le biais sur l'endroit du vêtement, bords vifs alignés, son extrémité à 2,5 cm (1 po) du milieu du dos.

(2) **Terminer en pointe** l'extrémité du biais dans la réserve de couture ; piquer le long de l'encolure. Faire chevaucher les extrémités, en terminant en pointe l'autre extrémité dans la réserve de couture.

(3) **Raser** les réserves de couture. Presser le biais en l'éloignant du vêtement ; puis le presser vers l'intérieur. Surpiquer sur l'endroit le long du bord de l'encolure.

Comment coudre un ourlet étroit

(1) **Piquer à la machine** à 6 mm (¼ po) du bord de l'ourlet. Plier le bord sur l'envers le long de la ligne de couture ; presser le pli.

(2) **Piquer** à petits points près de la ligne de pliure. Raser près de la couture à l'aide de ciseaux à appliqué. Si le tissu s'est étiré, presser pour réduire l'ampleur.

(3) **Retourner** le bord de l'ourlet sur l'envers en enfermant le bord vif. Piquer à distance égale du bord.

(4) **Retourner** le bord de l'ourlet sur l'envers en enfermant le bord vif. Insérer un ruban de crin dans la coulisse afin de donner du corps à l'ourlet. Piquer à distance égale du bord.

Les poches

Les poches peuvent être pratiques, décoratives ou les deux à la fois. Les plus pratiques ont généralement un style simple. Cependant, selon leur forme, leur emplacement ou l'ajout d'une bordure décorative, elles peuvent contribuer à un effet de mode. Pour être utiles, elles doivent toutefois être à bonne portée des mains, ce qui peut nécessiter des ajustements au patron.

Pour les parties invisibles des poches prises dans la couture et en diagonale, optez pour un tissu solide et tissé serré. La poche s'usera moins si elle est faite de croisé de coton, de coutil ou d'un tissu semblable. Les tailleurs utilisent un croisé en coton léger pour les poches des jeans et des vestes. Les tissus pour doublure résistants conviennent également.

La poche appliquée est cousue sur le vêtement. Ses bords devraient être nets, lisses et solidement cousus. Pour en accroître la stabilité, on peut l'entoiler, la doubler de tissu à doublure ou, pour les vêtements tailleur, du même tissu.

La poche prise dans la couture est dissimulée. Sur l'extérieur du vêtement, elle ressemble à une ouverture dans une couture.

La poche italienne s'ouvre en diagonale entre la ceinture et les côtés des pantalons et des jupes.

La poche gilet ou passepoilée est une poche dissimulée dont la fente est visible. Elle peut être garnie d'un passepoil simple ou double et comporter un rabat.

LA POCHE APPLIQUÉE

La poche appliquée ajoute un élément décoratif aux vêtements. Placez-la à l'endroit où elle vous siéra le mieux. Au besoin, placez-la plus haut, plus bas ou à côté de l'endroit indiqué sur le patron afin qu'elle flatte mieux votre silhouette et n'attire pas l'attention sur une poitrine ou des hanches volumineuses.

Une fois l'emplacement des poches déterminé, vérifiez-le à nouveau avant de les fixer sur le vêtement. Mesurez soigneusement, de sorte qu'elles soient alignées avec précision. Cette étape est particulièrement importante pour les poches symétriques, la moindre modification influant sur leur alignement.

On peut poser les poches appliquées à la main ou à la machine. Cette dernière méthode convient aux vêtements tout-aller ; elle permet de gagner du temps et assure la solidité de l'assemblage. Pour une finition plus fine et invisible, posez-les à la main.

Entoilez les poches appliquées avec un entoilage thermocollant léger qui leur donnera du corps et prolongera leur durée. Coupez l'entoilage au niveau du pli de l'ourlet dans le haut et de la ligne de couture sur les côtés et dans le bas. Pour éviter l'excès de rigidité, coupez l'entoilage sur le plein biais.

Renforcez les poches appliquées aux coins supérieurs. Piquez de petits triangles sur les chemises façon tailleur et les vêtements de sports. Piquez à petits points zigzag les brides d'arrêt des vêtements d'enfant et d'extérieur solides. Si désiré, surpiquez pour renforcer davantage.

Comment coudre une poche appliquée à coins carrés

(1) **Finir** le bord supérieur de la poche. Plier l'ourlet vers l'extérieur. Tirer les bords de l'ourlet à 3 mm (1/8 po) au-delà de la poche de sorte que les coutures roulent vers l'intérieur. Piquer sur la ligne de couture. Raser les coins en diagonale ; dégrader les coutures.

(2) **Retourner** l'ourlet à l'endroit, en employant un tourneur pour les coins. Presser les réserves de couture des côtés et du bas.

(3) **Plier** la réserve de couture en diagonale aux coins du bas de sorte que les plis pressés se raccordent. Presser les plis diagonaux, puis raser à 6 mm (1/4 po).

(4) **Presser** de nouveau la réserve de couture vers l'intérieur, formant des coins se joignant à 45°. Raser les réserves de couture. Piquer à points coulés ou surpiquer si désiré.

Comment coudre une poche appliquée à coins arrondis

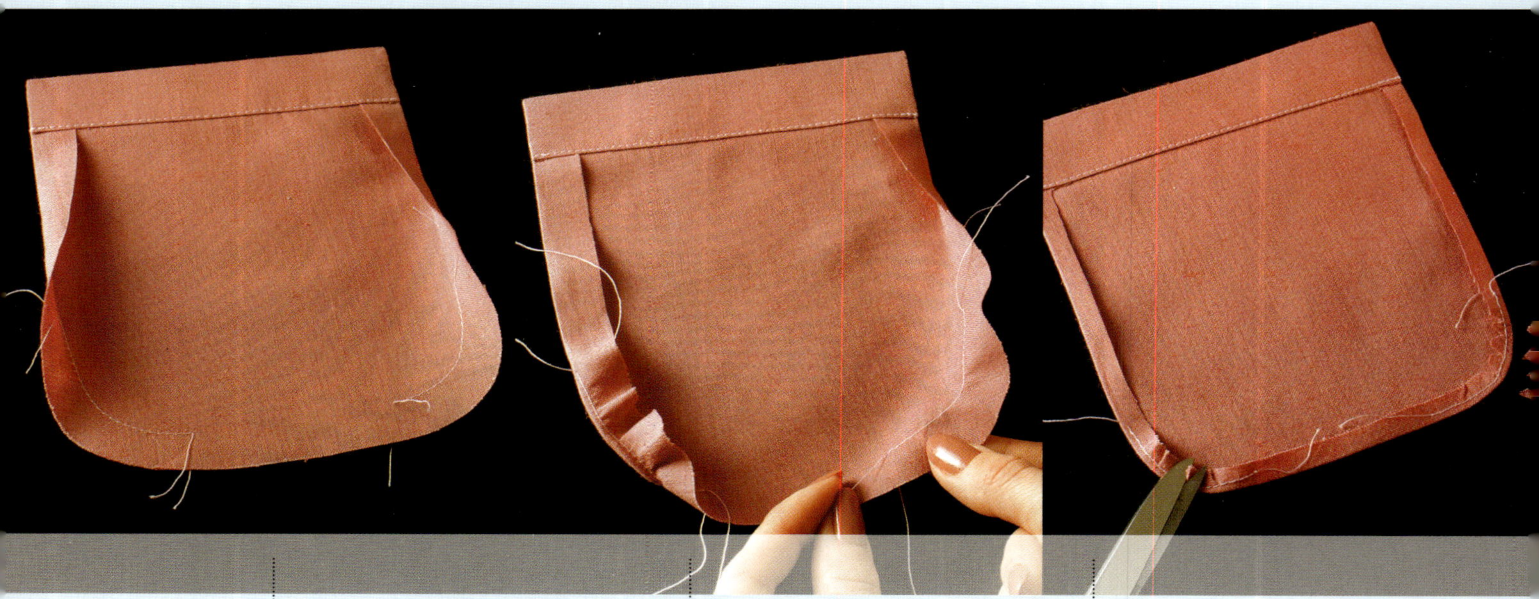

(1) **Coudre** l'ourlet du haut comme pour la poche appliquée (voir page 151, étape 1). Surpiquer autour des coins, juste à l'intérieur de la ligne de couture.

(2) **Presser** la réserve de couture vers l'intérieur de la poche. Tirer le fil aux coins pour résorber également le surplus d'ampleur de la réserve de couture.

(3) **Raser** la réserve de couture à 6 mm (¼ po). Au besoin, cranter aux coins arrondis pour aplatir la réserve de couture.

Comment coudre une poche appliquée doublée à même

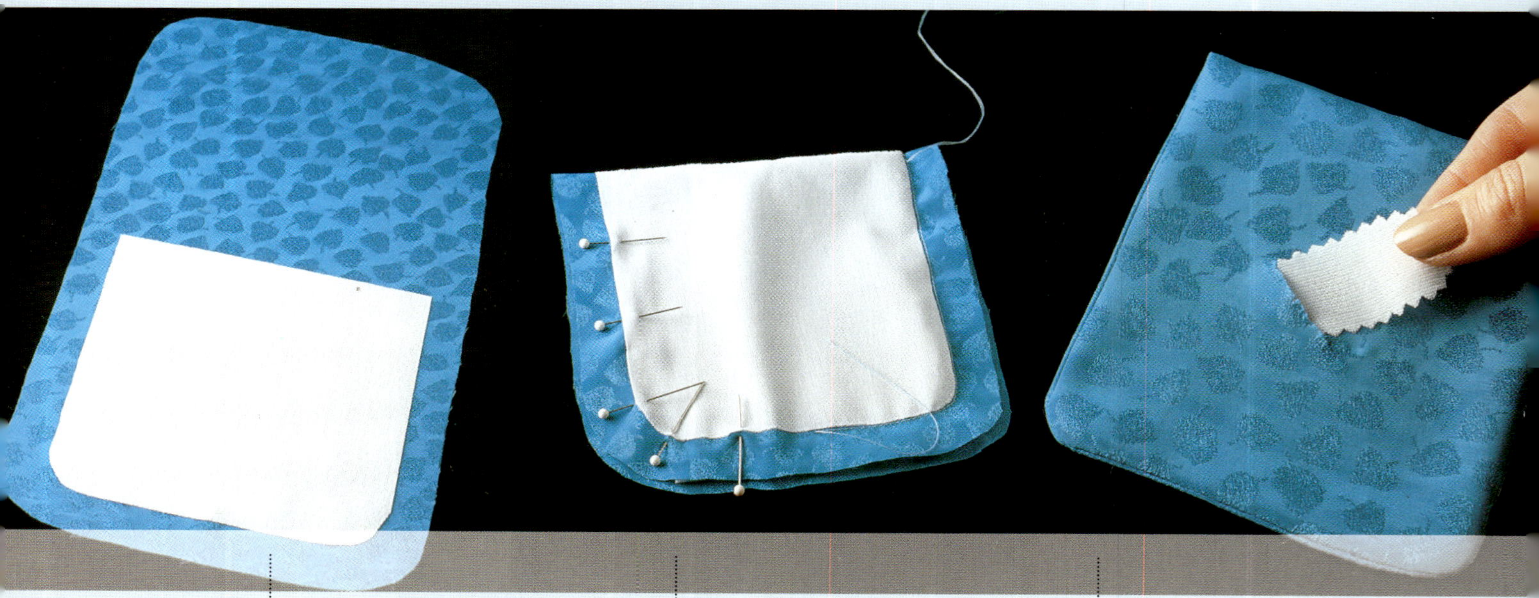

(1) **Plier** le patron de la poche sur la ligne d'ourlet. Raccorder les plis du patron et du tissu, et couper une poche double. Thermocoller l'entoilage sur une moitié de la poche.

(2) **Épingler** les endroits ensemble, en faisant déborder le bord non entoilé de 3 mm (⅛ po). Piquer la couture ; raser et cranter. Couper une fente en biais de 2,5 cm (1 po) sur la face non entoilée de la poche.

(3) **Retourner** la poche à l'endroit au niveau de la fente. Presser les bords, en roulant les coutures vers le côté avec fente. Fermer la fente à l'aide d'entoilage thermocollant inséré face adhésive vers le haut.

Comment coudre une poche appliquée doublée

(1) **Plier** l'ourlet sur le patron de la poche. Marquer la ligne de coupe de la doublure à 1,3 cm (½ po) du bord supérieur du patron (flèche). Couper la doublure en enlevant 3 mm (⅛ po) sur les côtés et le bas.

(2) **Coudre** les hauts de la doublure et de la poche, endroit contre endroit, à 6 mm (¼ po) du bord. Laisser une ouverture au centre pour retourner la poche (flèches). Ouvrir la couture au fer.

(3) **Raccorder** les bas de la doublure et de la poche. Piquer les côtés et le bas. Raser la couture et les coins ; cranter l'ampleur sur les courbes des poches rondes.

(4) **Retourner** la poche à l'endroit au niveau de l'ouverture. Presser du côté de la doublure, en roulant la couture vers le dos de la poche.

(5) **Coudre** l'ouverture à points coulés.

Comment coudre à la machine une poche appliquée

(1) **Rapporter** le contour de la poche à l'emplacement requis sur l'endroit du tissu en le faufilant à la machine.

(2) **Utiliser** du ruban à bâtir, des épingles ou de la colle pour maintenir la poche en place sur la ligne de faufil.

(3) **Surpiquer** la poche sur le vêtement. Renforcer les coins supérieurs à l'aide de triangles cousus ou de brides d'arrêt.

Comment coudre à la main une poche appliquée

(1) **Surpiquer** la poche avant de la coudre au vêtement. Marquer son emplacement au point de faufil, tel que décrit à l'étape 1 ci-dessus.

(2) **Fixer** la poche en place en la faufilant à la main le long de son bord ; le faufil servira de guide sur l'envers du tissu.

(3) **Coudre** la poche au point arrière, en travaillant sur l'intérieur du vêtement. On ne devrait pas voir la couture sur l'endroit.

LA POCHE PRISE DANS LA COUTURE

Il existe trois méthodes pour fabriquer une poche prise dans la couture : la poche coupée à même le vêtement, la poche coupée à part ou la poche coupée à part avec rallonge.

La poche coupée à même le vêtement permet d'éliminer une couture mais entraîne un surplus de volume, sauf pour les tissus légers. La poche coupée à part permet de réduire le volume du fait qu'on peut utiliser du tissu à doublure. La troisième méthode, la poche avec rallonge, permet de réduire le surplus d'ampleur et de dissimuler la doublure. Pour éviter que l'ouverture ne s'étire quand les poches sont coupées à part, renforcez la réserve de couture de la partie avant avec un sergé étroit ou du ruban.

La surpiqûre contribue à maintenir la poche en place et aplatit tout surplus d'ampleur dans la couture, affinant ainsi la ligne des hanches.

Comment coudre une poche prise dans la couture

(1) **Surpiquer** le ruban sur l'envers de la réserve de couture de la rallonge du devant de la poche. Coudre les poches aux rallonges du dos et du devant. Raser à 6 mm (¼ po). Réunir les bords au poing zigzag ; presser vers la poche.

(2) **Épingler** le devant et le dos du vêtement ; fermer l'ouverture de la poche en la faufilant à la machine. Coudre la poche et le vêtement au-dessus et en dessous de l'ouverture. Renforcer à points courts et faire des points d'arrêt à l'ouverture.

(3) **Piquer** la poche le long du bord en terminant à la couture latérale. Entailler la réserve de couture au-dessus et en dessous de la rallonge sur le dos du vêtement seulement, de manière à ouvrir la couture au fer.

(4) **Presser** la couture du vêtement pour l'ouvrir au-dessus et en dessous des entailles. Presser la poche vers le devant du vêtement. Finir les bords vifs de la poche ensemble. Retirer le faufil.

LA POCHE ITALIENNE

La poche italienne comprend deux pièces : le fond de poche et l'empiècement de hanche. Ce dernier reconstitue la partie manquante du vêtement au-dessus de l'ouverture, au niveau de la hanche, et forme le dos du fond de poche. Comme la poche ne se voit pas, on peut couper le fond dans de la doublure afin de réduire l'ampleur.

Comment coudre une poche italienne

(1) **Couper** une bande de 5 cm (2 po) d'entoilage en suivant la forme des bords arrondis de la poche. Piquer sur l'envers à 1,3 cm (½ po) du bord. Raser l'entoilage. Si le bord est droit, remplacer l'entoilage par du sergé et coudre ce dernier sur la ligne de couture afin de stabiliser le tissu en biais.

(2) **Assembler** la poche et le devant du vêtement, endroit contre endroit. Raser et dégrader les coutures de sorte que la réserve de couture de la poche soit plus étroite. Entailler dans les endroits arrondis.

(3) **Presser** la couture en la couchant vers la poche. À défaut de surpiquer, sous-piquer du côté de la poche afin d'év ter que le bord de celle-ci ne se vo e sur l'endroit.

(4) **Rabattre** la poche à l'intérieur. Presser le bord en roulant la couture vers la poche. Surpiquer sur le bord de la poche si celle-ci n'a pas été sous-piquée.

(5) **Assembler** l'empiècement de hanche et la poche. Finir les bords vifs au point zigzag ou au moyen d'un autre type de finition (voir pages 110 et 111).

(6) **Bâtir** la poche sur le vêtement aux coutures de côté et de ceinture. Raccorder les ma-ques pour aligner les épaisseurs de tissu. La poche devrait être à plat, sans onduler.

LA POCHE PASSEPOILÉE

La poche bordée de deux passepoils ressemble à une grosse boutonnière. Le passepoil, bande faite du même tissu que le vêtement et pliée, finit les deux bords de la fente de la poche. Le fond de poche est fait de tissu à doublure et se trouve à l'intérieur du vêtement.

La confection d'une poche passepoilée est une technique de couture complexe qui requiert de marquer, couper et piquer avec grande précision. Avant tout, vérifiez soigneusement l'emplacement de la poche. Après avoir commencé à marquer, vérifiez-le à nouveau avant d'entailler le passepoil. Sur les photos, l'envers du vêtement est doublé d'entoilage thermocollant.

Comment couper et préparer une doublure de poche

(1) **Couper** les pièces du passepoil de 18 x 7,5 cm (7 x 3 po), qui aura 12,5 cm (5 po) une fois fini : (a) renfort dans de l'entoilage non tissé ; parementure du (b) passepoil et de la (c) poche, coupée dans le même tissu que le vêtement ; (d) entoilage thermocollant. Couper une doublure de poche de (e) 18 x 30,5 à 38 cm (7 x 12 à 15 po).

(2) **Thermocoller** l'entoilage sur l'envers du passepoil. Placer le passepoil, endroit dessus, sur un des bords de la doublure de poche. Piquer au point zigzag le bord intérieur du passepoil sur la doublure. Piquer au point de faufil le bord extérieur du passepoil sur la doublure. Assembler la parementure (g) avec l'autre bord de la doublure, comme pour le passepoil. La partie supérieure entoilée de la doublure constituera le passepoil. La partie non entoilée du bas constituera l'intérieur de la poche.

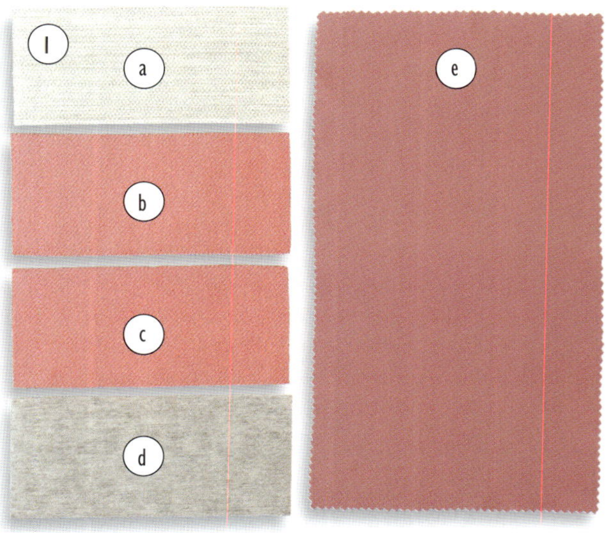

Comment coudre une poche passepoilée

1 **Marquer** le trait d'emplacement de la poche sur l'envers du vêtement. Marquer le milieu du renfort. Dessiner les lignes de couture de la fente à 6 mm (¼ po) du trait central. Marquer les extrémités en dessinant de courts traits verticaux espacés de 12,5 cm (5 po) à 2,5 cm (1 po) des bouts du renfort.

2 **Placer** le renfort sur l'envers, à la marque d'emplacement de la poche. Piquer le contour de la fente à petits points en commençant par un côté long. Il apparaîtra ainsi sur l'endroit. Ne pas effectuer de point arrière.

3 **Épingler** l'endroit de la pièce passepoil/doublure sur l'endroit du vêtement, en centrant le passepoil sur la partie marquée au point de faufil.

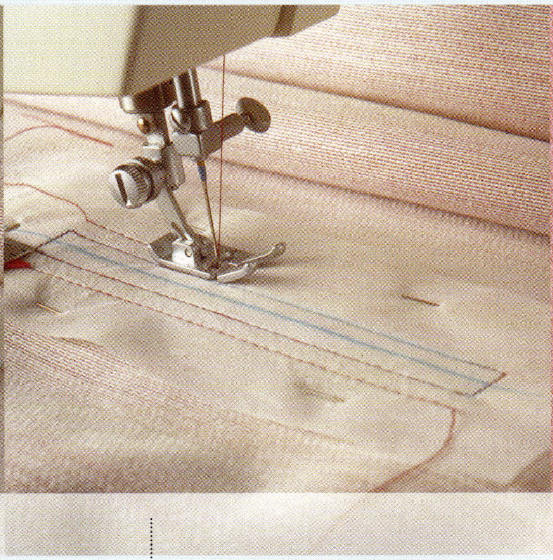

4 **Piquer** uniquement les longs côtés de la fente sur l'envers du vêtement. Arrêter exactement aux marques d'arrêt, en bloquant la couture au point arrière. (Le pied presseur a été enlevé afin de montrer les extrémités de la couture.)

5 **Faufiler à la machine** à exactement 6 mm (¼ po) de chacun des longs côtés de la fente, sur l'envers. Utiliser la largeur du pied presseur comme guide.

6 **Presser** la pièce passepoil/doublure sur l'endroit du vêtement. Presser fermement afin de former un pli net et plat. Épingler. La ligne de faufil inférieure est à l'intérieur de ce pli.

(7) **Piquer** la ligne inférieure de la fente sur l'envers. Arrêter exactement aux marques (flèches) ; bloquer la couture au point arrière. Le passepoil inférieur est formé.

(8) **Presser** la pièce passepoil/doublure. La ligne de faufil supérieure est à l'intérieur du pli.

(9) **Piquer** la longue ligne supérieure de la fente sur l'envers ; bloquer la couture au point arrière. Le passepoil supérieur est formé.

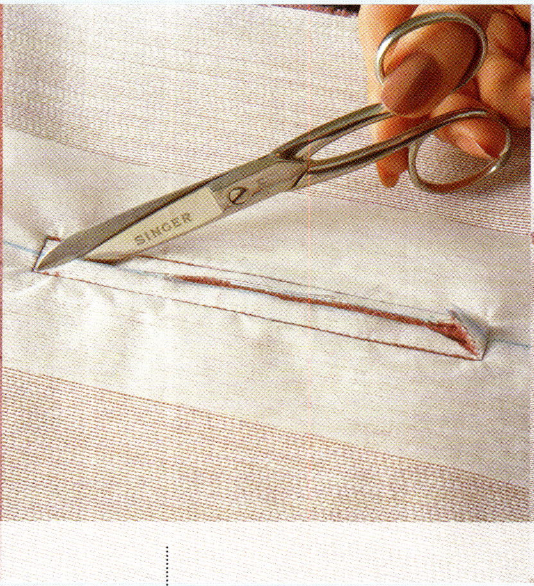

(10) **Entailler** le passepoil en son centre entre les lignes de coutures. Ne pas entailler le vêtement. Retirer les fils du faufil du haut et du bas.

(11) **Entailler** le vêtement sur l'envers au milieu du rectangle de couture. Arrêter à 1,5 cm (⅝ po) de chaque extrémité, puis couper en diagonale dans les coins de manière à former des triangles. Veiller à ne couper que le tissu du vêtement.

(12) **Retourner** les passepoils et la poche à l'envers en les passant par la fente. Veiller à faire passer les triangles à plat entre les passepoils et le renfort de la poche. Presser.

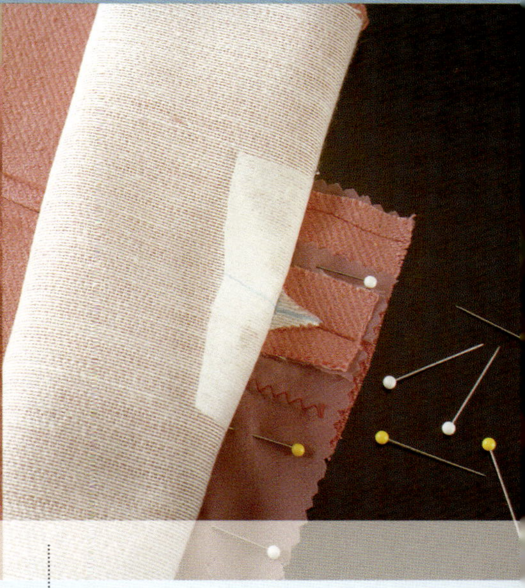

(13) **Plier** la poche vers le haut de sorte que la doublure recouvre les passepoils. Épingler la doublure sur le haut du passepoil.

(14) **Piquer** dans le sillon du passepoil du haut sur l'endroit, en utilisant le pied à fermeture à glissière. Traverser toutes les épaisseurs de tissu. Cette étape permet aussi de fixer la doublure au passepoil.

(15) **Plier** le dos du vêtement pour l'éloigner du travail en vue de piquer les coutures latérales de la poche.

(16) **Piquer** les coutures latérales de la poche à l'aide du pied à fermeture à glissière ; piquer au ras du pli des triangles situés aux extrémités de la fente de la poche.

(17) **Presser** la doublure à plat.

(18) **Coudre au point roulé** les bords des passepoils du haut et du bas de manière la maintenir la fente en place durant l'assemblage final.

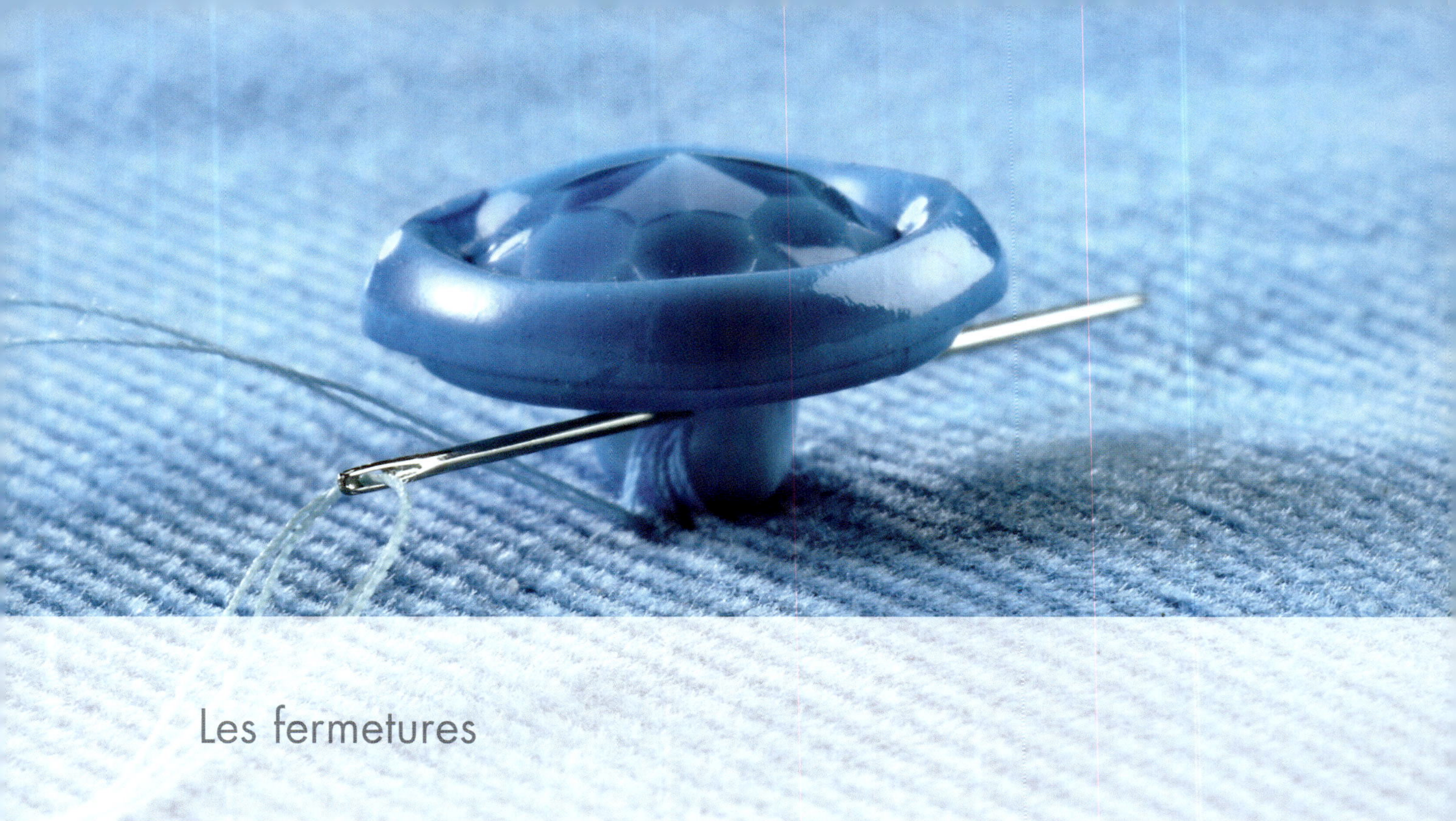

Les fermetures

Les fermetures – fermeture à glissière, bouton, bouton pression, agrafe et porte – sont habituellement destinées à être le plus discrètes possible, mais on s'en sert parfois pour créer un effet décoratif. Un bouton chic, une fermeture à glissière colorée ou un bouton pression nacré peuvent assurément créer un effet intéressant.

Il faut choisir l'attache en fonction du style du vêtement et de la tension exercée sur l'ouverture. Par exemple, le solide crochet à jupe (voir page suivante) est plus approprié sur une ceinture de pantalon que l'agrafe et porte ordinaire. Vous trouverez au verso de la pochette de votre patron le type de fermeture approprié.

Les attaches subissent de la tension, aussi il s'avère important de renforcer la partie du vêtement où elles se trouvent. Les réserves de couture ou les parementures offrent un léger soutien, mais certaines attaches doivent être renforcées avec de l'entoilage.

Utilisez du fil tout usage et des aiguilles longues ou à broder pour fixer les boutons, les boutons pression et les agrafes et portes. Pour les tissus lourds ou pour les attaches qui subissent beaucoup de tension, utilisez du fil très résistant, ou du fil à matelasser et à boutonnière.

LES AGRAFES ET PORTES

Les agrafes et portes sont très résistantes et il en existe plusieurs types. Les agrafes et portes régulières, noires ou nickelées, sont offertes en plusieurs tailles, de 0 (fin) à 3 (gros). Les agrafes se vendent avec des portes droites (bords croisés ou croisures) ou des portes à boucle (bords qui se rencontrent). Les brides de fil (voir page suivante) peuvent remplacer les portes à boucle en métal sur les tissus délicats ou aux endroits trop apparents. La même technique sert à la confection des brides de boutonnage et des passants à anneau. Il faut commencer par faire de longs points de base.

Les crochets à ceinture sont plus solides que les agrafes et portes. Noirs ou nickelés, on les utilise seulement sur les croisures. On peut se procurer de grandes agrafes et portes, unies ou recouvertes, pour les manteaux et les blousons. Celles-ci sont assez jolies pour être visibles et assez résistantes pour un tissu lourd.

Comment fixer les crochets à ceinture

① **Placer** le crochet à ceinture à l'intérieur de la patte, à environ 3 mm (1/8 po) du bord. Fixer l'agrafe avec trois ou quatre points dans chacun des trous. Ne pas piquer sur l'endroit du vêtement.

② **Superposer** la patte et la sous-patte afin de déterminer l'emplacement de la porte ; le marquer en plantant une épingle dans chaque trou et fixer à l'aide de trois points dans chaque trou.

③ **Les agrafes et portes à boucle** servent à fermer les bords qui se rencontrent sans se chevaucher. Placer l'agrafe comme le crochet à ceinture et la fixer au niveau des deux trous et de la tête. Placer la porte de façon que l'anneau dépasse légèrement le bord du tissu. Fixer.

Comment confectionner des brides de fil

① **Glisser** l'aiguille enfilée en double sous la bordure du tissu. Faire deux boucles de la longueur appropriée, créant ainsi la base du point de bourdon.

② **Effectuer** un point de bourdon en faisant passer le chas de l'aiguille sous les points de base et à travers la bride.

③ **Amener** l'aiguille à travers la boucle, et tendre le fil sur les points de base. Couvrir la base avec des points de bourdon très rapprochés.

④ **Arrêter** le fil en faisant deux petits points d'arrêt. Raser les fils.

LES BOUTONNIÈRES

Une boutonnière de qualité répond aux normes suivantes :

(1) Sa largeur est proportionnelle au poids du tissu et à la longueur de la boutonnière.

(2) Les extrémités sont finies avec une bride afin d'empêcher la boutonnière de se déchirer sous l'effet de la tension.

(3) Les points sont de la même largeur des deux côtés.

(4) La boutonnière est plus longue que le bouton de 3 mm (⅛ po).

(5) Les coutures de chaque côté sont assez éloignées l'une de l'autre pour permettre d'ouvrir la boutonnière sans couper de fils.

(6) Les extrémités n'ont pas été coupées accidentellement.

(7) L'entoilage de la boutonnière est assorti au tissu et n'est pas apparent sur le bord vif.

(8) La boutonnière se trouve sur le droit-fil ; les boutonnières verticales sont parallèles au bord du vêtement et les boutonnières horizontales, à angle droit avec le bord.

Les boutonnières horizontales absorbent la tension exercée sur le vêtement sans le déformer et sont plus sécuritaires, car le bouton a moins tendance à se détacher accidentellement. Elles devraient dépasser de 3 mm (⅛ po) la marque du bouton, vers le bord du vêtement. Assurez-vous que la distance entre le centre de la boutonnière et le bord du vêtement est égale au moins aux trois quarts du diamètre du bouton, afin que le bouton ne dépasse pas le bord lorsque le vêtement est fermé.

Les boutonnières verticales sont utilisées sur les pattes et les bandes de chemises. On les utilise surtout lorsqu'il y a plusieurs petits boutons, afin de rendre la fermeture plus sécuritaire. On les place directement sur le milieu du devant ou du dos.

Lorsqu'un vêtement est boutonné, il faut que la rangée de boutons arrive exactement au centre du vêtement. Si la largeur de la croisure ne correspond pas à celle sur le patron, que ce soit en plus ou en moins, le vêtement risque d'être mal ajusté.

En général, les boutonnières sont placées à intervalles réguliers. Si vous changez la longueur du vêtement ou altérez le patron du corsage, vous devrez peut-être rectifier l'intervalle des boutonnières. Il en sera de même si vous choisissez des boutons plus petits ou plus gros que la taille recommandée sur le patron. Les boutonnières devront être placées aux endroits où il y a le plus de tension. Lorsque les boutons sont incorrectement espacés, le vêtement a tendance à bâiller entre les boutons.

Lorsque l'ouverture est sur le devant, placez des boutonnières à l'encolure et à la partie la plus large de la poitrine. Placez-en une à la ligne de la taille sur les manteaux, les surblouses, les robes princesses et les blousons. Il est préférable de ne pas faire de boutonnière à la ligne de taille sur une blouse nervurée ou une robe cintrée afin de ne pas ajouter d'épaisseur. Les premières boutonnières et (premiers boutons) doivent se situer au moins 12,5 à 15 cm (5 à 6 po) au-dessus de l'ourlet d'une robe, d'une jupe ou d'une robe-manteau.

Pour espacer également les boutonnières, marquez l'emplacement des boutons du haut et du bas et mesurez la distance entre les deux. Divisez cette distance par le nombre de boutons à poser, moins un. Le résultat donne l'intervalle entre les boutonnières. Après le marquage, essayez le vêtement, afin de vous assurer que les boutonnières arrivent au bon endroit. Ajustez au besoin.

Comment déterminer la longueur de la boutonnière

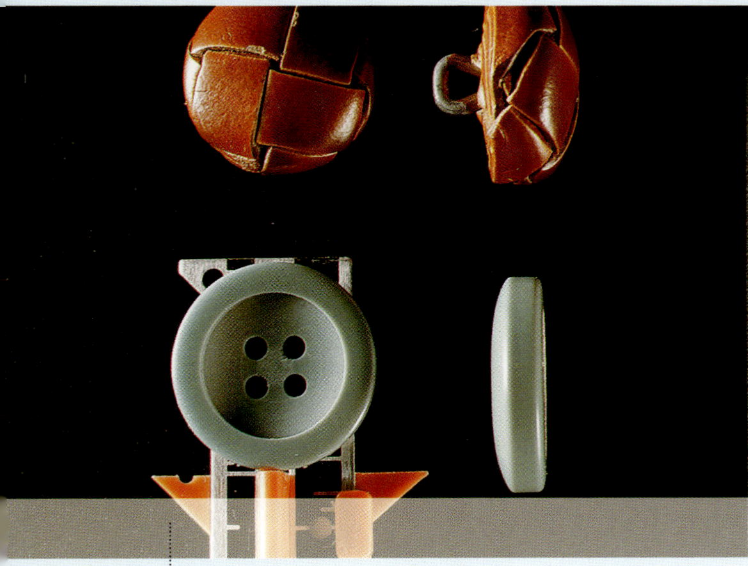

Mesurer la hauteur et la largeur du bouton. Pour une boutonnière faite à la machine, la bonne longueur de boutonnière est égale à la somme de ces deux mesures, plus 3 mm (⅛ po) pour la finition des extrémités. La boutonnière doit être assez longue pour que le bouton s'y insère facilement, mais suffisamment courte pour que le vêtement reste fermé.

Tester la longueur de la boutonnière. Premièrement, faire une entaille de la longueur prévue dans une retaille, moins les 3 mm (⅛ po) d'extra. Si le bouton passe facilement, la longueur est correcte Ensuite, refaire un essai sur le tissu, la parementure et l'entoilage. Vérifier la longueur, la largeur du point, la densité de la couture et la fente de la boutonnière.

Comment marquer les boutonnières

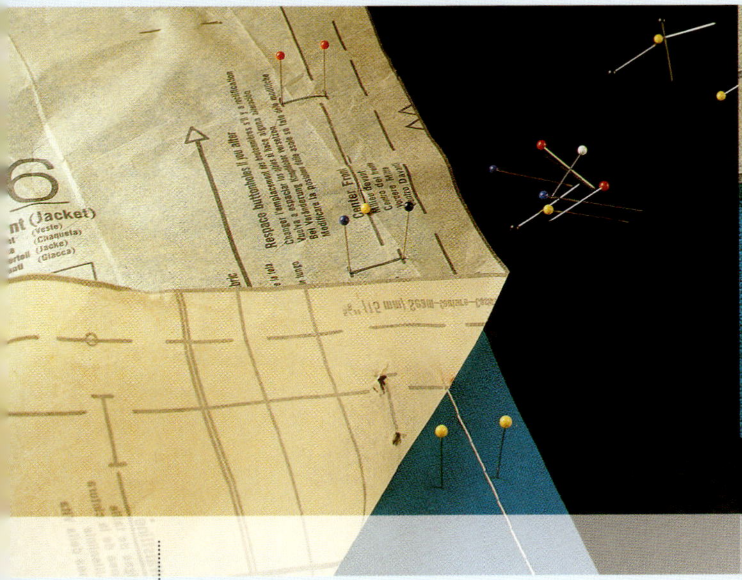

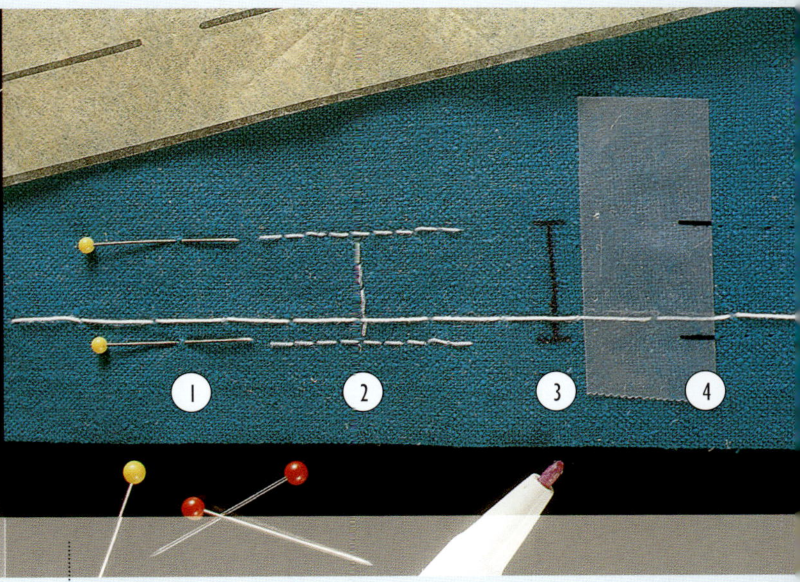

Placer le patron sur le vêtement, en alignant la ligne de couture sur le bord de l'ouverture. Piquer les épingles à travers le papier et le tissu à chaque extrémité de la boutonnière. Retirer délicatement le patron.

Marquer les boutonnières à l'aide de l'une des méthodes suivantes : (1) épingler ; (2) faufiler à la main ou à la machine entre les épingles et à chaque extrémité ; (3) utiliser un crayon à encre délébile. (4) Coller un ruban au-dessus des épingles et marquer la longueur de la boutonnière avec un crayon ; s'assurer que le ruban n'endommage pas le tissu.

Les boutonnières cousues à la machine

Les boutonnières cousues à la machine conviennent à la plupart des vêtements, plus particulièrement les vêtements tailleur et tout-aller. Il existe quatre types de boutonnières : à point intégré (habituellement en deux ou quatre étapes), au point de surjet, en une étape et avec l'accessoire à boutonnière universel. Il faut toujours faire un essai avec l'entoilage approprié avant de coudre la boutonnière, ce qui vous permet de voir à quel endroit tombe le premier point et de placer le tissu au bon endroit.

(a) **La boutonnière à point intégré** est réalisée grâce à une combinaison de points zigzag et de brides d'arrêt. La plupart des machines à coudre ont un mécanisme intégré qui permet de réaliser cette boutonnière en deux ou quatre étapes. Les quatre étapes sont : point zigzag vers l'avant, bride d'arrêt, point zigzag vers l'arrière, bride d'arrêt. Une boutonnière en deux étapes combine le mouvement vers l'avant et vers l'arrière avec la confection de la bride d'arrêt. Consulter votre livret d'instructions, car chaque machine a ses particularités. L'avantage avec cette méthode est que vous pouvez ajuster la densité du point zigzag en fonction du tissu et de la boutonnière. Choisir un point zigzag large pour des tissus duveteux, ou lâches et un point plus étroit pour les tissus délicats ou diaphanes.

(b) **La boutonnière au point de surjet** est une variante de la boutonnière à point intégré ou en une étape. Cette boutonnière est d'abord cousue au point zigzag étroit, ouverte et piquée une deuxième fois au point zigzag de façon à recouvrir l'ouverture. Ce type de boutonnière ressemble à celles qui sont brodées à la main. Ce choix s'impose lorsque la couleur de l'entoilage n'est pas assortie au tissu.

(c) **La boutonnière en une étape** est réalisée à l'aide d'un pied spécial et d'un point intégré dont certaines machines à coudre sont munies. On peut utiliser un point zigzag ordinaire ou étroit pour les tissus légers. Le bouton est placé dans un chariot à l'arrière de l'accessoire et guide la couture afin que la boutonnière s'adapte parfaitement au bouton. Un levier situé près de l'aiguille descend lorsque la boutonnière atteint la bonne longueur et la marche avant de la machine à coudre s'interrompt. Toutes les boutonnières sont uniformes, aussi il suffit d'en marquer l'emplacement.

(d) **L'accessoire à boutonnière universel** s'adapte à toutes les machines, incluant la machine à coudre à point droit. Cet accessoire est muni d'un gabarit qui détermine les dimensions de la boutonnière. Cette méthode permet aussi d'obtenir des boutonnières de longueur uniforme et d'ajuster la largeur du point zigzag. Il est possible, avec cet accessoire, d'effectuer des boutonnières à œillet. L'œillet laisse de l'espace pour la tige du bouton.

S'il n'est pas nécessaire de modifier l'emplacement des boutons, faites les boutonnières après avoir posé l'entoilage, mais avant l'assemblage avec une autre section du vêtement afin de faciliter la manipulation pendant la couture.

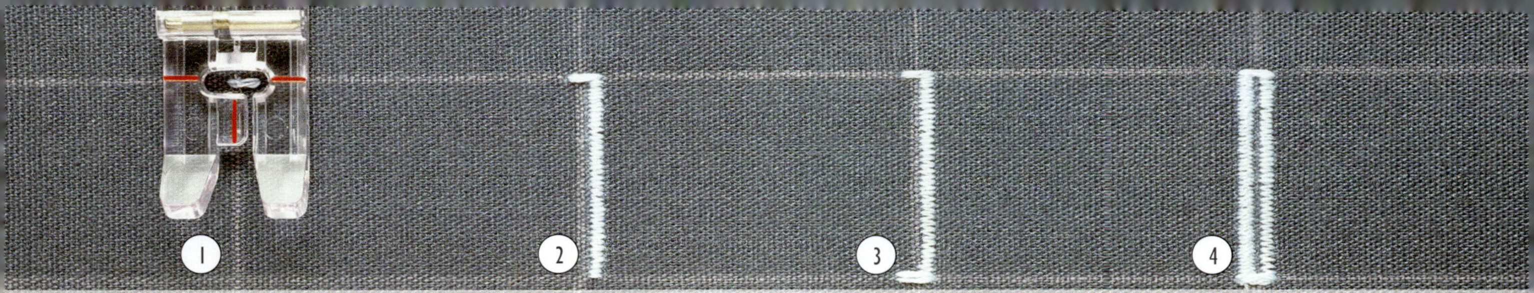

Comment faire des boutonnières

Boutonnière à point intégré (quatre étapes). Placer le tissu sous le pied pour boutonnières, au-dessus de la ligne centrale ; aligner le point de départ avec l'aiguille. (Les étapes apparaissent séparément, mais la boutonnière est cousue de façon continue, en plaçant l'aiguille à l'endroit approprié à chaque étape.) (1) Régler le cadran ou le levier à la première étape. Piquer lentement 3 ou 4 points à l'extrémité afin de former la bride. (2) Coudre d'un côté. Certaines machines piquent à gauche pour commencer, et d'autres à droite. (3) Effectuer 3 ou 4 points à l'extrémité afin de former la deuxième bride. (4) Coudre l'autre côté afin de terminer la boutonnière. Arrêter la couture au retour à la première bride. Revenir à la position de départ et effectuer un ou deux points d'arrêt.

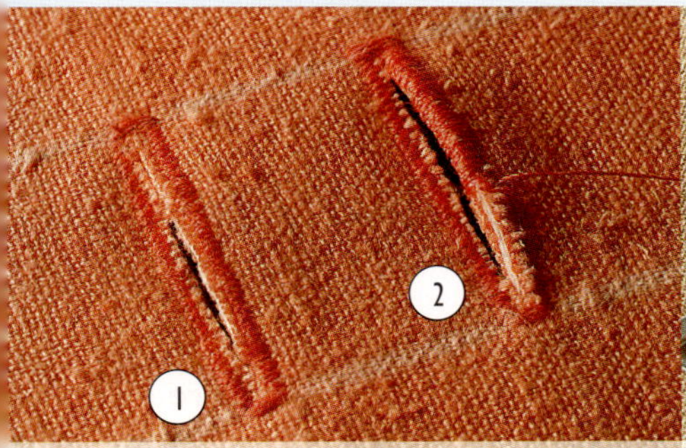

Boutonnière au point de surjet. (1) Coudre la boutonnière au point zigzag étroit. Ouvrir et raser les fils. (2) Revenir exactement à la position de départ. Sélectionner un point plus large. Passer une seconde fois en prenant soin de couvrir l'ouverture de la boutonnière.

Boutonnière en une étape. Placer le bouton dans le chariot de l'accessoire. Consulter le manuel d'instructions pour choisir le point approprié. La boutonnière sera de la bonne longueur et la machine à coudre s'arrêtera automatiquement. Ouvrir la boutonnière et surjeter à nouveau l'ouverture.

Accessoire à boutonnière universel. Installer l'accessoire tel qu'indiqué dans le manuel d'instructions. Choisir le gabarit approprié à la taille du bouton. Pour des boutonnières renforcées et plus résistantes, passer un deuxième rang de points.

Comment ouvrir une boutonnière

(1) **Insérer** des épingles à chaque extrémité de la boutonnière, devant les brides, afin de ne pas les couper.

(2) **Insérer** la pointe de petits ciseaux ou du découvit au centre de la boutonnière et couper soigneusement jusqu'à la première extrémité, puis jusqu'à l'autre.

(3) **Pour renforcer** l'ouverture, appliquer du liquide anti-effilochage. Faire d'abord un essai sur une chute de tissu.

LES BOUTONS

Les boutons, plus que toute autre fermeture, vous permettent de personnaliser un vêtement. De plus, ils sont décoratifs tout autant que fonctionnels. On classe généralement les boutons en deux catégories : les boutons à trous et les boutons à tige. Cependant leurs formes et leurs couleurs varient à l'infini.

Les boutons à trous, habituellement plats et percés de deux ou quatre trous, doivent toujours être cousus avec une tige en fil, à moins d'être exclusivement décoratifs. La tige décolle le bouton de la surface du vêtement, offrant l'espace nécessaire à toutes les épaisseurs de tissu, et permet au vêtement de bien tomber.

Les boutons à tige sont, comme leur nom l'indique, munis d'une tige en dessous. Choisir ce type de bouton pour les tissus plus lourds, comme pour les brides de fil ou de boutonnage.

Il faut choisir les boutons en tenant compte de leur couleur, de leur style, de leur poids et de leur entretien.

La couleur. La couleur des boutons est habituellement assortie au tissu, mais le choix de couleurs coordonnées ou contrastantes contribue parfois à créer un effet original. Si vous n'arrivez pas à trouver la couleur appropriée, n'hésitez pas à recouvrir des boutons de tissu.

Le style. Choisissez de petits boutons délicats pour des vêtements gracieux ; des styles classiques pour des vêtements tailleur et des boutons de fantaisie pour les vêtements d'enfants. Les boutons brillants ajoutent de l'éclat à un vêtement de velours. Essayez les boutons de cuir ou de métal avec le velours côtelé et le tweed.

Le poids. Assortissez des boutons légers avec des tissus légers. L'utilisation de boutons lourds sur des tissus légers aura tendance à les déformer. Il est préférable d'utiliser de gros boutons sur des tissus lourds.

L'entretien. Choisissez des boutons qui exigent les mêmes soins que le vêtement sur lequel ils seront posés : lavage ou nettoyage à sec.

Le verso de la pochette du patron indique le nombre et la grosseur des boutons. Respectez, à 3 mm (⅛ po) près, les dimensions recommandées. Des boutons trop petits ou trop gros ne seront pas proportionnés au vêtement. La taille des boutons est donnée en millimètres, en pouces et en lignes. Par exemple, un bouton de 13 mm égale ½ po ou 20 lignes ; un bouton de 20 mm, ¾ po ou 30 lignes.

Au moment d'acheter vos boutons, apportez un échantillon de tissu pour faciliter votre choix. Effectuez une entaille dans le tissu afin de pouvoir y passer le bouton, ce qui vous permettra d'en évaluer l'effet sur le vêtement fini.

Cousez les boutons avec du fil tout usage double pour les tissus légers et du fil à boutonnière pour les tissus plus lourds. Lorsque vous posez plusieurs boutons, doublez le fil à coudre et piquez quatre brins à la fois. De cette façon, vous n'avez qu'à effectuer deux points pour fixer le bouton.

Comment marquer l'emplacement des boutons

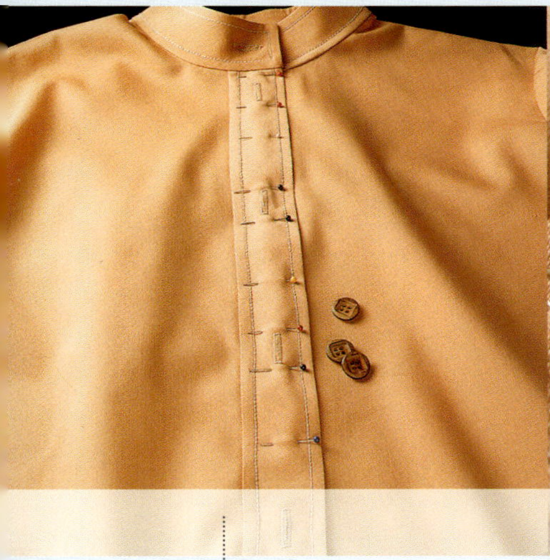
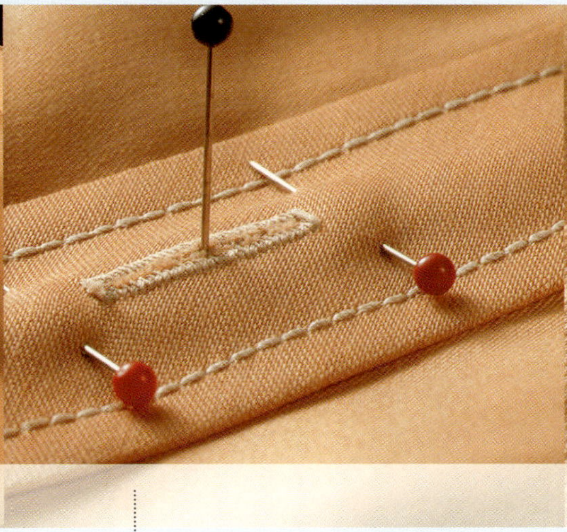
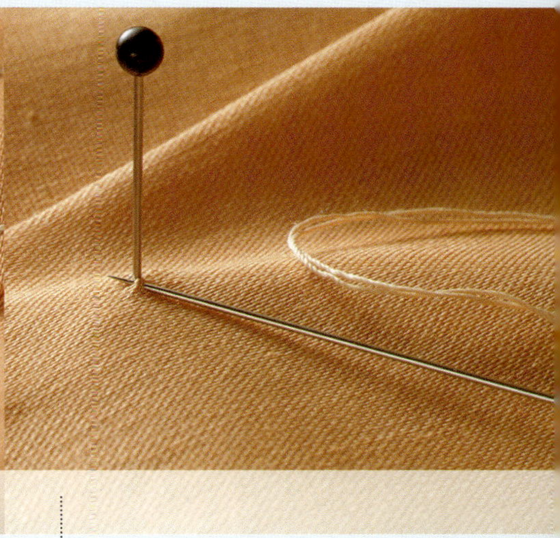

1 **Marquer** l'emplacement des boutons en plaçant le côté boutonnières par-dessus le côté boutons. Fermer en posant des épingles en haut et en bas des boutonnières.

2 **Planter** une épingle dans chaque boutonnière. Pour les boutonnières verticales, planter l'épingle au centre et pour les boutonnières horizontales, vers le bord du vêtement.

3 **Soulever** délicatement la boutonnière et insérer l'aiguille vis-à-vis de l'épingle. Marquer et coudre les boutons, un à la fois, en les boutonnant à mesure pour un marquage plus précis.

Comment coudre un bouton à tige

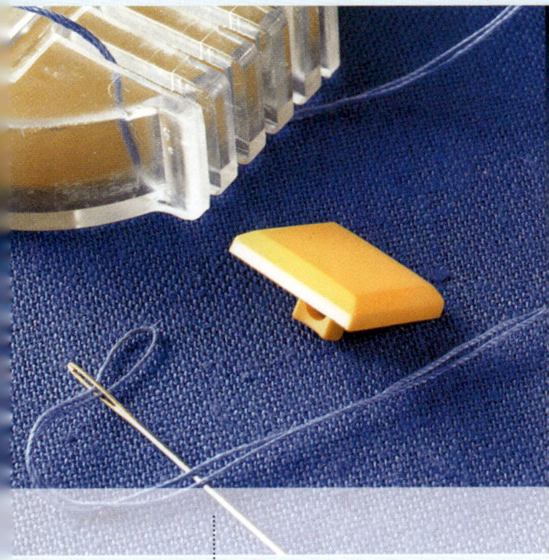

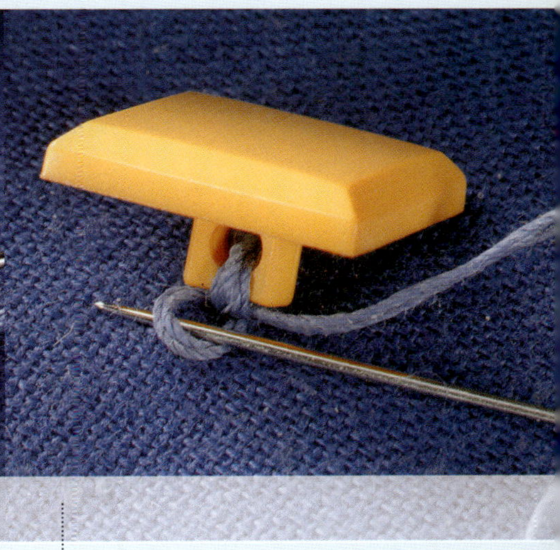

1 **Couper** un fil de 76 cm (30 po) et le renforcer avec de la cire d'abeille. Plier le fil en deux. Enfiler une aiguille à broder avec le bout plié et faire un nœud à l'autre bout. Placer le bouton vis-à-vis de l'épingle, au centre du vêtement, de façon qu'il soit parallèle à la boutonnière.

2 **Arrêter** le fil du côté droit avec un point sous le bouton. Passer l'aiguille à travers le trou de la tige. Insérer l'aiguille dans le tissu et tirer. Effectuer de quatre à six points.

3 **Arrêter** le fil avec un nœud ou en faisant quelques petits points dans le tissu sous le bouton. Couper le fil. Si le tissu est lourd, il faudra peut-être quand même faire une tige de fil sous la tige du bouton (voir page 170).

Comment coudre à la main un bouton à trous

(1) **Enfiler** l'aiguille comme pour les boutons à tige (voir page 169) et placer le bouton vis-à-vis l'épingle, les trous parallèles à la boutonnière. Planter l'aiguille à travers le tissu en partant de l'envers et passer dans un des trous. Insérer l'aiguille dans un autre trou et traverser les épaisseurs de tissu.

(2) **Glisser** un cure-dent ou une allumette entre le fil et le bouton afin de pouvoir former la tige. Faire trois ou quatre points dans chaque paire de trous. Amener l'aiguille et arrêter le fil sous le bouton, du côté droit. Enlever le cure-dent.

(3) **Enrouler** le fil deux ou trois fois autour des points afin de former la tige. Arrêter le fil du côté droit, sous le bouton, en faisant un nœud ou en piquant deux ou trois points au même endroit.

Comment poser un bouton à trous à la machine

(1) **Installer** le pied pour boutons et la plaque spéciale pour couvrir l'entraînement, ou encore enlever l'entraînement. Pour régler la largeur et la tension du point zigzag, consulter votre livret d'instructions.

(2) **Placer** le bouton sous le pied. Descendre l'aiguille au centre d'un des trous en tournant le volant vers vous. Abaisser le pied. Continuer jusqu'à ce que l'aiguille sorte du bouton, juste au-dessus du pied. Insérer une allumette ou un cure-dent entre les trous pour pouvoir former la tige.

(3) **Régler** le point zigzag à la largeur de l'espace entre les trous. Procéder lentement, jusqu'à obtenir la bonne largeur. Faire au moins six points zigzag. Bloquer le fil tel qu'indiqué dans votre livret d'instructions.

LES BOUTONS PRESSION

Il existe plusieurs types de boutons pression : les boutons pression à coudre, à griffes ou en ruban.

Les boutons pression à coudre conviennent aux endroits qui subissent peu de tension, comme l'encolure et la taille. Ils servent alors à garder le bord de l'entoilage plat lorsque les boutonnières sont fermées. On les pose à la ligne de taille sur les corsages ou à l'extrémité pointue d'une ceinture fermée avec une agrafe et porte. Les boutons sont composés de deux parties : un disque à bouton et un disque à trou. Choisissez la bonne grosseur, selon la tension exercée sur le tissu.

Les boutons pression à griffes sont fixés à l'aide d'une pince spéciale ou d'un marteau. Ils sont plus solides que les boutons pression à coudre et paraissent sur l'endroit du vêtement. Les boutons pression à griffes peuvent remplacer les boutons et les boutonnières sur les vêtements de sport.

Le ruban à boutons pression consiste en une rangée de boutons pression fixés à un ruban. Le ruban est cousu au vêtement avec un pied à semelle étroite. On l'utilise sur les vêtements de sport et d'enfants, et pour des projets de décoration intérieure.

Comment fixer les boutons pression à coudre

(1) **Placer** le disque à bouton sur l'envers de la croisure du dessus, à 3 à 6 mm (⅛ à ¼ po) du bord, afin qu'il soit invisible sur l'endroit. Piquer dans chaque trou, avec une seule épaisseur de fil. Traverser la parementure et l'entoilage, mais sans toucher l'endroit du vêtement. Arrêter le fil.

(2) **Marquer** l'emplacement du disque à trou sur l'envers de la croisure du dessus : s'il y a un trou au centre du disque à bouton, y insérer une épingle à partir de l'endroit, puis traverser le trou, jusqu'à la croisure du dessous. Sinon, frotter le bouton avec de la craie et le presser sur la croisure du dessous.

(3) **Placer** le centre du disque à trou sur la marque et le fixer de la même manière que le disque à bouton, mais en traversant, si désiré, toutes les couches de tissu.

LES FERMETURES À GLISSIÈRE

Descendantes ou montantes, les fermetures à glissière peuvent être posées à plusieurs endroits. Le plus souvent, on utilise la fermeture à glissière traditionnelle fermée à un bout, que l'on pose à l'intérieur d'une couture. Les fermetures à glissière invisibles et séparables servent à des usages particuliers.

Le patron précise le type et la longueur de la fermeture à glissière à acheter. Choisissez une couleur assortie au tissu. Sélectionnez des glissières à rouleau synthétique pour les tissus légers, parce qu'elles sont plus légères et plus souples que celles de métal. Si vous ne trouvez pas de fermeture à glissière de la bonne longueur, achetez-en une plus longue et raccourcissez-la en suivant les directives à la page 175.

Il existe plusieurs façons de poser une fermeture à glissière. Votre choix dépend du style du vêtement et de l'endroit où elle sera posée. Vous apprendrez à poser les fermetures sous rabat, centrées, et sous braguette, ainsi que deux méthodes pour les fermetures à glissière séparable. Ce ne sont pas les seules techniques, mais, rapides et faciles, elles suggèrent des accessoires qui permettent de gagner du temps, tels le bâton de colle et le ruban transparent.

Il faut fermer la glissière et presser les plis avant de l'insérer dans le vêtement. Si une fermeture avec ruban de coton doit être posée sur un vêtement lavable, il faut la prérétrécir à l'eau très chaude. Cela empêchera le vêtement de plisser au lavage. Pour un fini soigné, il faut que la couture finale sur l'endroit du vêtement soit droite et à distance égale du bord. Cousez les deux côtés de la fermeture à glissière du bas vers le haut et retournez la languette vers le haut afin de faciliter le passage au niveau du curseur.

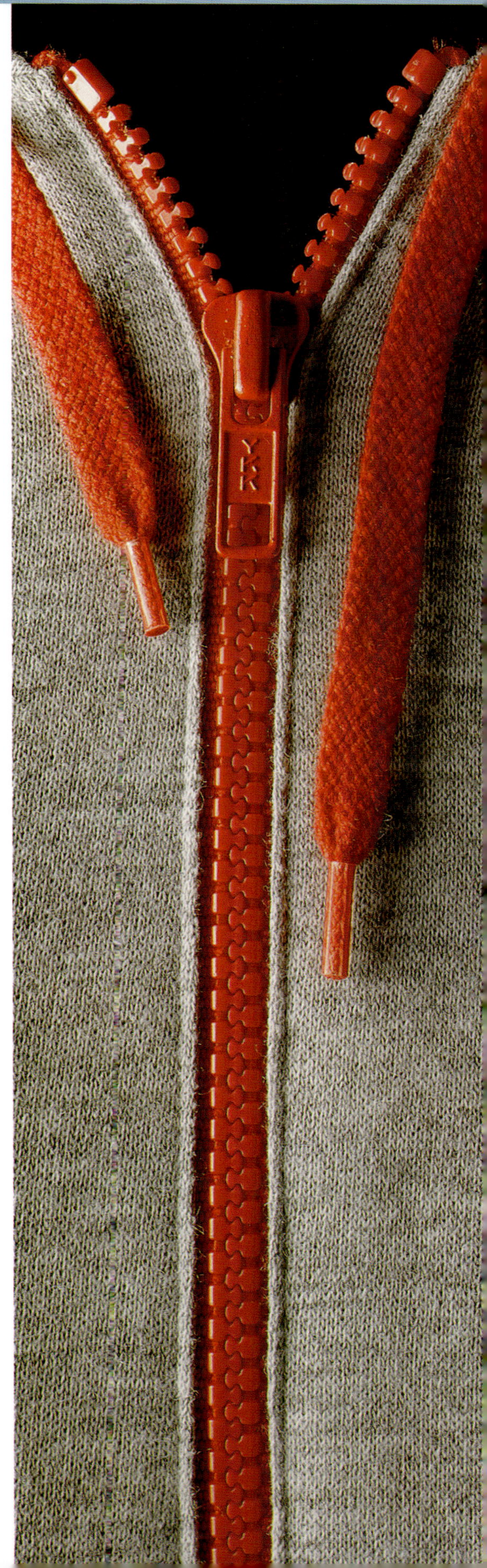

Les parties de la fermeture à glissière

Le cran d'arrêt supérieur est la fixation de métal au sommet qui bloque le curseur lors de la fermeture.

Le curseur et la languette constituent le mécanisme d'ouverture et de fermeture de la glissière. Le curseur bloque les dents pour fermer la glissière et les débloque pour l'ouvrir.

Le ruban est la bande de tissu sur laquelle les dents ou le rouleau sont fixés. Le ruban est cousu au vêtement.

Les dents ou le rouleau constituent le mécanisme de fermeture et d'ouverture de la glissière, actionné par le glissement du curseur. Ils peuvent être en nylon, en polyester ou en métal.

Le cran d'arrêt inférieur est la fixation au bas qui bloque le curseur lors de l'ouverture. Le cran d'arrêt inférieur de la glissière séparable se divise en deux, lui permettant de s'ouvrir complètement.

Applications pour les fermetures à glissière traditionnelles

La fermeture sous rabat est invisible, ce qui est préférable lorsque la couleur du ruban n'est pas assortie au tissu. On l'utilise le plus souvent sur le côté des jupes et pantalons.

La fermeture centrée est habituellement posée au milieu du devant ou du dos. Fixer l'entoilage avant de la poser. Les ceintures ne devraient être assemblées qu'après l'insertion.

La fermeture sous braguette se pose le plus souvent sur le pantalon et la jupe, et à l'occasion sur les manteaux et les blousons. Choisir cette fermeture seulement si le patron l'exige, car le rabat et l'entoilage plus larges, inclus dans le patron, sont nécessaires.

La fermeture invisible est très discrète, ne révélant que la tirette. C'est une excellente solution de rechange à la fermeture traditionnelle, particulièrement pour le milieu du dos ou les côtés. Pour la poser, on doit utiliser un pied spécial, qui ouvre les dents ; une fois la fermeture posée, les dents et le tissu roulent vers l'intérieur, dissimulant la fermeture. Le pied presseur s'assemble facilement de manière à s'adapter à la longueur de la tige et à l'inclinaison de l'aiguille de la machine à coudre.

Comment raccourcir une fermeture à glissière

(1) **Mesurer** la longueur de la glissière à partir du cran d'arrêt supérieur. Marquer avec une épingle.

(2) **Piquer** au point zigzag par-dessus la glissière, à la marque, afin de former un nouveau cran d'arrêt inférieur.

(3) **Couper** le surplus et poser la fermeture de la façon habituelle.

Comment insérer une fermeture sous rabat

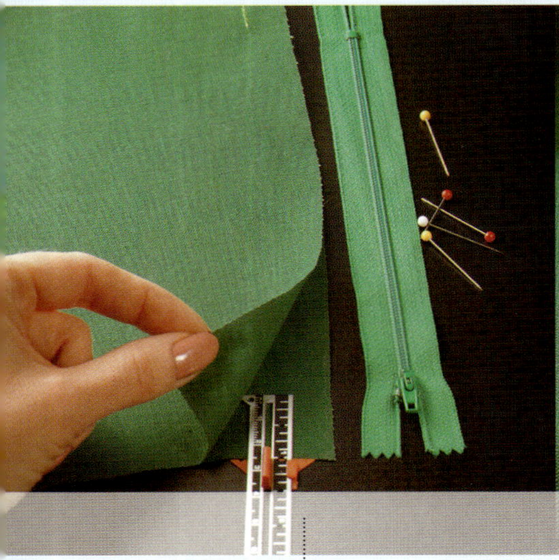

① **Retourner** le vêtement à l'envers. S'assurer que les bords supérieurs de l'ouverture arrivent à égalité. La longueur de l'ouverture doit égaler la longueur de la glissière, plus 2,5 cm (1 po). Épingler du bas vers le haut.

② **Bâtir** à la machine sur la ligne de couture, de bas en haut, en enlevant les épingles à mesure.

③ **Couper** le fil de bâti à tous les 5 cm (2 po) afin de pouvoir l'enlever plus facilement après l'insertion de la fermeture.

④ **Ouvrir** la couture au fer. Si la fermeture est placée sur le côté d'une jupe ou d'un pantalon, ouvrir la couture à l'aide d'un coussin-moufle ou d'un coussin de tailleur afin de conserver la courbure de la hanche.

⑤ **Ouvrir** la glissière. Placer l'endroit de la fermeture contre l'envers de la réserve de droite. Placer la glissière sur la ligne de couture, le cran d'arrêt supérieur à 2,5 cm (1 po) du bord vif. Retourner la languette vers le haut. Fixer à l'aide d'épingles, de colle ou de ruban adhésif.

⑥ **Poser** le pied à semelle étroite et le placer du côté droit de l'aiguille. Bâtir à la machine près de la glissière, de bas en haut, en appuyant le pied contre la glissière. Enlever les épingles à mesure.

(7) **Fermer** la glissière et retourner le vêtement à l'endroit. Lisser le tissu en l'éloignant de la glissière et en formant un rempli étroit entre la glissière et la couture bâtie.

(8) **Placer** le pied du côté gauche de l'aiguille. En partant du bas, piquer au bord de la ligne de pliure, à travers la réserve de couture pliée et le ruban.

(9) **Retourner** la fermeture de façon que l'endroit repose à plat contre la couture. S'assurer que la languette est retournée vers le haut, afin de réduire l'épaisseur durant le piquage. Épingler.

(10) **Placer** le pied du côté droit de l'aiguille. En commençant par le haut, bâtir à la machine seulement à travers le ruban et la réserve de couture. Cette opération maintient la réserve de couture en place en vue de l'étape finale.

(11) **Surpiquer** à 1,3 cm (½ po) de la couture sur l'endroit du vêtement. Pour faire une couture droite, coller du ruban transparent de 1,3 cm (½ po) et coudre en le longeant. En partant de la couture, traverser le bas de la glissière jusqu'au bord du ruban adhésif, pivoter et coudre jusqu'au bord vif, en haut.

(12) **Enlever** le ruban adhésif. Ramener les fils qui se trouvent au bas de la fermeture sur l'envers et les nouer. Enlever le fil de bâti dans la couture. Presser avec une pattemouille afin d'éviter le lustrage. Raser le ruban à égalité avec le bord supérieur du vêtement.

Comment poser une fermeture à glissière centrée (méthode du bâton de colle)

(1) **Retourner** le vêtement à l'envers. Vérifier l'ouverture et s'assurer que les bords supérieurs sont à égalité. L'ouverture devrait être aussi longue que la glissière, plus 2,5 cm (1 po).

(2) **Épingler,** du bas de l'ouverture jusqu'au bord vif du vêtement.

(3) **Bâtir** à la machine sur la ligne de couture, de bas en haut. Couper le fil de bâti tous les 5 cm (2 po).

(4) **Ouvrir** la couture au fer. Finir les bords vifs si le tissu s'effiloche facilement.

(5) **Appliquer** légèrement de la colle en bâton (voir page 30) sur l'endroit de la fermeture.

(6) **Placer** la fermeture, l'endroit contre la couture, la glissière sur la ligne de couture et le cran d'arrêt à 2,5 cm (1 po) du bord vif (languette vers le haut). Presser ; laisser sécher la colle pendant quelques minutes.

(7) **Étendre** le vêtement à plat, l'endroit vers le haut. Épingler au cran d'arrêt inférieur. Utiliser du ruban transparent ou perforé de 1,3 cm (½ po), de la longueur de la fermeture. Placer le centre du ruban sur la ligne de couture. Ne pas utiliser de ruban adhésif sur les tissus grattés ou fragiles.

(8) **Installer** le pied à semelle étroite à gauche de l'aiguille. Surpiquer du côté droit, en commençant au bas du ruban adhésif. Traverser le bas de la glissière, puis pivoter; piquer du côté gauche vers le haut jusqu'au bord vif en longeant le ruban.

(9) **Placer** le pied à semelle étroite du côté droit de l'aiguille. Commencer la piqûre au bas du ruban adhésif et traverser le bas de la glissière. Pivoter et piquer vers le haut du côté droit en longeant le ruban.

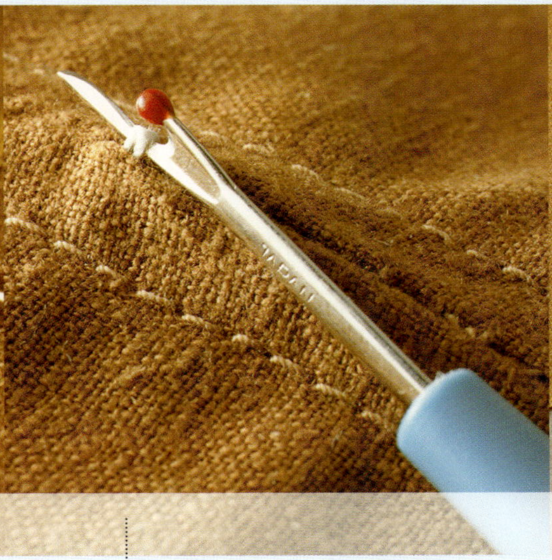

(10) **Tirer** les quatre fils du bas sur l'envers et les nouer en utilisant une épingle pour pousser le nœud contre la glissière. Couper les fils.

(11) **Tourner** le vêtement à l'endroit. Décoller le ruban adhésif et enlever délicatement le fil de bâti dans la ligne de couture.

(12) **Presser** à l'aide d'une pattemouille afin d'éviter le lustrage. Raser le ruban de la fermeture à glissière à égalité avec le bord supérieur du vêtement.

Comment poser une fermeture à glissière sous braguette

(1) Pour l'application à plat, poser la fermeture avant de piquer les coutures latérales du pantalon. À l'aide de ciseaux dentelés, couper une pièce d'entoilage de 4,5 cm (1¾ po) de large et de la longueur de la parementure de la braguette ; la thermocoller sur l'envers de la parementure du dessus. Couper dans le même tissu que le pantalon une sous-patte de 10 cm (4 po) de large et de la longueur de la parementure ; arrondir le bas si désiré.

(2) **Finir** les bords vifs des parementures. Presser le pli de la parementure du dessus au milieu du devant. Piquer à point courts le devant de l'entrejambe, en commençant à environ 3,8 cm (1½ po) de la fourche et en terminant au bas de la fente de la fermeture à glissière ; effectuer trois ou quatre points d'arrêt.

(3) **Utiliser** une fermeture à glissière plus longue de 2,5 à 5 cm (1 à 2 po) que la fente finie. Poser l'endroit de la fermeture fermée sur la parementure du dessous, le bord du ruban au milieu du devant et le cran d'arrêt inférieur à 3 mm (⅛ po) au-dessus du bas de la fente. Épingler le bord extérieur du ruban sur la parementure. À l'aide du pied à fermeture, coudre le ruban uniquement sur la parementure.

(4) **Plier** la parementure de dessous sur l'envers ; faufiler à la machine au ras du pli.

(5) **Raccorder** les marques du milieu du devant dans le haut et épingler. Sur l'envers, épingler l'autre bord du ruban de la fermeture à glissière uniquement sur la parementure du dessus. Éloigner la parementure du vêtement, puis coudre le ruban de la fermeture sur la parementure.

(6) **Marquer** la ligne de couture sur l'endroit du pantalon à environ 3,2 cm (1½ po) du pli central. Faufiler à la main au ras de la ligne de couture, si désiré. Piquer en effectuant trois ou quatre points arrière au pli central. Retirer le faufil. Ouvrir la fermeture à glissière.

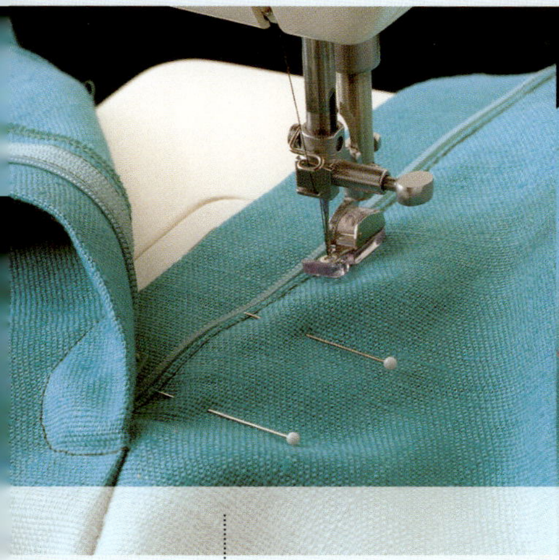

7 **Presser** la sous-patte en deux sur la longueur ; finir les bords vifs. Placer la sous-patte sous la fermeture à glissière du côté de la parementure du dessous, les bords supérieurs alignés et le bord plié dépassant les dents d'environ 2,5 cm (1 po). Piquer au ras du pli en traversant toutes les épaisseurs. Retirer le faufil.

8 **Effectuer une couture de soutien** en travers des deux extrémités supérieures de la fermeture à glissière ouverte ; raser le surplus de ruban. Entailler les réserves de couture de l'entrejambe sous la parementure à 6 mm (¼ po) de la couture.

9 **Fermer** la fermeture à glissière. Sur l'envers, fixer le bas de la sous-patte sur la parementure du dessous. Sur l'endroit, piquer une bride d'arrêt dans le bas de la fente de la fermeture, si désiré.

Comment poser une fermeture séparable invisible

1 **Coller** à l'aide de ruban adhésif, d'épingles ou de colle les parementures de l'ouverture du vêtement à la glissière fermée, de façon qu'elles recouvrent les dents. La languette doit se trouver 3 mm (⅛ po) sous la couture d'encolure.

2 **Ouvrir** la fermeture. Replier les extrémités du ruban et les épingler au haut du vêtement.

3 **Surpiquer** à 1 cm (⅜ po) de chaque côté de la glissière, en traversant le tissu et le ruban de la glissière. Coudre de bas en haut de chaque côté, en plaçant le pied à semelle étroite sur le côté approprié.

Comment poser une fermeture séparable apparente

(1) **Épingler** les parementures de l'ouverture du vêtement à la glissière fermée de façon qu'elles soient proches des dents, mais sans les recouvrir. La languette doit se trouver 3 mm (1/8 po) sous la couture d'encolure.

(2) **Faufiler** la glissière en laissant dépasser les extrémités du ruban au-delà de la couture d'encolure. Replier les bouts en haut du vêtement si la parementure est déjà fixée. Ouvrir la glissière.

(3) **Surpiquer** de chaque côté de la glissière sur l'endroit du vêtement, près des bords de l'ouverture, de bas en haut, avec le pied à semelle étroite. Pour que le ruban reste bien à plat, passer une deuxième piqûre à 6 mm (1/4 po) de la première de chaque côté de la glissière.

Comment poser une fermeture à glissière invisible

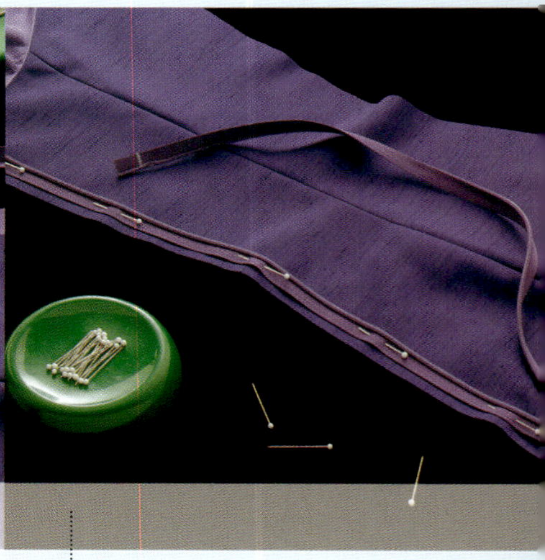

(1) **La fermeture invisible** peut se poser facilement; on la coud sur le vêtement avant de piquer la couture. Faire un rang de faufil à la main de la longueur de la fermeture sur les pièces du vêtement, à 2 cm (3/4 po) du bord vif. Ouvrir la fermeture à glissière. Presser à la vapeur le ruban de la fermeture sur l'envers afin de dérouler les dents.

(2) **Placer** la fermeture à glissière fermée sur l'endroit de la pièce, le curseur à 1 cm (3/8 po) de la couture de l'encolure; épingler pour marquer les pièces du vêtement aux extrémités supérieure et inférieure de la fermeture à glissière, en veillant à aligner les marques.

(3) **Ouvrir** la fermeture à glissière; la placer sur la partie droite du vêtement, endroit contre endroit, le côté gauche des dents aligné sur le rang de faufil et les bouts de la fermeture alignés sur les épingles; le ruban de la fermeture se trouve dans la réserve de couture. Épingler ou faufiler à la main le ruban.

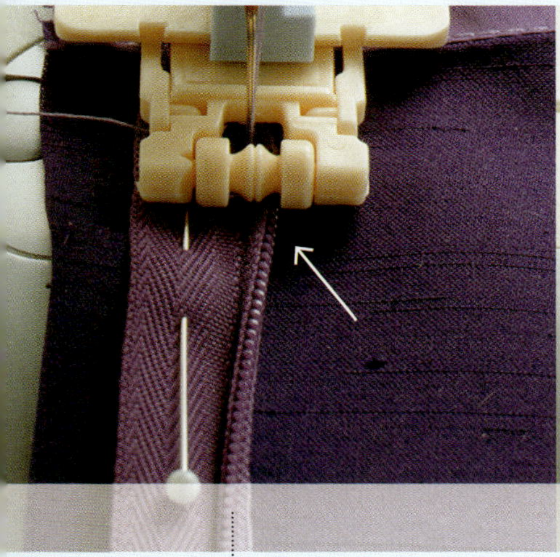

(4) **Fixer** le pied à fermeture invisible sur la machine ; placer les dents de la fermeture sous la rainure de la partie droite du pied (flèche). Glisser le pied sur l'adaptateur afin d'ajuster la position de l'aiguille de sorte que la piqûre soit au ras des dents ; sur les tissus lourds, ajuster la position de l'aiguille de manière à l'éloigner légèrement des dents.

(5) **Piquer** en commençant à l'extrémité supérieure des dents et jusqu'à ce que le pied soit en contact avec le cran d'arrêt inférieur, en prenant soin de ne pas étirer le tissu. Bloquer les fils aux bouts.

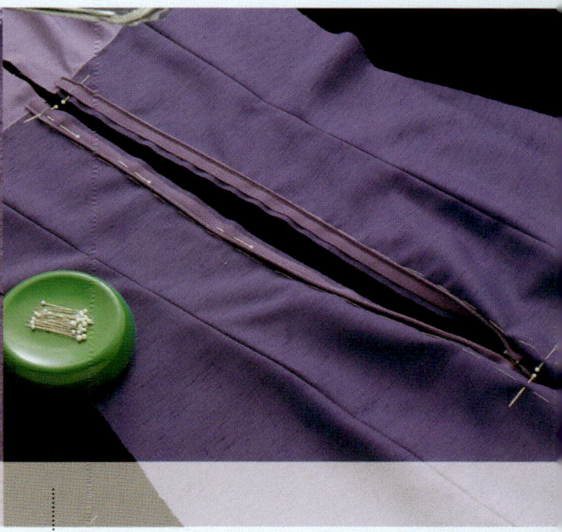

(6) **Épingler** ou faufiler à la main l'autre côté de la fermeture à la partie gauche du vêtement, comme à l'étape 3, en veillant à ce que les extrémités de la fermeture soient alignées avec les épingles.

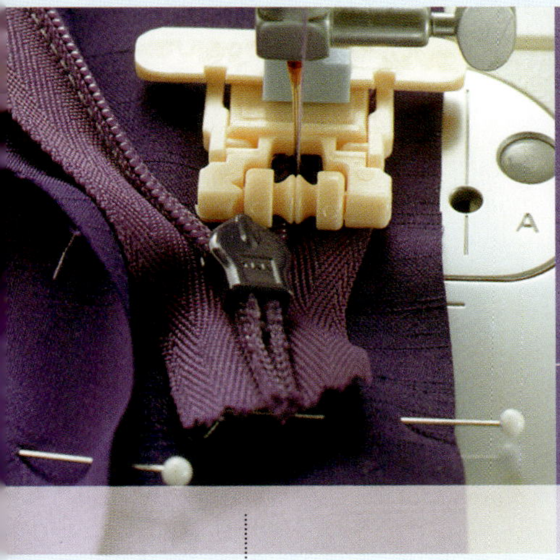

(7) **Placer** les dents sous le pied ; glisser le pied sur l'adaptateur du côté opposé et ajuster la position de l'aiguille. Piquer jusqu'à ce que le pied soit en contact avec la tirette ; bloquer le fil.

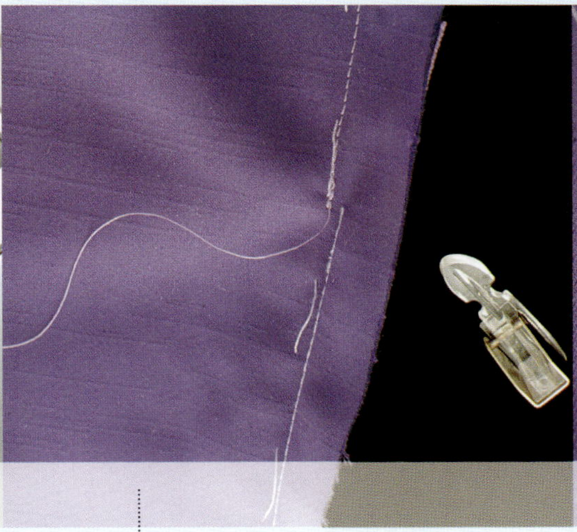

(8) **Fermer** la fermeture et piquer le reste de la couture du vêtement ; utiliser le pied à fermeture ordinaire afin de piquer aussi près que possible de la couture de la fermeture.

(9) **Fixer** le bord inférieur du ruban sur les réserves de couture à l'aide du pied à fermeture ordinaire.

La couture tailleur

La couture tailleur diffère de la confection ordinaire de plusieurs façons. Le terme couture tailleur s'applique à des vêtements de style masculin, tels la veste. Elle décrit également certaines méthodes de confection et des types de patron. Par exemple, le col et le dessous de col façon tailleur sont coupés dans deux pièces de patron différentes. Dans la confection ordinaire, ces derniers sont coupés dans la même pièce. Certains détails sont typiques aux styles tailleur : poche passepoilée, col cranté et doublure.

L'entoilage est largement utilisé en couture tailleur, afin de modeler et de soutenir le vêtement. Ce ne sont pas que de petits détails du vêtement qui sont entoilés, mais des sections entières. Deux couches d'entoilage sont appliquées sur les revers de la veste. Il existe divers types d'entoilage pour divers usages, et la confection d'une simple veste peut en nécessiter plusieurs.

L'apparition des entoilages thermocollants a permis d'éliminer en grande partie le long et fastidieux travail à la main qui fut, pendant longtemps, la marque distinctive de la façon tailleur. Grâce à eux, vous pouvez devenir expert en couture tailleur avec un minimum d'entraînement. Si, toutefois, vous optez pour l'entoilage à coudre, il est important de choisir celui qui convient au tissu.

L'utilisation d'entoilages thermocollants

En couture tailleur, on choisit habituellement parmi quatre types d'entoilages thermocollants. Le tricot thermocollant ajoute corps et soutien au tissu sans le rendre rigide. Il est idéal pour stabiliser manches, ourlets, parementures devant et col. L'entoilage tissé en crin thermocollant, ferme et élastique, est utile sur le devant de la veste et le dessous de col. L'insertion de trame thermocollante, un tricot avec des fibres insérées dans la trame, convient pour le devant de la veste et le dessous de col. Celui de poids moyen est plus souple que le crin et il sert à stabiliser des détails tels les fentes au niveau de l'ourlet et les lignes d'enroulement du revers et du dessous de col. De poids légers,

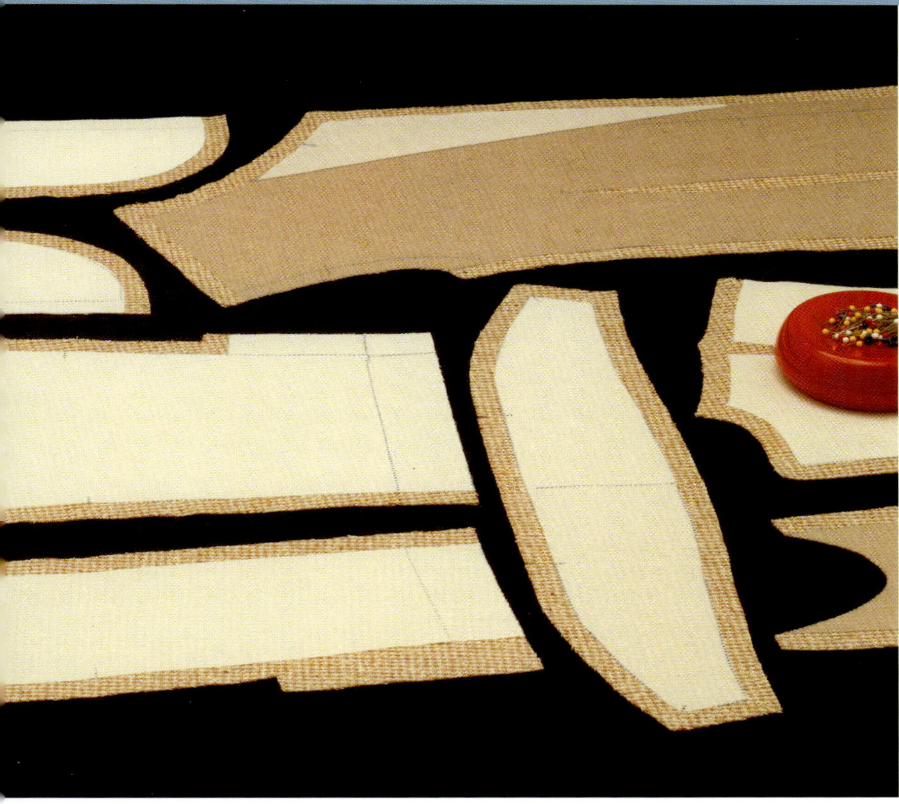

c'est une bonne alternative aux tricots thermocollants. Les entoilages thermocollants fermes non tissés donnent fermeté et souplesse à de petits détails tels les rabats de poches.

Il faut tester les entoilages sur des chutes de tissu. Vu que des sections entières du vêtement seront entoilées, il est important que la chute de tissu soit suffisamment grande pour faire le tour de la main, mesurant au moins 15 cm^2 (6 po^2) (plus, si possible). La meilleure méthode consiste à coller divers entoilages sur un long morceau de tissu, en laissant un espace entre chacun. Les textures des divers entoilages mettent en évidence les caractéristiques de chacun.

Choisir les tissus appropriés à la couture tailleur

Pour la couture tailleur avec entoilages thermocollants, il vaut mieux opter pour un tissu de bonne qualité. Les fibres naturelles tels la laine, le coton, la soie et le lin réagissent bien à la fusion. Plusieurs tissus synthétiques et fibres mélangées, tels le polyester et la rayonne, y réagissent également bien. Certains tissus synthétiques et les fibres métalliques sont trop sensibles à la chaleur pour être assortis à des entoilages thermocollants.

Les tissus texturés, comme le tweed et les armures de lin, se façonnent bien ; leur surface permet à l'entoilage de coller fermement. Par contre, certains tissus lisses, par exemple les fines gabardines de polyester, résistent à la fusion et exigent l'utilisation d'entoilage à coudre.

Décatissez le tissu afin de le préparer à l'exposition à la vapeur lors de la fusion et de prévenir le rétrécissement du vêtement. Un bon pressage à la vapeur rétrécit efficacement le tissu, sans lui enlever sa fraîcheur. Effectuez un pressage à la vapeur à la maison ou chez le nettoyeur. Une méthode rapide et facile de rétrécir le tissu consiste à le mettre dans le sèche-linge avec quelques serviettes humides. Faites tourner pendant 7 à 10 minutes à température moyenne. Retirez-le immédiatement et étendez-le à plat pour le séchage. Pressez-le à la vapeur si nécessaire.

Séquences pour la confection d'une veste façon tailleur

La première étape de confection d'une veste tailleur est l'entoilage des principales sections. Ensuite, passez à l'entoilage des poches, à l'assemblage de la veste et à la confection d'un col cranté ou d'un col châle. Continuez avec la finition et la pose des manches, incluant l'ourlet. Formez les épaules avec épaulettes et renforts, faites l'ourlet de la veste et confectionnez la doublure en dernier.

L'ENTOILAGE DES SECTIONS DE LA VESTE

En une séance, posez l'entoilage sur le devant, le dos, le col, le dessous de col et les manches. Le regroupement des tâches permet de préparer les principales sections de la veste pour les étapes suivantes. Après la fusion, laissez les sections refroidir et sécher sur une surface plate. Attendez toute une nuit avant de manipuler les lainages de poids moyen à lourd et les tweeds texturés, et une heure ou deux pour les tissus plus légers.

L'entoilage suit la ligne de couture plutôt que la ligne de coupe, sauf à l'emmanchure. Dans ce cas, cousez l'entoilage avec l'emmanchure pour donner du corps à la manche. Pour les tissus légers, taillez à la ligne de coupe plutôt qu'à la ligne d'ourlet.

Comment poser l'entoilage sur le devant et la parementure de la veste

(1) **Tracer** les lignes de couture du devant et du côté sur l'insertion de trame ou l'entoilage en crin. Reporter toutes les marques et symboles du patron sur l'entoilage, incluant la ligne d'enroulement du revers et les lignes de couture des pinces ; il est inutile de marquer le tissu.

(2) **Couper** toutes les pinces le long des lignes de couture afin de retirer de l'épaisseur. Les pinces seront cousues dans le tissu le long de l'entoilage.

(3) **Placer** le côté adhésif de l'entoilage vers le bas, sur l'envers des sections de la veste. Placer le patron par-dessus afin d'aligner les pinces et les bords de l'entoilage sur les lignes de couture. Coller l'entoilage par endroits au fer sec. Mettre le patron de côté.

(4) **Placer** la pattemouille sur l'entoilage. Coller à partir du centre vers les extrémités. Alterner d'un côté à l'autre afin de ne pas altérer les sections collées. Ne jamais glisser le fer, afin que l'entoilage ne se décale pas.

(5) **Retourner** la section à l'endroit. Presser à fond au fer à vapeur avec une pattemouille sèche afin de protéger l'endroit du tissu. Étendre à plat et attendre que les pièces soient froides et sèches avant de les manipuler.

(6) **Coller** l'entoilage de tricot ou l'entoilage léger non tissé sur les parementures du devant après avoir rasé les réserves de coutures sur le devant des parementures. L'entoilage va jusqu'au bord extérieur de la parementure.

Comment former les revers

Épaisseur. Ajouter une deuxième couche d'entoilage, seulement sur le revers. Couper l'insertion de trame pour qu'elle s'insère entre la ligne de pliure et de couture du revers. La ligne de pliure devrait suivre le droit fil de l'entoilage pour stabiliser la ligne de pliure de la veste coupée sur le biais.

Articulation. Avec un entoilage en crin, façonner une ligne de pliure articulée pour obtenir un bord plus net dans un tissu épais ou lourd. Pour créer une articulation, couper l'entoilage le long de la ligne de pliure du revers avant de coller l'entoilage sur le devant de la veste.

Biais. Utiliser un biais croisé étroit, de 6 mm à 1,3 cm (¼ à ½ po) plus court que la ligne de pliure du revers; pour une poitrine large, raccourcir le biais de 1,3 cm (½ po). Placer un côté du biais à l'extérieur de la ligne de pliure; le coudre sur les deux côtés au point zigzag en ajustant l'entoilage.

Plier le revers thermocollé sur la ligne de pliure et presser. Ne pas presser le pli plus bas que 5 cm (2 po) sous la ligne de pliure du revers; plutôt, presser délicatement cette région à la vapeur. Étendre le revers sur un coussin de tailleur pour le pressage, et l'y laisser jusqu'à ce qu'il soit froid et sec.

Comment poser un entoilage thermocollant sur le dos d'une veste

(1) **Utiliser** le même entoilage pour le dos que pour le devant, ou choisir un entoilage plus léger. Pour tailler et marquer, voir page 186.

(2) **Coller** l'entoilage sur le dos de la même façon que sur le devant (voir page 187, étapes 3 à 5). Coller les deux sections du dos avant de les assembler.

Comment poser l'entoilage sur le dos de la veste et sur l'ourlet

(1) **Couper** l'entoilage partiel pour le dos de la veste. Choisir un tissu léger lorsque le vêtement ne requiert pas d'entoilage pour tout le dos. Coudre séparément les pinces de l'entoilage et celles du vêtement. Presser les pinces de l'entoilage vers l'emmanchure et les pinces du vêtement vers le milieu du dos.

(2) **Coudre** l'entoilage au dos de la veste, à 1,3 cm (½ po) des bords vifs. Poser un biais croisé étroit aux épaules afin que la couture d'épaule, cousue dans le biais, ne s'étire pas.

Ourlet sans fente. Tailler sur le travers une bande d'entoilage thermocollant non tissé ou de tricot, de la ligne d'ourlet au bord vif; tailler l'insertion de trame sur le biais. Coller comme sur le devant de la veste (voir page 187, étapes 3 à 6).

Ourlet avec fente. Couper l'entoilage de façon à stabiliser les croisures. Placer le droit fil de l'entoilage sur les lignes de pliure des croisures.

Comment poser l'entoilage et former le dessous de col de la veste

(1) **Tailler** le dessous de col avec de l'insertion de trame ou de l'entoilage en crin thermocollants coupés sur le biais. Pour l'entoilage du pied de col, utiliser le patron, de la ligne de pliure à la couture de la ligne de col ; placer la couture du milieu du dos sur le droit fil.

(2) **Reporter** tous les symboles sur les deux morceaux d'entoilage. Coller l'entoilage du dessous de col ; faire la couture arrière, puis coller l'entoilage du pied de col.

(3) **Plier** le col à la ligne de pliure et former un pli ferme. Épingler le dessous de col au coussin tailleur, tel que pressé, et passer à la vapeur. Le laisser en place jusqu'à ce qu'il soit complètement froid et sec.

Comment poser l'entoilage sur les manches

(1) **Choisir** un entoilage thermocollant léger pour le confort et l'apparence. Tailler l'entoilage le long des lignes de couture du patron de la manche. À l'ourlet, suivre la ligne de coupe au lieu de la ligne de couture. Reporter tous les crans et symboles sur l'entoilage.

(2) **Coller** l'entoilage aux sections des manches avant de faire les coutures.

Autre méthode. Doubler les manches avec de la batiste et y reporter tous les crans et symboles. Assembler la batiste et la manche en piquant à 1,3 cm (½ po) des bords vifs. Faufiler à la machine le long de l'ourlet et des lignes de pliure de la fente.

LE COL TAILLEUR

Le col tailleur, ou col cranté, tire son nom de l'angle du col à son point de jonction avec le revers. La rencontre des coutures forme un cran ou entaille en « V » de chaque côté de l'encolure. La couture constitue la délimitation entre le col et le revers. Un cran rigide, plat et symétrique constitue la marque d'une facture de qualité. Un col parfait résulte d'une combinaison astucieuse de piquage et de pressage, et d'un rasage soigneux des réserves de coutures bordées afin de réduire l'épaisseur.

Il faut plusieurs pièces de patron pour confectionner un col tailleur. Le dessous de col, entoilé et formé, est la première section à être assemblée à la veste. Ensuite, il faut coudre le dessus de col au revers ; une portion de cette parementure devient l'extérieur du revers lorsque le col est terminé. Après l'assemblage final, qui relie la section du col/parementure à la veste, pressez et passez une couture en bordure ou surpiquez en suivant la méthode présentée à la page 193 afin d'obtenir des crans parfaits.

Comment confectionner un col tailleur

(1) **Faire** une couture de soutien à 1,3 cm (½ po) du bord vif de l'encolure. Entailler dans la réserve jusqu'à la couture de soutien, afin que l'encolure puisse reposer à plat, ce qui facilitera l'assemblage.

(2) **Raccorder** les marques afin que le dessous de col et le bord de l'encolure soient bien alignés. Assembler le dessous de col et l'encolure entre les marques sur les revers (flèche) ; entailler aux marques.

(3) **Ouvrir** les coutures au fer sur le coussin de tailleur. Raser les réserves de couture à 6 mm (¼ po) afin de réduire l'épaisseur.

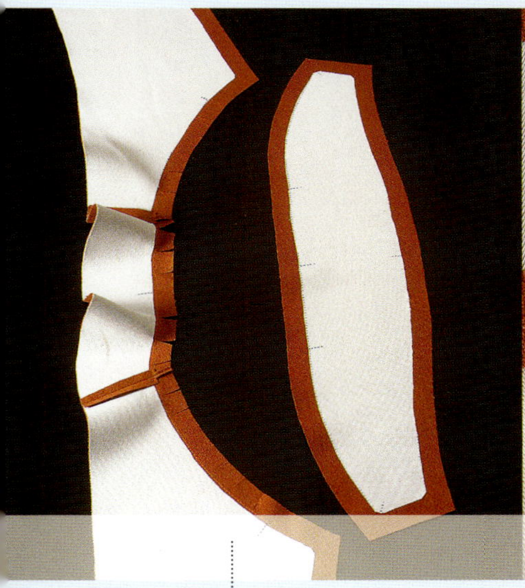

(4) **Faire** une couture de soutien sur la parementure à 1,3 cm (½ po) du bord vif de l'encolure. Entailler la réserve jusqu'à la couture de soutien. Assembler le col et la parementure entre les marques sur les revers (flèche) ; entailler aux marques.

(5) **Ouvrir** les coutures au fer sur le coussin de tailleur. Raser les réserves de couture à 1 cm (⅜ po), légèrement plus large que celles du dessous de col, afin de retirer de l'épaisseur.

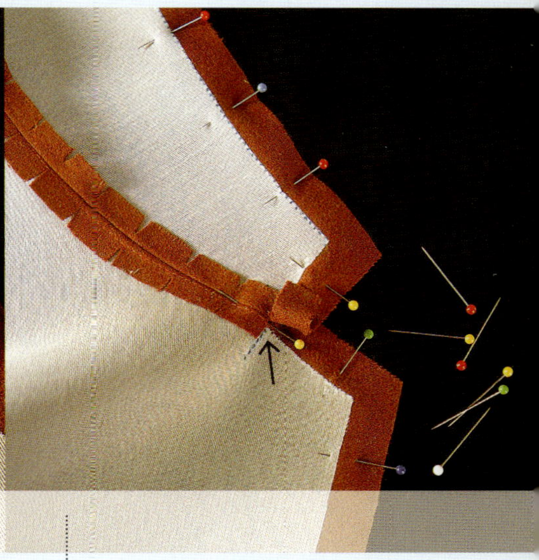

(6) **Épingler** la section du col et de la parementure à la section du dessous de col et de la veste, en traversant les coutures aux marques du col (flèche) afin que les coutures soient bien alignées.

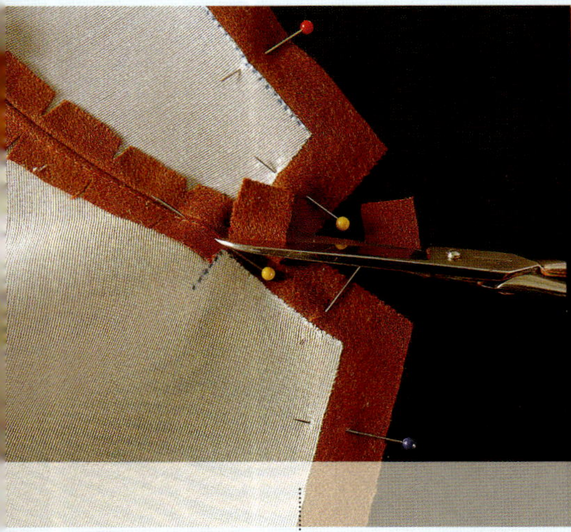

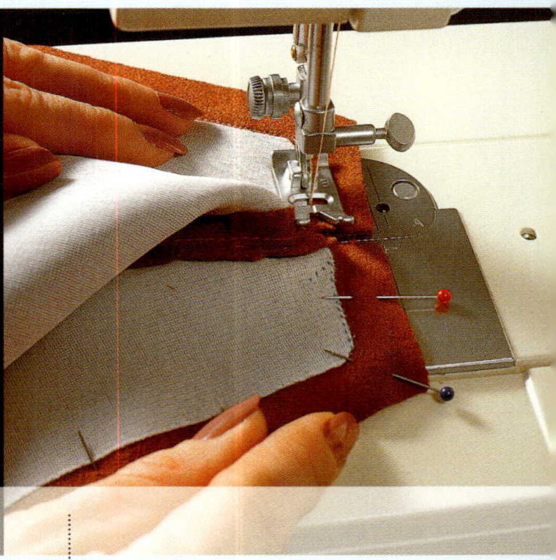

(7) **Raser** le surplus à la réserve de couture du col jusqu'à la ligne de couture sur le dessus et le dessous de col.

(8) **Piquer** à partir du bord inférieur de la veste. Raccourcir les points à 2,5 cm (1 po) du revers. Effectuer un ou deux points en diagonale à la pointe du revers. (Le revers a été retiré de la machine afin de montrer la couture.)

(9) **Coudre,** de la pointe du revers jusqu'à la pointe du col, en s'assurant que les points correspondent des deux côtés du col. Finir la couture comme sur l'autre côté.

(10) **Ouvrir** la couture au fer sur les revers et les pointes du col à l'aide du passe-carreau. Raser les coins en diagonale. Dégrader la réserve de couture du dessous de col et du revers à 6 mm (¼ po) ; celles du col et de la parementure, à 1 cm (⅜ po). Dégrader jusqu'à la ligne de pliure du revers.

(11) **Entailler** la couture aux extrémités de la ligne de pliure du revers. Sous les entailles, dégrader la réserve de couture du devant de la veste à 1 cm (⅜ po) et de la parementure à 6 mm (¼ po). Ouvrir la couture au fer et retourner à l'endroit.

(12) **Stabiliser** les coutures du dessus et du dessous de col avec un point devant lâche. Si les coutures ne sont pas parfaitement alignées à cause de l'épaisseur du tissu, fixer les coutures à leur point de rencontre.

Conseils pour presser un col tailleur

(1) **Presser** le col et les revers par-dessous. Rouler la couture vers le dessous du col et des revers en arrêtant à environ 2,5 cm (1 po) de la fin de la ligne de pliure du revers. Presser avec un bloc à marteler pour faire sortir la vapeur et obtenir un pli net.

(2) **Presser** la partie qui se trouve à 2,5 cm (1 po) sous la ligne de pliure du revers afin que la couture chevauche le bord. Se placer sur le dessous des revers.

(3) **Presser** le devant de la veste de l'intérieur, sous la ligne de pliure, de façon que les coutures roulent du côté de la parementure.

Surpiquer un col tailleur

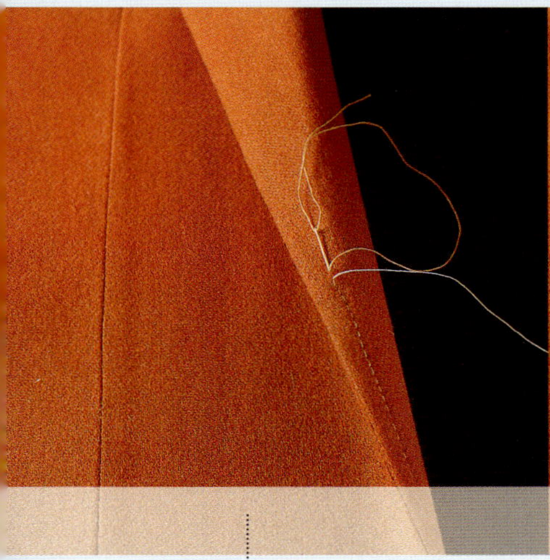

(1) **Surpiquer** sur l'endroit de la veste, en commençant au bord inférieur. Si vous cousez à la main avec du fil à matelasser, l'arrêter en dessous de la ligne de pliure du revers. Couper les fils et les tirer du côté de la parementure ; cacher les bouts entre la parementure et le vêtement.

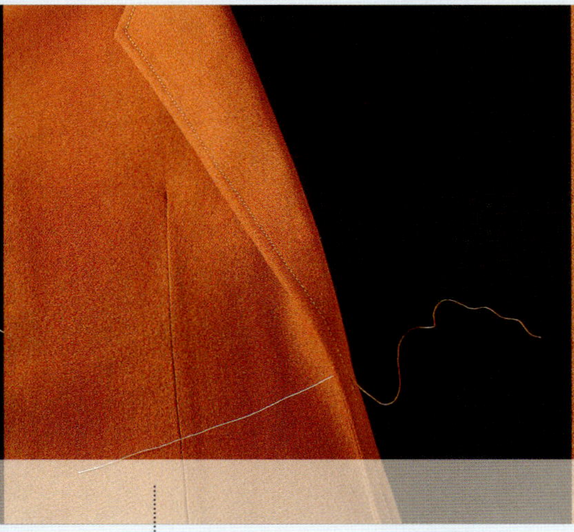

(2) **Continuer** à surpiquer sur l'endroit. Commencer exactement à la fin de la couture précédente ou superposer deux points. Arrivé au cran du col, pivoter et piquer jusqu'au bord du V. (Le vêtement a été enlevé de la machine à coudre pour montrer les détails. Ne pas l'enlever.)

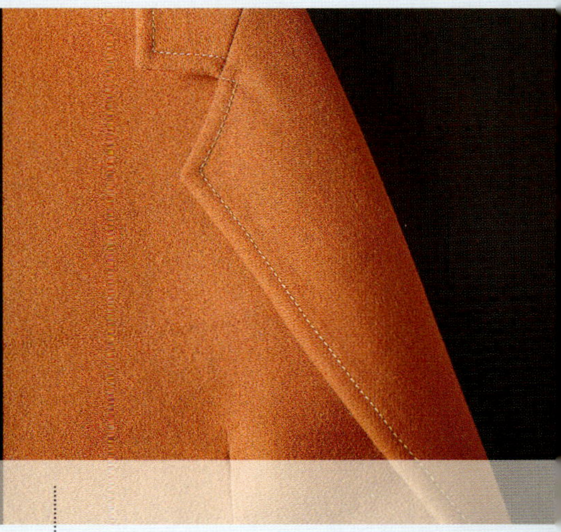

(3) **Raccourcir** le point, pivoter et piquer dans le sillon afin d'aller surpiquer la ligne du col. Pivoter et piquer autour du col jusqu'à l'autre cran. Répéter les mêmes étapes pour le deuxième cran. Arrêter la surpiqûre à la fin de la ligne de roulé, en procédant comme à la première étape.

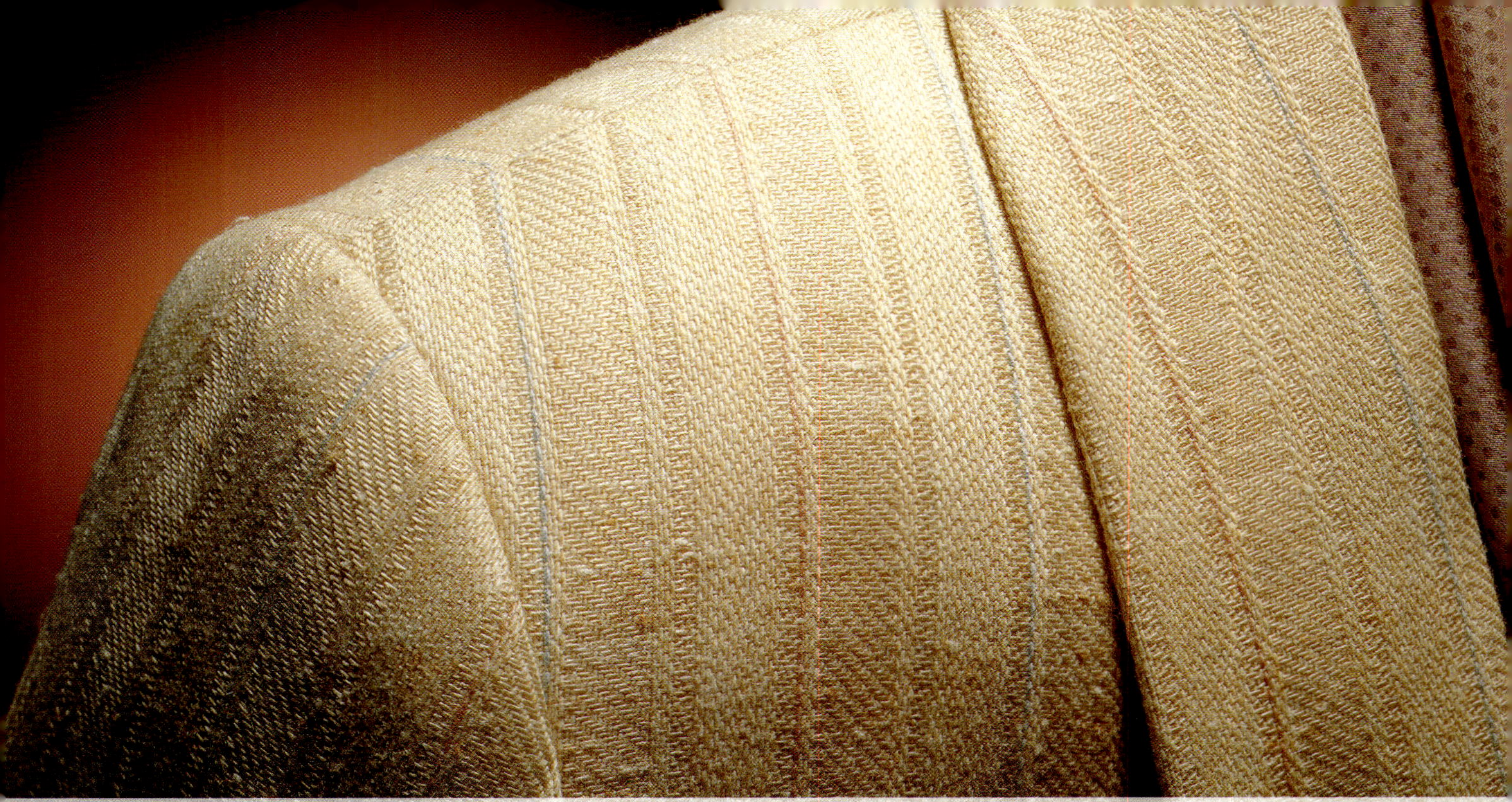

FORMER LES ÉPAULES

Un bon soutien est nécessaire à l'intérieur de la veste pour donner forme et fermeté aux épaules. Dans la façon tailleur, les épaulettes et le rembourrage du haut de la manche jouent un rôle important dans le façonnage des épaules.

Les épaulettes peuvent être faites sur mesure à partir des pièces du patron de la veste afin qu'elles s'ajustent parfaitement à l'emmanchure. Jouez avec la taille et l'épaisseur des épaulettes afin que le vêtement épouse votre silhouette ; si vous avez une épaule plus haute que l'autre, ajoutez de l'épaisseur d'un côté afin de compenser ; pour des épaules tombantes, ajoutez de l'épaisseur et pour des épaules carrées, enlevez-en.

Sur les vêtements tailleurs, comme les vestes et les manteaux, le devant de l'épaulette est plus large que l'arrière afin de remplir le creux sous l'épaule, créant ainsi une ligne souple. L'arrière est plus étroit que le devant afin de s'ajuster aux omoplates. Si vous avez une poitrine large, raccourcissez légèrement les épaulettes sur le devant. Lors de l'essayage, placez l'épaulette au bon endroit. La forme et la taille des épaulettes jouent un rôle important dans l'ajustement de l'épaule et de la manche.

Pour obtenir des épaulettes à l'épaisseur souhaitée, taillez des épaisseurs de plus en plus petites dans du tissu de rembourrage mince, par exemple le fleece de polyester ou la ouatine matelassée de coton et polyester. Ce type de rembourrage donne du volume sans être trop mou. Utilisez un entoilage de crin thermocollant. Les fibres de laine de chèvre présentes dans la toile s'agrippent à la veste, ce qui facilite l'assemblage de l'épaulette au vêtement. De plus, les toiles plutôt rigides rendent l'épaule plus ferme et plus résistante aux faux plis.

Les renforts du haut des manches sont des bandes de rembourrage qui soutiennent les têtes de manches en les gonflant. Ils éliminent les plis causés par l'aisance de la manche, lui permettant de mieux tomber. Les renforts peuvent être confectionnés du même tissu de rembourrage que les épaulettes (fleece ou ouatine matelassée), ou encore avec de l'entoilage à cravate coupé sur le plein biais.

Comment confectionner des épaulettes sur mesure

(1) **Chevaucher** le patron du devant et du dos à la couture de l'épaule. Faire le tracé de l'emmanchure entre les crans du devant et du dos. Terminer l'épaulette à 1,3 cm (½ po) de la couture de l'épaule et à environ 12,5 cm (5 po) de l'emmanchure. Reporter la ligne de couture de l'épaule sur le patron de l'épaulette. Identifier le devant et le dos de l'emmanchure.

(2) **Tailler** l'entoilage thermocollant en crin. Tracer la ligne de couture de l'épaule. Identifier le devant et le dos de l'emmanchure sur l'entoilage. Couper 4 épaisseurs de tissu de rembourrage, en réduisant la taille d'environ 2 cm (¾ po) à chaque couche afin d'obtenir une épaulette de 1,3 cm (½ po) d'épaisseur. Ajuster la taille et le nombre de couches selon l'effet désiré.

(3) **Piquer** l'épaulette à travers la ligne de couture de l'épaule avec des points devant pour assembler les couches. Ajouter des rangs de points en éventail à une distance d'environ 2,5 cm (1 po).

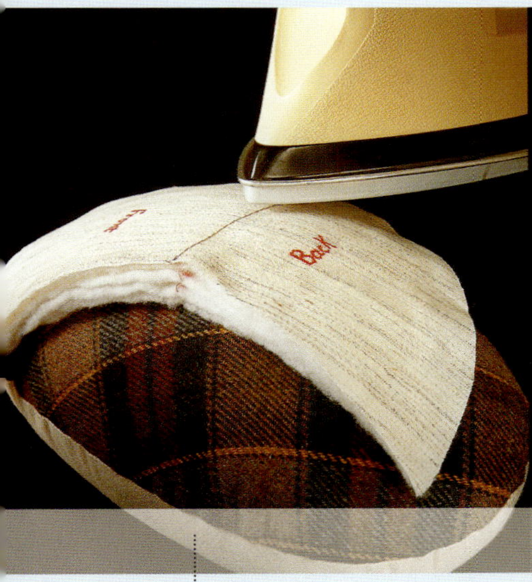

(4) **Coller** l'entoilage à la couche de rembourrage la plus grande, en pressant l'épaulette sur un coussin de tailleur afin de lui donner la forme de l'épaule. Fixer l'épaulette à la main sur la veste, en plaçant la couche entoilée directement sur la veste.

Comment rembourrer le haut de la manche

(1) **Tailler** une bande de tissu de rembourrage de 4,7 cm (1 ⅞ po) de largeur et de la même longueur que la tête de manche. La tête de manche est la section que l'on fronce entre les crans du patron. Aligner un côté long du renfort sur le bord vif de la couture de l'emmanchure.

(2) **Coudre** le renfort à la ligne de couture autour de la tête de manche avec des points devant. Lorsque la manche est retournée à l'endroit, le renfort se plie en deux. La couche du dessus dépasse la couche du dessous afin de prévenir la formation d'une marque à l'extérieur de la veste.

LES OURLETS DES VÊTEMENTS TAILLEUR

Il est préférable de finir l'ourlet de la veste et des manches au point de chausson, c'est-à-dire à petits points horizontaux en zigzag. Avec un point de chausson invisible, les points ne paraissent ni sur l'intérieur ni sur l'extérieur du vêtement, car ils sont faits entre l'intérieur de l'ourlet et l'intérieur de la veste ou de la manche. L'ourlet n'est pas fermement fixé au vêtement ; on devrait le coudre à points lâches et laisser un peu de jeu sur le bord vif. L'ourlet ne devrait pas laisser de marque sur l'extérieur de la veste après le pressage, même sur un tissu épais.

Calculez la longueur de l'ourlet avant de couper les pièces du patron. Cette dernière peut varier mais elle est habituellement de 5 cm (2 po) pour une veste et de 3,8 cm (1 ½ po) pour les manches. Ourlez la veste après avoir terminé le col ou avant de coudre la doublure.

Rasage des coutures. Raser les réserves de couture à l'intérieur de l'ourlet, du bord vif à la ligne de pliure, afin de diminuer l'épaisseur et de prévenir la formation de bosses aux endroits où les coutures traversent la ligne de l'ourlet.

Finition des bords. Comme la doublure recouvre le bord de l'ourlet lorsque la veste est terminée, il n'est pas nécessaire de finir les bords, sauf si le tissu s'effiloche. Faire une couture au point zigzag, de surjet ou piquée et crantée afin de ne pas ajouter d'épaisseur à l'ourlet. Si un entoilage thermocollant a été posé sur le bord, il est stabilisé de façon satisfaisante et aucune autre finition n'est nécessaire.

Pressage. Presser l'ourlet avant de coudre. Si l'ourlet de la veste est très courbé, passer une couture de soutien le long du bord vif.

Comment faire un ourlet sur un vêtement tailleur

(1) **Retourner** l'ourlet et presser la ligne de pliure. Ouvrir l'ourlet et raser les réserves de couture à l'intérieur, du bord vif à la ligne de pliure. Faufiler l'ourlet près de la pliure.

(2) **Presser** en laissant la vapeur pénétrer le tissu pour résorber l'ampleur. Afin d'éviter la formation de la marque de l'ourlet sur l'extérieur du vêtement, ne pas presser la ligne d'ourlet.

Coudre l'ourlet au point de chausson sur les vêtements doublés. Faire des points lâches par-dessus l'ourlet, de gauche à droite. Piquer dans l'ourlet en prenant une ou deux fibres ; faire ensuite un point juste au-dessus de l'ourlet, en ne prenant qu'une fibre du vêtement. Alterner les points en zigzag.

Faire un point d'ourlet invisible si le vêtement n'est pas doublé. Finir les bords vifs de façon appropriée. Faufiler près du bord fini. Plier l'ourlet et coudre au point de chausson lâche entre l'intérieur de l'ourlet et du vêtement. L'ourlet est invisible.

Comment ourler une fente de veste

(1) **Placer** la fente dans sa position finale. Entailler la couture afin que la croisure du dessous reste à plat. En plaçant l'intérieur de la veste vers le haut, la croisure du dessous se trouve sur le dessus, la réserve de couture pliée ; le rabat se trouve sur le dessous, la parementure à même repliée.

(2) **Presser** l'ourlet dans la bonne position, par-dessus le rabat. Presser le pli de l'ourlet et de la fente avec la parementure à même afin de préparer le façonnage du coin en onglet. Entailler la parementure de la fente et la réserve de l'ourlet à leur point de rencontre.

(3) **Ouvrir** le coin. Tracer la ligne de couture qui va d'une entaille à l'autre (flèches), en passant par le coin formé par les plis pressés. Replier le coin (ligne pointillée), en plaçant le tissu endroit contre endroit et en faisant correspondre les entailles.

(4) **Coudre** sur la ligne. Raser la couture à 6 mm (¼ po). Ouvrir la couture au fer et retourner à l'endroit.

(5) **Plier** l'ourlet vers l'extérieur, sur la croisure du dessous, endroit contre endroit. Coudre du pli de l'ourlet jusqu'en haut. Raser à 6 mm (¼ po) et ouvrir au fer ; retourner à l'endroit. Fixer l'ourlet et la fente au point de chausson.

(6) **Placer** la fente dans sa position finale. Coudre à travers le haut de la fente, en se plaçant de l'intérieur et en traversant toutes les épaisseurs. Dégrader la couture.

DOUBLER UN VÊTEMENT

La doublure a diverses utilités : elle dissimule les réserves de couture, les protège contre l'effilochage et permet de préserver la forme du vêtement. De plus, sa surface étant douce, la doublure facilite l'enfilage des vestons et manteaux sur une chemise ou un tricot. La doublure des jupes et des pantalons est aussi plus agréable sur la peau.

Doubler une veste

La doublure est taillée et cousue de la même façon que la veste, mais comporte certains détails conçus pour accroître le confort. Une pince au centre du dos de la doublure permet une plus grande aisance au niveau des épaules et du haut du dos. Il y a également un pli entre la doublure et les ourlets, appelé pli d'aisance, qui permet de bouger confortablement sans tirer sur les coutures.

Certains patrons comportent des pièces pour la doublure et d'autres fournissent les lignes de coupe pour la doublure à même le patron. Si le même patron sert pour la veste et la doublure, ajoutez 1,3 cm (½ po) sous les bras. Cette précaution permet à la doublure de reposer sur les coutures sous les bras sans tirer sur les emmanchures. Si le patron comporte des pièces pour la doublure, cette étape aura peut-être été faite pour vous. Vérifiez en plaçant les pièces de la manche et de la doublure une par-dessus l'autre et en faisant correspondre les lignes de couture sous les bras.

Taillez la doublure de la veste et des manches 1,3 cm (½ po) plus long que l'ourlet fini. Une fois que vous aurez assemblé la doublure à la veste, les bords finis de la doublure arriveront à la moitié de l'ourlet des manches et du bas de la veste. Si vous raccourcissez ou allongez le veston ou les manches, n'oubliez pas de reporter ces ajustements sur la doublure.

Comment doubler une veste

(1) **Assembler** la doublure. Renforcer la couture sous le bras avec un deuxième rang de points. Plier. Faufiler à la machine le pli au centre du dos en haut et en bas de la doublure. Effectuer une couture de soutien à 1,3 cm (½ po) du bord de l'encolure, des manches et du bas de la doublure. Faire des entailles jusqu'à la couture de soutien à l'encolure.

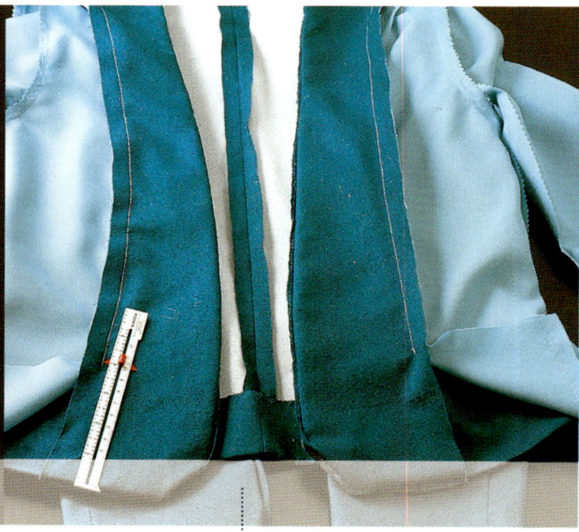

(2) **Tourner** les parementures vers le haut. Endroit contre endroit, assembler la doublure à la parementure. De chaque côté du devant, laisser un espace non cousu du double de la largeur de l'ourlet. Raser la réserve de couture aux endroits incurvés. Presser la couture aussitôt qu'elle est faite.

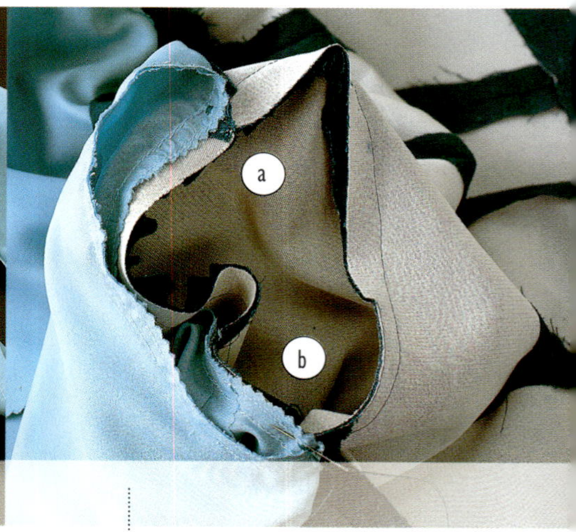

(3) **Placer** l'une sur l'autre les réserves de couture de la doublure et de la veste à la couture des épaules (a) et sous les bras (b) ; fixer. Retourner la doublure à l'endroit. Placer soigneusement les manches à l'intérieur de la veste. Presser légèrement les réserves de couture de la parementure/doublure vers la doublure à l'aide d'une pattemouille.

(4) **Égaliser** les bords vifs de la parementure, si nécessaire. Assembler les bords vifs de la doublure à l'ourlet au point roulé. Faire un rentré et le fixer sur la ligne de soutien sur le bord inférieur. Épingler de façon que le bord vif de la doublure arrive à égalité avec le haut de l'ourlet de la veste.

(5) **Faire** un point coulé afin de fixer le pli de la doublure à l'ourlet de la veste, en piquant seulement à travers la réserve d'ourlet. Sur le devant, plier l'ourlet de la doublure vers le bas de façon à former un pli, et faire un point coulé sur la parementure, de chaque côté.

(6) **Coudre** la doublure aux ourlets des manches en suivant les étapes 4 et 5. Coudre le pli d'aisance autour de la manche, même si l'ourlet de la manche a une fente; les fentes des manches sont décoratives et il n'est pas prévu de les ouvrir ni de les fermer. Presser la doublure de la manche sur le rouleau.

Comment doubler une veste avec une fente

(1) **Coudre** au milieu du dos jusqu'aux marques du haut de la fente. Couper la réserve. Le côté gauche de la fente repose à plat. Coudre du côté droit sur la ligne de couture, traverser le haut et continuer sur le pli. Entailler le coin afin de plier le bord vif le long de la couture de soutien. Fixer la doublure à la parementure de la veste (voir page 198).

(2) **Aligner** les coutures du milieu du dos de la doublure et de la veste à l'ouverture de la fente. Plier la réserve de 1,5 cm (⅝ po) sur le haut de la fente, du côté gauche de la doublure, jusqu'en bas. Épingler la doublure sur les côtés de la fente de la veste; ne pas épingler le bord supérieur. Aligner le bord vif de la doublure et l'ourlet de la veste, formant un pli au bas de la fente.

(3) **Assembler** la doublure et les ourlets en suivant les étapes 4 et 5 ci-dessus. Faire un point coulé sur la doublure, le long de la fente de la veste. Coudre le haut de la fente de la doublure. Les points coulés ne devraient pas traverser le tissu de la veste afin d'éviter une trop grande tension en haut de la fente.

DOUBLER UNE JUPE

Peu de patrons de jupes et de pantalons fournissent des pièces pour la confection de la doublure, mais l'ajout d'une doublure permet aux vêtements de mieux tomber et il est, de plus, facile à réaliser. Vous trouverez ici la méthode pour réaliser une doublure indépendante fixée au tour de taille, mais qui tombe librement. La jupe ou le pantalon et la doublure sont ourlés séparément. L'avantage de ce type de doublure est qu'elle s'enlève complètement, facilitant le pressage du vêtement.

À la différence de la doublure de la veste et du manteau, la doublure de la jupe ou du pantalon est portée directement sur la peau. Dans les climats chauds ou humides, une doublure en rayonne, coton ou fibres mélangées sera plus confortable qu'une doublure en polyester et autres fibres synthétiques.

Conseils pour doubler jupes et pantalons

Tailler la doublure à partir des principales pièces du patron du devant et du dos. Omettre la ceinture, les parementures et les poches. Pour une jupe froncée dans un tissu léger, la jupe et la doublure peuvent être considérés comme une seule épaisseur. Si le tissu est plus lourd, tailler la doublure à partir d'un patron de jupe étroite ou faire de petits plis au lieu de fronces. Ou encore faire des plis directement sur le patron afin d'enlever de l'ampleur, en laissant de l'aisance pour les mouvements. Toutes ces méthodes permettent d'enlever de l'épaisseur à la ligne de taille.

Omettre les poches prises dans la couture lorsque vous taillez une doublure. Redresser les lignes de coupe sur les pièces du devant et du dos du patron afin de changer les ouvertures des poches en coutures ordinaires. Si le vêtement a des poches prises dans la découpe, replier les pièces de devant du patron afin de tailler la doublure sans les poches.

Raccourcir les pièces du patron afin que la doublure mesure 2,5 cm (1 po) de moins que la jupe ou le pantalon après l'ourletage. Si vous prévoyez faire un ourlet de 2,5 cm (1 po) sur la doublure, couper le bord inférieur de la doublure à égalité avec l'ourlet de la jupe ou du pantalon.

Reporter les marques du patron de l'ouverture de la glissière et du tour de taille sur les sections de la doublure après la coupe. Ces repères vous aideront à placer la doublure à l'intérieur de la jupe ou du pantalon.

Assembler la jupe ou le pantalon, incluant la fermeture à glissière et les poches, avant de fixer la doublure. Le vêtement devrait être entièrement cousu, à l'exception de la ceinture et de l'ourlet. Ouvrir les coutures au fer. Ne pas finir les coutures à moins que le tissu s'effiloche.

Comment doubler une jupe

(1) **Assembler** la doublure, laissant une ouverture pour la fermeture à glissière ; ouvrir les coutures. Glisser la jupe sous la doublure, envers contre envers, et aligner les coutures. Faufiler les deux épaisseurs à la machine au tour de taille ; plier la doublure le long de la glissière.

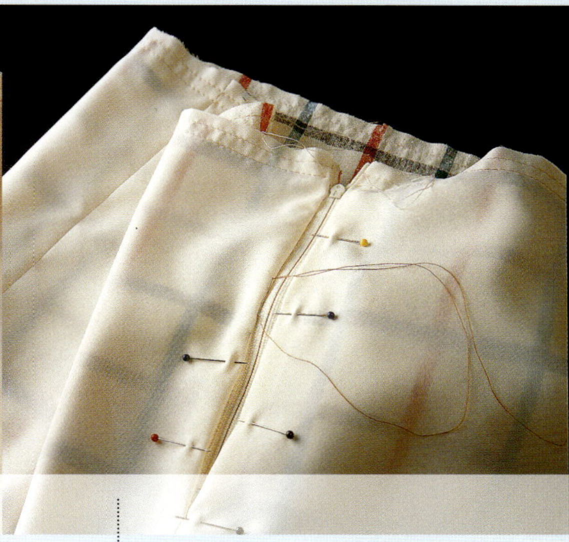

(2) **Plier** la doublure le long de la fermeture afin de dégager la glissière. Épingler la doublure au ruban de la fermeture à glissière et fermer au point coulé.

(3) **Poser** la ceinture. Faire l'ourlet de la doublure à la main ou à la machine de façon qu'il arrive à 2,5 cm (1 po) du bas de la jupe. Faire l'ourlet de la doublure.

Pinces, aisance ou plis

Pinces. Épingler les pinces de la doublure de la jupe ou du pantalon, en faisant correspondre les marques des pinces. Presser les pinces du vêtement vers le milieu du devant et du dos, et celles de la doublure dans la direction opposée afin de réduire l'épaisseur.

Aisance ou fronces légères

Glisser la doublure par-dessus la jupe, envers contre envers. Faufiler à la machine à la couture du tour de taille. Froncer la doublure en même temps que la jupe, en tirant sur les fils jusqu'à ce qu'elle s'ajuste à la ligne de taille.

Jupes ou pantalons avec pinces en avant

Bâtir à la machine les pinces du vêtement et de la doublure séparément. Presser à plat les pinces de la doublure dans la direction opposée de celles de la jupe. Glisser la doublure par-dessus la jupe, envers contre envers. Bâtir au tour de taille.

La confection de vêtements de sport

LES CEINTURES ÉLASTIQUES

Les ceintures élastiques sont confortables et faciles à réaliser. De plus elles se combinent bien avec des vêtements de tricot extensibles. Certaines ceintures élastiques sont « à même », ce qui signifie que la ceinture est une extension du vêtement à la ligne de taille, et d'autres sont rapportées. Choisissez la technique qui convient au tissu, au style du vêtement et au type d'élastique choisi.

Vous trouverez dans ce livre deux techniques pour la confection des ceintures à même : à coulisse et surpiquée. Les deux techniques conviennent aux tissus de poids léger à moyen. Les ceintures à coulisse (a) donnent un style tout-aller. Cette méthode s'applique aussi bien aux élastiques fermes tressés que tissés. Comme l'élastique n'est pas pris dans la couture du tour de taille, il est facile à ajuster le cas échéant. Les ceintures à même surpiquées (b) s'adaptent à plusieurs styles selon le type de surpiqûre utilisé. Choisissez un élastique avec une bonne extensibilité et une bonne qualité de récupération afin qu'il s'adapte facilement à l'ouverture du vêtement, tout en restant ajusté. Une coulisse élastique (c) peut convenir à cet usage.

Deux techniques supplémentaires sont proposées pour les ceintures rapportées : les ceintures lisses et bouillonnées. Pour les vêtements en tricot de poids léger ou moyen, vous pouvez tailler la ceinture dans le même tissu. Pour les tissus lourds, tels le molleton, choisissez un bord-côte de même couleur que la ceinture ou, pour obtenir un effet décoratif, d'une couleur contrastante.

La ceinture lisse rapportée (d) ressemble à la ceinture traditionnelle lorsque le vêtement est porté. Ce type de ceinture convient bien aux vêtements ajustés en tricot de poids léger à moyen avec une extensibilité moyenne. Utilisez un élastique ferme de 2,5 ou 3,2 cm (1 ou 1 ¼ po).

La ceinture bouillonnée rapportée (e) convient bien à un style de vêtement plus ample, la jupe circulaire, par exemple, et fait particulièrement joli avec des élastiques larges. Les ceintures bouillonnées peuvent être surpiquées ou non, selon le style. Il est recommandé d'utiliser des élastiques fermes pour ce type de ceinture.

En général, coupez les élastiques 5 à 7,5 cm (2 à 3 po) de moins que la mesure du tour de taille. Taillez les élastiques légers, comme les élastiques de tricot, de 7,5 à 12,5 cm (3 à 5 po) de moins que le tour de taille. Coupez les élastiques fermes, tels que l'élastique pour ceinture, de la même longueur que le tour de taille ou 2,5 cm (1 po) de moins. Faites une marque sur l'élastique et épinglez-le autour de la taille avant de le couper. Vérifiez s'il est confortable et s'il passe aisément par-dessus les hanches.

Plusieurs rangs de surpiqûres peuvent diminuer la capacité de récupération d'un élastique. Si vous utilisez cette technique, coupez l'élastique jusqu'à 2,5 cm (1 po) de moins que la longueur recommandée pour assurer un ajustement serré.

Conseils pour la confection de ceintures élastiques

Prérétrécir les élastiques coulissés avant de les mesurer. Les élastiques cousus ne nécessitent pas cette opération.

Sélectionner un point plus long que la normale, environ 8 à 9 par 2,5 cm (1 po), lorsque vous piquez dans un élastique ; les points sembleront plus courts lorsque l'élastique sera relâché. Un point trop court a pour effet d'affaiblir et d'étirer l'élastique.

Passer la ceinture à la vapeur après sa construction, en tenant le fer au-dessus du tissu afin que l'élastique reprenne sa longueur originale.

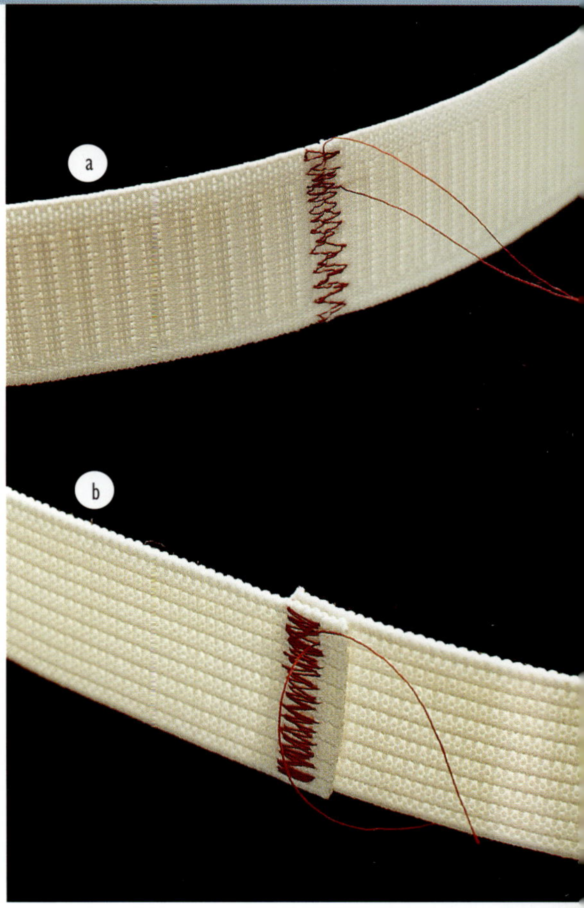

Deux façons de joindre les extrémités de l'élastique

(a) **Aboutage**. Mettre bout à bout les extrémités de l'élastique. Piquer dans un mouvement de va-et-vient, à l'aide d'un point zigzag trois temps ou large en prenant les deux extrémités de l'élastique dans la couture. On recommande cette méthode pour les élastiques fermes.

(b) **Chevauchement.** Chevaucher les bouts de l'élastique sur 1,3 cm (½ po). Coudre dans un mouvement de va-et-vient à travers les deux épaisseurs, au point zigzag trois temps ou large. Il convient aux élastiques plus mous, par exemple, les élastiques tricotés.

Comment confectionner une ceinture à même avec coulisse

(1) **Allonger** le patron du double de la largeur de l'élastique, plus 1,5 cm (⅝ po) au tour de taille. Couper les sections du vêtement et les assembler.

(2) **Surjeter** les bords vifs, si désiré. Replier le bord du tissu sur l'envers, d'une largeur égale à celle de l'élastique, plus 1,3 cm (½ po). Coudre le long du bord, près de la pliure.

(3) **Réunir** les extrémités de l'élastique (voir page 203). Placer l'élastique à l'intérieur de la coulisse (section repliée). Piquer le long de l'élastique au point droit avec un pied ganseur ; ne pas prendre l'élastique dans la couture. Au besoin, faire glisser le tissu sur l'élastique pendant la couture.

(4) **Étirer** la ceinture afin de distribuer le tissu également. Piquer sur l'endroit dans le sillon de la couture du milieu du devant, du dos et des côtés afin de fixer l'élastique.

Autre méthode.

Suivre les étapes 1 et 2 ci-dessus. Marquer l'élastique à la longueur désirée ; ne pas couper. Placer l'élastique dans la coulisse. Coudre au point droit avec un pied ganseur le long de l'élastique, en laissant un espace de 5 cm (2 po) non cousu ; ne pas prendre l'élastique dans la couture.

Étirer l'élastique jusqu'à la marque et l'attacher avec une épingle de sûreté. Faire un essayage et ajuster l'élastique, si nécessaire. Couper et réunir les extrémités de l'élastique (voir page 203) ; finir la couture. Piquer dans le sillon des coutures du milieu du devant, du dos et des côtés, comme à l'étape 4, ci-contre.

Comment confectionner une ceinture à même surpiquée

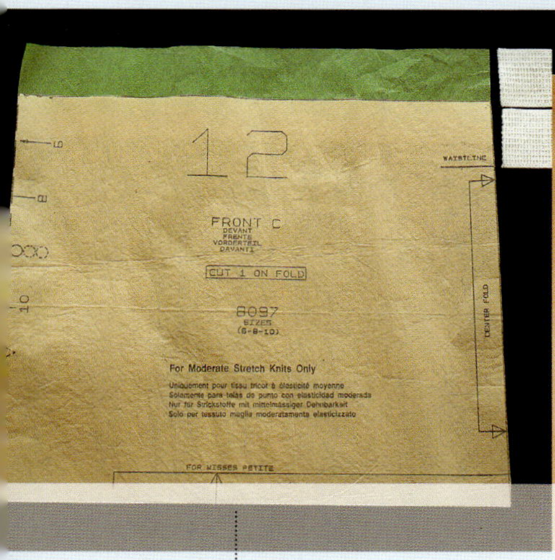

(1) **Allonger** le patron à la ligne de la taille du double de la largeur de l'élastique. Tailler les sections du vêtement et les assembler. Réunir les extrémités de l'élastique (voir page 203).

(2) **Diviser** le bord du vêtement et l'élastique en quatre et les marquer avec des épingles. Épingler l'élastique sur l'envers du vêtement, les bords à égalité avec les marques qui correspondent ; faire un point de surjet ou de zigzag, en étirant l'élastique afin qu'il s'ajuste entre les épingles. Avec une surjeteuse, guider le tissu ou débrayer les couteaux afin de ne pas couper l'élastique.

(3) **Plier** l'élastique sur l'envers du vêtement de façon que le tissu recouvre l'élastique. Coudre sur l'endroit, dans le sillon des coutures du milieu du devant, du dos et des côtés à travers toutes les épaisseurs, afin de fixer l'élastique.

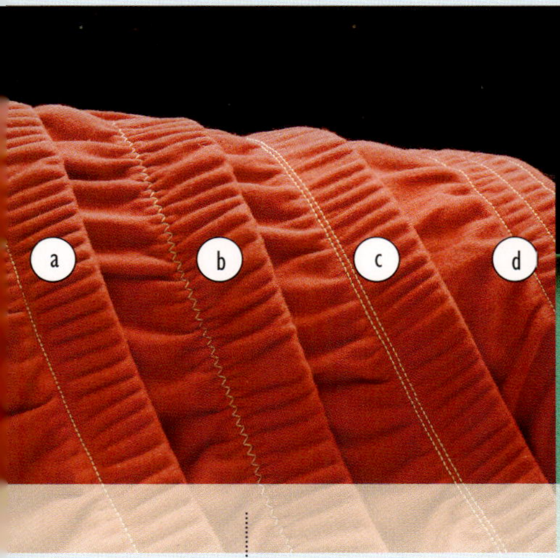

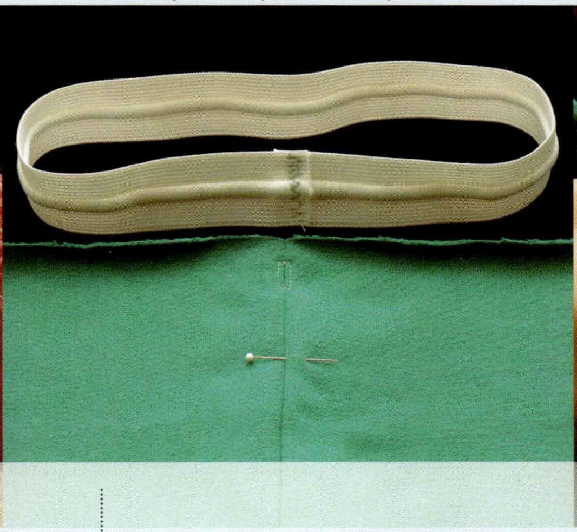

(4) **Surpiquer** à travers toutes les épaisseurs, en tirant sur l'élastique. Utiliser un point droit ou un point zigzag long près du bord inférieur (a) ; piquer près du bord inférieur au point zigzag de largeur moyenne à grande (b) ; surpiquer avec une aiguille double près du bord inférieur (c) ; ou piquer trois rangs de points ou plus à intervalles réguliers avec une piqûre simple ou double (d).

La coulisse élastique.

(1) Allonger les pièces du patron comme à l'étape 1, ci-dessus. Fixer les extrémités de la coulisse élastique (voir page 203). Assembler les pièces en laissant une ouverture verticale de 1,3 cm (½ po) dans la couture du milieu du devant à la hauteur de la coulisse ; surpiquer autour de l'ouverture afin de la fixer solidement.

Suivre l'étape (2) ci-dessus. Piquer un autre rang de points zigzag sur le bord inférieur de l'élastique. Plier l'élastique sur l'envers du vêtement de façon que le tissu le recouvre. Coudre au point droit à 6 mm (¼ po) des bords inférieur et supérieur de l'élastique à travers toutes les épaisseurs et en tirant sur l'élastique afin qu'il s'ajuste. Tirer la cordelière par l'ouverture au milieu du devant, la couper et faire des nœuds aux extrémités.

Comment confectionner une ceinture lisse rapportée

(1) **Marquer** la ligne de coupe sur le patron du vêtement à 1,5 cm (5/8 po) au-dessus du tour de taille. Couper la ceinture sur le travers en calculant deux fois la largeur de l'élastique, plus 3,2 cm (1 ¼ po) ; la longueur de la ceinture égale le tour de taille, plus 8,2 cm (3 ¼ po). Épingler les extrémités de la ceinture en laissant une réserve de 1,5 cm (5/8 po) ; vérifier l'ajustement aux hanches.

(2) **Coudre** les extrémités de la ceinture ; ouvrir les coutures. Diviser la ceinture et le vêtement en quatre ; épingler aux marques. Épingler la ceinture sur l'endroit du vêtement, les bords à égalité et les marques raccordées. Coudre au point droit ou au point zigzag étroit à 1,5 cm (5/8 po) ; si vous optez pour le point droit, étirer le tissu pendant que vous cousez.

(3) **Réunir** les bouts de l'élastique (voir page 203). Diviser l'élastique et le bord du vêtement en quatre ; épingler aux marques. Placer l'élastique sur la réserve de couture ; épingler en plaçant le bord inférieur de l'élastique au-dessus de la ligne de couture. Avec l'élastique sur le dessus, piquer à travers les deux réserves de couture au point zigzag large ou multiple ; tirer sur l'élastique. Raser les réserves de couture.

(4) **Replier** la ceinture sur l'envers du vêtement tout contre l'élastique ; épingler. Coudre dans le sillon de la couture, sur l'endroit du vêtement, en tirant sur l'élastique ; prendre la ceinture dans la couture sur l'envers du vêtement, mais sans prendre l'élastique. Raser la réserve de couture de la ceinture à 6 mm (¼ po) de la couture.

Comment confectionner une ceinture bouillonnée rapportée

① **Tracer** la ligne de coupe sur le patron à 1,5 cm (⅝ po) au-dessus du tour de taille. Couper la ceinture sur le travers en calculant le double de la largeur de l'élastique, plus 3,2 cm (1 ¼ po) ; la longueur de la ceinture égale le tour de taille, plus 8,2 cm (3 ¼ po). Réunir les extrémités de l'élastique (voir page 203).

② **Assembler** les bouts de la ceinture à 1,5 cm (⅝ po) du bord ; ouvrir les coutures. Diviser la ceinture et le vêtement en quatre ; épingler aux marques. Replier la ceinture en deux dans le sens de la longueur, envers contre envers, en encastrant l'élastique. Bâtir à 1,3 cm (½ po) des bords vifs en évitant les épingles ; si nécessaire, glisser le tissu sur l'élastique.

③ **Épingler** à l'endroit en alignant les épingles. Si le vêtement est très large, froncer avant de l'assembler à la ceinture. Piquer à l'intérieur des points de bâti, en tirant sur la ceinture entre les épingles afin qu'elle s'ajuste au vêtement. Raser les réserves de couture à 6 mm (¼ po). Surjeter les bords vifs, si désiré.

④ **Étirer** la ceinture afin de distribuer le tissu également. Sur l'endroit, coudre à travers toutes les épaisseurs dans le sillon des coutures du milieu du devant, du dos et des côtés afin de fixer l'élastique. Si désiré, surpiquer à travers toutes les épaisseurs (voir page 205, étape 4).

LES BORDS-CÔTES EXTENSIBLES

Les bords-côtes ou bordures extensibles servent le plus souvent à finir les bordures des vêtements de sport en tricot. Le bord-côte, qui a une bonne extensibilité et une bonne récupération en largeur, permet aux ouvertures des vêtements de s'étirer pour l'habillage et de reprendre ensuite leur forme. Les bords-côtes sont disponibles au mètre ou en bandes préfinies.

Les bords-côtes, de divers poids, viennent en plusieurs largeurs, de 71 à 152,5 cm (28 à 60 po) ou en tubes de 35,5 à 76 cm (14 à 30 po). Pour les bords-côtes au mètre, coupez une bande de tissu sur le travers, pliez en deux le côté le plus long et posez-le de manière que la pliure devienne le bord fini.

Le bord-côte sert de finition à plusieurs types d'encolures : col roulé, col cheminée, encolure ras du cou ou échancrée. On l'utilise également sur le bas des manches, des T-shirts et des ensembles molletonnés et au tour de taille de pantalons et de jupes. La largeur et la longueur coupées des bords-côtes varient selon l'endroit où ils seront utilisés et le style recherché.

Dans le cas du bord-côte au mètre, la largeur coupée doit égaler le double de la largeur désirée, plus 1,3 cm (½ po) pour les réserves de couture. Dans le cas des bandes préfinies, la largeur coupée doit égaler la largeur finie plus 6 mm (¼ po) pour la réserve de couture.

Plusieurs patrons pour les tricots indiquent à quelle largeur couper le bord-côte ou fournissent une pièce de patron à utiliser comme guide. La longueur des bandes peut également être déterminée par la mesure de l'ouverture du vêtement sur la ligne de couture, tel qu'illustré ci-contre.

Pour les bordures droites et ajustées, la longueur du bord-côte peut être déterminée en épinglant la bande directement sur le corps. Pour tous les bords droits qui ne nécessitent pas d'ajustement serré, comme le bas d'une jupe, coupez la bande légèrement plus courte que le bord du vêtement.

Pour l'assemblage des bords-côtes, on peut opter pour la méthode de construction à plat ou en forme. L'assemblage à plat est la plus rapide, mais il se peut que les coutures soient apparentes au niveau des bordures. Pour un fini de meilleure qualité, il est préférable de fixer la bordure en forme. Grâce à cette méthode, les coutures du bord-côte sont bordées.

S'il est impossible de vous procurer des bords-côtes d'une couleur assortie au vêtement, taillez la bordure dans le même tissu que le vêtement, mais sur le travers. Choisissez un tricot qui s'étire au moins de 50 % dans le sens de la largeur ; par exemple, un tricot de 25,5 cm (10 po) doit s'étirer au moins jusqu'à 38 cm (15 po).

Comment déterminer la largeur de la bande extensible

(1) **Mesurer** l'ouverture à la ligne de couture avec un ruban à mesurer. Pour les encolures, couper le bord-côte tel qu'indiqué ci-contre. Pour les autres ouvertures, calculer les deux tiers de la mesure, plus 1,3 cm (½ po). Si la bordure est dans le même tissu que le vêtement, couper aux trois quarts de la mesure de l'encolure, plus 1,3 cm (½ po).

(2) **Entourer le corps** avec le bord-côte ou le tissu et épingler pour obtenir des bordures ajustées, par exemple, aux hanches, aux poignets et aux chevilles. Plier le bord-côte en deux et épingler à plat mais en évitant qu'il bâille ; ne pas déformer les côtes. Ajouter 1,3 cm (½ po) pour les réserves de couture.

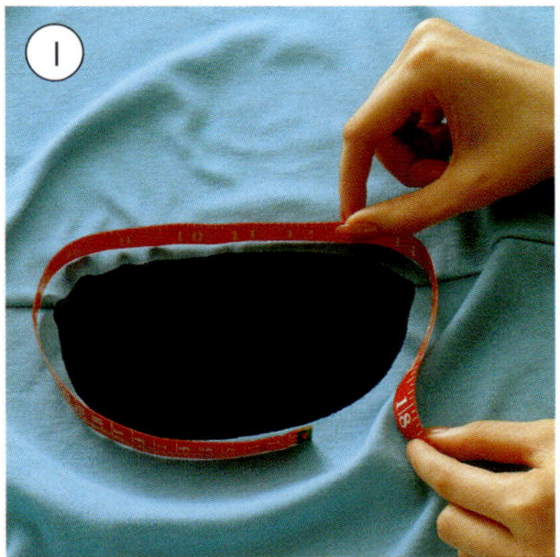

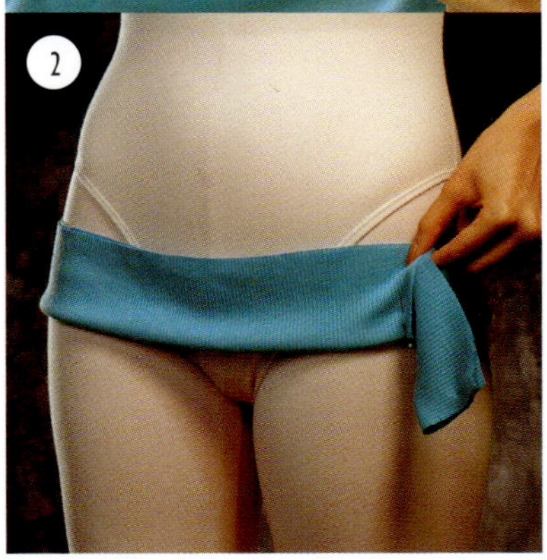

Types d'encolures extensibles

Les vêtements à encolure au ras du cou (a) ont habituellement un bord-côte de 2,5 à 3,2 cm (1 à 1 ¼ po) ; la couture de l'encolure tombe à 2 cm (¾ po) sous la ligne naturelle de l'encolure. La bande doit mesurer les deux tiers de l'encolure, plus 1,3 cm (½ po).

Les vêtements à col roulé (b) ont un bord-côte de 10 à 15 cm (4 à 6 po). La couture de l'encolure tombe à la ligne naturelle de l'encolure. La bande doit être égale à l'encolure, plus 1,3 cm (½ po).

Les vêtements à col cheminée (c) ont un bord-côte de 5 à 6 cm (2 à 2 ¼ po). L'encolure tombe à 1,3 cm (½ po) sous la ligne naturelle de l'encolure. La bande doit mesurer les trois quarts de l'encolure, plus 1,3 cm (½ po).

Les vêtements à encolure échancrée (d) ont une encolure arrondie et le bord-côte tombe en dessous de la ligne naturelle de l'encolure du devant et parfois du dos. Taillez le bord-côte aux deux tiers de la mesure de l'encolure, plus 1,3 cm (½ po). La largeur finie du bord-côte varie entre 2 à 2,5 cm (¾ à 1 po).

L'encolure peut être faite dans le même tissu que le vêtement. Pour les cols roulés, taillez le tissu de la longueur de l'encolure, plus 1,3 cm (½ po) ; pour une encolure au ras du cou, pour un col cheminée et une encolure échancrée, taillez aux trois quarts de la mesure de l'encolure, plus 1,3 cm (½ po).

Comment confectionner une bordure extensible (à plat)

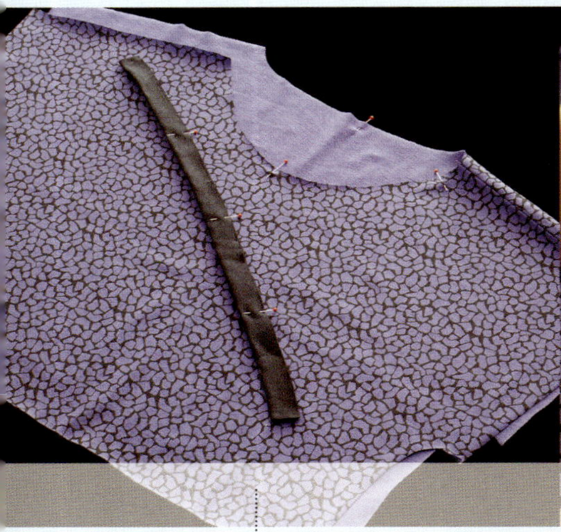

(1) **Tailler** les sections du vêtement, en laissant des réserves de couture de 6 mm (¼ po) aux ouvertures. Laisser une couture ouverte. Plier le bord-côte au mètre en deux dans le sens de la longueur, envers contre envers. Diviser le bord-côte et l'ouverture en quatre ; épingler aux marques.

(2) **Épingler** le bord-côte sur l'endroit du vêtement, en réunissant les épingles. En plaçant le bord-côte vers le haut, piquer à 6 mm (¼ po) au point zigzag étroit ou de surjet. Tirer sur le bord-côte afin de l'ajuster à l'ouverture du vêtement à mesure que vous piquez. Presser légèrement la couture vers le vêtement.

(3) **Assembler** le reste du vêtement, en alignant soigneusement la couture du bord-côte et les extrémités du vêtement. Si désiré, surpiquer tel qu'illustré à l'étape 3, ci-dessous.

Comment confectionner une bordure extensible (en cercle)

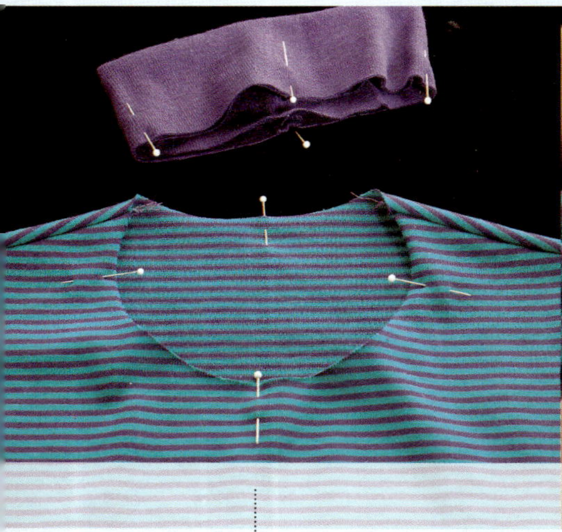

(1) **Assembler** les extrémités de la bordure en laissant une réserve de couture de 6 mm (¼ po). Replier le côté le plus long du bord-côte au mètre en deux, envers contre envers. Diviser le bord-côte et l'ouverture en quatre ; épingler aux marques.

(2) **Épingler** le bord-côte sur l'endroit du vêtement, en alignant les épingles. Avec le bord-côte vers le haut, piquer au point zigzag étroit ou de surjet à 6 mm (¼ po) du bord ; tirer sur le bord-côte afin qu'il s'ajuste à mesure que vous piquez. Presser légèrement la couture vers le vêtement.

(3) **Surpiquer** près de la ligne de couture, si désiré, en traversant toutes les épaisseurs, avec une aiguille simple ou double. Si vous utilisez une aiguille simple, étirer légèrement le tissu pendant que vous piquez.

Comment poser une bordure extensible croisée sur une encolure en V

(1) **Tailler** le bord-côte légèrement plus long que le bord vif de l'encolure. Faire une couture de soutien sur la ligne de couture 5 cm (2 po) de chaque côté du V avec des points courts. Entailler soigneusement la pointe du V. Plier en deux le côté le plus long du bord-côte.

(2) **Épingler** le bord-côte du côté droit de l'encolure à 6 mm (¼ po) du bord ; laisser 2,5 cm (1 po) pour la croisure. Avec l'endroit du vêtement sur le dessus, commencer à coudre au milieu du devant. Tirer légèrement sur le bord-côte pendant que vous piquez.

(3) **Arrêter** la piqûre à la couture de l'épaule. Mesurer le dos de l'encolure entre les coutures des épaules. Marquer le bord-côte aux deux tiers de cette longueur. Raccorder les épingles et les coutures d'épaules.

(4) **Coudre** le bord-côte au dos de l'encolure et descendre du côté gauche de l'encolure et en tirant légèrement sur la bordure. Arrêter la couture avant d'atteindre la pointe du V, laissant une ouverture égale à la largeur du bord-côte. Retirer le vêtement de la machine à coudre.

(5) **Retourner** la couture du bord-côte vers l'intérieur. Étendre le vêtement à plat. Retourner les bouts à l'intérieur de l'ouverture, le côté droit chevauchant le côté gauche. Épingler le bord-côte au milieu du devant, un côté recouvrant l'autre.

(6) **Plier** le devant du vêtement afin qu'il ne gêne pas. Sur l'envers, fermer la couture ; pivoter à la pointe du V et piquer l'extrémité libre de la bordure à la réserve de couture du côté droit. Raser les surplus.

LES MAILLOTS DE BAIN ET LES LÉOTARDS

Les patrons de maillots de bain et léotards sont habituellement très ajustés en vue du confort et de l'aisance de mouvements. Il existe une grande variété de styles. Les styles avec coutures princesse sont amincissants, de même que les patrons avec un panneau central d'une couleur contrastante ; pour amincir les hanches, utilisez une couleur foncée sur les côtés. Les échancrures hautes sur les maillots de bain et les léotards allongent les jambes et amincissent le torse. Si vous avez la poitrine large, choisissez un patron avec des pinces ou des coutures qui soulignent la forme du sein. Si vous êtes trop mince, optez pour des patrons avec des bouillonnés, des drapés ou des volants. Ou encore, choisissez un patron simple, mais avec un imprimé voyant.

En confectionnant vos propres maillots de bain et léotards, vous obtiendrez des vêtements qui répondent à vos besoins. Vous pouvez ajouter une doublure sur le devant d'un maillot de bain, surtout si vous utilisez un tissu pâle ou léger, ou doubler uniquement la fourche et ajouter un bandeau à la hauteur de la poitrine. Des bonnets peuvent être posés à l'intérieur du bandeau pour un support plus ferme.

Les tissus avec élasticité dans les deux sens s'étirent et s'ajustent aux contours de plusieurs types de silhouettes. Choisissez le patron en vous basant sur la mesure de la poitrine afin d'éviter d'avoir à y faire des ajustements. S'il vous faut différentes tailles de patron pour que votre maillot soit bien ajusté aux hanches et à la poitrine, choisissez un patron multi-tailles. Sélectionnez les lignes de coupes ajustées à votre taille, et raccordez les lignes à la ligne de taille.

L'ajustement du patron

Pour les maillots de bain et léotards une pièce, mesurez la longueur du torse, tel qu'illustré ci-contre et comparez ces mesures à celles du tableau de droite ; ne mesurez pas les pièces du patron pour cette comparaison, parce qu'elles seront moindres que les mesures du corps. Si votre longueur de torse arrive dans l'intervalle correspondant à votre tour de poitrine, il n'est pas nécessaire d'effectuer de modifications au patron.

Si la longueur de votre torse ne correspond pas à la longueur indiquée sur le tableau, il faut commencer par ajuster le devant du patron du quart de la différence et ensuite reporter la même mesure sur le dos du patron. L'ajustement total du patron ne correspond qu'à la moitié de la différence entre votre longueur de torse et celle apparaissant sur le tableau. Le tissu avec élasticité dans les deux sens vous offrira automatiquement le reste de la longueur nécessaire lorsque vous porterez votre maillot. Si chaque pièce de patron comporte deux lignes pour l'ajustement, répartissez l'ajustement total entre les quatre lignes.

Les doublures peuvent limiter l'extensibilité des tissus pour maillots de bain, aussi, si vous prévoyez doubler le devant d'un maillot de bain, ajoutez 1,3 cm (½ po) à la longueur des pièces du patron du devant et du dos.

Comparaison entre le tour de poitrine et la longueur de torse

Tour de poitrine	Longueur du torse
76 cm (30 po)	132 à 137 cm (52 à 54 po)
81,5 cm (32 po)	134,5 à 139,5 cm (53 à 55 po)
86,5 cm (34 po)	137 à 142 cm (54 à 56 po)
91,5 cm (36 po)	139,5 à 145 cm (55 à 57 po)
96,5 cm (38 po)	142 à 147 cm (56 à 58 po)
102 cm (40 po)	145 à 150 cm (57 à 59 po)
107 cm (42 po)	147 à 152,5 cm (58 à 60 po)
112 cm (44 po)	150 à 155 cm (59 à 61 po)

Comment ajuster la longueur de torse sur le patron

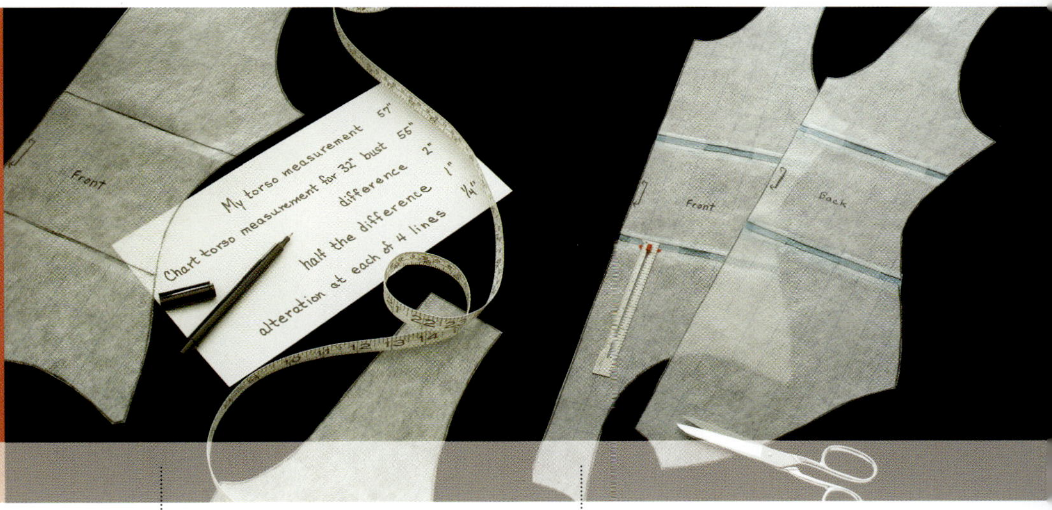

(1) **Mesurer** à partir de l'indentation du sternum ; faire passer le ruban à mesurer entre les jambes et le remonter le long du dos jusqu'à l'os proéminent à la base du cou. Garder le ruban bien ajusté au corps afin que le vêtement fini soit, lui aussi, bien ajusté. Il est utile d'obtenir de l'aide pour cette étape.

(2) **Déterminer** la différence entre la mesure de votre torse et la longueur de torse indiquée sur le tableau vis-à-vis la mesure de votre tour de poitrine. Le patron doit être ajusté de la moitié de cette différence ; distribuer également entre les lignes d'ajustement du patron.

(3) **Ajuster** le patron. Pour allonger ou raccourcir, écarter ou chevaucher les pièces du patron sur les lignes d'ajustement. Dans le cas présent, le devant et le dos du patron ont été allongés de 6 mm (¼ po) au niveau de chaque ligne d'ajustement, pour un ajustement total de 2,5 cm (1 po).

La confection des maillots de bain et léotards

Avant d'établir le plan de coupe d'un maillot de bain ou d'un léotard, voyez dans quel sens le tissu s'étire le plus. Les tricots en nylon/spandex s'étirent habituellement plus dans le sens de la longueur ; le coton/spandex, dans le sens de la largeur. Pour plus de confort, le sens le plus élastique doit entourer le corps.

Les maillots de bain et les léotards sont de confection rapide et facile. La plupart des styles ne comportent que quelques coutures et finitions de bords. Commencez par les coutures des côtés et de la fourche ; essayez ensuite le vêtement et effectuez les ajustements nécessaires.

Si un maillot de bain ou un léotard une pièce est trop long au niveau du torse, raccourcissez-le aux épaules. Rasez l'encolure autant que nécessaire. Si l'emmanchure devient trop petite, coinçant le vêtement sous le bras, élargissez-la en rasant les ouvertures. Les ouvertures des jambes devraient bien s'ajuster ; si elles sont trop grandes, rétrécissez les coutures sur les côtés, vers le bas, en les amincissant graduellement. Après l'essayage, assemblez aux épaules et posez l'élastique (voir pages 216 et 217).

Comment confectionner un maillot de bain ou un léotard une pièce

(1) **Déterminer** si le tissu s'étire davantage sur le droit fil de chaîne ou de trame. Placer le tissu sur le patron de façon que le côté le plus extensible entoure le corps.

(2) **Effectuer** la couture au centre du dos ; ensuite celle de la fourche, et poser la doublure. Assembler les côtés. Vérifier l'ajustement (voir page 215).

(3) **Poser** la doublure sur le devant, s'il y a lieu. Fermer les coutures d'épaules. Poser les élastiques aux ouvertures (voir pages 216 et 217).

Comment confectionner un maillot de bain ou un léotard deux pièces

1 **Établir** le plan de coupe comme à l'étape 1, page 214. Assembler le soutien-gorge et poser la doublure sur l'envers en laissant la largeur de l'élastique ; faufiler à la machine ; raser la doublure. Aligner les baleines, s'il y a lieu, sur les coutures latérales et les placer de telle façon qu'elles courbent en s'éloignant du corps. Piquer par-dessus la couture précédente, à l'intérieur, le long de la baleine.

2 **Poser** l'élastique sur les bords du soutien-gorge (voir pages 216 et 217). Coudre les bretelles et les fixer au maillot au point zigzag étroit. Passer l'extrémité droite de la bretelle dans la fente du crochet, en la repliant de 1,3 cm (½ po) ; coudre au point zigzag. Replier l'autre de 1,3 cm (½ po) sur l'envers ; coudre au point zigzag. Les détails, comme la bande au centre, sont confectionnés selon les indications du patron.

3 **Assembler** l'arrière de la culotte du maillot de bain. Poser la doublure sur le devant, s'il y a lieu. Poser l'élastique aux ouvertures (tour de taille et jambes) (voir pages 216 et 217).

L'ajustement parfait

1 **Ajuster** aux coutures d'épaules si le torse du maillot est trop long. Si l'encolure a trop remonté, marquer le bon emplacement à l'aide d'une craie, et ensuite, raser le long de la ligne.

2 **Agrandir** l'ouverture des bras si le vêtement coince sous les bras, en traçant une ligne avec une craie et ensuite raser le surplus de tissu.

3 **Ajuster** les coutures des côtés avant de poser l'élastique afin que l'ouverture des jambes soit bien ajustée.

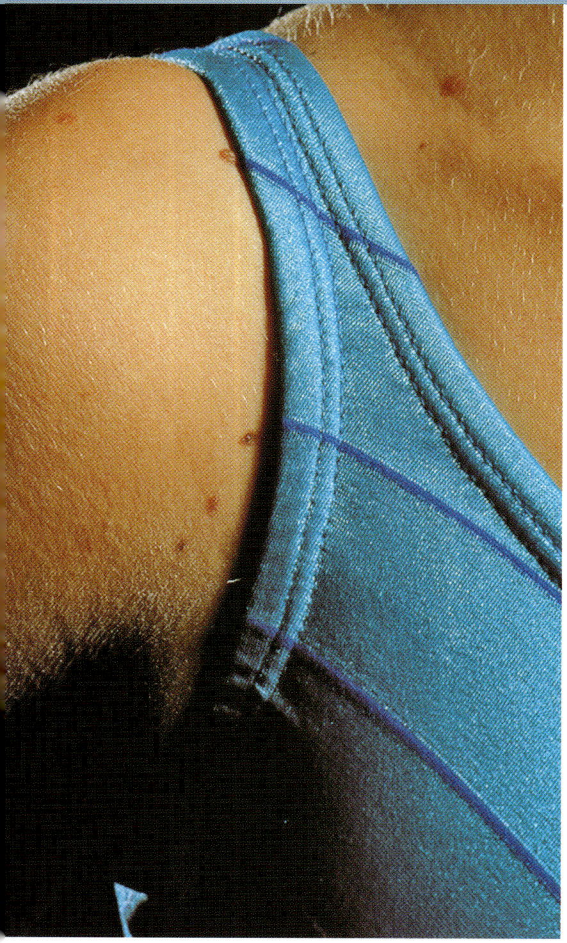

Les bordures élastiques

L'utilisation d'élastiques à l'encolure, aux ouvertures des bras et des jambes et au tour de taille permet de stabiliser les bordures et d'ajuster parfaitement les maillots de bain et les léotards. De plus, les bordures élastiques facilitent l'habillage et le déshabillage et s'ajustent à votre silhouette. Il ne faut toutefois pas en dépendre pour régler les problèmes d'ajustement.

Si vous n'avez pas rectifié l'encolure et les ouvertures des bras et des jambes, coupez l'élastique à longueur proposée sur le patron. Si vous avez modifié les ouvertures, suivez les directives indiquées dans le tableau ci-dessous. La plupart des patrons impriment l'information relative à la coupe des élastiques sur le feuillet d'instructions ou fournissent un guide de coupe directement sur le patron. Si vous utilisez un patron multi-modèles, assurez-vous que vous coupez bien l'élastique pour le modèle que vous avez choisi ; par exemple, une ouverture de jambe très échancrée nécessite un élastique plus long qu'une ouverture standard.

Vous pouvez utiliser un élastique de coton tressé ou transparent. Les deux ont une excellente extensibilité et récupération et sont résistants au chlore et au sel. La plupart proposent un élastique de 1 cm (3/8 po) de largeur pour les maillots de bain d'adulte et de 6 mm (1/4 po) pour les maillots de bain d'enfants.

Directives pour la coupe de l'élastique

Type de bordure	Longueur de l'élastique coupé
Ouverture des jambes	Mesure de l'ouverture de la jambe, moins 5 cm (2 po) pour un maillot d'adulte ou moins 2,5 cm (1 po) pour un maillot d'enfant.
Bordure supérieure d'une culotte de maillot de bain deux pièces	Mesure du bord supérieur, moins 5 à 7,5 cm (2 à 3 po), selon l'ajustement souhaité. Vérifier s'il s'ajuste confortablement aux hanches.
Ouverture des bras	Mesure de l'ouverture des bras.
Encolure	Mesure de l'encolure. Ou pour un ajustement serré sur une encolure en pointe, utiliser un élastique de 2,5 à 7,5 cm (1 à 3 po) de moins que l'encolure.

Comment appliquer un élastique

Encolure ou ouverture à la taille. (1) **Coudre** les extrémités de l'élastique (voir page 203). Diviser l'élastique en quatre ; épingler aux marques, en plaçant une épingle à côté des extrémités. Diviser l'ouverture du vêtement en quatre ; épingler. La couture n'arrivera peut-être pas à mi-chemin entre le milieu du devant et du dos.

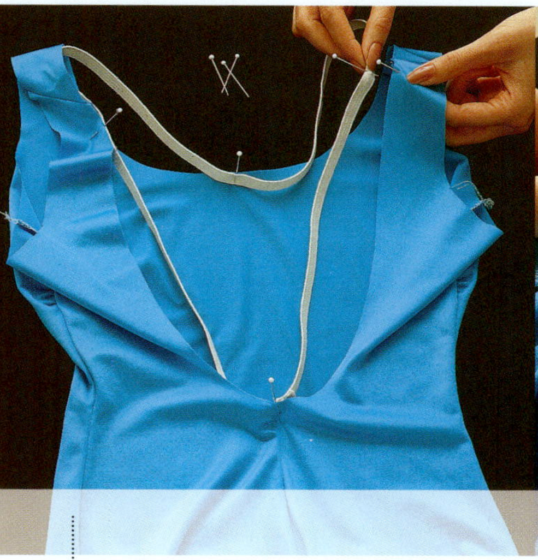

(2) **Épingler** l'élastique sur l'envers du tissu, en alignant les bords et les épingles. Placer les bouts qui se chevauchent au milieu au dos de l'encolure ou de la ligne de la taille.

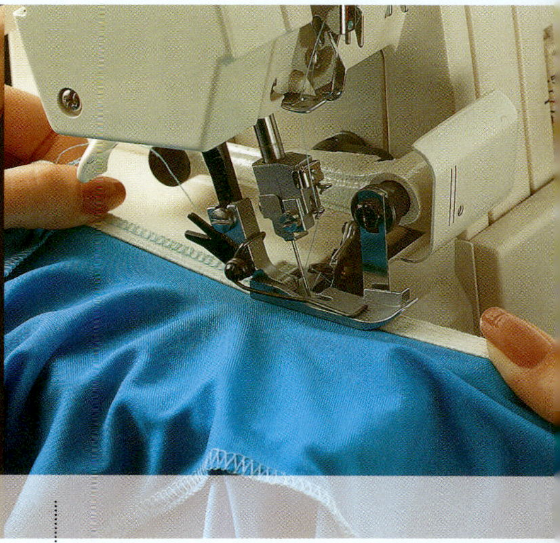

(3) **Piquer** le bord extérieur de l'élastique au vêtement au point zigzag ou de surjet ; tirer sur l'élastique pour l'ajuster entre les épingles. Avec une surjeteuse, guider le tissu ou débrancher les couteaux pour ne pas couper l'élastique.

(4) **Plier** l'élastique vers l'intérieur du vêtement en le recouvrant de tissu.

(5) **Piquer** à travers toutes les épaisseurs à 6 mm (¼ po) du bord replié au point zigzag étroit ou à points droits longs, en étirant le tissu.

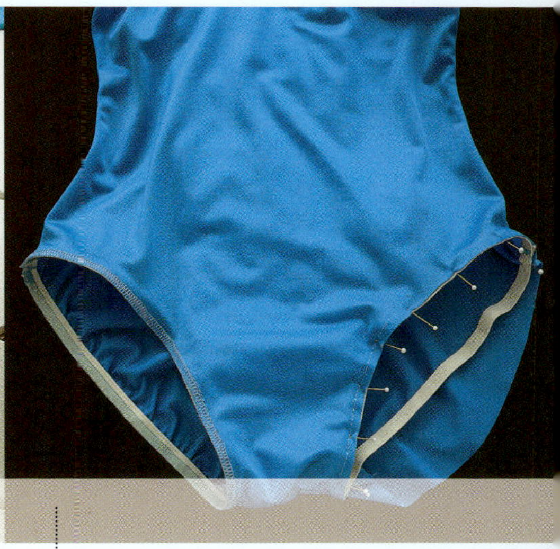

Ouvertures des jambes. Coudre les extrémités de l'élastique (voir page 203. Épingler l'élastique à l'ouverture de la jambe en plaçant les bouts cousus vis-à-vis les coutures des côtés sans étirer l'élastique sur le devant du vêtement ; étirer l'élastique à l'arrière de l'ouverture de la jambe. Suivre les étapes 3 à 5, en tirant sur l'élastique.

LES PROJETS DE DÉCORATION INTÉRIEURE

Le choix du tissu

Les tissus pour la décoration intérieure présentent des caractéristiques qu'on ne retrouve pas dans ceux qui sont destinés aux vêtements. Leur contexture, c'est-à-dire le nombre de brins au centimètre ou pouce carré, est généralement plus dense, ce qui en accroît la robustesse. De plus, comme on ne les nettoie pas fréquemment, ils sont habituellement traités pour résister aux taches. Quand il faut le faire, la plupart d'entre eux doivent être nettoyés à sec, à défaut de quoi ils risqueraient de rétrécir.

Le dessin d'armure, le contenu en fibres et le poids du tissu influeront sur l'aspect et la durabilité des articles de décoration intérieure. Ces caractéristiques détermineront en outre la quantité de lumière du jour que laissent passer les parures de fenêtres et le degré d'intimité qu'elles procurent.

Les tissus légers et à jour comprennent les voilages, les dentelles, les broderies anglaises et les tissus diaphanes. Comme leur largeur est généralement de 300 cm (118 po), on les coupe à contresens, ce qui permet de confectionner des rideaux diaphanes de pleine longueur sans couture. Les tissus de fantaisie présentent des textures intéressantes, parfois disposées en rayures. La plupart sont en polyester, étoffe robuste et stable, mais ils peuvent aussi contenir d'autres fibres décoratives. Les fibres naturelles, telles le lin et le coton, sont également utilisées pour la fabrication de rideaux diaphanes et légers.

Les tissus de poids moyen présentent un vaste éventail de fibres et de dessins d'armure. La toile (a) peut être unie ou imprimée. Sa résistance est déterminée par la densité des fils. Le satin (b) est tissé de sorte que les flottés de chaîne prédominent largement sur les fils de trame, conférant au tissu son lustre subtil. Il est également uni ou imprimé. Le jacquard (c), dont le damas, la tapisserie et le brocart, présente des motifs tissés. Les tissus de fantaisie (d) sont souvent unis et présentent une texture intéressante résultant de motifs d'armure complexes. Ces tissus polyvalents conviennent à tous les types de projets de décoration. Les tissus à poils (e), comme le suède, le velours côtelé et la chenille, présentent une surface texturée d'un intérêt indéniable. Ils sont généralement plus lourds que leurs contreparties destinées à la confection de vêtements.

Les tissus pour la décoration intérieure sont souvent faits de fibres naturelles, dont le coton, le lin, la soie et la laine. Ils sont respirants, confortables et faciles à coudre. Par contre, ils ne conviennent pas pour les vérandas, les solariums ou l'extérieur. Dans leur volonté de suivre la forte tendance actuelle en matière de décoration extérieure, les fabricants offrent également des tissus en acrylique ou en polyester hydrofuges et résistants à la décoloration qui ressemblent aux tissus pour l'intérieur. Ils sont grand teint et ont un apprêt antitache et antifongique.

Les tissus conçus pour un usage extérieur ressemblent à ceux destinés à la décoration intérieure et sont offerts dans des imprimés et coloris semblables.

Préparation du tissu

Prérétrécissez à la vapeur tout tissu devant être nettoyé à sec. Déplacez le fer uniformément juste au-dessus du tissu dans le sens du droit fil. Laissez sécher entièrement le tissu avant de le manipuler. Prérétrécissez les tissus lavables en les lavant et en les faisant sécher comme vous le ferez pour les articles finis.

LA COUPE DES TISSUS DE DÉCORATION

Après le prérétrécissage, redressez les extrémités du tissu en suivant l'une des trois méthodes illustrées à droite. Marquez ensuite les autres lignes de coupe en vous servant du bord redressé comme guide. Avant de couper dans du tissu de pleine largeur pour la confection d'articles tels que nappe, rideaux ou couvre-lit, marquez avec des épingles l'emplacement des lignes de coupe le long de la lisière. Marquez à la craie les petites pièces telles que coussins ou serviettes. Vérifiez doublement vos mesures et examinez le tissu en vue de détecter des imperfections éventuelles. Une fois coupé, vous ne pourrez le rapporter au détaillant.

Pour que le tissu des articles de grandes dimensions soit bien droit, on doit le couper sur le droit fil. Autrement dit, les coupes sont faites exactement le long des fils de trame du tissu. Comme les tissus imprimés sont coupés suivant le motif plutôt que le droit fil, assurez-vous que ceux que vous achetez soient bien imprimés sur le droit fil.

(a) **Sur les tissus tissés très serrés** sans motifs à raccorder, marquez des lignes de coupes sur le droit fil de trame à l'aide d'une équerre. Alignez un des bras sur la lisière et marquez le long du côté perpendiculaire.

(b) **Sur les tissus lâches,** tel que celui destiné au linge de table, tirez un fil de trame d'une lisière à l'autre. Coupez le tissu le long du jour laissé par le fil tiré.

(c) **Sur les tissus très serrés** avec motifs, marquez les deux lisières au même point du motif. À l'aide d'une grande règle, tirez un trait reliant les deux points. Si vous devez assembler deux pleines largeurs ou plus, faites toutes les coupes au même point de la répétition du motif. On doit généralement couper des pièces plus longues que nécessaires, les assembler, puis les tailler à la longueur désirée.

COUDRE LES TISSUS À MOTIFS

Les tissus à motifs sont conçus pour que ces derniers se raccordent aux coutures. Comme on coupe dans le sens de la trame entre les deux lisières, en suivant le motif plutôt que le droit fil, il importe de choisir un tissu qui est imprimé sur le droit fil. Les imprimés légèrement décalés par rapport au droit fil peuvent généralement être redressés en les étirant en diagonale, sauf s'ils sont apprêtés.

La répétition du motif correspond à la distance sur la longueur entre un point précis d'un motif, par exemple la pointe d'un pétale particulier dans un motif floral, et le même point sur le motif suivant. Sur certains tissus, des marques (+) imprimées sur la lisière indiquent le début de chaque répétition du motif. Elles sont particulièrement utiles pour les tissus comprenant plusieurs motifs similaires.

Pour la confection de gros articles, tels que rideaux ou housse de couette, le raccord des motifs exige généralement qu'on dispose d'un excédent de tissu. Ajoutez à la longueur finale les quantités nécessaires pour les ourlets, coulisses, têtes, ampleur et réserves de couture. Arrondissez la mesure au nombre divisible par la taille de la répétition du motif le plus près, ce qui vous donnera la longueur de coupe. Ainsi, si la répétition du motif (a) est de 61 cm (24 po) et la longueur requise (b) de 115 cm (45 po), la longueur de coupe réelle (c) sera de 122 cm (48 po). Pour que les motifs soient au même endroit d'un panneau à l'autre, chaque panneau doit être coupé exactement au même point de la répétition du motif.

Pour calculer la quantité de tissu nécessaire, multipliez la longueur de coupe par le nombre de largeurs de tissu requis pour le projet; ajoutez l'équivalent d'une répétition du motif de manière à pouvoir ajuster l'emplacement du motif sur les panneaux. Vous obtiendrez la longueur totale de tissu en centimètres (pouces); divisez cette mesure par 100 cm (36 po) pour déterminer le nombre de mètres (verges) requis.

Comment raccorder les motifs d'un tissu

(1) **Placer** deux panneaux de tissu endroit contre endroit en alignant les lisières. Plier la lisière du panneau du dessus de manière à raccorder les motifs. Ajuster le panneau du dessus légèrement vers le haut ou le bas de sorte que les motifs soient parfaitement raccordés. Presser le pli.

(2) **Déplier** la lisière pressée et épingler les panneaux le long de la ligne de pliure et parallèlement à cette dernière.

(3) **Retourner** le tissu et vérifier le raccordement des motifs sur l'endroit. Ajuster au besoin.

(4) **Épingler** de nouveau le tissu en piquant les épingles perpendiculairement à la ligne de pliure. Piquer le long de cette dernière en enlevant les épingles à mesure.

(5) **Vérifier** à nouveau le raccordement des motifs sur l'endroit. Ajuster au besoin. Couper les lisières en rasant les réserves de couture à 1,3 cm (½ po).

(6) **Couper** le panneau de tissu à la longueur déterminée dans les instructions. (La longueur initiale du tissu tient compte de l'excédent nécessaire pour accommoder les motifs.)

LES COUTURES

Toutes les coutures des articles de décoration intérieure se font à 1,3 cm (½ po) du bord, sauf indications contraires. Bloquez les coutures droites en effectuant quelques points arrière à chaque extrémité. Pour la plupart des projets, évitez de vous servir de la lisière comme réserve de couture. Bien que ce bord tissé serré et ne s'effilochant pas permettrait d'éliminer la finition, il ferait goder la couture et pourrait rétrécir excessivement sous l'action de la vapeur ou au lavage. La longue couture effectuée dans des tissus lâches tels que le voilage ou la dentelle constitue l'exception à cette règle.

Les longues coutures font goder certains tissus. Pour prévenir ce problème, pratiquez-vous à coudre serré. En piquant, tirez également sur le tissu devant et derrière l'aiguille comme s'il était monté sur un cercle à broder. Ne l'étirez pas. Tendez-le et laissez-le passer de lui-même sous les griffes.

Les coutures suivantes sont celles qu'on utilise le plus souvent pour les articles de décoration intérieure.

Les coutures des articles de décoration intérieure

La couture simple ouverte au fer convient à presque tous les tissus et projets pour lesquels vous comptez enfermer la couture ou la recouvrir de doublure. Si les réserves de couture doivent être apparentes ou si l'article doit être lavé fréquemment, finissez les réserves au point zigzag ou à la surjeteuse.

La couture simple couchée sur un côté est la plus courante pour les parures de fenêtre. Les réserves de couture sont couchées vers le bord du rideau (plutôt que vers le centre de la fenêtre). Finissez-les ensemble, particulièrement si vous ne comptez pas doubler l'article ou si le tissu s'effiloche facilement.

Le point de couture et surjet simultané à 4 ou 5 fils réalisé à la surjeteuse permet de finir uniformément les réserves de couture tout en les surjetant et en piquant la couture. Utilisez-le pour les rideaux ou tout autre article dont les réserves sont apparentes.

Le point de zigzag étroit sert pour les longues coutures effectuées dans les tissus lâches ou la dentelle. Le zigzag permet de diminuer légèrement la tension et de prévenir la formation de plis indésirables. Si vous devez préserver les lisières afin d'éviter un effilochage excessif, entaillez-les jusqu'à la ligne de couture tous les 2,5 à 15 cm (1 à 6 po) afin de les détendre.

La couture anglaise permet d'enfermer les bords vifs. Elle convient tout particulièrement aux tissus légers, diaphanes ou lâches qui seront lavés fréquemment ou soumis à l'abrasion. On s'en sert également pour la couture tailleur (page 106). Pour les articles de décoration intérieure, dont les réserves de couture ne sont que de 1,3 cm (½ po), on pique deux réserves de couture de 6 mm (¼ po).

Les coussins

Les coussins présentent divers styles de base : simple, à fausse plate-bande, à grande bordure droite, à plate-bande ou traversin. À partir de ces styles, il est possible de concevoir une multitude de coussins dans un large éventail de tissus en ayant recours à diverses techniques de décoration et à des ornements, en fonction du décor, de l'ambiance et de son budget.

Les instructions données dans cette section concernent les housses fermées par des coutures. Cette finition convient pour les coussins dont il n'est pas nécessaire d'enlever la housse pour la nettoyer. Dans le cas contraire, reportez-vous à la section sur les fermetures (pages 240 à 245).

Les housses peuvent être confectionnées de manière à s'adapter à des formes carrées, rectangulaires ou rondes. Pour un coussin ferme et rebondi, les dimensions finales devraient être d'au moins 2,5 cm (1 po) plus petites que la forme. Pour un coussin moins ferme et moins rebondi, elles devraient être similaires. Si vous désirez confectionner des coussins aux dimensions et formes inhabituelles, taillez des formes de mousse et complétez-les avec la bourre de votre choix. Remplissez directement de bourre la housse des coussins qui n'auront pas de doublure.

Formes et bourre

La forme des coussins tient à leur rembourrage, naturel ou synthétique. Selon la forme, les dimensions et l'usage prévu du coussin, vous utiliserez de la bourre ou une forme de mousse. Cette dernière convient particulièrement pour les coussins qui seront lavés ou nettoyés à sec, car il est facile de l'insérer et de la retirer par une fermeture à glissière ou rabattue. Si vous souhaitez retirer le rembourrage d'un coussin de dimensions ou de forme inhabituelles dans le but d'en laver la housse, fabriquez une doublure en mousseline de même forme et de mêmes dimensions, et rembourrez-la de la bourre désirée. La bourre peut être mise directement dans la housse d'un coussin qui sera fermé par une couture.

On trouve des formes pour coussins simples carrés de 25,5 à 76 cm (10 à 30 po), pour coussins rectangulaires et ronds, ainsi que pour traversins. Les plus onéreuses consistent en un rembourrage de duvet ou d'un mélange de duvet et de plumes. Le coussin de duvet peut être formé de manière à s'adapter au coin d'un divan. Il épouse confortablement le corps quand on s'y appuie mais il suffit de le faire bouffer pour qu'il retrouve sa forme rebondie. Les formes en polyester présentent certaines des caractéristiques du duvet mais sont plus souples et gardent mieux leur forme. De plus, elles sont meilleur marché, lavables et non allergènes. Leur qualité et leur prix varient d'un produit à l'autre : certaines sont plus rebondies, s'accompagnent d'une garantie qu'elles ne se sépareront pas ni ne s'agglutineront, et ont une housse en tissu plutôt qu'en tissu synthétique mince et non tissé.

Les formes toutes prêtes ne le sont pas nécessairement, particulièrement si elles semblent exagérément rebondies au centre et dégarnies dans les coins. Au besoin, vous pouvez ouvrir une couture et répartir uniformément la bourre. Si vous désirez un coussin plus rebondi, rajoutez de la bourre de polyester avant de le coudre pour le fermer. Pour utiliser une forme de coussin simple pour la fabrication d'un coussin à platebande ou à coins réunis en onglets, écartez la bourre des coins et suivez les étapes 3 et 4 de la fabrication du coussin à coins réunis en onglets de la page 231, en piquant sur l'extérieur de la forme.

LE COUSSIN SIMPLE

Le coussin simple est composé d'un devant et d'un dos de même forme et de mêmes dimensions qui sont réunis sur le pourtour par une simple couture. On peut intégrer dans la couture un élément décoratif, par exemple un passepoil, une frange ou un volant. Il peut être carré, rectangulaire ou présenter pratiquement toute autre forme, bien que certaines soient plus appropriées à ce style que d'autres. Ainsi, le coussin simple rond formera des plis disgracieux sur le bord.

Les coussins carrés et rectangulaires sembleront écornés du fait qu'ils sont plus épais au milieu que sur les bords. On peut prévenir ce problème en utilisant la technique de formation simple décrite aux étapes 2 à 4 de la page suivante.

Comment confectionner un coussin simple

(1) **Déterminer** les dimensions finales du coussin et ajouter 2,5 cm (1 po) dans les deux sens pour accommoder les réserves de couture. Couper le devant et le dos selon le droit fil du tissu.

(2) **Plier** le devant en quatre. Marquer un point à mi-chemin entre le coin et le pli sur les côtés ouverts. Au coin, marquer un point à 1,3 cm (½ po) de chacun des bords.

(3) **Tailler** le tissu entre la marque centrale et la marque du coin, puis entre le coin et l'autre marque centrale de manière à former une pointe sur les bords.

(4) **Déplier** le devant et l'utiliser comme patron pour tailler le dos.

(5) **Épingler** le devant au dos, endroit contre endroit. Piquer à 1,3 cm (½ po) des bords, en pivotant aux coins. Laisser une ouverture sur un des côtés parallèles à la lisière pour rembourrer le coussin.

Si la housse doit recevoir une forme, laisser une ouverture égale à environ les deux tiers de la longueur du côté. S'il s'agit de bourre, l'ouverture peut être plus petite.

(6) **Presser** les coutures à plat. Retourner la réserve de couture du devant et presser le sillon de la couture avec la pointe du fer. Presser les deux réserves de couture de l'ouverture.

(7) **Retourner** la housse à l'endroit. Ressortir les coins à l'aide d'un tourneur ou d'un instrument pointu similaire inséré par l'ouverture. Presser légèrement.

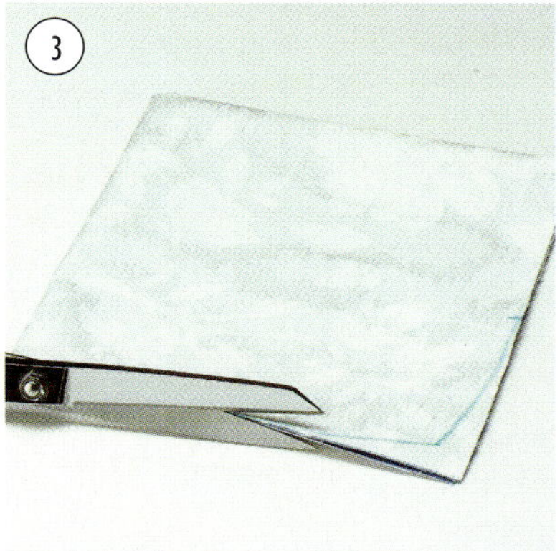

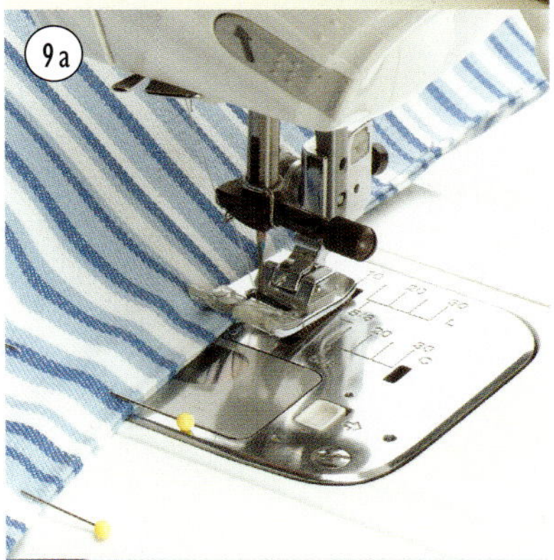

ASTUCE

Si le tissu est relativement léger, coupez les quatre épaisseurs en même temps. S'il est plutôt lourd, rasez les deux côtés d'un coin et utilisez-le comme patron pour raser les trois autres coins.

(8) **Comprimer** et insérer la forme en veillant à ce qu'elle loge parfaitement dans la housse ; au besoin, rajouter de la bourre de polyester dans les coins ou rembourrer le coussin avec la bourre choisie.

(9a) **Épingler** l'ouverture, en alignant les bords pressés. Surpiquer à la machine.

(9b) **Épingler** l'ouverture, en alignant les bords pressés. Fermer à la main à point coulés.

LE COUSSIN À FAUSSE PLATE-BANDE

Le coussin à fausse plate-bande, une variante du coussin simple, a la forme d'un solide aux lignes douces et imprécises. Contrairement à ce dernier, qui finit en pointe sur les bords, il est d'épaisseur égale. On obtient cet effet en piquant une couture verticale à chacun des coins de la housse, ce qui a pour effet d'en réduire la longueur et la largeur. La longueur de cette couture détermine l'épaisseur du coussin. Plus ce dernier est gros, plus on peut lui donner de l'épaisseur. Ainsi, un gros coussin de plancher paraîtra bien proportionné s'il a 15 cm (6 po) d'épaisseur, tandis qu'un petit coussin de canapé paraîtra mieux s'il en a 6,5 à 7,5 cm (2 ½ à 3 po). La couture du périmètre est effectuée à mi-chemin entre le devant et le dos. On peut y intégrer un passepoil.

2

4

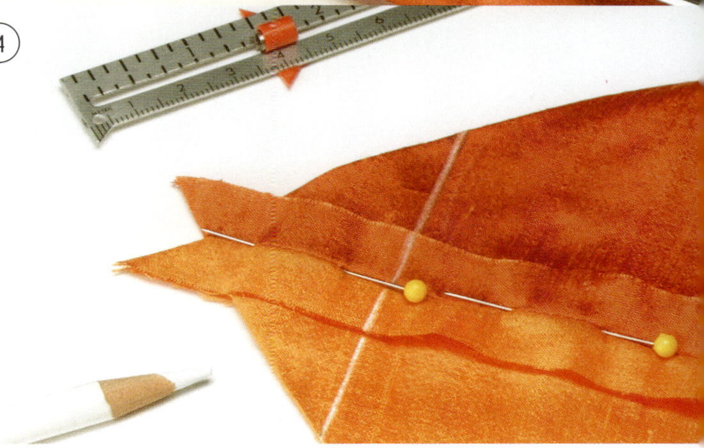

Comment confectionner un coussin à fausse plate-bande

(1) **Couper** le devant et le dos, en alignant les bords sur le droit fil. Pour les dimensions, se reporter aux indications de coupe du tableau ci-dessous.

(2) **Épingler** le devant au dos, endroit contre endroit. Piquer à 1,3 cm (½ po) des bords, en pivotant aux coins. Laisser une ouverture sur un des côtés parallèles à la lisière pour le rembourrage. Ouvrir la couture au fer.

(3) **Écarter** le devant et le dos à un coin et plier de nouveau le tissu de manière à former un nouveau coin en centrant les coutures. Épingler à travers les coutures du devant et du dos afin de bien les aligner.

(4) **Mesurer** la couture à partir du coin jusqu'à la moitié de la profondeur désirée et marquer un point. De là, tracer une ligne perpendiculaire à la couture entre les deux plis. Piquer sur la ligne. Ne pas raser le triangle du coin.

(5) **Répéter** les étapes 3 et 4 sur les autres coins. Si désiré, répéter pour la forme. Retourner la housse à l'endroit. Insérer la forme et fermer l'ouverture en suivant les étapes 7 à 9 de la page 229.

ASTUCE

Pour ouvrir plus facilement les réserves de couture au fer, insérez une jeannette ou un cylindre de carton rigide dans la housse du coussin.

Le tableau à droite indique les dimensions coupées nécessaires pour obtenir les dimensions finales des coussins à fausse plate-bande convenant aux formes de coussins standard. Les dimensions coupées comprennent des réserves de couture de 1,3 cm (½ po).

Dimensions finales	Épaisseur	Dimensions de coupe	Dimensions de la forme
25,5 x 25,5 cm 10 x 10 po	5 cm (2 po)	33 x 33 cm (13 x 13 po)	30,5 x 30,5 cm (12 x 12 po)
29 x 29 cm (11 ½ x 11 ½ po)	6,5 cm (2 ½ po)	38 x 38 cm (15 x 15 po)	35,5 x 35,5 cm (14 x 14 po)
33 x 33 cm (13 x 13 po)	7,5 cm (3 po)	43 x 43 cm (17 x 17 po)	40,5 x 40,5 cm (16 x 16 po)
37 x 37 cm (14 ½ x 14 ½ po)	9 cm (3 ½ po)	48,5 x 48,5 cm (19 x 19 po)	45,5 x 45,5 cm (18 x 18 po)
40,5 x 40,5 cm (16 x 16 po)	10 cm (4 po)	53,5 x 53,5 cm (21 x 21 po)	51 x 51 cm (20 x 20 po)
48, 5 x 48,5 cm (19 x 19 po)	13 cm (5 po)	63,5 x 63,5 cm (25 x 25 po)	61 x 61 cm (24 x 24 po)
61 x 61 cm (24 x 24 po)	15 cm (6 po)	78,5 x 78,5 cm (31 x 31 po)	76 x 76 cm (30 x 30 po)

LE COUSSIN À GRANDE BORDURE DROITE

La grande bordure droite est une bande de tissu plate qui borde le coussin. On peut la réaliser de diverses manières. Simple, elle est composée de deux épaisseurs de tissu réunies sur le pourtour du coussin. Pour la bordure double, les deux épaisseurs sont doublées du même tissu. La bordure à bords vifs comprend deux épaisseurs de tissu réversible ne s'effilochant pas, tels que molleton, feutre, faux suède, suède ou cuir. On peut aussi border le coussin simple de bandes de tissu doubles aux couleurs contrastées qui sont interrompues aux coins. La largeur de la bordure varie en fonction des dimensions et du style du coussin. Une largeur de 3,8 à 6,5 cm (1 ½ à 2 ½ po) convient bien pour les coussins de canapé ; la bordure des coussins plus gros sera plus large. Cependant, à moins que le tissu soit relativement raide, les bordures larges tendent à retomber. C'est donc un élément à considérer si vous souhaitez mettre vos coussins debout. Pour confectionner un coussin à grande bordure droite, la méthode la plus simple consiste à en fermer l'ouverture à la machine. Cependant, si vous désirez en retirer la forme, optez pour une fermeture simple ou une fermeture décorative à chevauchement, une fermeture à glissière au milieu du dos ou une fermeture à glissière invisible posée entre les bordures doubles.

Comment confectionner un coussin à grande bordure droite simple

(1) **Déterminer** les dimensions finales de la partie rembourrée du coussin et ajouter la largeur de la bordure multipliée par deux. Ajouter 2,5 cm (1 po) à la longueur et à la largeur pour accommoder des réserves de couture de 1,3 cm (½ po). Couper le devant et le dos du coussin, en alignant les bords sur le droit fil du tissu.

(2) **Suivre** les indications données aux étapes 5 à 7 pour le coussin simple (page 229). Marquer la largeur de la bordure à partir du bord extérieur cousu. Épingler les épaisseurs de tissu le long du trait. Piquer le long du trait, en laissant une ouverture de longueur égale et parallèle à celle de l'ouverture du bord.

(3) **Insérer** la forme ou rembourrer la partie intérieure du coussin ; ne pas rembourrer la bordure.

(4) **Surpiquer** la partie intérieure à l'aide du pied à fermeture à glissière. Coudre la bordure à points coulés ou la surpiquer le long du bord.

Comment confectionner un coussin à grande bordure droite à bords vifs

(1) **Déterminer** les dimensions finales de la partie rembourrée du coussin et ajouter la largeur de la bordure multipliée par deux. Couper le devant et le dos, en alignant au besoin les bords sur le droit fil du tissu.

(2) **Marquer** la largeur de la bordure sur le devant du coussin. Épingler le devant au dos, envers contre envers, le long du trait. Piquer le long du trait en laissant une ouverture sur un des côtés pour y insérer la forme.

(3) **Insérer** la forme ou rembourrer la partie intérieure du coussin. Surpiquer la partie intérieure à l'aide du pied à fermeture à glissière.

Comment confectionner un coussin à grandes bordures droites contrastées

(1) **Suivre** les indications données aux étapes 1 à 4 pour le coussin simple (page 229). Couper quatre bandes de tissu de longueur égale à celle des côtés du coussin et de 2,5 cm (1 po) plus larges que la largeur double de la bordure. Plier les bandes en deux dans le sens de la longueur et piquer les extrémités à 1,3 cm (½ po) du bord. Retourner à l'endroit et presser.

(2) **Épingler** les bandes aux bords extérieurs du devant à 1,3 cm (½ po) des coins, en alignant les bords vifs. Faufiler à 1,3 cm (½ po) des bords.

(3) **Suivre** les indications données aux étapes 5 à 9 pour le coussin simple (page 229). Veiller à ne pas prendre les extrémités des bordures dans les coutures.

LE COUSSIN À PLATE-BANDE

Le coussin à plate-bande a la forme d'un solide ; son devant et son dos, qui sont de même forme et de mêmes dimensions, sont réunis par une bande latérale, ou plate-bande. Suivant cette technique, on peut faire des coussins à plate-bande de forme circulaire, rectangulaire, hexagonale, triangulaire, en cœur, en étoile, etc. On peut se servir de formes standard pour les coussins carrés ; cependant, pour qu'ils soient de bonne épaisseur, coupez la housse de sorte qu'elle ait 5 cm (2 po) de moins sur la largeur et la longueur que la forme. Pour les coussins de forme et de dimensions inhabituelles, fabriquez votre propre forme ou rembourrez directement la housse de bourre.

Comment confectionner un coussin à plate-bande rectangulaire

1 **Déterminer** la largeur, la longueur et l'épaisseur du coussin. Ajouter 2,5 cm (1 po) dans les deux sens afin d'accommoder des réserves de couture de 1,3 cm (½ po). Couper le devant et le dos du coussin, en alignant les bords sur le droit fil du tissu. Couper une bande latérale de la longueur du pourtour du coussin plus 2,5 cm (1 po) pour les réserves de couture, et de largeur égale à l'épaisseur du coussin plus 2,5 cm (1 po) Si la bande latérale comprend plus d'une pièce, allouez 2,5 cm (1 po) pour la couture de chacune des pièces.

2 **Coudre** les pièces de la bande, au besoin, à 1,3 cm (½ po) des bords. Piquer les extrémités de la bande, endroit contre endroit, en formant un cercle. Marquer les deux longs bords de la bande aux longueurs des côtés du coussin en pratiquant des entailles de 1 cm (⅜ po) dans les réserves de couture. Ne pas utiliser les coutures de la bande comme marques.

3 **Épingler** la bande au devant du coussin, endroit contre endroit, bords vifs alignés, en plaçant les marques de la bande aux coins.

4 **Piquer** à 1,3 cm (½ po) du bord. Aux coins, arrêter en laissant l'aiguille piquée dans le tissu et faire pivoter ce dernier. Les bords des entailles s'écarteront pour permettre la formation des coins.

5 **Épingler** l'autre bord de la bande au dos du coussin, endroit contre endroit, en plaçant les marques de la bande aux coins. Piquer comme à l'étape 4, en laissant une ouverture pour le rembourrage.

6 **Presser** les coutures à plat. Puis, pour chaque couture, tourner la réserve de couture du dessus et presser avec la pointe du fer dans le sillon. Presser les deux réserves de couture de l'ouverture.

7 **Retourner** la housse à l'endroit. Ressortir les coins à l'aide d'un tourneur ou d'un instrument pointu similaire inséré dans l'ouverture. Presser légèrement.

8 **Comprimer** et insérer la forme du coussin, en veillant à ce qu'elle loge parfaitement dans la housse ; au besoin, rajouter de la bourre de polyester dans les coins ou rembourrer le coussin avec de la bourre. Fermer l'ouverture à points coulés.

Comment confectionner un coussin à plate-bande rond

1 **Dessiner** un patron pour le devant et le dos du coussin à l'aide d'une ficelle et d'un crayon tenant lieu de compas. Ajouter 1,3 cm (½ po) sur tout le pourtour pour accommoder les réserves de couture. Découper le patron et utiliser ce dernier pour couper le devant et le dos du coussin. Multiplier le diamètre final du coussin par 3,14 et arrondir la mesure à la plus proche fraction d'un centimètre (pouce) afin de déterminer la longueur finale de la bande ; ajouter 2,5 cm (1 po) afin d'accommoder les réserves de couture. Couper la bande à la largeur désirée en ajoutant 2,5 cm (1 po).

2 **Coudre** la bande en formant un cercle, tel qu'indiqué à l'étape 2 du coussin à plate-bande rectangulaire. Piquer à 1,3 cm (½ po) du bord des extrémités. Entailler la réserve de couture à tous les 1,3 cm (½ po) jusqu'à la ligne de couture, en évitant de couper le fil.

3 **Marquer avec des épingles** le devant, le dos et la bande aux quarts de la longueur. Épingler la bande au devant, endroit contre endroit, bords vifs alignés, en raccordant les marques. La bande étant sur le dessus, piquer à 1,3 cm (½ po) du bord.

4 **Piquer** l'autre bord de la bande sur le dos du coussin, en laissant une ouverture. Terminer le coussin tel qu'indiqué aux étapes 6 à 8 du coussin à plate-bande rectangulaire, en ne tenant pas compte des coins.

ASTUCE

Les entailles permettent d'ouvrir la bande latérale en éventail et d'ajuster parfaitement le bord avant du coussin. Veillez à ce que les bords vifs de la bande latérale soient alignés sur le bord extérieur du devant de la housse, et piquez juste à gauche du premier rang de points de sorte qu'il soit dissimulé à l'intérieur de la housse.

Comment confectionner un coussin à plate-bande à coins intérieurs

1 **Dessiner** un patron pour le devant et le dos du coussin, en ajoutant 1,3 cm (½ po) sur tout le pourtour pour accommoder les réserves de couture. Mesurer la ligne de couture extérieure et ajouter 2,5 cm (1 po) pour obtenir la longueur de coupe de la bande. Couper la bande à la largeur désirée en ajoutant 2,5 cm (1 po) ; coudre les parties de bande au besoin.

2 **Marquer** les lignes de couture aux coins intérieurs du devant et du dos. Effectuer une couture de soutien à petits points droits sur la ligne de couture, sur environ 2,5 cm (1 po) de part et d'autre des coins intérieurs, en faisant pivoter le tissu aux coins. Entailler le tissu aux coins jusqu'à la ligne de couture, en évitant de couper le fil.

3 **Préparer** la bande tel qu'indiqué à l'étape 2 du coussin à plate-bande rond (à gauche) aux endroits où elle s'arrondit vers l'extérieur. L'épingler au devant du coussin, endroit contre endroit. La bande étant sur le dessus, piquer les parties droites ou s'arrondissant vers l'extérieur. Arrêter la couture à 5 cm (2 po) des coins intérieurs, et la reprendre à 5 cm (2 po) au-delà.

4 **Effectuer** les dernières coutures aux coins intérieurs, bande dessous. Piquer juste à l'intérieur des lignes de couture de soutien.

5 **Fixer** l'autre bord de la bande au dos du coussin, en laissant une ouverture pour retourner la housse et la rembourrer. Finir le coussin.

LE TRAVERSIN

Le traversin est un coussin cylindrique qui soutient le cou et le bas du dos. Sa forme originale en fait un élément appréciable des décors où les coussins sont mis en valeur, sans compter que sa polyvalence permet de l'utiliser sur le lit, le divan, les chaises et les banquettes de fenêtre. Sous sa forme la plus simple, il consiste en un rectangle roulé et cousu pour former un cylindre fermé aux deux extrémités par un cordonnet de serrage passant dans une coulisse. On peut aussi confectionner un traversin ultra-long dont on liera les extrémités avec un cordonnet décoratif de manière à lui donner la forme d'un bonbon en papillote. Pour un style plus classique, on recouvrira les bouts du traversin de cercles de tissu. Le cylindre lui-même peut être constitué de pièces de divers tissus tandis que les coutures peuvent être ornées d'un passepoil ou d'une autre bordure décorative.

Les formes pour traversins sont offertes en diverses tailles. Vous pouvez aussi en fabriquer une toute simple, en suivant les indications données à l'étape 1 de la page 238.

Comment confectionner un traversin simple

(1) **Couper** un rectangle de nappe ouatée d'environ 1 m (1 vg) de long et de largeur égale à la longueur finale du traversin. Rouler la nappe en lui donnant la fermeté désirée (moins vous roulez serré, plus le traversin sera souple) jusqu'à obtenir le diamètre souhaité ; enlever l'excédent aux ciseaux. Coudre l'extrémité sur le rouleau au point roulé.

(2) **Couper** un rectangle de tissu de largeur égale à la circonférence du traversin plus 2,5 cm (1 po), et de longueur égale à celle du traversin, plus l'équivalent de son diamètre, plus 3,8 cm (1 ½ po) pour les coulisses.

(3) **Presser** un bord de 6 mm (¼ po), puis de 1,3 cm (½ po) sur chacune des extrémités courtes du tissu pour former les coulisses. Plier le tissu en deux dans le sens de la longueur, endroit contre endroit. Piquer une couture de 1,3 cm (½ po) sur le long côté en commençant et en terminant par des points d'arrêt à 2 cm (¾ po) des extrémités ; ouvrir la couture au fer.

(4) **Plier de nouveau** les coulisses. Surpiquer le long des plis internes ; renforcer les coutures aux ouvertures. Retourner la housse à l'endroit.

(5) **Enfiler** un cordonnet dans les coulisses. Insérer la forme dans la housse. Serrer le cordonnet et le nouer solidement. Si désiré, rentrer les bouts dans l'ouverture.

ASTUCE

Si la forme du traversin n'est pas complètement recouverte aux extrémités, mettez des chutes du même tissu avant de nouer les cordons. La tension de ces derniers les maintiendra en place.

Comment confectionner un traversin papillote

(1) **Faire** une forme en suivant les indications données à l'étape 1 (page 238), au besoin. Couper un rectangle de tissu dont la largeur est égale à la circonférence du traversin plus 2,5 cm (1 po), et la longueur égale à celle de la forme plus l'équivalent de trois fois son diamètre.

(2) **Presser** un bord de 6 mm (¼ po) à chacune des courtes extrémités ; déplier. Plier le tissu en deux dans le sens de la longueur, endroit contre endroit. Piquer une couture de 1,3 cm (½ po) sur le long côté, en commençant et en terminant par des points d'arrêt à 2 cm (¾ po) des extrémités ; ouvrir la couture au fer.

(3) **Plier de nouveau** les bords des extrémités à 6 mm (¼ po). Plier les extrémités sur la moitié du diamètre du traversin. Surpiquer le long des plis intérieurs ; renforcer les coutures aux ouvertures. Piquer à 1,3 cm (½ po) du pli pour former une coulisse.

(4) **Enfiler** un cordonnet dans les coulisses. Retourner la housse à l'endroit. Insérer la forme. Serrer le cordonnet et nouer solidement. Rentrer les bouts dans l'ouverture. Si désiré, nouer un cordonnet décoratif aux deux extrémités.

Comment confectionner un traversin à extrémités plates

(1) **Faire** une forme selon les indications données à l'étape 1 (page 238), au besoin. Couper un rectangle de tissu de largeur égale à la circonférence du traversin plus 2,5 cm (1 po), et de longueur égale à celle de la forme plus 2,5 cm (1 po). Couper deux cercles de tissu de diamètre égal à celui de la forme plus 2,5 cm (1 po).

(2) **Plier** le rectangle en deux sur le sens de la longueur, endroit contre endroit. Piquer à 1,3 cm (½ po) du bord sur le long côté, en laissant une ouverture pour retourner la housse et insérer la forme ; ouvrir la couture au fer.

(3) **Piquer** chaque extrémité du cylindre à 1,3 cm (½ po) du bord. Entailler la réserve de couture tous les 1,3 cm (½ po) en évitant de couper le fil

(4) **Épingler** un cercle à une extrémité, endroit contre endroit, en alignant les bords vifs. Les réserves de couture à l'extrémité du cylindre s'écarteront aux entailles. Piquer une couture à 1,3 cm (½ po) du bord, en veillant à ce que les bords soient égaux. Piquer juste à l'intérieur de la première ligne de couture. Répéter à l'autre extrémité.

(5) **Retourner** la housse du traversin à l'endroit. Insérer la forme. Fermer l'ouverture à points coulés.

LES FERMETURES

Les coussins qu'on utilise et manipule fréquemment doivent être munis de fermetures permettant d'enlever le rembourrage afin de les laver ou les nettoyer à sec à l'occasion. On peut, dans ce but, poser une fermeture à glissière conventionnelle ou invisible, ou confectionner une fermeture à chevauchement.

Le style du coussin déterminera le choix de la fermeture et son emplacement. Ainsi, la fermeture à glissière invisible peut s'insérer dans la couture d'un coussin simple ou à fausse plate-bande, particulièrement s'il est décoratif des deux côtés. Par contre, il est plus difficile de poser une fermeture à glissière dans la couture d'un coussin simple passepoilé ou à volant. Dans ce cas, il sera plus simple de poser une fermeture à glissière ou à chevauchement sur le dos du coussin. Sur un coussin à plate-bande, la fermeture à glissière est généralement posée dans une partie de la bande latérale de sorte que le coussin soit réversible. Le coussin à grande bordure étroite peut se fermer au moyen d'une fermeture à glissière ou à chevauchement, d'une bande autogrippante ou de boutons placés sur le dos, ou de fermetures décoratives sur le devant.

Parfois, la fermeture constitue le principal élément décoratif du coussin. Des ornements empruntés à l'univers de la mode, par exemple, boutons de fantaisie, boutons en bâtonnet, brandebourgs, boucles et liens en tissu ou en ruban, confèrent à ces articles de décoration intérieure une note professionnelle.

Les fermetures à glissière

On peut insérer une fermeture à glissière conventionnelle en polyester (mais non une séparable) dans une couture entre les pièces du dos du coussin. La couture peut être centrée sur le dos ou posée près du bord de sorte qu'elle soit moins visible ; les réserves de couture en dissimuleront les dents. La fermeture invisible, dont la pose nécessite un pied presseur spécial, est généralement placée dans la couture qui réunit le devant et le dos du coussin, où elle disparaît presque entièrement.

L'ouverture devrait être assez longue pour que vous puissiez retirer et insérer la forme du coussin sans distendre les extrémités de la fermeture à glissière. Utilisez une fermeture dont la longueur correspond au moins aux trois quarts de la largeur du coussin. Au besoin, vous pouvez la raccourcir en suivant les indications de la page 175.

Comment insérer une fermeture à glissière conventionnelle

(1) **Couper** le dos du coussin de sorte qu'il soit plus large de 2,5 cm (1 po) que le devant afin d'accommoder des réserves de couture de 1,3 cm (½ po). Pour centrer la fermeture sur le dos, plier ce dernier en deux, endroit contre endroit. Pour la poser près d'un bord, plier le tissu à 4,5 cm (1 ¾ po) du bord. Presser.

(2) **Marquer** la ligne de pliure au niveau des crans d'arrêt. Piquer à 1,3 cm (½ po) de la ligne de pliure entre le bord du coussin et la première marque ; bloquer la couture. Faufiler à la machine jusqu'à la seconde marque. Raccourcir le point et le bloquer ; piquer l'autre bord. Couper le long de la ligne de pliure ; ouvrir la couture au fer.

(3) **Centrer** la fermeture fermée, endroit dessous, sur la couture, en alignant les crans d'arrêt sur les marques. La fixer à la colle ou avec des épingles uniquement sur les réserves de couture. Finir les réserves en prenant le ruban de la fermeture à glissière dans la couture.

(4) **Mettre** le dos du coussin à plat, endroit dessus. Marquer le haut et le bas du rouleau de la fermeture à glissière à l'aide d'épingles. Centrer une bande de ruban transparent de 1,3 cm (½ po) sur la couture, entre les épingles. Surpiquer le long des bords du ruban à l'aide du pied à fermeture à glissière, en formant un rectangle étroit. Piquer lentement en traversant le rouleau juste au-delà des crans d'arrêt. Retirer le ruban. Nouer les fils sur l'envers du coussin. Enlever le faufil.

(5) **Finir** le coussin en suivant les indications correspondant à son style. Plutôt que de laisser une ouverture pour le retourner à l'endroit, ouvrir la fermeture à glissière avant de piquer la dernière couture.

Comment coudre une fermeture à glissière sur un coussin à plate-bande

(1) **Utiliser** une fermeture à glissière d'environ 5 cm (2 po) plus courte qu'un des côtés d'un coussin carré ou d'un tiers de la circonférence d'un coussin rond. Couper la partie de la bande latérale qui recevra la fermeture de largeur égale à celle de la bande finie plus 5 cm (2 po), et de longueur égale à celle du ruban de la fermeture à glissière. Couper le reste de la bande latérale de largeur égale à celle de la bande finie plus 2,5 cm (1 po), et de longueur équivalente à celle du reste de la circonférence plus environ 15 cm (6 po).

(2) **Presser** la bande latérale recevant la fermeture à glissière en deux sur le sens de la longueur, endroit contre endroit. Faufiler à la machine à 1,3 cm (½ po) du pli. Ouvrir le pli aux ciseaux; ouvrir la couture au fer.

(3) **Centrer** la fermeture fermée, devant dessous, sur la couture. La fixer avec de la colle ou des épingles uniquement sur les réserves de couture. Finir les réserves, en prenant le ruban de la fermeture dans la couture.

(4) **Retourner** la bande de la fermeture à glissière à l'endroit. Centrer une bande de ruban transparent de 1,3 cm (½ po) sur la couture. Surpiquer d'un bout à l'autre le long des bords du ruban à l'aide d'un pied à fermeture à glissière (inutile de traverser la fermeture). Retirer le ruban. Enlever le faufil.

(5) **Presser** un bord de 5 cm (2 po) sur l'un des côtés courts de la bande latérale. Recouvrir la partie supérieure du ruban de la fermeture du pli pour couvrir la tirette. Piquer à travers toutes les épaisseurs à 3,8 cm (1 ½ po) du pli.

(6) **Couper** la bande à fermeture à glissière à la longueur de la circonférence finale du coussin plus 2,5 cm (1 po). Épingler l'extrémité coupée au bas de la bande à fermeture, endroit contre endroit. Piquer à 1,3 cm (½ po) du bord, en ralentissant sur le rouleau. Presser les réserves de couture en les couchant du côté opposé à la fermeture à glissière. Finir le coussin en suivant les indications générales de la page 235. Plutôt que de laisser une ouverture pour retourner la housse à l'endroit, ouvrir simplement la fermeture à glissière avant d'effectuer la dernière couture.

Comment insérer une fermeture à glissière invisible

(1) **Ouvrir** la fermeture à glissière; presser le ruban de la fermeture sur l'envers afin de séparer les deux parties du rouleau. Centrer la fermeture à glissière sur un des longs côtés du dos du coussin. Marquer les extrémités du rouleau sur l'endroit du dos; reporter les marques sur le devant du coussin. Marquer une ligne de couture de 1,3 cm (½ po) sur le tissu à l'aide d'un crayon délébile ou d'une craie.

(2) **Placer** la fermeture ouverte sur le dos du coussin, endroit contre endroit, le rouleau de la fermeture aligné sur la ligne de couture et ses extrémités alignées sur les marques. Coller ou épingler. Finir la réserve de couture, en prenant le ruban de la fermeture à glissière dans la couture.

(3) **Fixer** le pied pour fermeture invisible sur la machine; placer le haut du rouleau de la fermeture sous la rainure appropriée du pied. Glisser le pied sur l'adaptateur pour ajuster la position de l'aiguille de manière à coudre au ras du rouleau; sur les tissus plus lourds, régler la position de l'aiguille de manière à piquer un peu plus loin du rouleau. Piquer, en commençant dans le haut, et arrêter quand le pied est au niveau de la tirette du bas.

(4) **Fixer** l'autre côté de la fermeture sur le devant du coussin, comme à l'étape 2. Placer le rouleau sous le pied presseur; glisser le pied sur l'adaptateur du côté opposé et ajuster la position de l'aiguille. Le plus gros du tissu sera du côté opposé à l'aiguille. Piquer en arrêtant quand le pied est au niveau de la tirette.

(5) **Fermer** la fermeture à glissière; épingler le devant et le dos, endroit contre endroit, en haut et en bas de la fermeture à glissière. Ajuster le pied à fermeture à glissière de manière à piquer au ras de la fermeture à glissière. Finir de piquer la couture.

(6) **Ouvrir** la fermeture à glissière. Fixer le pied presseur universel et finir le coussin, en suivant les indications générales pour son style. Plutôt que de laisser une ouverture pour retourner la housse à l'endroit, ouvrir simplement la fermeture à glissière avant de piquer la dernière couture.

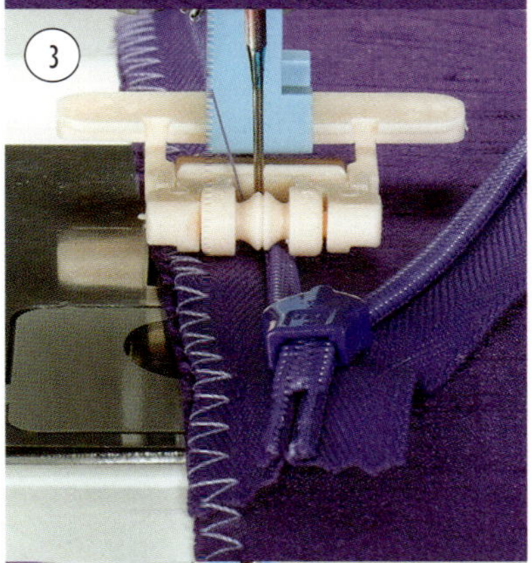

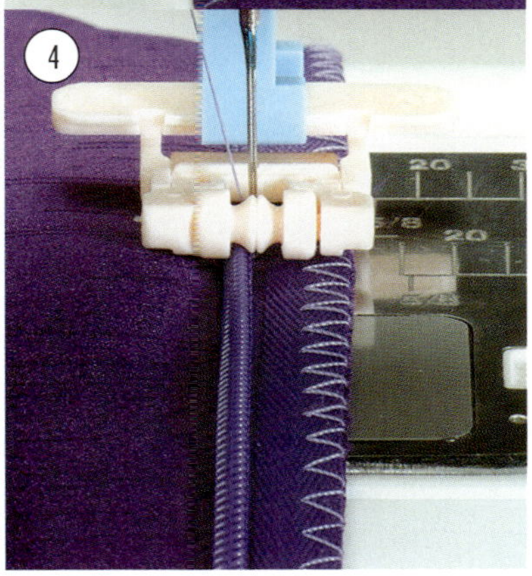

Fermetures à recouvrement

Une fermeture à recouvrement consiste en deux bords ourlés qui se chevauchent, comme on le voit sur une chemise boutonnée. Les bords peuvent être réunis par des attaches tels que bande autogrippante, bande à boutons pression ou boutons. S'ils se chevauchent un peu plus profondément, les attaches sont superflues. Les fermetures strictement fonctionnelles peuvent être placées au milieu du dos du coussin ou près d'un bord. Les fermetures décoratives présentant de jolis boutons ou des brandebourgs peuvent être placées sur le devant.

Comment coudre une fermeture à recouvrement simple

(1) **Couper** les deux pièces du dos de la longueur finale du coussin plus 2,5 cm (1 po), et de largeur égale à la moitié de celle du coussin fini plus 9 cm (3 ½ po). Presser un ourlet double à 2,5 cm (1 po) du bord d'un long côté sur les deux pièces du dos. Piquer le long du pli interne des pièces.

(2) **Superposer** les bords ourlés de sorte qu'ils se chevauchent sur 5 cm (2 po), endroit contre endroit. Les plis internes s'aligneront. Faufiler les extrémités des ourlets. Finir le coussin en suivant les indications générales. Plutôt que de laisser une ouverture, retourner la housse à l'endroit par les ourlets se chevauchant.

Comment coudre une fermeture autogrippante

(1) **Couper** deux pièces pour le dos égales à la longueur finale du coussin plus 2,5 cm (1 po), et à la moitié de la largeur finale du coussin plus 7,5 cm (3 po). Presser un ourlet double de 2,5 cm (1 po) sur un des longs côtés des deux pièces du dos. Piquer le long du pli intérieur de l'une des pièces.

(2) **Couper** les deux rubans d'une bande autogrippante de 2 cm (¾ po) de sorte qu'ils aient 7,5 cm (3 po) en moins que le bord ourlé. Centrer le ruban à bouclettes sur le côté droit de l'ourlet cousu. Piquer le long des bords extérieurs du ruban.

(3) **Déplier** l'ourlet de l'autre pièce du dos. Centrer le ruban à crochets sur l'endroit du tissu entre les deux plis pressés ; piquer le long des bords extérieurs du ruban. Replier l'ourlet et piquer.

(4) **Superposer** les ourlets et fermer la bande autogrippante. Faufiler les extrémités de l'ourlet. Finir le coussin en suivant les indications générales. Plutôt que de laisser une ouverture pour le retourner à l'endroit, détacher les deux parties de la fermeture autogrippante.

Comment coudre une fermeture à boutons

(1) **Suivre** les indications données à l'étape 1 pour la fermeture autogrippante, mais piquer les deux ourlets. Sur une des pièces du dos (ou du devant, si la fermeture est décorative), coudre le nombre désiré de boutonnières en les espaçant uniformément et en veillant à ce qu'elles soient centrées sur l'ourlet et parallèles à celui-ci. Superposer les ourlets et marquer l'emplacement des boutons sur celui du dessous, à travers les boutonnières. Coudre les boutons.

(2) **Superposer** les ourlets et boutonner. Faufiler les extrémités des ourlets. Finir le coussin en suivant les indications données pour son style. Plutôt que de laisser une ouverture pour retourner la housse à l'endroit, défaire les boutons.

Comment coudre une fermeture avec bande à boutons pression

(1) **Suivre** les indications données pour la fermeture autogrippante, à gauche, mais prolonger la bande jusque dans les réserves de couture des extrémités de l'ouverture. S'assurer que les boutons pression sont alignés avant d'effectuer les coutures.

LES BORDURES DÉCORATIVES

Les coutures du pourtour du coussin constituent un emplacement de choix pour ajouter un élément décoratif. Tout en définissant les lignes du coussin, des éléments tels que le passepoil de tissu ou la cordelière confèrent de la stabilité au coussin et lui donnent un aspect classique. Le volant adoucit les lignes du coussin et apporte une note romantique. Les franges, offertes dans tous les styles imaginables, donnent aux coussins ordinaires un aspect professionnel.

Passepoil

Offerts en diverses tailles, les cordons peuvent facilement être recouverts de tissu pour en faire des passepoils. Choisissez un diamètre qui convient à la taille et à la forme du coussin, ainsi qu'au tissu. Le passepoil étroit est plus classique et convient particulièrement aux petits coussins faits de tissus légers. Le passepoil plus épais est moins raffiné et joue un rôle plus important dans l'aspect général du coussin. Pour accommoder les coins et les courbes, le tissu du passepoil est coupé en biais.

La cordelière constitue une solution de rechange ornementale au cordon recouvert de tissu. On en trouve un vaste éventail de styles, couleurs et dimensions. Elle est fixée sur un ruban pris dans la couture et invisible sur l'endroit. Afin de faciliter la tâche et donner une meilleure apparence au devant, elle est posée d'abord sur le dos du coussin, endroit dessus. On peut en tordre les bouts ensemble afin de les réunir discrètement.

Les bordures décoratives, y compris la cordelière, ont tendance à s'effilocher. À la boutique, la vendeuse devrait entourer la partie à couper de ruban adhésif et tailler au milieu. De la même manière, entourez la bordure de ruban adhésif avant de la couper à la longueur désirée. Avant de faire les coupes finales, saturez-la de liquide prévenant l'effilochage ou de colle à tissu et laisser sécher entièrement. Couper ensuite au milieu de la partie traitée.

Comment confectionner un biais gansé

(1) **Plier** le tissu sur la diagonale, en alignant le bord coupé sur la lisière. Couper des bandes de biais parallèles au pli dont la largeur est de 2,5 cm (1 po) de plus que le diamètre du cordonnet. Assembler les bandes de sorte que la longueur totale soit de quelques centimètres (pouces) de plus que la longueur à passepoiler.

(2) **Replier** la bande de tissu sur le cordonnet, endroit dessus, en alignant les bords vifs. À l'aide d'un pied-guide cordonnet ou à fermeture à glissière, faufiler près du cordonnet. Veiller à ce que ce dernier reste droit et souple.

(3) **Coudre** le passepoil sur l'endroit du coussin, en alignant les bords vifs et en commençant à 5 cm (2 po) de l'extrémité du passepoil. Entailler et détendre le passepoil aux coins ; détendre le passepoil dans les courbes.

(4) **Arrêter** la couture à 5 cm (2 po) du point où se joindront les extrémités. Couper une extrémité du passepoil de sorte qu'il dépasse l'autre de 2,5 cm (1 po).

(5) **Défaire** la couture à une extrémité du passepoil et raser les bouts du cordon de sorte qu'ils se joignent.

(6) **Replier** 1,3 cm (½ po) à l'extrémité du biais qui dépasse. En recouvrir l'autre extrémité ; terminer de coudre le passepoil au bord du coussin.

(7) **Finir** le coussin en suivant les indications générales. Pour les coutures qui reçoivent le passepoil, utiliser un pied guide-cordonnet ou à fermeture à glissière. L'envers de la pièce passepoilée dessus, coudre à l'intérieur de la ligne de couture de manière à bien tasser le cordon.

ASTUCE

Quand vous fixez une cordelière sur un coussin carré ou rectangulaire, taillez les coins en pointe tel qu'indiqué aux étapes 2 et 3 de la page 231.

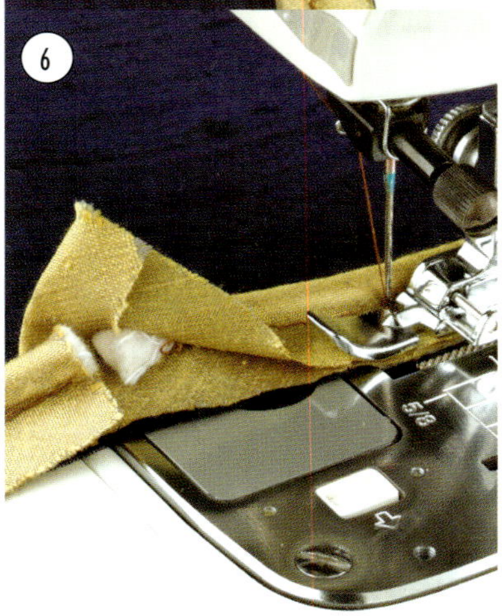

Comment poser une cordelière

(1) **Épingler** la cordelière au dos du coussin, endroits dessus, les deux extrémités sur le même côté (non à un coin). Marquer les coins avec une épingle. Enlever le cordon.

(2) **Faufiler à la main** le ruban à la tresse à 6 mm (¼ po) de part et d'autre de chaque épingle. Couper 1,3 cm (½ po) du ruban à chaque marque de coin. Il sera ainsi plus facile de fixer la tresse sur les coins.

(3) **Coudre** la tresse au dos du coussin, endroits dessus, à l'aide du pied à fermeture à glissière ; aligner le bord du ruban de la cordelière sur le bord vif du tissu. Tourner la cordelière sur les coins et ne la coudre que sur le tissu. Laisser une longueur de 3,8 cm (1 ½ po) non cousue entre les extrémités ; laisser des bouts libres de 7,5 cm (3 po).

(4) **Desserrer** la cordelière du ruban dans la région du raccord. Raser les extrémités du ruban de sorte qu'elles se chevauchent sur 2,5 cm (1 po). Séparer les brins de la cordelière ; entourer chacune de leur extrémité de ruban adhésif. Disposer les brins de sorte que ceux de droite soient tournés vers le haut et ceux de gauche, vers le bas.

(5) **Insérer** les brins de droite sous les extrémités croisées du ruban, en les tordant et les tirant jusqu'à ce que la cordelière reprenne sa forme initiale. Fixer à l'aide de ruban adhésif.

(6) **Tordre** et tirer les brins de gauche sur ceux de droite de sorte que, des deux côtés, les extrémités tordues semblent être dans la continuation de la cordelière. Fixer à l'aide de ruban adhésif.

(7) **Positionner** le pied à fermeture à glissière sur la gauche de l'aiguille, si possible. Placer le dos du coussin sur la droite de l'aiguille, ce qui permettra de coudre dans le sens des brins tordus. Faufiler à la machine à travers toutes les épaisseurs. À défaut de pouvoir ajuster le pied de cette manière, le retirer et piquer manuellement sur les brins. Veiller à ce que le relève-presseur de la machine soit baissé de sorte que le fil soit sous tension.

(8) **Finir** le coussin, en suivant les indications générales données pour son style. Pour les coutures recevant la cordelière, utiliser un pied à fermeture à glissière. L'envers de la pièce passepoilée dessus, piquer à l'intérieur de la ligne de couture précédente, en tassant les points contre le passepoil.

Le volant

Comme il est visible des deux côtés, il est préférable que le volant des coussins soit doublé du même tissu. Avant de le poser, taillez en pointe les bords d'un coussin carré tel qu'expliqué aux étapes 2 et 3 de la page 229. Puis piquer en arrondissant les coins plutôt que de faire pivoter le tissu à angle droit. Le coussin paraîtra carré, mais le volant tombera mieux aux coins.

Comment confectionner un volant

(1) **Couper** des bandes de tissu le long du fil de trame ou de chaîne de largeur égale à deux fois celle du volant plus 2,5 cm (1 po). Assembler le nombre nécessaire de bandes pour obtenir deux ou trois fois la circonférence du coussin ; les réunir à la diagonale afin de réduire le volume de tissu.

(2) **Coudre** les extrémités de la bande obtenue en diagonale de manière à former un cercle. Plier la bande en deux sur le sens de la longueur, endroit contre endroit. Presser le pli si désiré ou le laisser tel quel pour adoucir l'aspect général. Préparer les bords vifs pour les fronces en piquant au point zigzag par dessus un cordonnet, par exemple du coton à crocheter ou du fil dentaire, dans la réserve de couture de 1,3 cm (1/2 po).

(3) **Plier** le volant en quatre. Pratiquer des entailles de 1 cm (3/8 po) dans les réserves de couture au niveau des plis. Disposer le volant sur l'endroit du devant du coussin, le cordon piqué au point de zigzag dessus et les bords vifs alignés. Pour un coussin carré, raccorder les entailles aux coins du devant du coussin ; pour un coussin rectangulaire, les raccorder aux centres des côtés ; pour un coussin rond, les raccorder aux quatre marques le long du bord. Épingler au niveau des marques.

(4) **Tirer** le cordonnet jusqu'à ce que le volant soit ajusté au devant du coussin entre les marques. Répartir également l'ampleur, en augmentant la densité aux coins de sorte que le volant s'ouvre en éventail. Épingler le volant en place. Bloquer le cordonnet en entourant les extrémités sur les épingles.

(5) **Faufiler à la machine** le volant au devant, en piquant juste à l'intérieur du rang de fronces.

(6) **Finir** le coussin, en suivant les indications générales pour son style. Sur les coutures qui reçoivent le volant, piquer juste à l'intérieur de la ligne de couture, envers de la pièce dessus.

Les franges

Types de franges

La frange brosse (a) consiste en un rang dense de fils de même longueur. Dans les boutiques, le bord coupé est généralement retenu à l'aide d'un point de chaînette, que vous devriez laisser intact jusqu'à la fin de l'assemblage du coussin. Il est ensuite facile d'enlever les points et de faire bouffer les fils à la vapeur ou avec un mouvement délicat de la main.

La frange coupée est montée sur une tête décorative ; elle ressemble à la frange brosse mais ses fils sont moins denses. Ils sont souvent multicolores et composés d'un mélange de fibres.

La frange à boucles (b) est montée sur une tête simple ou décorative et est offerte en diverses fibres. Elle est composée de fils, cordonnets ou rubans qui se chevauchent. Les boucles sont de longueur égale ou variable ; dans ce cas, elles sont alors coupées suivant un motif établi.

La frange de glands (c) est un rang continu de minuscules glands fixés sur une tête décorative. Souvent, ils sont séparés par des boucles ; on en trouve en diverses fibres et couleurs.

La frange de pompons (d) est un rang continu de pompons fixés sur une tête simple. Bien que d'un style peu recherché, on en trouve d'assez décoratives pour embellir les coussins.

La frange de canetille (e) est un rang continu de cordonnets tordus fixés sur une tête simple ou décorative. Il en existe divers styles, de la frange lourde à brins longs à la plus légère à brins courts, monochromes ou polychromes.

La frange de perles (f) a du chic. Elle est offerte en divers styles ; certaines ressemblent à la frange coupée, à boucles ou de glands, mais elles sont composées de centaines de perles de diverses couleurs, formes et dimensions. Les franges de perles avec tête ou ruban décoratif peuvent être cousues sur l'extérieur du coussin ; celles qui ont une tête simple sont prises dans la couture extérieure, dégageant les perles qui pendent et bruissent agréablement.

La frange de plumes (g) est un ornement tendance pour les coussins destinés à être plus décoratifs que pratiques. Les plumes sont fixées à un ruban simple qui peut se dissimuler dans la couture ou être recouvert d'une autre bordure.

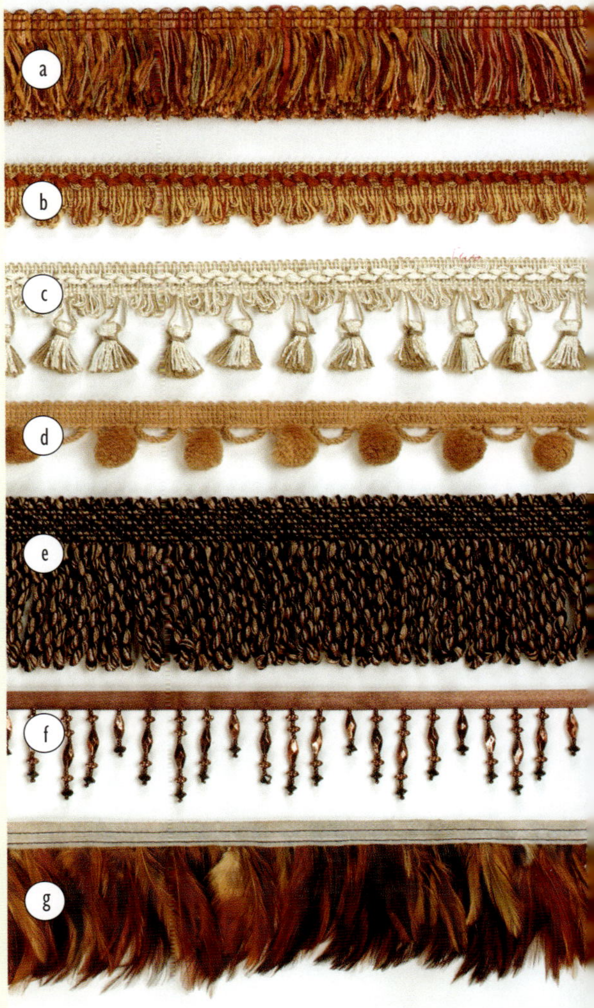

Comment poser une frange

La frange sans tête décorative

(1) **Tailler** en pointe les coins des coussins à coins carrés. Faufiler à la machine la frange sur l'endroit du devant du coussin, en plaçant la tête à l'intérieur de la réserve de couture de 1,3 cm (½ po), frange tournée vers l'intérieur. Aux extrémités, couper entre les boucles et coudre à la main les extrémités afin de prévenir l'effilochage ; les abouter. Finir le coussin en suivant les indications générales pour son style.

La frange avec tête décorative

(2) **Avant** de rembourrer le coussin, épingler la frange au devant de la housse finie, en alignant le bord intérieur de la tête sur le bord extérieur du coussin. Couper les coins de la tête à angle. Si elle est épaisse ou texturée, utiliser de l'adhésif double-face doublé de papier. Pour fixer une tête mince et plate, utiliser de la colle à tissu ou des bandes d'adhésif thermocollant doublé de papier.

Les housses

La housse est particulièrement utile quand on veut repeindre une pièce d'une autre couleur, rajeunir un tissu d'ameublement usé ou aux couleurs passées, ou simplement modifier l'ambiance pour l'accorder aux changements des saisons. Que ce soit pour recouvrir les chaises de la salle à manger ou un futon, les techniques de confection d'une housse sont essentiellement les mêmes. Les indications qui suivent vous permettront d'obtenir les résultats escomptés.

Le plan de coupe et la coupe

Autant que possible, posez toutes les pièces du patron sur le tissu avant de le couper, ce qui vous permettra d'en changer la disposition au besoin afin d'utiliser au mieux le tissu.

Les tissus à motifs de pleine largeur nécessitent peu de raccords. Quand vous assemblez des largeurs de tissu, il importe de raccorder les motifs. Si l'imprimé est unidirectionnel, assurez-vous de disposer les pièces de tissu dans le bon sens.

Centrez les grands motifs d'un imprimé sur le haut et le bas du coussin. Comme il n'est habituellement pas possible de raccorder les motifs sur toutes les coutures d'une housse, faites-le aux endroits les plus visibles, tels que la couture entre le siège et le dossier, et entre les devants du siège et du volant.

LA HOUSSE DE SIÈGE RÉVERSIBLE

Les housses de siège simples rajeunissent l'aspect de la salle à dîner ou des chaises. Comme elles sont faites de deux tissus de décoration assortis, on peut les retourner et transformer ainsi immédiatement le décor. Les pinces cousues aux coins de devant permettent d'ajuster la housse au siège. Les coins du dos sont retenus par une bande de boutons qui ceinture le pied de la chaise.

Comme ces housses couvrent les quatre pieds, elles conviennent aux chaises à côtés droits et à devant ouvert entre les montants arrière. La quantité de tissu requise dépendant des dimensions de la chaise et du motif du tissu, confectionnez d'abord le patron pour savoir combien en acheter.

Si vous recouvrez plus d'une chaise, veillez à ce que le motif de la housse soit centré de la même manière sur chacune d'elle. Pour les tissus à grands motifs, comme la toile illustrée ci-dessus, apportez votre patron au magasin au moment d'acheter votre tissu.

MATÉRIEL REQUIS

- mousseline pour le patron
- deux tissus de décoration coordonnés, tels qu'imprimés et rayures ; la quantité varie selon les dimensions de la chaise et le motif du tissu
- quatre boutons par housse, de 2 à 2,5 cm (7/8 à 1 po) de diamètre
- 0,5 m (1/2 vg) de gros-grain de 2 cm (7/8 po) de largeur et de couleur assortie au tissu

Housses de siège

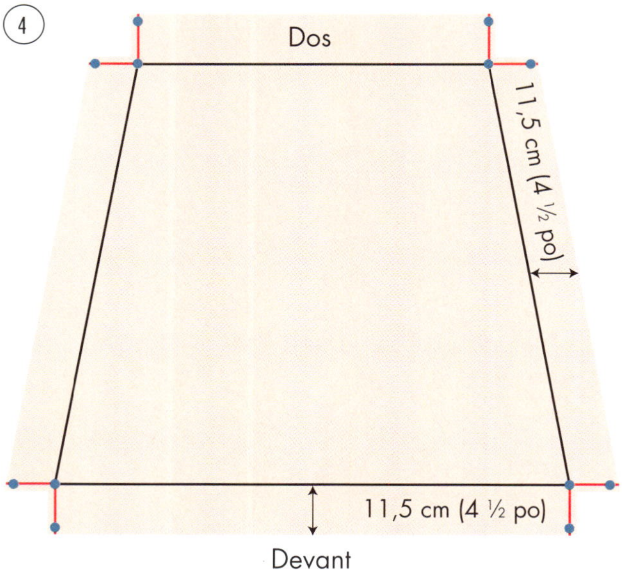

(1) **Mesurer** le siège sur la largeur et la profondeur. Ajouter 25 cm (10 po) dans les deux sens. Couper le patron en mousseline à ces dimensions. Presser le patron en deux sur les deux sens. Déplier. Centrer le patron sur le siège en le laissant tomber sur le devant et les côtés. Sur le dos, le faire remonter le long des barreaux. Au besoin, le fixer à l'aide de ruban adhésif.

(2) **Marquer** un point à l'un des coins du devant. Pincer les épaisseurs de tissu vers le bas de manière à réunir le devant et le côté. Épingler l'excédent de tissu parallèlement au pied de la chaise de manière à former une pince. Tirer des traits des deux côtés de la pince entre le point et le bas. Répéter pour l'autre coin avant.

(3) **Marquer** des points sur le dos du patron, aux coins intérieurs avant des montants du dossier. (Si les montants sont ronds, marquer au point de rencontre entre leur devant et leur côté.) Tracer le contour du siège sur le patron.

(4) **Enlever** le patron ; ôter les épingles. Tirer des traits de 11,5 cm (4 ½ po) à l'extérieur de ceux qui ont été tracés sur le siège. Aux coins arrière, tracer des traits entre les points et les lignes extérieures, de manière à former des carrés. (Ce seront les lignes de couture.) Marquer les points de pivotement (en bleu) sur les lignes de couture à 1,3 cm (½ po) du bord extérieur. Tracer des lignes de coupe à 1,3 cm (½ po) à l'extérieur des lignes de couture au niveau des pieds et pinces du devant. Plier le patron en deux pour vérifier qu'il est bien symétrique et apporter les correctifs requis. Tailler le patron le long des lignes extérieures.

(5) **Placer** le patron sur le tissu du dessus, en alignant le pli entre l'avant et l'arrière sur le droit fil de chaîne et le pli entre les deux côtés sur le droit fil de trame. Le placer de sorte que le point de rencontre des plis soit exactement au milieu du motif, s'il s'agit d'un imprimé à gros motif. Couper le dessus de la housse. Reporter les points de pivotement et de pinces sur l'envers du tissu.

(6) **Couper** les autres dessus des housses, en utilisant la première pièce comme guide. Il sera ainsi plus facile de centrer les motifs. Mettre chacun des dessus sur le tissu du dessous, endroit contre endroit. Épingler près du bord. Couper les dessous ; enlever les épingles.

7 **Plier** le tissu de la pince sur un des coins du devant, endroit contre endroit, en alignant les bords vifs ; épingler. Piquer la pince.

8 **Répéter** l'étape 7 pour les autres coins du devant sur les pièces du dessus et du dessous. Ouvrir les réserves de couture des pinces au fer.

9 **Placer** le dessus et le dessous de la housse endroit contre endroit, en alignant les bords vifs ; épingler. Aligner les coutures des pinces du devant. Assembler les pièces en piquant à 1,3 cm (½ po) du bord sur tout le pourtour en faisant pivoter le tissu aux coins. Laisser une couverture de 15 cm (6 po) le long d'un côté droit.

10 **Raser** les réserves de couture en diagonale aux coins extérieurs. Aux coins intérieurs, entailler les réserves jusqu'au fil, sans le couper.

11 **Retourner** les réserves de couture du dessus et presser le sillon de la couture en appliquant une légère pression avec la pointe du fer. Presser en repliant les réserves de couture de l'ouverture à 1,3 cm (½ po).

12 **Retourner** la housse à l'endroit en passant par l'ouverture. Insérer un tourneur ou un instrument semblable dans l'ouverture et pousser délicatement vers l'extérieur au niveau des points de pivotement afin de former des coins parfaits. Pousser

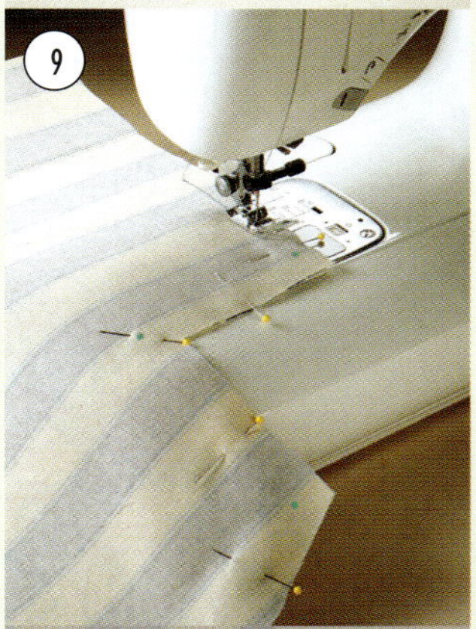

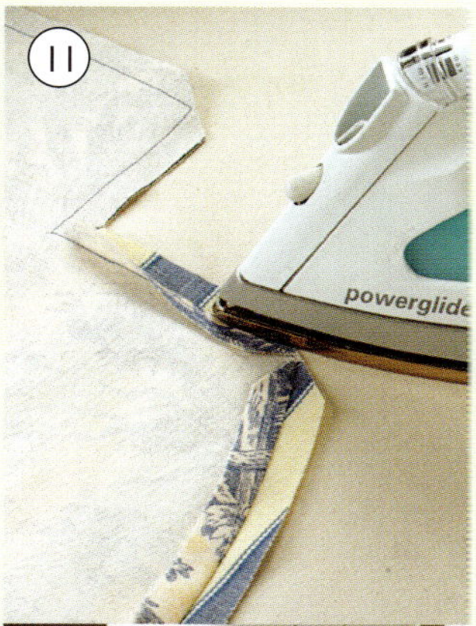

la couture vers l'extérieur de sorte qu'elle soit centrée tout le long du bord extérieur ; presser. Aligner les bords pliés de l'ouverture et les épingler.

13 **Surpiquer** le pourtour de la housse, en fermant l'ouverture ; faire pivoter le tissu aux coins.

14 **Marquer** l'emplacement des quatre boutonnières à l'aide de traits situés à 2,5 cm (1 po) au-dessus des bords inférieurs des côtés et du dos, et parallèlement à eux. Les traits doivent être égaux au diamètre des boutons plus leur épaisseur et une de leur extrémité située à 2,5 cm (1 po) des bords verticaux. Fixer le pied presseur ou l'accessoire à boutonnière. Piquer les boutonnières sur les marques. Les ouvrir à l'aide d'un coupe-boutonnières ou de petits ciseaux affûtés.

15 **Placer** la housse sur le siège de la chaise. Au dos d'un des pieds, mesurer la distance entre les boutonnières. Couper de l'extra-fort ayant 10 cm (4 po) de plus que cette mesure. Le replier deux fois à chaque extrémité sur une longueur de 2,5 cm (1 po) ; presser. Coudre à travers les plis internes, en formant des ourlets doubles. Coudre un bouton au centre de chacun des ourlets. Répéter pour l'autre pied de la chaise. Boutonner la housse en place.

LES COUSSINS DE SIÈGE

Vous pouvez confectionner des housses pour les coussins tant des bancs et banquettes de fenêtre que des canapés et chaises. La plupart des coussins sont de l'un ou l'autre des trois styles illustrés à gauche : simple (en haut), à devant arrondi (au centre) et à plate-bande (en bas). Tous peuvent être confectionnés de manière à arriver au ras du siège ou à prendre la forme d'un T dont les branches passeront devant les bras du meuble.

Pour faciliter l'insertion du coussin dans la housse, posez une fermeture à glissière à l'arrière de celle-ci. Utilisez une fermeture pour tissu d'ameublement, qui est offerte en dimensions plus longues que la fermeture pour vêtement. Sur les coussins à devant arrondi et à plate-bande, la tirette sera dissimulée dans une poche située à l'extrémité de l'ouverture pour la fermeture à glissière. Cette technique de rembourrage donne au coussin une finition professionnelle.

On peut ajouter, ou non, un passepoil dans les coutures des coussins simples et à plate-bande. Voir à la page 248 les instructions pour confectionner et poser un passepoil. Le coussin simple des chaises et canapés a généralement un passepoil autour du milieu des côtés apparents. Les côtés dissimulés d'un coussin simple d'un fauteuil à oreilles ou autre meuble semblable comprennent souvent une bande latérale. Le coussin à devant arrondi, plus courant sur les meubles modernes, comprend une pièce de tissu qui couvre le dessus, le devant et le dessous. Il comprend une bande latérale sur les côtés et le dos et n'est généralement pas garni d'un passepoil.

Les housses pour coussins sont souvent enfilées directement sur le tissu d'ameublement. Cependant, dans certains cas, il est préférable de retirer l'ancienne housse et d'insérer le coussin dans la nouvelle. Par exemple, si le tissu de la housse est plus léger que le tissu d'ameublement ou si ce dernier comprend un passepoil dont la forme sera visible ou qui risque d'user prématurément la nouvelle housse.

Coupe du coussin simple

o Si le coussin est rectangulaire, plutôt plat et souple, couper la housse à ses dimensions en ajoutant 2,5 cm (1 po). Couper le dessous 2,5 cm (1 po) plus long que le dessus afin d'accommoder des réserves de couture de 1,3 cm (½ po) pour l'ouverture de la fermeture à glissière.

o Pour couvrir un coussin rectangulaire fait d'une forme de mousse épaisse et ferme, couper le dessus et le dessous aux dimensions du coussin plus l'épaisseur de la forme, plus 2,5 cm (1 po) pour accommoder les réserves de couture.

o Si vous utilisez une fermeture à glissière à chaîne continue, coupez le ruban d'une longueur correspondant à au moins les trois-quarts de la largeur du coussin ; ou procurez-vous une fermeture conventionnelle d'environ la même longueur.

o Coupez les bandes de biais pour le passepoil à la longueur nécessaire pour couvrir la section passepoilée du coussin.

Coussin à devant arrondi

o Épinglez sur le coussin un patron de mousseline aux dimensions de la pièce d'un seul tenant. Coupez le tissu du coussin en vous aidant du patron. Marquez l'extrémité de la pièce qui servira de dessus (s'il s'agit d'un imprimé unidirectionnel ou d'un tissu gratté, seul le dessus sera dans le bon sens.)

o Coupez les bandes latérales des côtés. Mesurez la bande latérale existante du coussin entre les coutures et ajoutez 2,5 cm (1 po) pour accommoder les réserves de couture.

o Coupez chacune des bandes d'une longueur équivalent à celle du côté plus 2,5 cm (1 po). L'excédent de tissu sera rasé en cours de confection.

o Si vous utilisez une fermeture à glissière à chaîne continue, coupez le ruban d'une longueur égale à la mesure du dos du coussin plus 20,5 cm (8 po). Ou procurez-vous une fermeture conventionnelle ayant environ cette longueur. Coupez deux bandes de tissu pour l'ouverture de longueur égale à celle du ruban de la fermeture à glissière et de largeur égale à la moitié de la largeur de coupe de la bande latérale plus 2 cm (¾ po).

Coussin à plate-bande

o Coupez les pièces du dessus et du dessous aux dimensions du coussin en ajoutant 2,5 cm (1 po) pour les réserves de couture. Pour les coussins en forme de T, épinglez un patron de mousseline sur le coussin afin d'obtenir une coupe adéquate.

o Mesurez la bande latérale existante du coussin entre les coutures et ajoutez 2,5 cm (1 po) pour accommoder les réserves de couture. Coupez-la d'une longueur égale à celle du devant et des côtés du coussin. L'excédent de tissu sera rasé en cours de confection. S'il est nécessaire de réunir des pièces, allouez 2,5 cm (1 po) pour chaque couture. Positionnez les coutures de sorte qu'elles se trouvent à des endroits peu visibles.

o Si vous utilisez une fermeture à glissière à chaîne continue, coupez le ruban de sorte qu'il ait 20,5 cm (8 po) de plus que la mesure du dos du coussin ; ou encore, procurez-vous une fermeture conventionnelle ayant environ la même longueur. Coupez deux bandes de tissu pour accommoder la fermeture à glissière de longueur égale au ruban de la fermeture et de largeur égale à la moitié de la largeur de coupe de la bande latérale plus 2 cm (¾ po).

o Si le coussin doit être garni d'un passepoil, coupez des bandes de biais (page 247) de longueur égale à deux fois la circonférence du coussin plus ce qu'il faut pour les réunir, piquez les extrémités et positionnez les coutures de sorte qu'elles soient discrètes.

MATÉRIEL REQUIS

- mousseline pour le patron
- tissu de décoration
- fermeture à glissière d'environ 20,5 cm (8 po) plus longue que le bord arrière du coussin
- biais et cordonnet pour le passepoil ; ou frange brosse pour la cordelière

Comment coudre une housse de coussin simple

(1) **Plier** le bord inférieur du dos du coussin à 4,5 cm (1 ¾ po), endroit contre endroit ; presser. Placer la fermeture à glissière le long du pli et marquer l'emplacement des crans d'arrêt sur la ligne de pliure. Piquer à 1,3 cm (½ po) du pli entre le côté et la première marque ; bloquer au point arrière. Faufiler à la machine jusqu'à la seconde marque ; bloquer au point arrière, puis piquer jusqu'au bord opposé.

(2) **Ouvrir** le pli aux ciseaux. Ouvrir les réserves de couture au fer.

(3) **Centrer** la fermeture à glissière fermée, endroit dessous, sur la couture en alignant les crans d'arrêt sur les marques. Coller ou épingler le ruban de la fermeture sur les réserves de couture uniquement. Finir les réserves en prenant le ruban de la fermeture dans la couture.

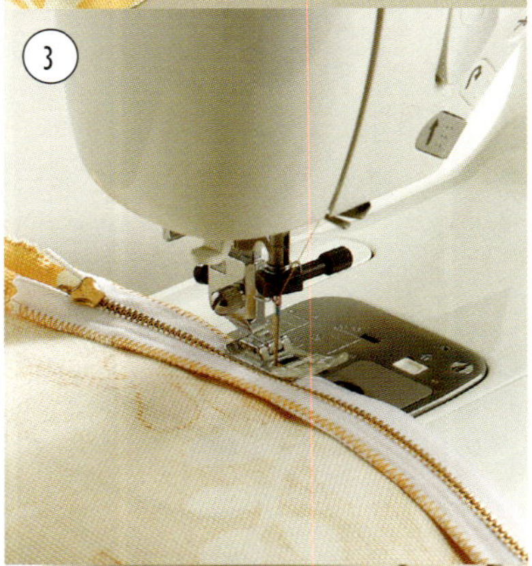

(4) **Mettre** le dos de la housse à plat, endroit dessus. Marquer les deux extrémités du rouleau de la fermeture avec des épingles. Centrer une bande de 1,3 cm (½ po) de ruban transparent sur la couture entre les épingles. À l'aide du pied à fermeture à glissière, surpiquer le long des bords du ruban de manière à former un rectangle étroit. Ralentir en traversant la fermeture juste au-delà des crans d'arrêt. Tirer les fils sur l'envers et les nouer. Enlever le faufil.

(5) **Confectionner** un passepoil tel qu'indiqué à la page 247. Le coudre le long du bord extérieur du dos de la housse, selon la méthode en cercle.

(6) **Ouvrir** la fermeture partiellement. Épingler le dessus et le dessous, endroit contre endroit. L'envers du tissu dessus, piquer juste à l'intérieur de la couture du passepoil, en tassant le cordonnet.

(7) **Retourner** la housse à l'endroit en passant par l'ouverture de la fermeture à glissière.

Comment coudre une housse de coussin à devant arrondi

① **Suivre** les étapes 2 et 3 pour le coussin à plate-bande de la page 260. Plier la fermeture à glissière au coin ; marquer le bord opposé en entaillant la réserve de couture sur 1 cm (3/8 po). Répéter à l'autre coin. Épingler la fermeture à glissière sur le bord arrière du dessous du coussin, en alignant les entailles aux coins. Piquer en commençant et en terminant à environ 3,8 cm (1 1/2 po) des coins.

② **Marquer** le milieu de l'extrémité courte de devant de chaque côté de la bande latérale ; arrondir légèrement les coins avant des bandes de côté. Marquer les bords extérieurs du dessus/dessous du coussin au milieu du devant. Effectuer une couture de soutien à 1,3 cm (1/2 po) des bords extérieurs du dessus/dessous à une distance égale à l'épaisseur du coussin des deux côtés des marques.

③ **Entailler** les réserves de couture jusqu'à la couture de soutien à tous les 1,3 cm (1/2 po). Épingler la bande de côté au dessus/dessous, endroit contre endroit, en alignant les marques centrales. S'assurer que les points correspondants du dessus/dessous soient directement en face l'un de l'autre sur la bande latérale. Piquer à 1,3 cm (1/2 po), en commençant et terminant à 15 cm (6 po) des coins du dos. Répéter sur le côté opposé.

④ **Suivre** les étapes 7 à 10 de la page 261. Ouvrir la fermeture à glissière partiellement. Terminer de coudre la bande latérale sur le dessus/dessous des deux côtés. Retourner la housse à l'endroit en passant par l'ouverture de la fermeture à glissière.

Comment coudre une housse pour coussin rectangulaire à plate-bande

(1) **Confectionner** un passepoil tel qu'indiqué à la page 248. Coudre le passepoil le long du bord extérieur du dessus et du dessous du coussin selon la méthode en cercle.

(2) **Presser** une réserve de couture de 2 cm (¾ po) sur un des longs côtés de la bande de la fermeture à glissière. Placer le bord replié de la bande le long du milieu du rouleau, endroit dessus. À l'aide d'un pied à fermeture à glissière, surpiquer à 1 cm (⅜ po) du pli. Répéter de l'autre côté en joignant bien les plis au milieu de la fermeture à glissière. Si la fermeture est à chaîne continue, poser la tirette sur le ruban.

(3) **Centrer** la bande de la fermeture à glissière sur le bord arrière du dessus du coussin, endroit contre endroit. Coudre la bande au dessus, en commençant et en terminant sur les côtés à environ 3,8 cm (1 ½ po) des coins. Entailler la réserve de couture de la bande aux coins afin d'ouvrir le tissu et pivoter.

(4) **Aligner** le centre de la bande latérale sur le centre avant du dessus du coussin, en raccordant les motifs au besoin ; marquer les pièces séparément avec des épingles. Lisser la bande latérale vers le coin droit du devant ; marquer en entaillant la réserve de couture sur 1 cm (⅜ po). Lisser la bande latérale sur l'endroit du dessus du coussin ; l'épingler au dessus à environ 15 cm (6 po) du coin arrière.

(5) **Coudre** la bande latérale au dessus du coussin, en commençant à l'épingle et en piquant à 1,3 cm (½ po) du bord. Pour une housse passepoilée, utiliser le pied ganseur ou à fermeture à glissière. Aligner l'entaille sur le coin de devant ; pivoter au coin.

(6) **Continuer** d'assembler la bande latérale au dessus du coussin, en alignant les marques du centre. Entailler la réserve de couture de la bande au coin gauche du dessus ; pivoter. Arrêter la couture à environ 15 cm (6 po) du coin gauche du dos.

(7) **Couper** la bande latérale 10 cm (4 po) au delà du point où elle chevauche la tirette de la fermeture à glissière. Épingler son extrémité à celle de la bande à fermeture à glissière, endroit contre endroit, en alignant tous les bords coupés.

(8) **Piquer** à 5 cm (2 po) de l'extrémité ; pivoter au niveau du ruban de la fermeture à glissière. Piquer le long du bord extérieur du ruban jusqu'à 1,3 cm (½ po) de l'extrémité ; pivoter. Couvrir les dents de la fermeture à glissière d'une chute de tissu. Piquer lentement en traversant le rouleau ; pivoter. Piquer le long du bord opposé du ruban jusqu'à 5 cm (2 po) de l'extrémité ; pivoter et piquer jusqu'au bord.

(9) **Presser avec l'ongle** la réserve de couture vers la bande latérale. Terminer d'assembler la bande de la fermeture à glissière et la bande latérale au dessus du coussin. Une petite poche se sera formée ; elle dissimulera la tirette quand la fermeture à glissière sera fermée.

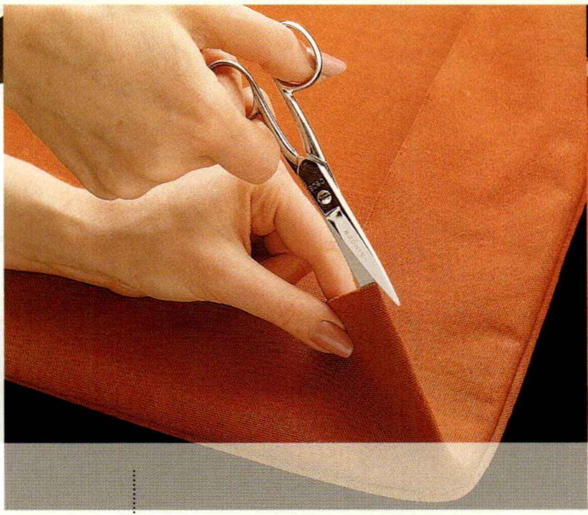

(10) **Couper** l'extrémité opposée de la bande latérale 2,5 cm (1 po) au-delà de l'endroit où elle chevauche l'extrémité de la bande de la fermeture à glissière. Épingler les extrémités. Piquer à 1,3 cm (½ po) des extrémités, en couvant les dents de la fermeture d'une chute de tissu et en piquant lentement. Presser avec l'ongle la réserve de couture vers la bande latérale. Terminer d'assembler la bande de la fermeture à glissière et la bande latérale au dessus du coussin.

(11) **Plier** la bande latérale au coin ; marquer le côté opposé en entaillant la réserve de couture sur 1 cm (⅜ po). Répéter aux autres coins.

(12) **Ouvrir** la fermeture à glissière partiellement. Épingler la bande latérale au dessous du coussin, en alignant les entailles sur les coins. Piquer. Retourner la housse à l'endroit en passant par l'ouverture de la fermeture à glissière.

Comment coudre une housse pour coussin à plate-bande en forme de T

1 **Couper** une pièce de mousseline d'environ 10 cm (4 po) plus large que le dessus du coussin ; tirer un trait au centre du tissu en suivant le droit fil. La poser sur le coussin ; épingler le long de la couture, en lissant le tissu. Marquer la ligne de couture aux épingles.

2 **Retirer** la mousseline. Redresser les lignes de couture à l'aide d'une règle. Plier la mousseline en deux afin de vérifier que la pièce est symétrique ; rectifier au besoin. Ajouter 1,3 cm (½ po) au patron pour accommoder les réserves de couture. Couper les pièces en suivant les instructions de coupe (page 257).

3 **Presser** une réserve de couture de 1,3 cm (½ po) sur l'un des longs côtés de chacune des bandes de la fermeture à glissière. Placer les bords pliés des bandes contre le milieu du rouleau, endroits dessus. À l'aide du pied à fermeture à glissière, surpiquer à 1 cm (⅜ po) des bords.

4 **Presser** une des courtes extrémités de la bande latérale sur 5 cm (2 po). Recouvrir la bande à fermeture à glissière de la bande latérale de manière à couvrir la tirette de la fermeture. Piquer à travers toutes les épaisseurs à 3,8 cm (1 ½ po) de l'extrémité de la bande latérale.

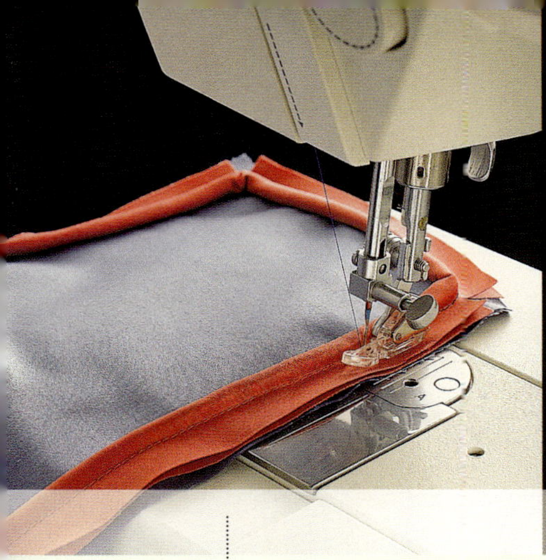

(5) **Confectionner** et poser le passepoil tel qu'indiqué à la page 248. Le coudre sur l'endroit du dessus et du dessous.

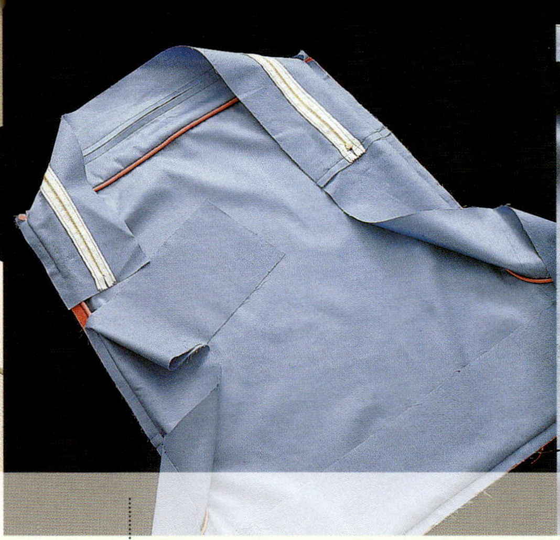

(6) **Mettre** la bande latérale sur le dessus de la housse, endroit contre endroit ; centrer la fermeture à glissière sur le bord du dos. Piquer en commençant à 5 cm (2 po) de l'extrémité de la fermeture à glissière, en tassant le cordonnet. Raser les coins à mesure ; arrêter de piquer à 10 cm (4 po) du point de départ.

(7) **Entailler** pour marquer les réserves de coutures aux extrémités de la bande latérale. Coudre les extrémités ensemble. Raser l'excédent de tissu ; ouvrir la couture avec l'ongle. Terminer d'assembler la bande latérale au dessus de la housse.

(8) **Plier** la bande latérale et entailler la réserve de couture pour marquer les coins inférieurs ; s'assurer que les coins sont tous alignés sur ceux du dessus de la housse. Ouvrir la fermeture à glissière.

(9) **Réunir** la bande latérale et le dessous de la housse, endroit contre endroit. Aligner les entailles de la bande latérale sur les coins du dessous de la housse ; piquer. Retourner la housse à l'endroit.

(10) **Plier** le coussin pour l'insérer dans la housse. Piquer la housse du devant vers le dos. Fermer la fermeture à glissière. Lisser la housse du centre vers les bords. Étirer le passepoil entre les coins pour donner une forme carrée au coussin.

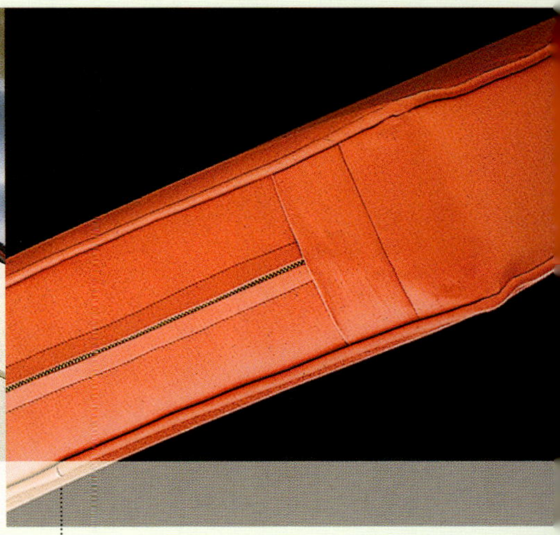

Autre solution pour l'emplacement de la fermeture à glissière. Poser la fermeture sur le dos de la housse en ne débordant pas sur les côtés dans le cas où trois côtés du coussin seront apparents.

LA HOUSSE DE FUTON

Le divan futon est un meuble peu dispendieux et polyvalent. On peut facilement le transformer de fauteuil ou canapé en lit en abaissant le cadre du dossier. Le matelas est souvent recouvert d'une housse qui est non seulement décorative mais le protège également des taches et de l'usure. Vous pouvez confectionner une housse qui sera assortie aux éléments de décoration de la pièce.

Confectionnez la housse de sorte que le droit fil de chaîne soit vertical (du siège au dossier) plutôt qu'horizontal (d'un bras à l'autre). Effectuer les coutures dans ce sens. La fermeture à glissière s'étend sur trois côtés, ce qui permettra d'enlever et de remettre plus facilement la housse. On peut se procurer des fermetures à glissière sur mesure chez les rembourreurs et dans de nombreux magasins de tissu. Vous pouvez aussi utiliser une fermeture à glissière à chaîne continue, que vous couperez à la longueur voulue et munirez d'une tirette.

Il n'est pas toujours simple de travailler sur de grandes pièces de tissu. Installez une table à gauche de votre machine à coudre. Le tissu se trouvant à la même hauteur, il sera plus facile de le faire passer sous le pied et d'en contrôler le poids.

Instructions pour la coupe

- Coupez le devant et le dos en ajoutant 2,5 cm (1 po) à la longueur et à la largeur finales de la housse. Pour réunir des pièces de tissu de décoration, disposez une pleine largeur de tissu au centre et ajoutez des pièces égales de largeur partielle sur les deux côtés du devant et du dos.

- Coupez une bande latérale de longueur égale à celle de la housse plus 2,5 cm (1 po) et de largeur égale à l'épaisseur du matelas plus 2,5 cm (1 po). Coupez la patte de la fermeture de 10 cm (4 po) de long, et dont la largeur de coupe est égale à celle de la bande latérale.

- Pour la bande latérale recevant la fermeture à glissière sur l'un des longs côtés de la housse, coupez deux bandes de longueur égale à celle du matelas plus 2,5 cm (1 po) et dont la largeur de coupe correspond à la moitié de celle de la bande latérale plus 3,2 cm (1 ¼ po). Pour la bande latérale recevant la fermeture sur les côtés courts, coupez quatre bandes de longueur égale à la largeur du matelas plus 2,5 cm (1 po) et de largeur égale à la moitié de celle de la bande latérale plus 3,2 cm (1 ¼ po).

MATÉRIEL REQUIS

- tissu de décoration
- fermeture à glissière dont la longueur du ruban correspond à la longueur combinée d'un long côté et de deux courts côtés du matelas plus 2,5 cm (1 po)

Comment coudre la housse du futon

(1) **Coudre** une bande courte pour fermeture à glissière à chacune des extrémités d'une longue bande, endroit contre endroit, à 1,3 cm (½ po) des bords ; commencer la couture au bord vif et l'arrêter à 1,3 cm (½ po) du bord vif opposé. Finir les coutures au point de surjet ou zigzag ; ouvrir au fer. Répéter avec les autres bandes courtes et longues.

(2) **Superposer** les bandes, endroit contre endroit, en alignant les bords vifs et les coutures. Faufiler à la machine à 2 cm (¾ po) du long bord où les coutures des extrémités vont jusqu'au bord vif. Finir les coutures ; ouvrir au fer.

(3) **Plier** la bande en deux, endroit contre endroit, en laissant dépasser une réserve de couture. Poser la fermeture à glissière fermée endroit dessous, les dents centrées sur la ligne de couture et les extrémités du ruban alignées sur celles de la bande. Faufiler à la machine le ruban de la fermeture sur la réserve de couture qui dépasse.

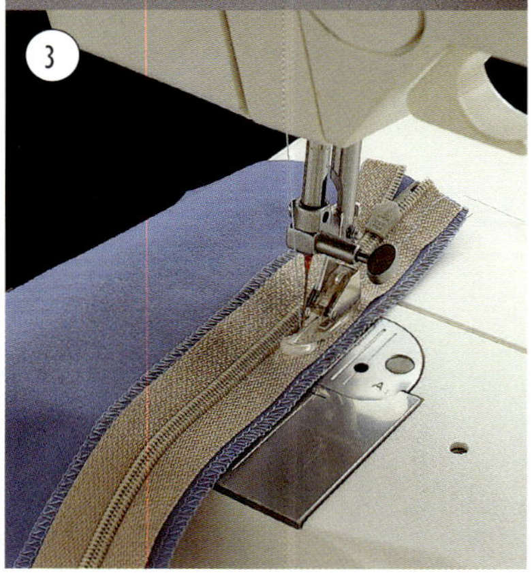

(4) **Déplier** la bande. Sur l'endroit, centrer une pièce de ruban transparent de 2 cm (¾ po) sur la ligne de couture. Piquer des deux côtés du ruban pour fixer la fermeture à glissière. Retirer le ruban et le faufil.

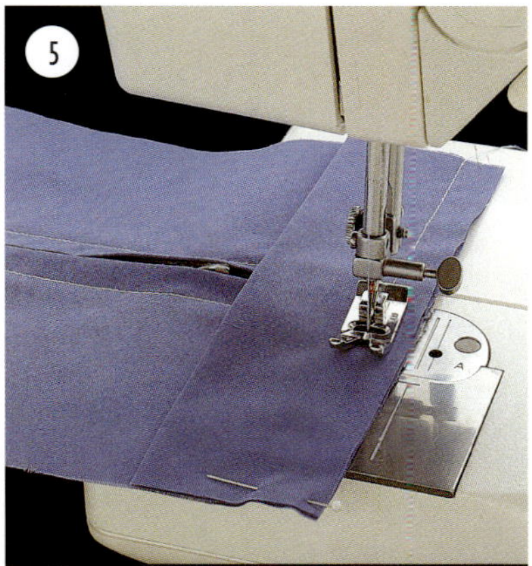

(5) **Presser** la patte de la fermeture à glissière en la pliant en deux, envers contre envers. Ouvrir la fermeture à glissière sur environ 5 cm (2 po). Dans le haut, poser la patte sur la bande de la fermeture, endroit contre endroit ; piquer en travers de l'extrémité à 1,3 cm (½ po) des bords vifs, en passant doucement sur les dents.

(6) **Coudre** les extrémités de la bande latérale à celles de la bande à fermeture, endroit contre endroit, à 1,3 cm (½ po) des bords ; commencer et terminer à 1,3 cm (½ po) des bords vifs. Finir les coutures ; les ouvrir au fer.

(7) **Épingler** la bande latérale au devant de la housse, endroit contre endroit, en alignant les coutures aux coins. L'endroit de la bande latérale dessus, piquer à 1,3 cm (½ po), en pivotant aux coins.

(8) **Épingler** le côté opposé de la bande latérale au dos de la housse, endroit contre endroit, en alignant les coutures sur les coins ; piquer. Finir les coutures.

(9) **Ouvrir** la fermeture à glissière ; retourner la housse à l'endroit. Insérer le matelas ; fermer la fermeture, en dissimulant la tirette sous la patte.

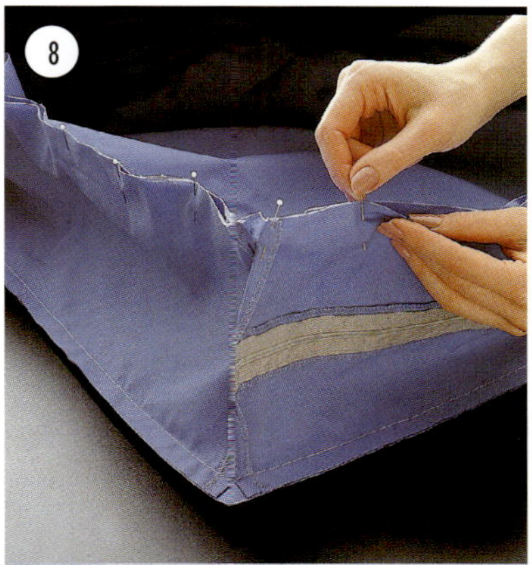

LA CHAISE PARSONS

Le siège et le dossier rembourrés de la chaise Parsons en font une chaise de salle à manger appréciée. Ses lignes sont droites et classiques; souvent, elle est garnie d'un volant qui tombe jusqu'au sol. Cette housse d'une seule pièce dissimule entièrement la chaise; son volant comprend des plis creux inversés aux coins.

Ces indications valent pour les chaises à dossier droit. Le bord supérieur de la chaise ne doit pas être plus large que le bas du dossier; autrement, vous n'arriverez pas à enfiler la housse. En prenant les mesures du devant et du dos du dossier, mesurez comme si les coutures latérales étaient centrées, même si ce n'est pas le cas. La housse est doublée du même tissu, ce qui permet de supprimer la ligne d'ourlet et de lui donner de la tenue.

Ajustement du patron

(1) **Mesurer** la longueur et la largeur du devant du dossier. Ajouter 10 cm (4 po) aux mesures dans les deux sens. Couper la mousseline à ces dimensions. Tracer une ligne centrale suivant le droit fil de chaîne. Marquer un trait à 2,5 cm (1 po) du bord vif du haut de la mousseline.

(2) **Répéter** l'étape 1 pour le dos du dossier. Identifier les pièces du patron.

(3) **Épingler** le devant et le dos du dossier, envers contre envers, à la marque supérieure, en raccordant les lignes centrales. Centrer les patrons sur le dossier de la chaise et les épingler sur les côtés, en laissant une bonne ampleur. Marquer l'emplacement des coutures latérales sur les pièces du devant et du dos.

MATÉRIEL REQUIS

- mousseline pour le patron
- tissu de décoration
- tissu contrastant pour le passepoil (facultatif)
- cordonnet pour le passepoil (facultatif)

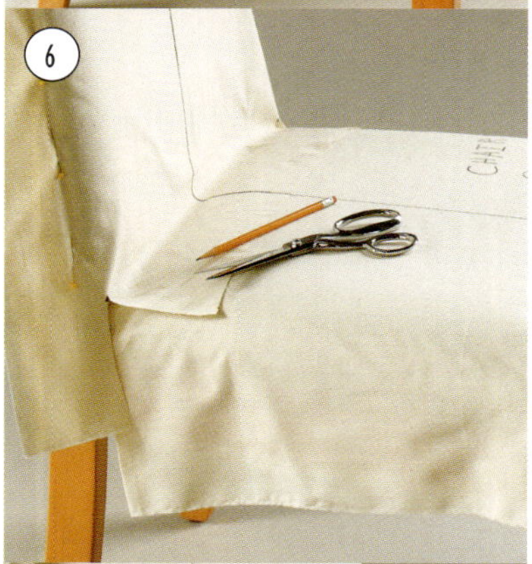

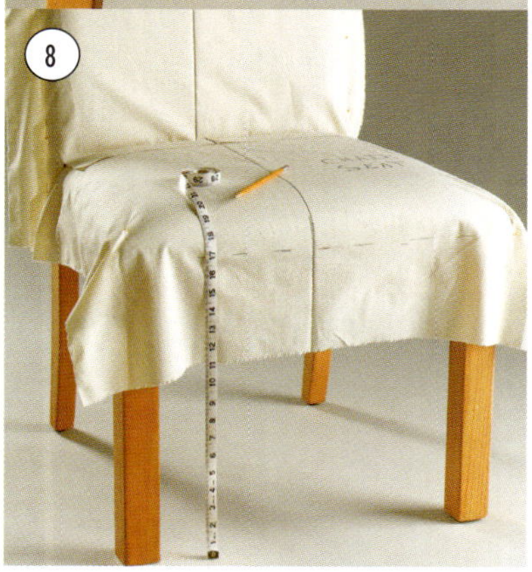

(4) **Mesurer** la longueur du siège de la chaise entre le dos et l'endroit où le coussin est au ras du châssis sur le devant. Mesurer la largeur entre les endroits où le coussin est au ras du châssis sur les côtés. Couper la mousseline en ajoutant 15 cm (6 po) aux mesures. Marquer un trait central le long du droit fil de chaîne. Identifier la pièce du patron.

(5) **Presser** un bord de 2,5 cm (1 po) le long du dos du patron du siège perpendiculairement au trait central. Ce sera la ligne de couture. Centrer le patron sur le siège, le bord plié aligné sur le dos de la chaise, et lisser le tissu. Épingler l'excédent de tissu aux coins de devant de manière à former des pinces. Marquer les lignes des pinces au crayon.

(6) **Marquer** des points sur le patron du devant du dossier et sur le pli du patron du siège à l'endroit où les pièces de patron se joignent sur les bords extérieurs du dos du siège. Tailler le tissu en ligne droite entre le bas et les points du devant du dossier, en laissant le tissu s'étaler de manière à lisser le côté vers le bas et la partie centrale entre les points vers le devant, sous le patron du siège.

(7) **Épingler** le patron du siège au patron du devant du dossier sur les côtés. Marquer la ligne de couture du devant du dossier entre les points à la hauteur du pli du patron du siège. Continuer de marquer les côtés du devant du dossier en suivant la ligne de pliure du siège.

(8) **Mesurer** la distance entre le sol et l'endroit où le coussin du siège est au ras du châssis sur le devant de la chaise. Noter la mesure. Marquer une ligne de couture à cette hauteur sur tout le pourtour de la chaise.

(9) **Enlever** les patrons et retracer les lignes de couture au besoin. Remettre les patrons sur la chaise ; rectifier au besoin. Ajouter 1,3 cm ($\frac{1}{2}$ po) à toutes les pièces de patron pour accommoder les réserves de couture. Couper les pièces du patron.

Comment coudre la housse

(1) **À l'aide** des patrons de mousseline, couper les pièces dans le tissu de décoration, en raccordant les motifs aux coutures, au besoin. Reporter toutes les marques.

(2) **Effectuer une couture de soutien** sur les coins inférieurs du devant, en pivotant aux points. Entailler la réserve de couture au coin, sans couper le fil.

(3) **Piquer** les pinces des coins avant du siège. Raser les réserves de couture à 6 mm (¼ po) et les ouvrir au fer.

(4) **Épingler** le siège au devant, en alignant les points et les bords inférieurs. Piquer à 1,3 cm (½ po) du bord. Finir les réserves de coutures et les ouvrir au fer.

(5) **Épingler** le devant du siège au dossier sur les côtés et le haut. Piquer. Coudre le devant et le dossier sur le haut et les côtés à 1,3 cm (½ po) des bords. Finir les réserves de couture et les ouvrir au fer.

(6) **Si on ajoute un passepoil,** couper des bandes de biais de 4 cm (1⅝ po) de large. La longueur du passepoil égale la circonférence du bord inférieur de la housse. Confectionner et poser le passepoil tel qu'indiqué à la page 248.

(7) **Mesurer** le bord inférieur de la housse entre les pinces du devant. Pour déterminer la largeur du devant du volant, ajouter 35,5 cm (14 po) pour accommoder les réserves de couture et des plis. Répéter pour les côtés, en mesurant la distance entre la pince et la couture de côté. Répéter pour le dos en mesurant entre les coutures de côté. Pour déterminer la longueur des pièces du volant, doubler les mesures notées à l'étape 8 de l'ajustement du patron et ajouter 2,5 cm (1 po). À cette longueur, le volant effleurera le sol. Raccourcir si désiré. Couper les quatre pièces du volant.

(8) **Coudre** les pièces du volant en une bande circulaire, en piquant à 1,3 cm (½ po). Ouvrir les réserves de couture au fer. Plier le volant en deux dans le sens de la largeur, envers contre envers. Faufiler les bords supérieurs à l'intérieur de la réserve de couture de 1,3 cm (½ po).

(9) **Épingler** pour marquer à 16,3 cm (6½ po) de part et d'autre des coutures du volant sur chaque côté. Plier le volant aux marques et ramener les plis sur la couture afin de former un pli creux inversé. Épingler le pli en place. Répéter aux trois autres coutures.

(10) **Vérifier** l'ajustement du volant; rectifier la profondeur des plis au besoin. Faufiler à travers le haut des plis à l'intérieur de la réserve de couture de 1,3 cm (1½ po). Faufiler le volant sur le siège et le dossier de la housse, endroit contre endroit. Enfiler la housse sur la chaise et vérifier la longueur du volant. Rectifier au besoin. Piquer à 1,3 cm (½ po) du bord. Finir les réserves de couture ensemble et les presser dans le sens opposé au volant.

Les parures de fenêtres

TERMES À CONNAÎTRE

On emploie souvent ces termes et expressions pour décrire les parures de fenêtres et les techniques de construction.

Alignement horizontal des fils de chaîne. Normalement, le droit fil de chaîne est à la verticale sur les parures de fenêtres. Comme la largeur des tissus pour décoration intérieure est généralement de 137 cm (54 po), les parures plus larges doivent avoir des coutures verticales réunissant les largeurs. L'alignement horizontal des fils de chaîne consiste à placer le tissu à contresens, de sorte que le droit fil de chaîne soit à l'horizontale. On n'utilise alors qu'une largeur de tissu, ce qui permet d'éliminer les coutures.

Ampleur. Largeur finale d'une parure comparativement à la longueur de la tringle ou de la boîte. Par exemple, pour une ampleur double, la largeur du tissu correspondra au double de la longueur de la tringle.

Biais. Toute ligne diagonale qui coupe le droit fil de chaîne et de trame du tissu. Alors que le tissu tissé est très stable sur le droit fil de chaîne et de trame, il est grandement extensible sur le biais.

Boucran. Toile raide qui donne de la tenue aux têtes des draperies à plis. Offert au rayon de décoration intérieure des magasins de tissu, il se présente sous forme de rouleau d'une largeur standard de 10 cm (4 po). Plus rarement, on en trouve en largeurs de 13 et de 15 cm (5 et 6 po) pour les draperies à tête plus haute. Vous pouvez l'acheter dans la longueur désirée. Comme les extrémités coupées ne s'effilochent pas, le boucran est également utile pour marquer les plis et les espaces entre eux.

Chevauchement. Endroit où les panneaux se recouvrent au milieu d'une tringle bidirectionnelle. Le chevauchement standard est de 9 cm (3½ po).

Coulisse de tringle. Ouverture cylindrique qui reçoit la tringle. Des rangs de points dans le haut et le bas de la coulisse permettent de retenir cette dernière.

Dégagement. Distance entre le dos de la tringle ou de la parure et le mur, mesurée sur le devant et les côtés. Le dégagement doit être suffisant pour que les diverses couches de la parure tombent librement.

Doublé à même. Panneau de tissu doublé jusqu'au bord du même tissu. Plutôt que de couper deux pièces, on en coupe une seule de longueur double, que l'on replie endroit contre endroit et que l'on coud sur trois côtés ; ainsi, le quatrième côté est constitué d'un pli plutôt que d'une couture.

Doublure. Tissu qui double celui du dessus et lui confère de la tenue, le protège du soleil et donne du soutien aux ourlets latéraux.

Droit fil. Se dit d'un tissu tissé dont le droit fil de chaîne et le droit fil de trame sont parfaitement perpendiculaires entre eux. Si le tissu n'est pas de droit fil lorsqu'il est imprimé, il sera impossible de raccorder les motifs ou d'obtenir une parure de hauteur uniforme ou dont les bords inférieurs sont parfaitement droits.

Droit fil de chaîne. Sur les tissus tissés, le droit fil de chaîne est parallèle aux lisières. Les tissus sont généralement plus résistants dans ce sens.

Droit fil de trame. Sur les tissus tissés, le droit fil de trame est perpendiculaire aux lisières. Le tissu est un peu plus lâche dans ce sens que dans le droit fil de chaîne.

Entoilage. Couche de tissu intercalée entre le tissu de dessus et la doublure, et qui a pour but de bloquer la lumière du jour ou de donner de la tenue à la parure.

Espace de rangement. Distance entre les côtés de la fenêtre et les supports des extrémités qui permet de libérer entièrement ou partiellement la fenêtre quand les rideaux bidirectionnels sont ouverts. Elle correspond à environ le tiers de la largeur de la parure. Il importe d'en tenir compte afin de déterminer la longueur de la tringle.

Finition. Pour accroître la durabilité d'une couture, les bords vifs sont cousus au moyen de points qui les empêchent de s'effilocher, par exemple un point zigzag chevauchant le bord ou un point de surjet.

Largeur de coupe. Largeur de coupe totale du tissu. S'il faut plus d'une largeur, la largeur de coupe désigne le panneau complet une fois les coutures effectuées, y compris les réserves de couture pour les ourlets latéraux, s'il y en a.

Largeur finale. Largeur totale de la parure une fois cousue, y compris les retours.

Lisière. Bande étroite et tissée serrée qui borde les côtés du tissu et qui ne s'effiloche pas. Sur les tissus fermes, on doit enlever les lisières aux ciseaux avant de coudre afin d'éviter que le tissu gode sur les longues coutures. On ne rase pas celles des tissus lâches car elles leur donnent de la tenue.

Longueur de coupe. Longueur de coupe totale des pièces de tissu. Elle comprend les réserves pour les ourlets, les têtes, les coulisses des tringles et l'ampleur.

Longueur finale. Longueur totale de la parure une fois cousue.

Onglet. Pour faire un coin carré, on réunit deux pièces au moyen d'une couture à 45 °.

Patron en tissu pour essai. Il est parfois nécessaire de réaliser un rideau d'essai afin d'obtenir des mesures justes. Faites-le en coupant de la mousseline bon marché ou un vieux drap que vous suspendrez sur la tringle comme vous le feriez pour le véritable rideau.

Projection. Distance entre la tringle ou le panneau de soutien et le mur.

Répétition d'armure. Distance sur la longueur entre un point d'un motif répétitif, par exemple la pointe particulière d'un pétale sur un motif floral, et le même point sur le motif suivant.

Retour. Partie de la parure qui dépasse de l'extrémité de la tringle ou du panneau de soutien et va jusqu'au mur, bloquant la lumière du jour et la vue latérales.

Sous-parure. Rideau, draperie ou store posé derrière la parure du dessus à l'intérieur ou à l'extérieur du cadre de la fenêtre. La sous-parure est montée sur des pièces de quincaillerie indépendantes de celles de la parure.

Tête. Partie située dans le haut d'un rideau à coulisse qui forme un volant plissé une fois sur la tringle. La hauteur de la tête correspond à la distance entre le bord supérieur fini et la ligne de couture supérieure de la coulisse.

Volant. Tête ultra-longue cousue au-dessus d'un rideau à coulisse qui retombe sur la coulisse.

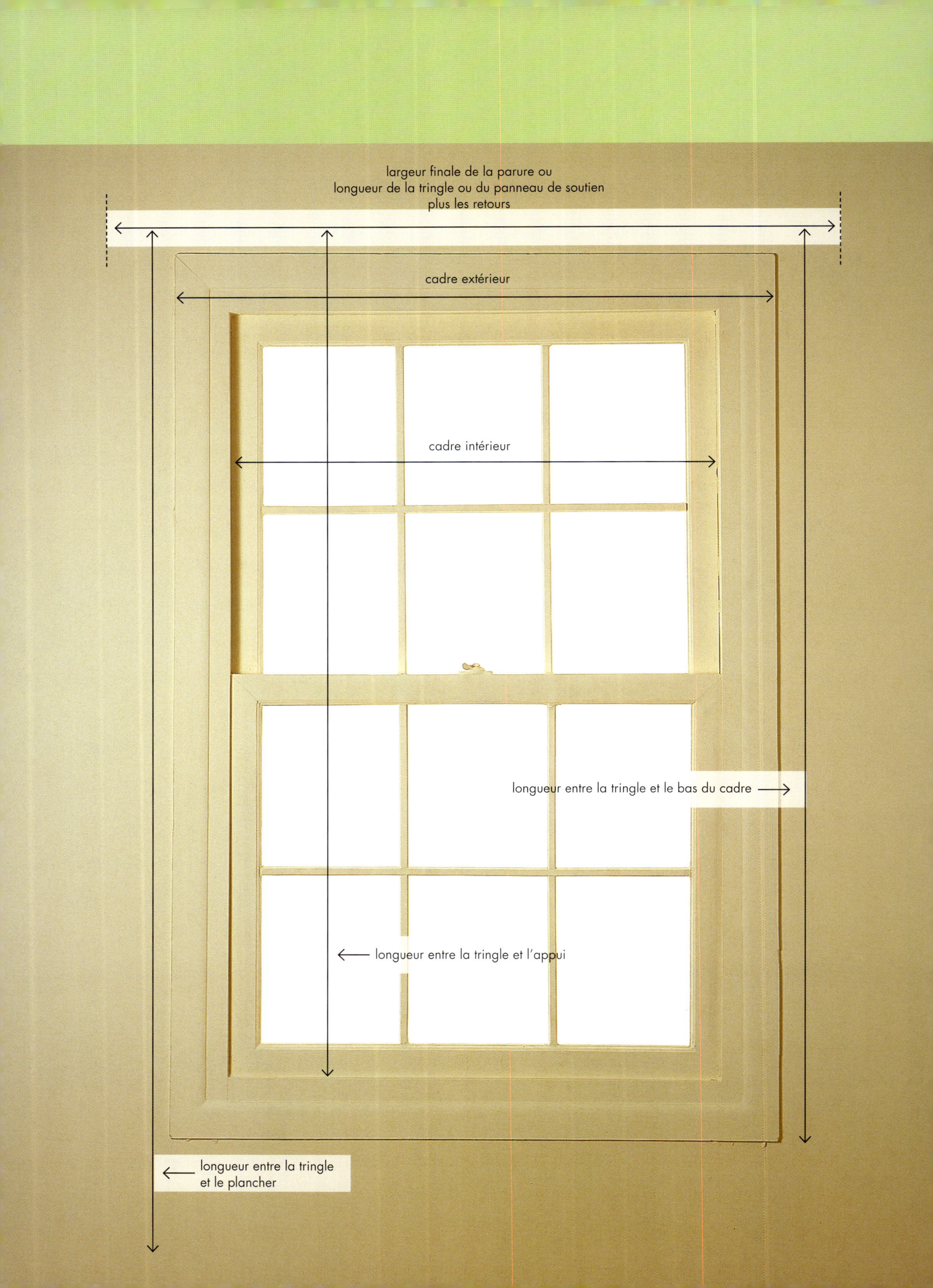
largeur finale de la parure ou
longueur de la tringle ou du panneau de soutien
plus les retours
cadre extérieur
cadre intérieur
longueur entre la tringle et le bas du cadre
longueur entre la tringle et l'appui
longueur entre la tringle
et le plancher

LA MESURE DE LA FENÊTRE

Dessinez la parure à l'échelle sur du papier quadrillé afin de vous aider à en déterminer les proportions idéales de même que l'emplacement de la quincaillerie. Après avoir posé les pièces de quincaillerie, prenez toutes les mesures nécessaires à l'aide d'un ruban à mesurer en métal, plus précis que le ruban en tissu, et reportez les mesures sur votre croquis.

Vous devrez déterminer, pour chaque projet, la longueur et la largeur finales de la parure. La longueur finale se mesure entre le haut du panneau de soutien, de la tringle ou du rideau et le bas de la parure. La largeur finale correspond à la longueur de la tringle ou du panneau. Pour les parures avec retours, la largeur finale comprend deux fois la projection de la tringle ou du panneau.

Des instructions spécifiques sont données pour déterminer les longueurs et largeurs de coupe pour chacun des projets de cette section. En règle générale, on obtient la largeur de coupe en multipliant la largeur finale par la valeur de l'ampleur désirée. L'ampleur correspond à la largeur finale du rideau ou de la cantonnière par rapport à la longueur de la tringle ou de la boîte. Ainsi, une ampleur double correspond à deux fois la longueur de la tringle.

Le métrage requis est déterminé en multipliant la longueur de coupe par le nombre de largeurs de tissu nécessaires pour obtenir la largeur finale. Des indications permettant de déterminer le métrage requis pour les imprimés sont données à la page 222.

Astuces pour les mesures

Concevez votre projet de sorte que la parure du haut corresponde à environ le cinquième de la parure totale. La parure du haut peut être posée au-dessus de la fenêtre afin de donner une impression de hauteur à la parure. Dans certains cas, il peut être souhaitable de la monter directement au plafond, pourvu qu'elle dissimule le haut du cadre de la fenêtre.

Concevez votre projet de sorte que le point le plus court de la parure du haut tombe à 10 à 15 cm (4 à 6 po) sous le haut de la vitre. Ainsi, le cadre de la fenêtre n'est pas apparent quand vous la regardez.

Allouez 1,3 cm (½ po) de dégagement entre le bord inférieur de rideaux de pleine longueur et le sol.

Ajoutez 5 cm (2 po) à la longueur de rideaux de pleine longueur frôlant le sol.

Ajoutez 50 cm (20 po) à la longueur de rideaux de pleine longueur débordant et formant des vagues sur le sol.

Mesurez tous les rideaux de la pièce et assurez-vous qu'ils sont à la même hauteur à partir du plancher, afin de leur donner un aspect uniforme. La plus haute fenêtre de la pièce doit servir de norme pour les autres.

LE CHOIX ET LA POSE DES PIÈCES DE QUINCAILLERIE

On trouve des tringles simples et décoratives dans de nombreux styles. Les parures à coulisse peuvent être montées sur des tringles étroites (a) ou larges (b), qu'on trouve dans des largeurs de 6,5 cm (2½ po) et de 11,5 cm (4½ po). Les tringles décoratives en métal ou en bois munies d'embouts (c) conviennent aux parures qui révèlent tout ou partie de la tringle, tel le rideau à passants. On peut leur adjoindre des anneaux décoratifs (d), qui seront cousus sur le haut du rideau ou fixés au moyen d'une pince.

Les pièces de quincaillerie sont à la fois décoratives et pratiques. Les supports d'embrasses dissimulés (a) se logent derrière le dernier pli des draperies à plis ou à coulisse afin d'éviter qu'ils ne les écrasent. Les embrasses à cordonnet et gland (b) sont employés avec des supports dissimulés ou décoratifs qui retiennent les draperies. Les supports de retenue (c), comme leur nom l'indique, retiennent les rideaux ou draperies fixes sans nécessiter d'embrasses. Présentés dans un vaste éventail de styles, les supports pour drapés (d), retiennent le tissu drapé dans ce genre de parures. Certains sont dissimulés alors que d'autres sont décoratifs.

Offerte en un vaste éventail de styles, la quincaillerie pour parures de fenêtres permet de réaliser une foule de projets de décoration. Votre choix devrait se fonder sur les aspects tant décoratifs que pratiques. Certaines tringles sont conçues pour être entièrement recouvertes de tissu tandis que d'autres ont des finitions et des embouts décoratifs qui rehaussent la parure. Choisissez et posez les pièces de quincaillerie avant de prendre les mesures de la parure, la longueur de coupe du tissu variant selon leur emplacement.

Les pièces de quincaillerie comprennent les supports, des vis ou des clous et les instructions d'installation. Servez-vous de vis seules si vous les fixez sur les poteaux du mur à travers une cloison sèche ou du plâtre. Pour les supports de parures légères posés entre les poteaux, utilisez des chevilles de plastique dont les dimensions correspondent à celles des vis. Pour ceux des parures lourdes, utilisez des chevilles à ailettes en plastique de dimension adaptée à l'épaisseur du mur, ou des boulons à gaine d'expansion. N'utilisez les clous fournis que pour les parures légères qui s'installent directement sur le cadre de la fenêtre. Autrement, remplacez-les par des vis ou des boulons à gaine d'expansion dont le calibre correspond aux trous des supports.

Les tringles courantes, conçues pour les draperies à plis, sont offertes en blanc, ivoire ou couleur bois. Des crochets sont insérés de manière à dissimuler la tringle quand les rideaux sont fermés. Des cantonnières ou des bandeaux recouvrent le haut des draperies afin de dissimuler entièrement la tringle. Pour les draperies des fenêtres arquées, on se sert de tringles chemin de fer souples.

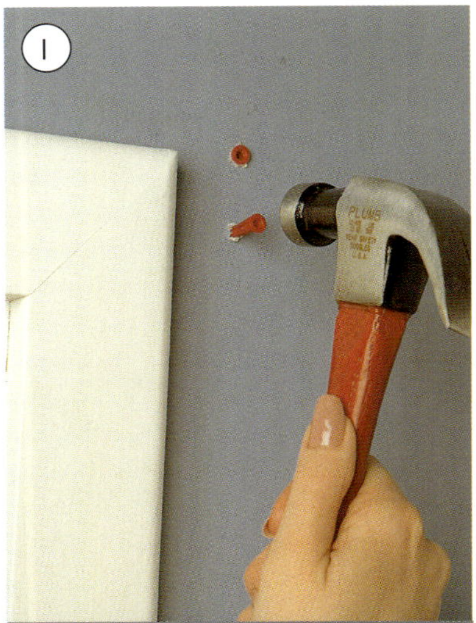

Comment poser des supports à l'aide de chevilles en plastique

(1) **Marquer** l'emplacement des vis sur le mur. Percer des trous en utilisant un foret de taille légèrement plus petite que le diamètre de la cheville. Enfoncer les chevilles dans les trous à l'aide d'un marteau.

(2) **Insérer** la vis dans le trou du support et de la cheville. Serrer la vis ; la cheville prendra de l'expansion dans la cloison sèche et sera ainsi retenue dans le mur.

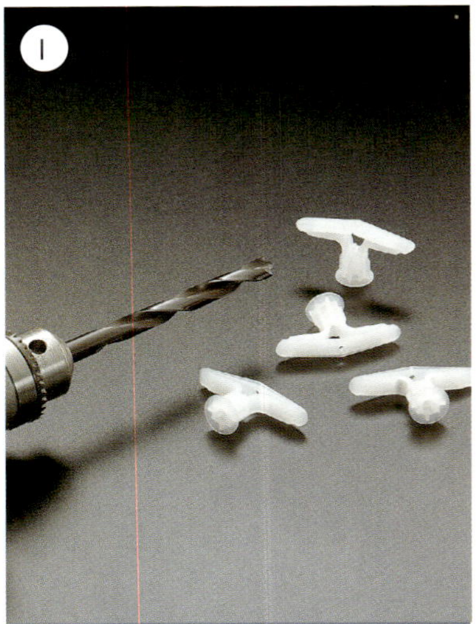

Comment poser des supports à l'aide de chevilles à ailettes en plastique

(1) **Marquer** l'emplacement des vis sur le mur. Percer des trous en utilisant un foret de taille légèrement plus petite que le diamètre de la tige de la cheville.

(2) **Presser** les ailettes l'une contre l'autre et insérer la cheville dans le trou ; l'enfoncer à l'aide d'un marteau de sorte qu'elle soit au ras du mur.

(3) **Insérer** la vis dans le trou du support et dans la cheville ; serrer la vis. Les ailettes s'ouvriront et se plaqueront contre le dos de la cloison sèche.

Comment poser des supports à l'aide de boulons à gaine d'expansion

(1) **Marquer** l'emplacement des vis sur le mur. Percer des trous pour les boulons à gaine d'expansion, en employant un foret de taille légèrement plus petite que le diamètre du boulon.

(2) **Insérer** le boulon dans le trou à l'aide d'un marteau ; serrer la vis. Le boulon pendra de l'expansion et se plaquera contre le dos de la cloison sèche.

(3) **Retirer** la vis du boulon ; l'insérer dans le trou du support et dans la cheville. Visser le support solidement.

Comment poser une tringle chemin de fer

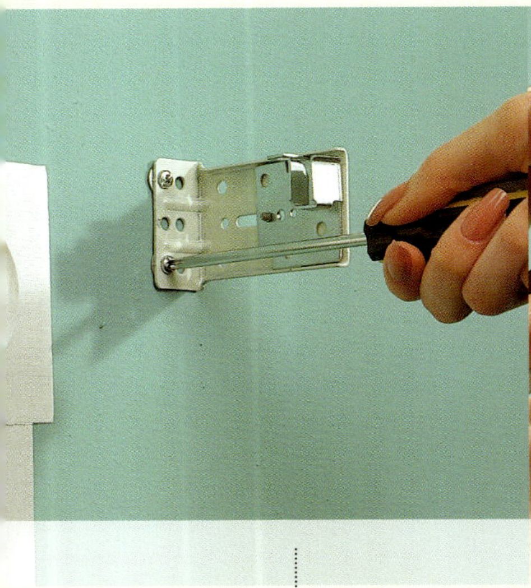

(1) **Monter** les supports des extrémités de la tringle de manière à ce que l'ouverture en forme de U soit tournée vers le haut.

(2) **Emboîter** la pince à rebord du support central sur le milieu de la tringle ; monter la tringle en plaçant ses extrémités dans les supports des bouts. Marquer l'emplacement des trous des vis du support central.

(3) **Enlever** la tringle et poser le support central. Remettre la tringle en place ; emboîter la pince du support central sur la tringle en la coinçant dans la rainure sur le devant de cette dernière. À l'aide d'un tournevis, tourner la came du dessous du support pour bloquer la pince.

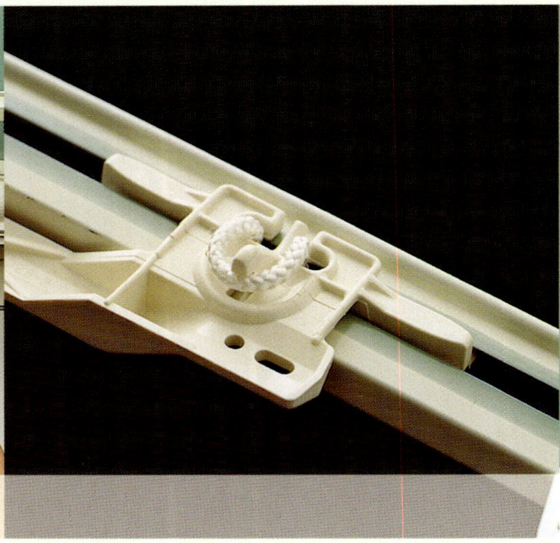

(4) **Pousser** les chariots vers les extrémités de la tringle. Sur le côté gauche, saisir le cordonnet se trouvant sous le chariot. Tirer légèrement dessus pour former une petite boucle ; fixer la boucle solidement sur la baguette de plastique située sur le dessus du chariot.

(5) **Séparer** la tige de la base de la poulie ; plaquer la base sur le mur près du plancher, directement dans l'alignement d'un point situé à 5 cm (2 po) à droite du support d'extrémité de la tringle. Marquer les emplacements des vis ; monter le support.

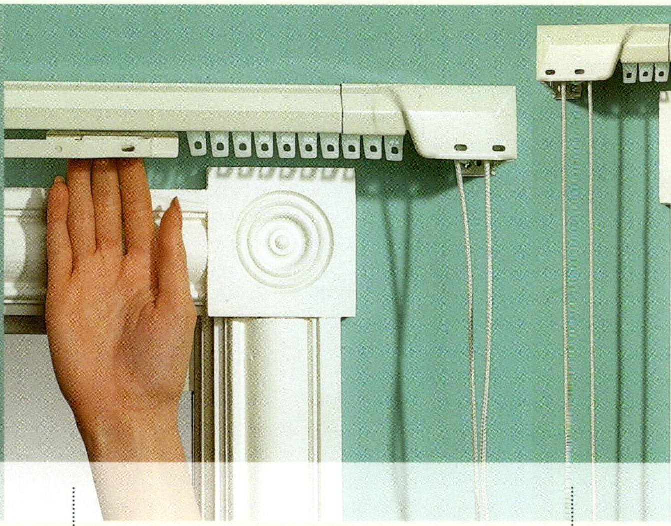

(6) **Fixer** la tige sur la base de la poulie. Tirer sur le boîtier du cordonnet de manière à voir l'orifice de la tige interne. Enfoncer un petit clou dans l'orifice pour maintenir la tige dans cette position. Installer le cordonnet sur la poulie, en enfilant son extrémité bouclée dans la rainure du boîtier.

(7) **Passer** la main derrière le chariot du dessus à l'extrémité du côté droit de la tringle ; trouver l'emplacement des deux nœuds à l'arrière du chariot.

(8) **Tirer** sur le nœud le plus près des galets jusqu'à ce que le cordonnet suspendu sur le côté de la tringle soit tendu contre la roue de la poulie. Faire un nouveau nœud dans le cordonnet situé à l'arrière du chariot, en laissant l'excédent pendre. Couper l'excédent ; serrer le nœud solidement.

LE REVÊTEMENT ET LA POSE DES PANNEAUX DE SOUTIEN

De nombreuses parures de fenêtre, y compris le store romain et diverses cantonnières, sont montées sur des panneaux ou des planches plutôt que sur des pièces de quincaillerie.

Le panneau est revêtu d'un tissu assorti à la parure ou à sa doublure, après quoi la parure y est agrafée. La parure peut se monter à l'extérieur du cadre de la fenêtre ; elle sera fixée sur ce dernier ou sur le mur au-dessus. La parure intérieure est montée à l'intérieur du bord supérieur du cadre de la fenêtre dans l'alignement de ce dernier.

Le matériel comprend le panneau de soutien, les cornières, les vis à tête cylindrique large et les boulons à gaine d'expansion.

Les dimensions du panneau varient selon qu'il est posé à l'intérieur ou à l'extérieur du cadre de la fenêtre et qu'il est posé seul ou conjugué à une autre parure. Gardez à l'esprit que les dimensions nominales du bois d'œuvre diffèrent des valeurs réelles. Ainsi, une planche de 1 x 2 po mesure en fait ¾ x 1½ po (2 x 3,8 cm), une planche de 1 x 4 po, ¾ x 3½ po (2 x 9 cm), une planche de 1 x 6, ¾ x 5½ po (2 x 14 cm) et une planche de 1 x 8, ¾ x 7¼ po (2 x 19 cm).

Pour recevoir une planche de soutien montée à l'intérieur du cadre de la fenêtre, ce dernier doit avoir une profondeur d'au moins 3,8 cm (1½ po) pour accommoder une planche de 1 x 2. Coupez la planche de sorte qu'elle ait 1,3 cm (½ po) en moins que la largeur intérieure du cadre puisqu'elle doit être recouverte de tissu.

La projection (page 273) requise pour un panneau placé à l'extérieur du cadre de la fenêtre dépend de celle de la sous-parure existante. Si cette dernière est fixe, allouez au moins 5 cm (2 po) de dégagement entre elle et la parure ; si elle est bidirectionnelle, allouez au moins 7,5 cm (3 po) de dégagement. S'il n'y a pas de sous-parure ou si cette dernière est montée à l'intérieur du cadre de la fenêtre, utilisez une planche de 1 x 4 pour la parure.

Coupez la planche de sorte qu'elle soit au moins 5 cm (2 po) plus large que la distance entre les deux côtés extérieurs du cadre. Poser la planche à l'aide de cornières mesurant plus de la moitié de la projection de la planche.

Pour un store romain monté à l'extérieur du cadre de la fenêtre, coupez une planche de 1 x 2 de sorte qu'elle soit au moins 5 cm (2 po) plus longue que la distance entre les deux côtés extérieurs du cadre. Pour une projection de 2 cm (¾ po), poser la planche à plat sur le mur. Ainsi, le store reposera contre le cadre de la fenêtre, bloquant au mieux la lumière du jour et assurant l'intimité.

Instructions pour la coupe

Coupez le tissu qui recouvrira la planche de soutien d'une largeur telle qu'il l'enveloppera, plus 2,5 cm (1 po) et de longueur égale à celle de la planche plus 7,5 cm (3 po).

Comment recouvrir la planche de soutien de tissu

(1) **Centrer** la planche sur l'envers du tissu. Agrafer un des longs côtés du tissu sur la planche à intervalles d'environ 20,5 cm (8 po) ; ne pas agrafer sur les 15 derniers cm (6 po) des extrémités. Envelopper la planche du tissu. Replier un bord de 1 cm (3/8 po) sur le long côté ; agrafer à intervalles d'environ 15 cm (6 po).

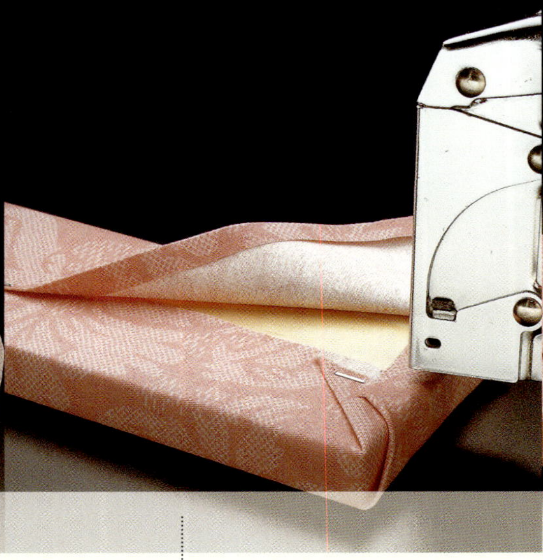

(2) **Couper** les coins à onglet sur le côté où le bord n'a pas été replié ; presser la couture avec l'ongle. Agrafer les onglets près du bord vif.

(3) **Couper** les coins à onglet sur le côté où le bord a été replié ; presser la couture avec l'ongle. Replier l'excédent de tissu aux extrémités ; agrafer près du pli.

Comment poser une planche de soutien à l'intérieur du cadre de fenêtre

(1) **Recouvrir** la planche. Fixer la parure dessus. Tenir la planche contre le bord supérieur du cadre, son côté large à la verticale ; aligner le bord avant sur le cadre.

(2) **Faire des avant-trous** dans le cadre de la fenêtre à travers la planche, à l'aide d'un foret de 1/8 po ; percer des trous à 2,5 cm (1 po) ou moins de chaque extrémité de la planche et au centre pour les parures larges. Ajuster l'emplacement des trous de manière à éviter les vis à œillet, s'il y en a. Fixer la planche à l'aide de vis à tête ronde de 20 x 3,8 cm (8 x 1 1/2 po).

Comment poser une planche de soutien à l'extérieur du cadre de fenêtre

(1) **Recouvrir** la planche. Fixer la parure sur la planche. Marquer les trous des cornières sur le bas de la planche, en positionnant ces dernières à 2,5 cm (1 po) des extrémités de la planche et à intervalles de 115 cm (45 po) ou moins.

(2) **Percer** des avant-trous sur la planche ; la dimension du foret est fonction de celle des vis servant à fixer les cornières. Visser les cornières sur la planche.

(3) **Tenir** la planche à l'emplacement désiré en veillant à ce qu'elle soit de niveau ; marquer l'emplacement des trous de vis sur le mur ou le cadre de la fenêtre. Enlever les cornières de la planche.

(4) **Fixer** les cornières sur le mur à l'aide de vis à tête fraisée de 3,8 cm (1 ½ po) enfoncées dans les poteaux muraux ; si elles ne sont pas fixées sur les poteaux, utiliser plutôt des boulons à gaine d'expansion ou des chevilles à ailettes.

(5) **Remettre** la planche et sa parure sur les cornières en alignant les trous des vis ; serrer les vis.

Store romain avec projection de 2 cm (¾ po). Poser la planche à plat à l'emplacement désiré au-dessus de la fenêtre, en perçant des avant-trous dans le mur à travers la planche. La fixer à l'aide de 8 vis à tête fraisée de 6,5 cm (2 ½ po) enfoncées dans les poteaux muraux ; si elle n'est pas fixée sur les poteaux, utiliser des boulons à gaine d'expansion ou des chevilles à ailettes.

LES OURLETS

Si vous avez bien pris vos mesures et bien coupé le tissu, vos rideaux ou autres parures devraient tomber parfaitement une fois les ourlets cousus. Pour les rideaux et draperies, suivez la méthode employée dans les ateliers professionnels : piquez d'abord l'ourlet inférieur, puis les ourlets latéraux et, enfin, ceux de la tête.

Les ourlets latéraux et inférieurs sont toujours doubles afin de conférer de la robustesse, du poids et de la stabilité. La manière la plus précise de faire un ourlet double consiste à en presser d'abord toute la largeur puis à le déplier et à retourner le bord coupé sur l'envers en le ramenant contre le pli. Coupez les lisières également avant de presser les ourlets latéraux.

Les rideaux tombent mieux quand leurs ourlets sont lestés. Cousez-y de petits poids dans les coins inférieurs et dans le bas des coutures pour éviter que le rideau se déforme ou gode.

Comment coudre un ourlet double

Ourlet inférieur. (1) Plier et presser la pleine réserve d'ourlet sur le bord inférieur à 20,5 cm (8 po) pour les rideaux de pleine longueur et à 15 cm (6 po) pour ceux qui sont à la hauteur de l'appui. Déplier et retourner le bord coupé et le ramener contre la couture ; presser le pli extérieur.

(2) **Fixer** au point de bâti un poids pour rideau dans la réserve d'ourlet au niveau de chaque couture. Replier le long du pli intérieur, en enfermant le bord coupé ; épingler. Piquer l'ourlet.

Ourlet latéral. Plier et presser des ourlets doubles latéraux à 3,8 cm (1 ½ po) en suivant l'étape 1 pour l'ourlet inférieur ; épingler. Fixer au point de bâti des poids pour rideau dans l'ourlet à environ 7,5 cm (3 po) du bord inférieur. Replier et piquer l'ourlet.

Trois manières de finir un ourlet

Piqûre au point droit sur le bord de l'ourlet replié ; comptez 8 à 10 points par 2,5 cm (1 po). Utiliser du fil assorti pour un tissu uni ou un mélange pour un tissu polychrome. Piquer lentement à travers les couches multiples.

Piqûre au point invisible. Régler la machine au point invisible et poser le pied pour couture invisible. Replier l'ourlet en laissant le pli intérieur dépasser de 3 mm (⅛ po). Aligner le guide du pied sur le pli souple. Régler la largeur du point de manière à ne piquer que légèrement dans le pli.

Ourlet thermocollé. Thermocoller une bande adhésive à entoilage de papier sur l'ourlet ; enlever l'entoilage de papier et thermocoller. Suivre les instructions du fabricant. Presser sur les deux côtés.

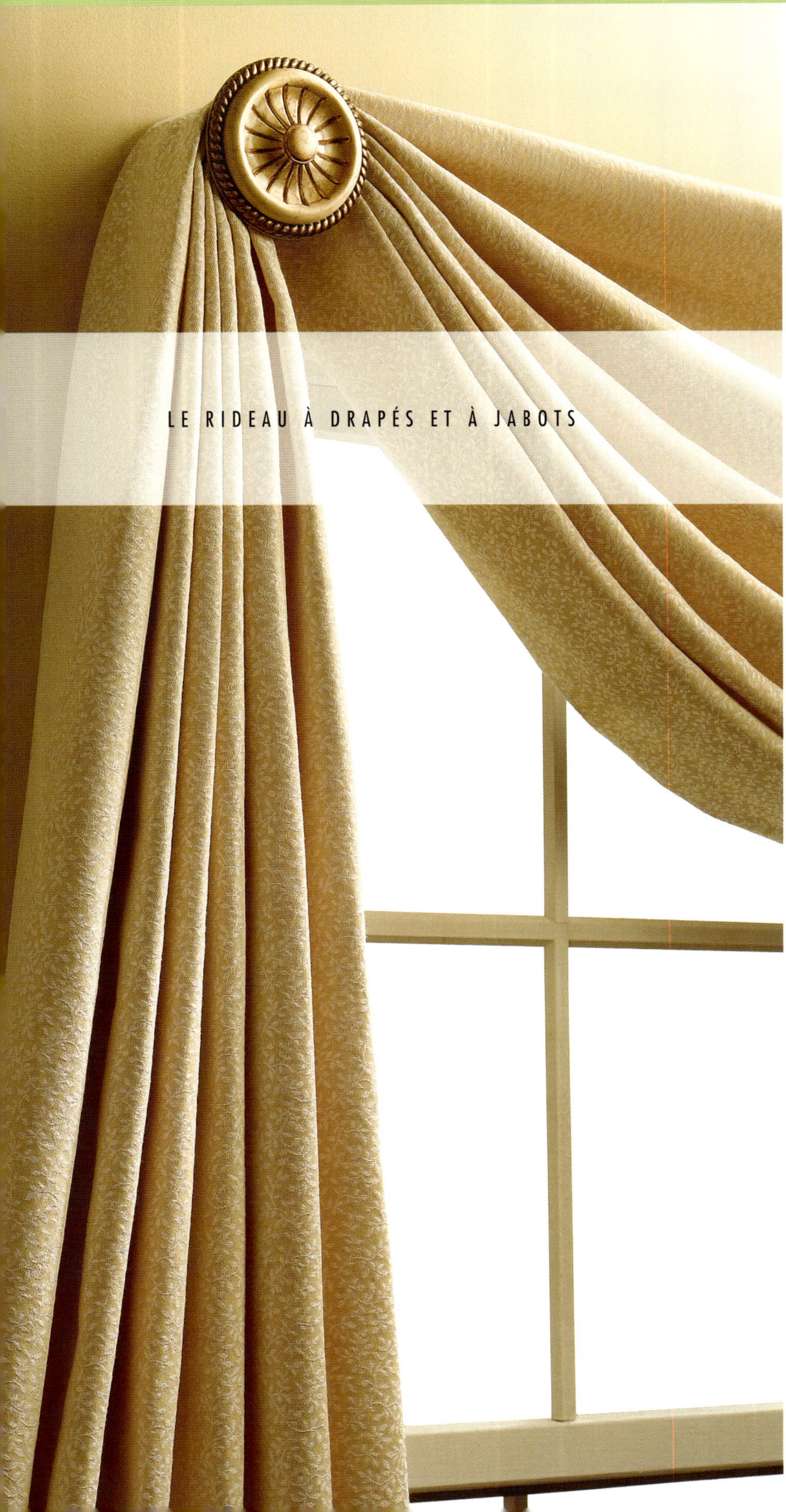

LE RIDEAU À DRAPÉS ET À JABOTS

Le rideau à drapés et à jabots tombe en plis souples et égaux, et est doublé pour plus de tenue. Utilisé seul pour souligner le haut de la fenêtre ou en complément de draperies ou stores, il se veut polyvalent et convient à de nombreux styles de décoration. Selon le tissu et les pièces de quincaillerie, de même que la longueur des jabots, il pourra être installé dans des pièces aussi diverses que le coin petit-déjeuner ou le grand salon.

Votre paré peut ne comprendre qu'une seule courbe ou plusieurs. Les jabots, ou chutes, peuvent descendre jusqu'au sol, un peu plus haut ou onduler sur le plancher (cette variante est la plus formelle). Les extrémités des jabots plus courts, qui descendent jusqu'au bas du cadre de la fenêtre, aux deux tiers ou au tiers de sa longueur, sont coupées à angle vers le haut et le centre de la fenêtre. Dans la méthode présentée ici, le drapé est formé en taillant en pointe dans l'ampleur excédentaire aux endroits où il croise un support ou la tringle. On le confectionne ensuite en assemblant les pièces formant des angles et en les doublant.

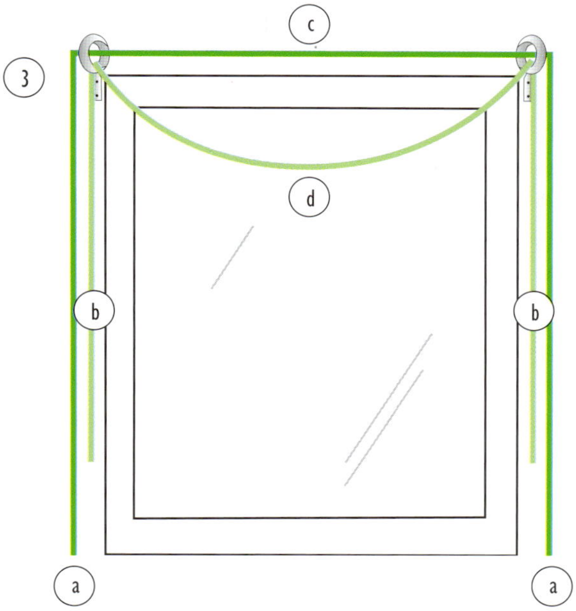

Pour ce drapé, on emploie la pleine largeur du tissu. On peut le doubler du même tissu ou d'un autre de couleur contrastée. Pratiquement tous les tissus pour la décoration intérieure conviennent, des semi-diaphanes au brocart. C'est vrai aussi des imprimés unidirectionnels, puisqu'on peut changer le sens du tissu au niveau de la couture du jabot.

Les supports pour drapés sont offerts en divers styles, dont des médaillons et des anneaux ; on peut aussi se servir de supports de retenue. Un rideau ne comportant qu'une seule courbe peut également être drapé sur une tringle décorative. Montez les supports aux coins supérieurs du cadre de la fenêtre et à tout autre emplacement choisi avant de commencer le projet et prenez vos mesures à l'aide d'un galon croisé.

Comment prendre les mesures pour un drapé simple

(1) **Montez** les supports ou la tringle décorative aux endroits choisis. Drapez une bande de galon croisé sur les supports ou la tringle, en traversant la fenêtre en ligne droite sur le haut et en poursuivant sur les côtés à la longueur désirée. Vous obtiendrez ainsi la longueur finale du haut et des bords extérieurs du drapé.

(2) **Drapez** une bande de galon croisé sur les supports ou la tringle, en l'arrondissant jusqu'au point central le plus bas en travers de la fenêtre et en poursuivant sur les côtés à la longueur désirée. Vous obtiendrez ainsi la longueur finale du bas et des bords intérieurs du drapé. Marquez les deux pièces de galon au niveau des supports ou des extrémités du drapé sur la tringle.

MATÉRIEL REQUIS

- supports décoratifs (un support à chaque coin supérieur de la fenêtre et un pour chaque drapé additionnel) ou tringle décorative
- outils et pièces de quincaillerie
- galon croisé
- tissu de décoration de longueur donnée à l'étape 1 de la page 290 pour un drapé simple ou à l'étape 1 de la page 291 pour des drapés multiples
- tissu assorti ou de couleur contrastée pour la doublure, de même longueur que le tissu de décoration
- ruban adhésif à double face (facultatif)

(3) **Mesurez** et notez les longueurs du galon pour chaque section. La mesure (a) correspond à la distance entre la longue pointe et le support ou la tringle, la mesure (b), à la distance entre la pointe courte et le support ou la tringle, la mesure (c), à la distance entre les supports ou les extrémités de la tringle, et la mesure (d), à la distance entre le haut et le point le plus bas du drapé.

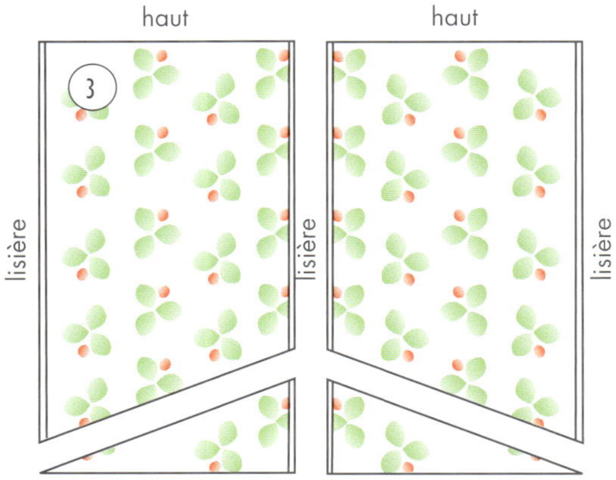

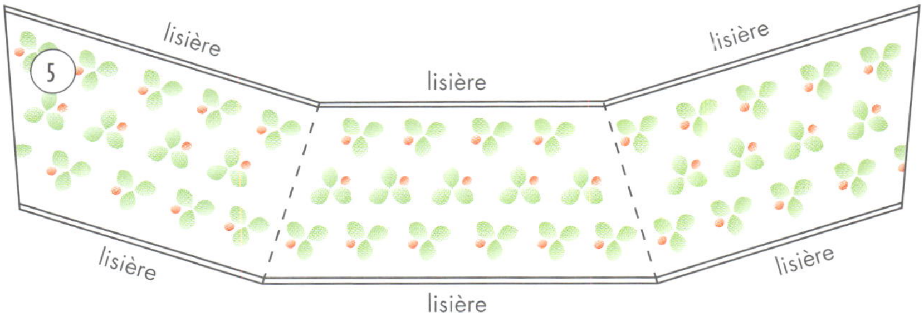

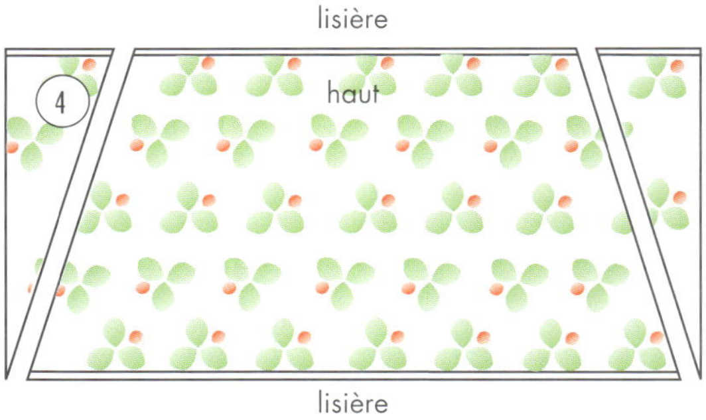

Comment coudre un drapé simple

(1) **Couper** le tissu sur toute sa largeur, d'une longueur égale à la mesure (d) plus deux fois la mesure (a) plus 7,5 cm (3 po) pour accommoder les réserves de couture. Mesurer à chaque extrémité du tissu une distance égale à (a) plus 2,5 cm (1 po). Couper le tissu perpendiculairement aux lisières à ces points afin de séparer les pièces des extrémités de la pièce centrale.

(2) **Tourner** dans l'autre sens une pièce d'extrémité si le tissu est clairement unidirectionnel de sorte que le haut des deux pièces soit dans le même sens et pointe vers le centre ; une fois le rideau suspendu, les deux pièces seront dans le bon sens. Identifier chaque pièce dans le haut.

(3) **Soustraire** la mesure (b) de la mesure (a). Marquer un point sur le bord intérieur d'une pièce d'extrémité à cette distance du bord inférieur. Tirer un trait entre ce point et le coin inférieur extérieur ; enlever en coupant la pièce triangulaire. Répéter pour l'autre pièce d'extrémité, en coupant à angle dans le sens opposé.

(4) **Soustraire** la mesure (c) de la mesure (d) ; diviser le résultat en deux. Marquer un point sur le bord supérieur de la pièce centrale à cette distance d'une extrémité. Tirer un trait entre ce point et le coin inférieur ; enlever en coupant la pièce triangulaire. Répéter pour l'autre extrémité de la pièce centrale.

(5) **Raser** les lisières. Couper la doublure en utilisant les pièces du drapé comme patrons ; identifier les pièces de la doublure sur le haut. Assembler les pièces du drapé à 1,3 cm (½ po), en soutenant les bords pour les ajuster ; répéter pour les pièces de la doublure. Ouvrir les réserves de couture au fer.

(6) **Épingler** la doublure au drapé, endroit contre endroit. Piquer à 1,3 cm (½ po) sur le pourtour, en laissant une ouverture dans le haut au centre. Raser les coins à angle. Presser la réserve de couture de la doublure vers celle-ci.

(7) **Retourner** le drapé à l'endroit ; presser les bords cousus. Fermer l'ouverture à points coulés. Former des plis le long des coutures, en veillant à ce que leur nombre et leur profondeur soient les mêmes. Retenir les plis avec du galon croisé. Suspendre le drapé à travers des anneaux, sur des médaillons ou sur des supports à embrasses. Ou encore, le suspendre sur une tringle, le drapé central devant. Arranger les plis sur le haut et les côtés. Enlever le galon croisé. Au besoin, fixer discrètement le tissu au support ou à la tringle à l'aide de ruban adhésif double face.

Comment prendre les mesures pour un drapé multiple

(1) **Monter** les supports ou la tringle aux emplacements désirés. Draper une bande de galon croisé sur les supports ou la tringle, en traversant la fenêtre en ligne droite sur le haut et en poursuivant sur les côtés jusqu'au point le plus long. Vous obtiendrez ainsi la longueur finale du haut.

(2) **Draper** une bande de galon croisé sur les supports ou la tringle en l'arrondissant jusqu'au point central le plus bas pour chacune des courbes et en poursuivant jusqu'aux points les plus courts des côtés. Vous obtiendrez ainsi la longueur finale du bas. Marquer les deux galons au niveau des supports ou des points de retenue sur la tringle.

(3) **Mesurer** et noter les longueurs du galon pour chaque section. La mesure (a) correspond à la distance entre la longue pointe et le support ou la tringle, la mesure (b), à la distance entre la pointe courte et le support ou la tringle, la mesure (c), à la distance entre les supports ou les points de retenue sur la tringle, et la mesure (d), à la longueur totale du drapé entre les supports ou les points de retenue sur la tringle.

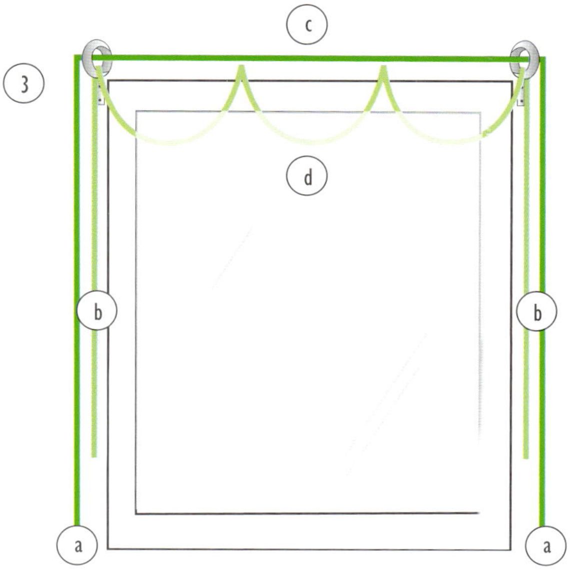

Comment coudre un drapé multiple

(1) **Couper** le tissu sur toute sa largeur, d'une longueur égale à la mesure (d) plus deux fois la mesure (a) plus 2,5 cm (1 po) pour chaque courbe, plus 5 cm (2 po). Mesurer à partir de chaque extrémité du tissu une distance égale à la mesure (a) plus 2,5 cm (1 po). Couper le tissu perpendiculairement aux lisières à ces points. Suivre les étapes 2 et 3 de la page 290.

(2) **Mesurer** la longueur de la pièce centrale ; diviser cette mesure par le nombre de courbes du drapé. Marquer la pièce centrale en longueurs de cette dimension ; couper le tissu perpendiculairement aux lisières à ces points.

(3) **Soustraire** la mesure (c) de la mesure (d). Diviser cette mesure par le nombre de courbes du drapé ; puis diviser le résultat en deux. Marquer un point sur le bord supérieur d'une pièce à cette distance du bout. Tirer un trait entre ce point et le coin inférieur ; enlever en coupant la pièce triangulaire. Répéter à l'autre extrémité de la même pièce. Enlever en coupant des pièces triangulaires identiques pour chacune des pièces restantes. Terminer l'assemblage en suivant les étapes 5 à 7 de la page 290.

LA CANTONNIÈRE À FRONCES ET À REMPLIS

La cantonnière à fronces et à remplis consiste au départ en un simple rectangle plat et doublé ; elle comprend une coulisse et une tête. À intervalles réguliers, des rangs verticaux de remplis sont cousus sur la cantonnière ; le tissu remonté prend alors la forme de cloches gracieuses. Entre les rangs de remplis, le tissu tombe en plis souples. Un passepoil posé dans le bas accentue les courbes des cloches et des plis, et leur donne de la tenue. La doublure de couleur contrastée apparaît furtivement sur l'intérieur des cloches.

Pour cette cantonnière, il vous faudra suffisamment de pleines et demi-largeurs de tissu pour obtenir environ deux fois et demie l'ampleur. Les cloches sont placées à toutes les coutures et à mi-chemin entre elles. Bien qu'on ne doive généralement pas placer de détails proéminents aux coutures des parures de fenêtre, les emplacements de ce patron coïncident avec ceux des gros motifs de la plupart des tissus de décoration, si bien qu'ils tombent au milieu de chaque pli.

La cantonnière tombe droit aux retours à une longueur d'environ 15 cm (6 po) de plus que le centre des plis. L'arrière des cloches, la partie la plus courte, est d'environ 5 cm (2 po) plus court que les plis.

Les tissus de décoration de poids moyen conviennent bien pour cette cantonnière. Pour lui donner de la tenue et un aspect légèrement rembourré, entoilez la cantonnière avec de la flanelle. Choisissez un tissu de couleur contrastée pour la doublure et le passepoil.

Montez la cantonnière sur une tringle étroite simple au moyen de coudes ou sur une tringle utilitaire juste au-dessus et à l'extérieur du cadre de la fenêtre.

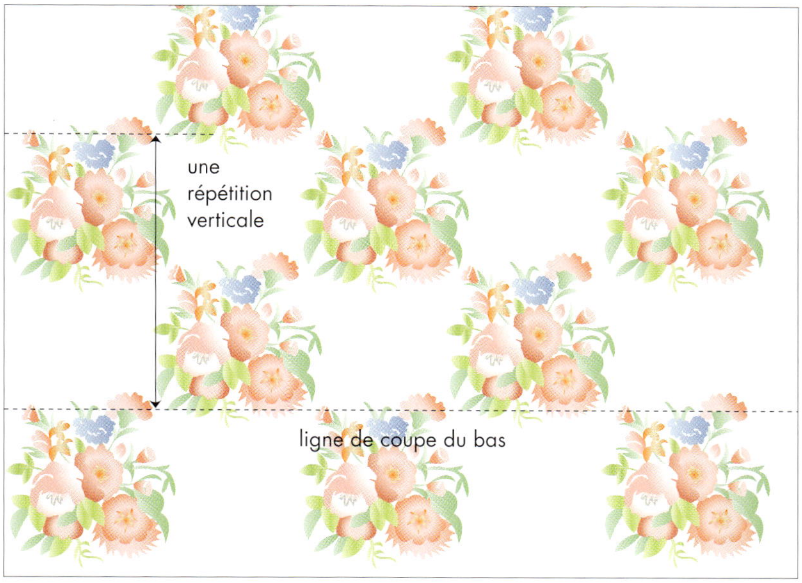

MATÉRIEL REQUIS

- tissu de décoration pour la cantonnière
- tissu de décoration contrasté pour la doublure
- passepoil, cordelière, ou cordonnet de 1,3 cm (½ po) et tissu pour confectionner un passepoil
- triplure de flanelle (facultatif)
- tringle à rideaux
- outils et pièces de quincaillerie pour la pose

La coupe

- La longueur de coupe du tissu de la cantonnière est égale à la longueur finale sur le côté (du bas de la tringle à l'ourlet) plus le double de la profondeur de la coulisse, plus le double de la hauteur de la tête, plus 2,5 cm (1 po).

- La largeur de coupe de la cantonnière est égale à la longueur de la tringle plus deux fois la projection de la tringle, multiplié par deux fois et demie l'ampleur. Après avoir calculé la largeur de coupe totale, diviser le nombre obtenu par la largeur du tissu et arrondir au nombre le plus près de largeurs et demi-largeurs à réunir.

- Couper le tissu de la doublure de longueur et largeur égales à celles du tissu de la cantonnière.

- La largeur de coupe de l'entoilage, si désiré, est égale à la largeur totale de la cantonnière cousue. La longueur de coupe est égale à la longueur finale de la cantonnière. Si possible, aligner les fils de chaîne à l'horizontale (page 273) afin d'éliminer les coutures.

- Couper des bandes de biais pour le passepoil, si désiré, en suivant l'étape 1 de la page 248.

- Sur les tissus à gros motifs, la répétition verticale sera composée de deux rangs de motifs décalés. Un rang aura deux motifs complets tandis que l'autre en aura un complet et deux moitiés d'un autre motif alignées sur les lisières. Couper les pièces de la cantonnière de sorte que les motifs principaux se trouvent dans les 30 à 38 cm (12 à 15 po) du bas ; ils seront ainsi plus visibles.

Comme faire une cantonnière à fronces et à remplis

(1) **Coudre** ensemble les largeurs de tissu de la cantonnière. Répéter pour la doublure. S'assurer que la cantonnière et la doublure aient exactement les mêmes dimensions.

(2) **Confectionner** un passepoil recouvert de tissu (page 248), si désiré, et l'assembler au bord inférieur de la cantonnière ; commencer et terminer à 1,3 cm (½ po) des bords des côtés.
Ou encore, poser un passepoil du commerce. Si la cantonnière n'est pas entoilée, omettre l'étape 3.

(3) **Coudre** l'entoilage, au besoin. L'épingler sur l'envers de la doublure le long des côtés, le bord inférieur de l'entoilage à 1,3 cm (½ po) au-dessus de celui de la doublure. Faufiler à l'intérieur des réserves de couture de 1,3 cm (½ po) sur les côtés.

(4) **Réunir** la cantonnière et la doublure, endroit contre endroit, en alignant les bords vifs ; épingler sur les côtés et le bord inférieur. Piquer les côtés et le bord inférieur à 1,3 cm (½ po) à l'aide du pied à fermeture à glissière, le tissu de la cantonnière dessus. Piquer le bord inférieur à l'intérieur de la ligne de couture précédente, en tassant les points contre le passepoil.

(5) **Raser** les coins inférieurs à angle. Retourner la cantonnière à l'endroit. Presser les côtés et le bord inférieur. Si la cantonnière est entoilée, lisser l'entoilage et vérifier que la distance entre son bord supérieur et celui de la cantonnière est égale à la hauteur de la tête, plus la profondeur de la coulisse, plus 1,3 cm (½ po).

(6) **Presser** un bord de 1,3 cm (½ po) sur le bord supérieur du tissu de la cantonnière et de la doublure. Puis, presser un bord égal à la hauteur de la tête plus la profondeur de la coulisse ; épingler.

7 **Piquer** près du premier pli ; piquer de nouveau au bas de la tête en utilisant comme guide un ruban adhésif fixé sur le tablier de la machine.

8 **Poser** la cantonnière à l'envers sur une surface plane. Marquer les rangs verticaux des remplis aux coutures et à mi-chemin entre elles. La distance entre le rang extérieur de marques et le bord du côté est égale à la distance entre les rangs. Mesurer une distance de 25 cm (10 po) depuis le bord inférieur afin de marquer le début de chacun des rangs. Placer les autres marques à distance égale entre la marque inférieure et la ligne de couture inférieure de la coulisse, en divisant la mesure en trois parties égales.

9 **Enfiler** du fil solide sur une aiguille à gros chas. Insérer l'aiguille dans la cantonnière à la marque la plus basse d'un rang. La piquer du côté de la doublure à la marque suivante puis l'insérer à 6 mm (¼ po) au-dessus. Continuer ainsi, en faisant un petit point à chaque marque et en travaillant sur l'endroit de la cantonnière. Piquer l'aiguille du côté de la doublure sur la ligne de couture inférieure de la coulisse. L'insérer à 6 mm (¼ po) à côté du point supérieur.

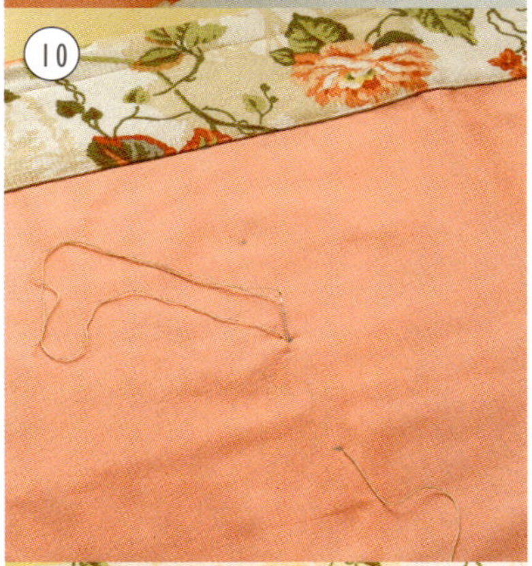

10 **Piquer** un second rang de points le long du premier rang vers la marque inférieure. Couper les fils en gardant des extrémités libres.

11 **Répéter** les étapes 9 et 10 pour chacun des rangs. Tirer sur les fils de manière à faire trois remplis par rang. Nouer solidement le fil.

12 **Insérer** la tringle dans la coulisse. Monter la tringle ; distribuer les fronces également. Former les cloches et les plis (drapés).

LE STORE ROMAIN

Le store romain est une parure de fenêtre faite sur mesure et économique qui bloque la lumière du jour et préserve l'intimité. Complètement plat quand il est abaissé, il convient bien comme sous-parure, complétant embrasses, panneaux de draperies latéraux et drapés.

Minimaliste et simple, le store n'en est pas pour autant inintéressant. Sa doublure lui donne de la tenue, en prévient la décoloration et crée un aspect uniforme de l'extérieur. Un système de cordons et d'anneaux disposés à intervalles réguliers le long de rangées verticales et horizontales permet de le remonter et de l'abaisser. Quand il est remonté, il forme des plis nets et également espacés.

Choisissez un tissu de décoration résistant et ferme, qui tombera bien. Comme le store est complètement plat quand il est abaissé, c'est une bonne manière de mettre en valeur un motif de pleine largeur. Ces indications conviennent pour un store qui a au moins 5 cm (2 po) de moins que la largeur du tissu. Si la fenêtre est plus large, complétez-le de deux pièces plus étroites de largeur égale sur les côtés.

Monté sur une planche de soutien, le store peut être installé à l'intérieur du cadre de la fenêtre et fixé sur le bord de la moulure supérieure au ras du devant du cadre. S'il est posé à l'extérieur, il doit l'être à au moins 2,5 cm (1 po) au-dessus. La projection devrait être très faible, le store ne recouvrant pas les extrémités de la planche. Pour déterminer la longueur finale du store monté à l'extérieur du cadre, mesurez entre le haut de la planche et l'appui ou à 1,3 cm (½ po) sous le tablier ; si vous le posez à l'intérieur du cadre, mesurez l'intérieur de celui-ci jusqu'à l'appui. La largeur finale du store est égale à la longueur de la planche plus 6 mm (¼ po).

La coupe

- Couper une planche ayant 5 cm (2 po) de plus que la mesure extérieure du cadre de la fenêtre ou de 1,3 cm (½ po) de moins que la mesure intérieure, selon que le store est monté à l'extérieur ou à l'intérieur. Couper la bande de tissu qui recouvrira la planche d'une largeur égale à la circonférence de celle-ci plus 1,3 cm (½ po) et de longueur égale plus 5 cm (2 po).

- La largeur de coupe du tissu égale la largeur finale plus 5 cm (2 po). La longueur de coupe égale la longueur finale plus 18 cm (7 po). Cette mesure tient compte des pertes résultant des coutures ; le store sera coupé à la longueur adéquate quand il sera cousu. Ne pas se servir des lisières comme bords. Couper le tissu de la doublure de largeur égale à la largeur finale et de longueur égale à la longueur finale plus 9 cm (3½ po).

MATÉRIEL REQUIS

- planche de soutien
- tissu de décoration
- cornières de 2,5 cm (1 po) avec vis pour un montage extérieur
- outils pour la pose
- voile thermocollant à entoilage de papier de 2 cm (¾ po) de large
- doublure pour draperie
- papier quadrillé
- anneaux de plastique de 1 ou 1,3 cm (⅜ ou ½ po)
- barre plate en métal pour lester, de 1,3 cm (½ po) de large et de longueur égale à la largeur finale du store moins 1,3 cm (½ po)
- agrafeuse et agrafes
- vis à œillets
- cordonnet
- colle blanche
- tirette (facultatif)
- taquet pour auvent

Comment confectionner un store romain

(1) **Couper** la planche et la recouvrir de tissu (page 284). Si le store est monté à l'extérieur du cadre, fixer des cornières sur le bas de la planche, près des extrémités et à des intervalles de 114 cm (45 po) au moyen de vis à tête tronconique. Monter la planche (page 285) en la centrant au-dessus du cadre de la fenêtre. Mesurer pour obtenir la longueur finale du store. Enlever les vis qui fixent les cornières sur la planche, en laissant ces dernières sur le mur.

(2) **Presser** un bord de 2,5 cm (1 po) sur les côtés du store. Couper des bandes de voile thermocollant à entoilage de papier de la longueur de chacun des côtés. Replier l'ourlet et poser les bandes près du bord coupé. Presser pour les thermocoller à la réserve d'ourlet, en suivant le mode d'emploi du fabricant.

(3) **Placer** la doublure sur le tissu du store, envers contre envers, le bas 9 cm (3½ po) plus haut que celui du store; rentrer la doublure sous les ourlets des côtés. Enlever l'entoilage de papier du voile thermocollant et presser pour thermocoller les ourlets.

(4) **Presser** un bord de 1,3 cm (½ po) dans le bas; puis presser une bande de 7,6 cm (3 po) pour former la coulisse. Le bas de la doublure devrait être aligné sur le pli inférieur du store. Épingler l'ourlet. Surpiquer le long du pli supérieur en traversant toutes les épaisseurs.

(5) **Sur le côté de la doublure,** tirer un trait en travers du haut du store à la longueur finale. Tirer un second trait 3,8 cm (1½ po) au-dessus (équivalent à la projection de la planche). Couper l'excédent de tissu le long du trait supérieur. Épingler les épaisseurs et finir les bords supérieurs ensemble.

(6) **Faire le schéma** du dos du store sur du papier quadrillé, en indiquant la longueur et la largeur finales. Marquer l'ourlet à 7,6 cm (3 po) du bord inférieur. Indiquer l'emplacement des anneaux de sorte que les rangées verticales soient espacées de 20 à 30,5 cm (8 à 10 po), les rangées extérieures étant à 2 cm (3,4 po) des bords latéraux. Les rangées horizontales devraient être espacées de 13 à 20 cm (5 à 8 po), celle du bas juste au-dessus de la coulisse et celle du haut sur le trait.

Voici comment faire les calculs: Soustraire 3,8 cm (1½ po) de la largeur finale du store. Diviser le nombre obtenu par 30,5 cm (12 po) et arrondir au nombre entier le plus près afin de déterminer le nombre d'espaces entre les rangées verticales; il y aura une rangée de plus.

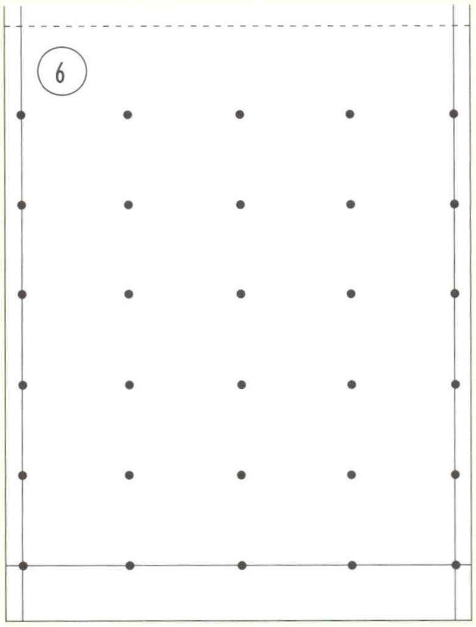

Mesurer la longueur du store entre le haut de la coulisse et le trait supérieur du haut. Diviser cette mesure par 20 cm (8 po) et arrondir au nombre entier le plus près afin de déterminer le nombre d'espaces entre les rangées horizontales. Diviser la mesure par le nombre d'espaces pour déterminer l'espacement entre les rangées.

(7) **Marquer** l'emplacement des anneaux sur la doublure, selon le schéma établi. La rangée inférieure d'anneaux se trouve au bord supérieur de la coulisse; la rangée supérieure sera placée à la distance déterminée sous le trait supérieur. (Il n'y a pas d'anneaux sur le trait supérieur.) Épingler à l'horizontale les deux épaisseurs de tissu à chacune des marques.

(8) **Coudre** un anneau à chacune des marques en piquant à la machine ou à la main à travers les deux épaisseurs de tissu. Renforcer les anneaux de la rangée inférieure à l'aide de quelques points, car ils supportent tout le poids du tissu.

(9) **Insérer** la barre de métal dans la coulisse. Fermer les extrémités à points coulés.

(10) **Agrafer** le store sur la planche de soutien, en alignant le trait sur le bord supérieur de la planche.

(11) **Percer** des avant-trous et posez des vis à œillets en les centrant sur le dos de la planche et en les alignant sur les rangées verticales des anneaux.

(12) **Sur le côté** choisi pour accrocher les cordonnets, passer un cordonnet dans la vis à œillet et dans les anneaux de la première rangée au moins jusqu'à la moitié du store. La longueur supplémentaire requise dépendra de l'emplacement de la fenêtre et du fait qu'elle sera accessible ou non aux enfants. Couper le cordonnet et faire un nœud à l'anneau du bas. Répéter pour chacune des rangées verticales, en passant les cordonnets dans les vis à œillets précédentes. Appliquer de la colle blanche sur les nœuds.

(13) **Fixer** la planche sur les cornières si le store est monté à l'extérieur du cadre ou la poser directement contre le dessous de la moulure, en insérant des vis dans les avant-trous, s'il est monté à l'intérieur.

(14) **Ajuster** les cordonnets quand le store est abaissé de sorte qu'ils aient tous la même tension. Les attacher en faisant un nœud juste au-dessus de la première vis à œillet. Tresser les cordonnets, les insérer dans l'ouverture d'une tirette, si désiré, nouer les extrémités et les couper.

(15) **Fixer** un taquet pour auvent sur le bord du cadre de la fenêtre ou sur le mur. Tirer délicatement sur les cordonnets pour remonter le store en plis souples. Enrouler le cordonnet autour du taquet afin de maintenir le store en place. La première fois qu'il sera remonté, il faudra peut-être en arranger les plis. En le remontant, tirer l'excédent de tissu vers l'avant

entre les rangées horizontales de manière à former des plis souples. Laisser le store un ou deux jours en position remontée afin qu'il « mémorise » la forme des plis.

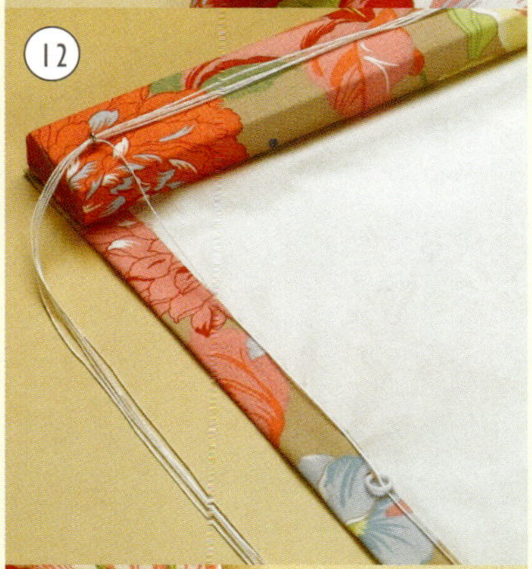

LE STORE À PLIS

Des plis étroits piqués à l'horizontale permettent au store de « mémoriser » les endroits où il doit se plier quand il est remonté. Ses lignes d'aspect net permettent de le remonter de manière à dégager la fenêtre au maximum et de couvrir entièrement cette dernière au besoin.

Ce store peut comporter des plis étroits qui alternent entre le devant et le dos ou qui se trouvent uniquement sur le dos. Les anneaux sont cousus sur les plis au dos. Quand le store est remonté, le tissu se replie en accordéon à partir du bas. Quand il est entièrement remonté, les plis occupent très peu d'espace. Une barre est insérée dans l'ourlet inférieur afin qu'il tombe mieux.

Optez pour un tissu de décoration ferme afin d'obtenir des plis nets et droits. Comme ces derniers rompront l'uniformité de la surface, il est préférable de choisir un imprimé de pleine largeur, ou un tissu uni ou à rayures. Ne faites les plis que sur le dos des tissus à gros motifs afin d'éviter d'interrompre le dessin. La doublure confère de la tenue, bloque la lumière du jour et renforce les plis. Le store est fixé sur une planche de soutien qui peut être montée à l'extérieur ou à l'intérieur du cadre de la fenêtre. Dans le premier cas, elle sera montée sur le mur au-dessus de la fenêtre et le store tombera au niveau de l'appui ou à 1,3 cm (½ po) au-dessous du tablier. Il doit déborder du cadre de la fenêtre d'au moins 2,5 cm (1 po) de chaque côté. Comme il ne recouvre pas les extrémités de la planche, la projection devrait être très faible. Pour une pose à l'intérieur du cadre, mesurer la largeur de la fenêtre à l'intérieur de celui-ci. Pour tenir compte des différences de largeur, mesurez-le dans le haut, au milieu et dans le bas. La largeur finale devrait être de 3 mm (⅛ po) en moins que la plus courte de ces trois mesures.

Si la longueur finale estimée d'un store monté à l'extérieur du cadre n'est pas divisible également par l'espace désiré entre les plis, vous pouvez le rallonger de sorte qu'elle le soit, à la condition qu'il y ait suffisamment d'espace sur le mur au-dessus de la fenêtre. Par exemple, si les espaces entre vos plis sont de 10 cm (4 po) et la longueur finale estimée de 114 cm (45 po), la longueur de votre store pourrait être de 122 cm (48 po), mesure divisible par quatre. Ainsi, vos plis seront espacés de 10 cm (4 po), le premier sera à 10 cm (4 po) du haut et l'ourlet aura également 10 cm (4 po), ce qui vous donnera au total douze espaces.

Il est parfois impossible de modifier la longueur du store, par exemple s'il est monté à l'intérieur du cadre et doit se conformer à ses mesures. Dans ce cas, vous pouvez modifier l'espacement entre les plis. Par exemple, si l'espacement estimé entre les plis est de 10 cm (4 po) et la longueur finale du store de 114 cm (45 po), vous pourriez avoir dix espaces de 11,4 cm (4½ po), ce qui comprend les espaces entre les plis, l'espace jusqu'au premier pli et l'ourlet. Ou encore, vous pourriez avoir neuf espaces de 12,7 cm (5 po), y compris celui du haut et l'ourlet.

La coupe

- Couper une planche de soutien de sorte qu'elle ait 5 cm (2 po) de plus que la mesure extérieure du cadre de fenêtre (pose à l'extérieur) ou 1,3 cm (½ po) de moins que la mesure intérieure (pose à l'intérieur). Couper une bande de tissu égale à la circonférence de la planche plus 1,3 cm (½ po) et de la longueur de la planche plus 5 cm (2 po).

- Couper le tissu de décoration à la longueur finale désirée du store plus deux fois la largeur de l'ourlet, plus la projection de la planche, plus 1,9 cm (¾ po) par pli. Ajouter également 5 cm (2 po) pour tenir compte des pertes résultant des multiples coutures. Une fois le store assemblé, l'excédent de tissu sera coupé sur le haut.

- La largeur de coupe du tissu est de 7,6 cm (3 po) de plus que la largeur finale du store. S'il faut plus d'une largeur de tissu, utiliser une pleine largeur pour la partie central du panneau et compléter par une largeur partielle de chaque côté, en raccordant les motifs.

- Couper la doublure aux dimensions du tissu de décoration moins la largeur de l'ourlet du bas. La largeur de coupe de la doublure est égale à la largeur finale du store ; au besoin, coudre des largeurs partielles de part et d'autre du panneau central, comme pour le tissu de décoration.

MATÉRIEL REQUIS

- papier quadrillé
- tissu de décoration
- liquide prévenant l'effilochage (facultatif)
- voile thermocollant à entoilage de papier de 2 cm (¾ po) de large
- doublure pour draperie
- anneaux de plastique de 1 ou 1,3 cm (⅜ ou ½ po)
- planche de soutien
- cornières de 2,5 cm (1 po) avec vis pour pose à l'extérieur du cadre
- outils pour la pose
- barre métallique plate à lester de 1,3 cm (½ po) de largeur et de longueur égale à la largeur finale du store moins 1,3 cm (½ po)
- agrafeuse et agrafes
- vis à œillet
- cordonnet pour store
- colle blanche
- tirette (facultatif)
- taquet pour auvent

Comment confectionner un store à plis

(1) **Avant** de couper le tissu, faire un schéma du store sur du papier quadrillé, en indiquant la longueur et la largeur finales, le nombres de plis et d'espaces, et les rangées verticales des anneaux. Décider de l'espacement entre les plis en fonction de l'aspect désiré ; un espace de 10 cm (4 po) donne un bel aspect. Le pli du bas se trouve au dos juste au-dessus de l'ourlet. Positionner les anneaux sur les plis du dos, en commençant à 2,5 cm (1 po) des bords latéraux et en espaçant les autres rangées également de 20 à 30,5 cm (8 à 10 po).

Voici comment faire les calculs : diviser la longueur finale du store par l'espacement désiré entre les plis ; au besoin, arrondir au nombre entier le plus près. Le résultat correspond au nombre d'espaces, y compris celui du haut et la largeur de l'ourlet du bas. Diviser ensuite la longueur finale désirée du store par le nombre d'espaces afin de déterminer l'espacement précis entre les plis ainsi que la largeur de l'ourlet. Il y aura un pli de moins que le nombre d'espaces.

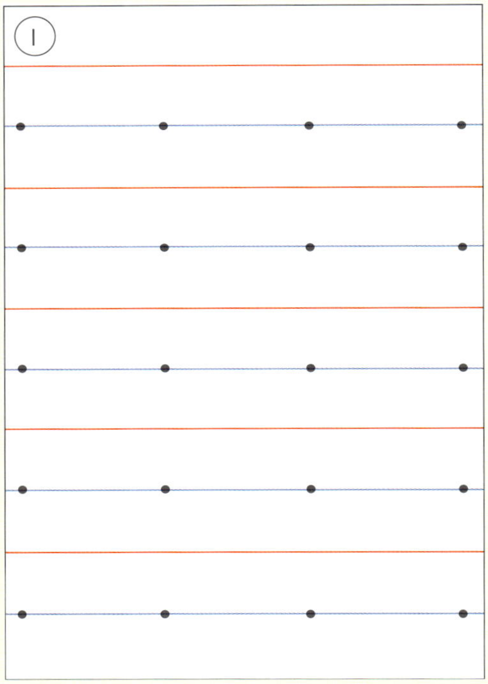

Soustraire 5 cm (2 po) de la largeur finale du store. Diviser cette largeur ajustée par 30,5 cm (12 po) et arrondir au nombre entier le plus près afin de déterminer le nombre d'espaces entre les rangées verticales ; il y aura une rangée de plus. Diviser la largeur ajustée par le nombre d'espaces afin de déterminer la distance entre les rangées.

(2) **Couper** le tissu. Assembler des largeurs de tissu, au besoin. Stabiliser les bords latéraux en appliquant du liquide prévenant l'effilochage ou les finir au point de surjet ou zigzag.

(3) **Presser** un bord de 3,8 cm (1 ½ po) de chaque côté pour les ourlets latéraux. Couper des bandes de voile thermocollant à entoilage de papier de la longueur des côtés. Plier l'ourlet et placer les bandes près du bord coupé. Les thermocoller au fer sur la réserve d'ourlet, en suivant le mode d'emploi du fabricant.

(4) **Placer** la doublure sur le tissu, envers contre envers, bords supérieurs alignés ; la rentrer sous les ourlets latéraux. Retirer le papier du voile thermocollant et presser pour thermocoller les ourlets.

(5) **Presser** une bande de largeur égale à celle de l'ourlet au bas du tissu du store ; puis, presser de nouveau pour former un ourlet double. Épingler. Piquer le long du pli supérieur.

(6) **Placer** le store à l'envers sur une surface plane. Sur la doublure, marquer un trait pour le premier pli du dos à 1 cm (⅜ po) au-dessus du pli supérieur de l'ourlet.

(7) **Marquer** des traits sur la doublure pour les autres plis du dos. Pour déterminer la distance entre les traits, multiplier l'espacement entre les plis par deux et ajouter 3,8 cm (1 ½ po) si le store doit comporter des plis sur le devant et le dos ; s'il ne comporte que des plis sur le dos, n'ajouter que 1,9 cm (¾ po). Par exemple, marquer des traits espacés de 24 cm (9 ½ po) si l'espacement entre les plis du devant et du dos est de 10 cm (4 po). Marquer des traits espacés de 22 cm (8 ¾ po) si le store ne comporte que des plis au dos. Il faut 1,9 cm (¾ po) de tissu par pli.

(8) **Épingler** la doublure au tissu du store le long des traits. Presser le store le long du premier trait, endroit contre endroit. Piquer à 1 cm (3⁄8 po) du pli. Répéter pour les autres plis du dos. Il peut être utile d'utiliser un pied à fermeture à glissière pour piquer le premier pli, la ligne de couture étant alignée sur le pli supérieur de l'ourlet.

(9) **Plier** le store, envers contre envers, en alignant les deux premiers plis du dos. Sur l'endroit, presser le premier pli. Épingler le long du pli.

(10) **Plier**, presser et épingler les autres plis du devant. Les piquer à 1 cm (3⁄8 po) de la ligne de pliure.

(11) **Plier** le store en accordéon le long des plis. Marquer l'emplacement des anneaux sur le dos, en commençant à 2,5 cm (1 po) des côtés ; marquer le reste des rangées verticales selon le schéma.

(12) **Fixer** un anneau à chacune des marques en piquant à la machine ou à la main à travers les deux épaisseurs de tissu. Pour la piqûre à la machine, placer le pli sous le pied presseur, l'anneau près du pli. Régler la longueur du point à 0 et faire un zigzag le plus large possible. Faire environ huit points sur l'anneau, puis deux ou trois points d'arrêt en réglant la largeur et la longueur du point à 0. Renforcer les anneaux de la rangée inférieure à l'aide de quelques points, car ils supportent tout le poids du tissu.

(13) **Couper** la planche de soutien et la recouvrir de tissu (page 284). Si le store est monté à l'extérieur du cadre de fenêtre, fixer des cornières sur le bas de la planche près des extrémités et à intervalles de 114 cm (45 po) au moyen de vis à tête tronconique. Poser la planche (page 285) en la centrant sur le mur au-dessus du cadre de fenêtre. Mesurer la longueur finale du store. Enlever les vis qui fixent la planche aux cornières, en laissant ces dernières sur le mur.

(14) **Placer** le store à l'envers sur une surface plane. Bien tendre le tissu et mesurer la longueur finale désirée à partir du bord inférieur ; tirer un trait sur la doublure. L'espace supérieur pourrait être modifié quelque peu mais le store sera de la bonne longueur. Marquer un second trait à une distance égale à la projection de la planche de soutien. Couper l'excédent de tissu le long du trait supérieur. Épingler les épaisseurs de tissu et finir les bords supérieurs ensemble au point de surjet ou zigzag large.

(15) **Finir** le store en suivant les étapes 9 à 15 de la page 299.

LE RIDEAU À PANNEAU PLAT

Le rideau à panneau plat est l'un des plus faciles à réaliser et des plus polyvalents. Simplement composé de pièces de tissu ourlées sur les quatre côtés, il est suspendu sur une tringle décorative à l'aide d'anneaux à pince ou cousus. On peut difficilement faire plus simple et, pourtant, il peut être adapté de nombreuses manières et créer des effets tout aussi variés : tissus diaphanes ou semi-diaphanes non doublés qui couvrent la fenêtre, panneaux latéraux doublés ou non qui la révèlent en tout ou en partie, panneaux formels à plis uniformes ou panneaux tombant négligemment et traînant sur le sol.

Le rideau à panneau plat peut être de facture simple et tomber à hauteur d'appui ; d'un style plus formel, il sera de pleine longueur et conviendra particulièrement à un intérieur contemporain. Enfin, il peut se transformer en draperies luxueuses ondulant gracieusement sur le sol. Son aspect est largement influencé par l'ampleur : si elle est d'une fois à une fois et demie la largeur finale, ses lignes seront pures et spartiates tandis que si elle est de trois fois cette largeur, il donnera une impression d'opulence. (Voir des exemples d'ampleur et d'espacement des anneaux à la page 306.)

Pour un aspect simple et classique, optez pour un tissu ferme de poids moyen. Vous pourrez suspendre le rideau de sorte que son bord supérieur ondule légèrement. Avec un tissu léger et ondoyant, vous obtiendrez un rideau à l'aspect soyeux mais détendu dont le bord supérieur formera des courbes gracieuses entre les points de retenue. Selon l'ampleur désirée, une pleine largeur de tissu de décoration couvrira une surface de 46 à 81,5 cm (18 à 32 po) de large. Pour une surface plus large, assemblez des pleines largeurs ou des demi-largeurs. Peut-être souhaiterez-vous doubler le rideau afin de lui donner du corps et en prévenir la décoloration.

Vous pouvez suspendre le rideau sur une tringle décorative à l'aide d'anneaux à pinces ou cousus, qu'on trouve dans de nombreux styles. Posez d'abord la tringle afin de déterminer avec précision la longueur finale du rideau. On la monte généralement au-dessus du cadre de la fenêtre à une distance suffisante pour que le rideau recouvre le bois. Avant de percer les trous, faites un essai avec une petite pièce de tissu afin de déterminer l'emplacement exact du haut du rideau par rapport à la tringle ; le type des anneaux influe également sur les mesures.

La coupe

- La longueur de coupe du tissu est égale à la longueur finale du rideau plus la réserve d'ourlet (voir le tableau de la page 307) plus 7,5 cm (3 po) pour l'ourlet supérieur.

- La largeur de coupe est égale à la largeur de l'espace à couvrir plus l'ampleur désirée (voir les exemples à la page 306). Diviser la mesure obtenue par la largeur du tissu et arrondir à la pleine ou demi-largeur inférieure ou supérieure au plus près afin de déterminer le nombre de largeurs requises. Pour chaque panneau, utiliser des pleines ou des demi-largeurs de tissu.

- Multiplier la longueur de coupe par le nombre total de largeurs requises afin de déterminer la quantité de tissu à acheter. Compter une répétition de patron en plus par largeur pour le raccord des motifs (page 222).

- Couper le tissu de la doublure, le cas échéant, 13 cm (5 po) plus court que le tissu de décoration pour un rideau de pleine longueur, 7,5 cm (3 po) plus court s'il tombe au niveau de l'appui et de la même longueur s'il ondule sur le sol. La largeur de coupe est la même.

MATÉRIEL REQUIS

- tringle décorative
- outils et pièces de quincaillerie pour la pose
- tissu de décoration
- doublure pour les rideaux doublés
- poids pour les rideaux de pleine longueur
- anneaux à pince ou à coudre

Divers espacements et ampleurs

Ampleur différente, même espacement entre les anneaux

Pour un panneau plus plat, on utilise une ampleur et demie (à gauche), c'est-à-dire que la largeur du rideau égale une fois et demie la longueur de la tringle. Pour un panneau plus ample, comptez deux fois (centre) ou deux fois et demie l'ampleur (à droite). Sur les photos, tous les anneaux sont espacés de 39 cm (15½ po).

Espacement différent entre les anneaux, même ampleur

Pour un aspect plus retenu sur le haut, utilisez plus d'anneaux et rapprochez-les (à gauche).

Pour un aspect plus souple, utilisez-en moins et espacez-les davantage.

Pour des courbes amples, utilisez-en un minimum et espacez-les encore plus. Tous ces panneaux ont une ampleur double.

Comment confectionner un rideau à panneau plat non doublé

(1) **Coudre** des largeurs de tissu, au besoin, pour chacun des panneaux. S'il faut utiliser des demi-largeurs, les coudre sur les côtés du panneau. Finir les coutures ensemble et les presser vers le côté du panneau.

(2) **Presser** la pleine réserve pour l'ourlet inférieur. La déplier et retourner le bord coupé en l'alignant sur la ligne de pliure pressée. Presser le pli extérieur. Si le rideau est de pleine longueur et a plus d'une largeur de tissu, fixer un poids dans la couche supérieure de tissu à la base de chaque couture, le bas du poids près du pli intérieur.

(3) **Replier** le bord inférieur de façon à former un ourlet double. Épingler. Piquer au point invisible ou au point droit selon qu'on veut que l'ourlet soit invisible ou visible.

(4) **Presser** un bord de 7,5 cm (3 po) sur un côté. Déplier le bord pressé et le retourner en l'alignant sur la ligne de pliure. Presser le pli extérieur. Si le rideau est de pleine longueur, insérer un poids entre les couches de l'ourlet inférieur et le fixer en place. Replier le bord de manière à former un ourlet double de 3,8 cm (1 ½ po). Piquer au point invisible. Répéter pour chacun des côtés des panneaux.

(5) **Presser** un ourlet double de 3,8 cm (1 ½ po) sur le bord supérieur. Piquer l'ourlet.

(6) **Marquer** l'emplacement des anneaux à coudre ou à pince le long de l'ourlet supérieur, les marques des extrémités à 2 cm (¾ po) des bords latéraux. Espacer uniformément les autres marques de 15 à 25,5 cm (6 à 10 po). En utilisant des épingles de sûreté, essayer divers espacements pour déterminer celui qui convient. (Voir les exemples à la page précédente. Fixer un anneau à chaque marque.)

(7) **Passer** les anneaux sur la tringle et monter cette dernière sur les supports.

Réserves d'ourlet

Longueur du rideau	Réserve pour ourlet inférieur
Jusqu'à l'appui ou au tablier	15 cm (6 po)
1,3 cm (½ po) au-dessus du sol	20,5 cm (8 po)
Effleurant le sol	20,5 cm (8 po)
Ondulant sur le sol	2,5 cm (1 po)

Comment confectionner un rideau à panneau plat doublé

(1) **Suivre** les étapes 1 à 3, à gauche, pour le panneau non doublé. Répéter pour la doublure, en faisant un ourlet double de 5 cm (2 po).

(2) **Placer** les panneaux du rideau et de la doublure envers contre envers, en alignant les bords vifs sur les côtés et le haut; épingler. Le panneau de la doublure aura 2,5 cm (1 po) de moins que celui du rideau. Terminer selon les étapes 4 à 7 (à gauche), en manipulant le rideau et la doublure comme s'il s'agissait d'un seul tissu.

Comme confectionner un rideau ondulant sur le sol

(1) **Suivre** l'étape 1 à gauche pour le tissu de décoration et la doublure. Placer la doublure et le tissu envers contre envers, en alignant les bords vifs. Suivre les étapes 2 à 7, en manipulant les deux tissus comme s'il ne s'agissait que d'un seul.

LE RIDEAU À PASSANTS

Le regard est naturellement attiré par des rideaux à passants. Des bandes étroites suspendues à une tringle décorative donnent à cette parure l'attrait simple des objets alliant forme et fonction. Les passants peuvent être de simples boucles, se nouer ou se boutonner.

Comme la friction en userait prématurément les passants, ces rideaux ne sont pas destinés à être ouverts et fermés à répétition. Par conséquent, on s'en sert souvent comme panneaux fixes bordant la fenêtre. Pour une fenêtre étroite, un seul panneau peut suffire. On le tirera alors sur un seul côté pour l'ouvrir. Les passants peuvent consister en boucles continues, en deux bandes qui se nouent sur la tringle ou en une seule bande fixée à une extrémité et qui semble boutonnée sur le devant (pour éviter toute tension inutile, les passants sont cousus et les boutons n'ont qu'une fonction décorative). Un panneau compte cinq ou six passants espacés également.

On peut doubler, ou non, les rideaux à passants, selon le tissu employé, la quantité de lumière qu'il filtrera et le degré d'intimité désiré. Les tissus de décoration de poids moyen offrent la résistance voulue pour les passants et préserveront la netteté et la régularité du bord supérieur. Si vous désirez que le rideau forme des courbes douces, optez pour un tissu plus léger et qui se drape bien.

Il est utile de faire un rideau d'essai et de le suspendre sur la tringle avant de couper le tissu (voir les étapes de la page suivante). Montez la tringle à une hauteur telle que le haut du cadre de fenêtre ne soit pas visible au-dessus.

Les mesures

(1) **Déterminer** la longueur des passants en entourant la tringle d'un ruban à mesurer en tissu à la distance désirée depuis le haut. Ajouter 2,5 cm (1 po) pour les réserves de couture et 7 cm (2¾ po) si les passants sont à boutons. Pour des passants noués, faire un passant d'essai à l'aide d'un large ruban ou de bandes de tissu dans le style du nœud désiré. Puis mesurer la longueur de chaque pièce et ajouter 2,5 cm (1 po) pour les coutures des extrémités.

(2) **Mesurer** la distance entre le dessous de la tringle et le haut du rideau. Monter la tringle au-dessus de la fenêtre à cette distance plus 2,5 cm (1 po). Ainsi, le cadre de la fenêtre ne sera pas visible au-dessus du rideau.

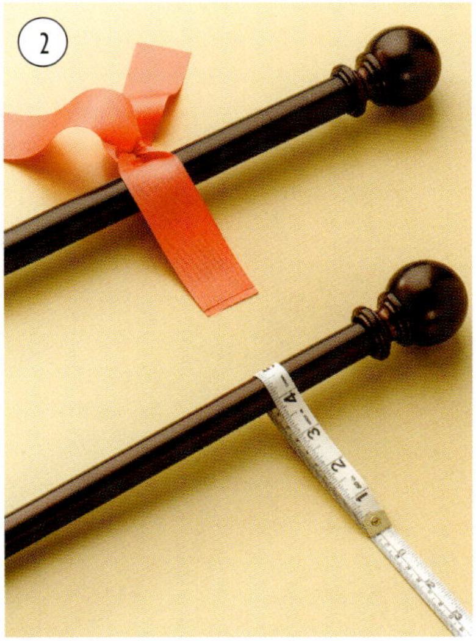

La coupe

- La longueur de coupe de chaque panneau est égale à la longueur finale plus la réserve pour l'ourlet inférieur (voir tableau page 307) plus 7,5 cm (3 po).

- La largeur de coupe du tissu est égale au double de la largeur de la surface devant être couverte. Diviser le résultat par la largeur du tissu et arrondir à la pleine ou demi-largeur la plus près afin de déterminer le nombre de largeurs requises. Utiliser des pleines ou demi-largeurs pour chaque panneau.

- Pour des rideaux doublés, la longueur de coupe de la doublure est égale à la longueur finale du rideau plus 9 cm (3½ po). La largeur de coupe est la même que celle du tissu de décoration.

- Pour chaque panneau, il faudra cinq passants pour la première pleine largeur plus quatre autres par pleine largeur additionnelle et deux autres par demi-largeur. Pour chaque passant simple ou à bouton de 3,8 cm (1½ po) de large, couper une bande de tissu de 10 cm (4 po) de large et de la longueur déterminée à gauche. Pour des passants à nœud de 2,5 cm (1 po) de large, couper deux bandes de 6,5 cm (2½ po) de large par passant et de la longueur déterminée à gauche.

MATÉRIEL REQUIS

- tringle décorative
- outils et pièces de quincaillerie pour la pose
- tissu de décoration
- doublure pour les rideaux doublés
- poids pour les rideaux de pleine longueur
- boutons simples ou à recouvrir pour les rideaux avec boutons

- Multiplier la longueur de coupe par le nombre de largeurs de tissu requises afin de déterminer la quantité de tissu requise pour les rideaux. Pour les passants, ajouter 30,5 cm (12 po) pour chaque double largeur de tissu afin de déterminer la quantité totale de tissu à acheter.

Comment confectionner des rideaux non doublés à passants simples

(1) **Assembler** les largeurs de tissu nécessaires pour chacun des panneaux, en ajoutant, le cas échéant, les demi-largeurs aux extrémités. Finir les réserves de couture ensemble et les presser vers le bord latéral du panneau.

(2) **Presser** le bord inférieur à 20,5 cm (8 po) pour l'ourlet. Déplier, presser et retourner le bord coupé en l'alignant sur la ligne de pliure. Presser le pli extérieur. Si le panneau a plus d'une largeur de tissu, fixer un poids à la base de chaque couture, le bas du poids près du pli intérieur.

(3) **Replier** le bord inférieur pour former un ourlet double de 10 cm (4 po), en enfermant les poids aux coutures. Épingler. Piquer au point invisible ou au point droit selon qu'on souhaite un ourlet invisible ou visible.

(4) **Presser** un bord de 1,3 cm (½ po) sur le haut. Puis plier un bord de 5 cm (2 po) sur le côté droit, de manière à former un entoilage. Aux coins extérieurs, coudre l'entoilage au rideau à 7,5 cm (3 po) des bords (flèche). Raser l'entoilage à 6 mm (¼ po) ou moins de la couture ; enlever en coupant 2,5 cm (1 po) de la réserve de l'ourlet latéral.

(5) **Plier** chaque passant en deux dans le sens de la longueur, endroit contre endroit. Piquer à 1,3 cm (½ po) du bord.

(6) **Retourner** les passants à l'endroit. Centrer la couture sur leur dos ; presser.

(7) **Marquer** l'emplacement des passants, en espaçant les marques à égale distance le long de l'ourlet supérieur du rideau ; le premier et le dernier seront au ras des bords extérieurs. Plier les passants en deux et les glisser sous l'entoilage, les bords vifs dans le pli ; épingler. Piquer le long du haut à 1,3 cm (½ po) du pli.

(8) **Presser** des ourlets latéraux doubles de 3,8 cm (1 ½ po). Retourner l'entoilage sur l'envers du rideau ; presser. Piquer les ourlets latéraux en enfermant un poids dans les couches de l'ourlet aux coins inférieurs des rideaux de pleine longueur. Aux coins supérieurs, l'ourlet disparaîtra sous l'entoilage. Piquer le long du pli inférieur de l'entoilage.

(9) **Suspendre** le rideau sur la tringle. Espacer également les passants. Arranger le rideau de sorte qu'il tombe en plis souples, le tissu des passants tombant devant et celui des espaces, derrière.

Comment confectionner des rideaux à passants avec boutons

(1) **Suivre** les étapes 1 à 5 de la page précédente. Centrer la couture sur le dos des passants ; presser en évitant de faire des faux plis sur les bords. Marquer un point à 6 mm (¼ po) du bord inférieur sur la couture ; marquer des points à 3,2 cm (1 ¼ po) sur les plis extérieurs.

(2) **Piquer** entre la marque du pli extérieur et celle de la couture ; pivoter et piquer jusqu'à la marque du pli opposé, formant la pointe du passant. Raser la couture à 6 mm (¼ po). Retourner le passant à l'endroit ; presser.

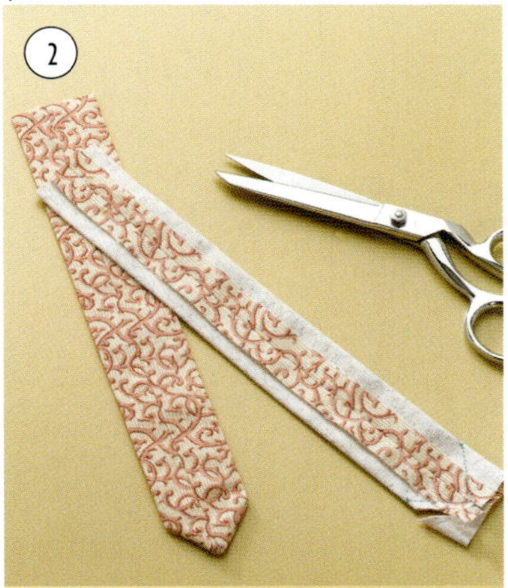

(3) **Suivre** l'étape 7, mais ne fixer que l'extrémité ouverte des passants sous l'entoilage, la couture contre l'endroit du rideau.

(4) **Finir** le rideau tel qu'indiqué à l'étape 8. Retourner les passants sur le bord supérieur du rideau en alignant leur pointe sur la ligne de couture inférieure ; épingler. Les fixer solidement à la machine. Coudre les boutons sur les points. Suspendre les rideaux tel qu'indiqué à l'étape 9.

Comment marquer des rideaux à passants doublés

(1) **Suivre** les étapes 1 à 3 de la page précédente pour les rideaux non doublés. Répéter pour la doublure, mais faire un ourlet double de 5 cm (2 po) sur la doublure et omettre les poids.

(2) **Placer** les panneaux du tissu et de la doublure envers contre envers, en alignant les bords vifs sur les côtés. Le bord supérieur de la doublure sera à 6,5 cm (2 ½ po) sous celui du panneau du rideau. Dans le bas, la doublure aura 2,5 cm (1 po) en moins. Épingler.

(3) **Finir** le rideau tel qu'indiqué aux étapes 4 à 9 de la page 310, en manipulant les tissus de décoration et de doublure comme s'il ne s'agissait que d'un seul.

Comment confectionner des rideaux à passants noués

(1) **Suivre** les étapes 1 à 4 pour les rideaux à passants simples. Plier les passants en deux dans le sens de la longueur, endroit contre endroit. Piquer à 6 mm (¼ po) le long du bord coupé et d'une extrémité. Retourner les passants à l'endroit et presser.

(2) **Suivre** l'étape 7, mais superposer deux passants, leurs coutures se faisant face, et ne fixer que leurs extrémités ouvertes sous l'entoilage.

(3) **Finir** les rideaux tel qu'indiqué à l'étape 8. Les suspendre tel qu'indiqué à l'étape 9, en nouant les passants sur la tringle.

LE RIDEAU À COULISSE CLASSIQUE

Les rideaux à coulisse sont des parures fixes de choix car ils ont du style tout en étant faciles à confectionner. Ceux qui ont beaucoup d'ampleur et une tête large et ondulante prennent une allure féminine et romantique. Ceux qui sont moins amples et ont une tête plus courte dégagent une impression de sobriété et de modernisme. D'une manière ou d'une autre, leurs lignes fluides et leurs fronces adoucissent les surfaces et bords durs des fenêtres.

Le rideau à coulisse possède une tête et une coulisse. La tête est la partie du haut qui forme un volant quand le rideau est suspendu sur la tringle. La hauteur de la tête correspond à la distance entre le haut du rideau et la ligne de couture supérieure de la coulisse. Cette dernière reçoit la tringle ; des lignes de couture dans le bas et le haut permettent de maintenir la tringle en place. Pour en déterminer la profondeur, mesurez la circonférence de la tringle à son point le plus large ; ajoutez 1,3 cm (½ po) à cette mesure, puis divisez par deux.

Avant toute chose, décidez où vous désirez suspendre vos rideaux. On trouve de nombreux modèles de tringles, y compris des plates offertes dans des largeurs de 2,5, 6,5 et 11,5 cm (1, 2½ et 4½ po). Vous pouvez aussi utiliser des tringles en bois ou des tringles en métal coudées ou à embouts, qui sont offertes en divers diamètres. La tringle coudée permet de ramener l'extrémité des rideaux contre le mur. Cette partie porte le nom de « retour ». On peut créer des retours sur la tringle à embouts en pratiquant une ouverture sur le devant de la coulisse afin d'y insérer la tringle.

Divers tissus conviennent au rideau à coulisse. S'il n'est pas doublé, il pourra être confectionné dans un tissu diaphane ou de la dentelle qui filtreront la lumière du jour. Si vous comptez le doubler, optez pour un tissu de poids moyen ; il sera ainsi plus durable, opaque et ses ourlets latéraux de même que sa tête auront une meilleure tenue. L'ampleur des tissus diaphanes devrait être égale à deux fois et demie ou trois fois la longueur de la tringle et celle des tissus plus lourds, égale à deux fois ou deux fois et demie cette longueur.

Avant de couper le tissu, décidez de l'endroit où vous mettrez la parure et posez la tringle. Les supports sont généralement montés sur le mur juste à l'extérieur du cadre de la fenêtre de sorte que le bas de la tringle soit à la hauteur du bord supérieur. Mesurez entre le bord inférieur de la tringle et l'endroit où vous souhaitez que tombe le rideau. Pour déterminer la longueur finale du rideau, ajoutez à cette mesure la hauteur désirée de la tête et la profondeur de la coulisse.

La coupe

- La longueur de coupe du tissu est égale à la longueur finale du rideau plus la réserve pour l'ourlet inférieur (voir le tableau de la page 307), plus la hauteur de la tête et la profondeur de la coulisse, plus 1,3 cm (½ po) pour le bord supérieur.

- La largeur de coupe est égale à la largeur de la surface à couvrir (y compris les retours) multipliée par l'ampleur désirée. Diviser le résultat par la largeur du tissu et arrondir à la pleine ou demi-largeur la plus près afin de déterminer le nombre de largeurs requises. Pour chaque panneau, utiliser des pleines ou des demi-largeurs.

- Multiplier la longueur de coupe par le nombre total de largeurs requises afin de déterminer la quantité de tissu à acheter. Ajouter l'équivalent d'une répétition de motifs par largeur de tissu pour les raccords (page 222).

- Couper la doublure, le cas échéant, d'une longueur égale à celle du tissu de décoration moins 12,7 cm (5 po) et de même largeur.

MATÉRIEL REQUIS

- tringle simple, coudée ou à embouts
- outils et pièces de quincaillerie pour la pose
- tissu de décoration
- doublure pour les rideaux doublés
- poids pour les rideaux de pleine longueur
- entoilage thermocollant

Comment confectionner des rideaux à coulisse non doublés

1 **Assembler** les largeurs de tissu nécessaires pour chacun des panneaux, en ajoutant, le cas échéant, des demi-largeurs sur les côtés. Finir les réserves de couture ensemble et les presser vers le bord latéral du panneau.

2 **Presser** l'ourlet inférieur à 20,5 cm (8 po). Déplier et retourner le bord coupé en l'alignant sur la ligne de pliure. Presser le pli extérieur. Si le panneau possède plus d'une largeur de tissu, fixer un poids au bas de chaque couture, le bas du poids près du pli intérieur.

3 **Replier** le bord inférieur pour former un ourlet double de 10 cm (4 po), en enfermant les poids aux coutures. Épingler. Piquer au point invisible ou droit selon qu'on souhaite un ourlet invisible ou visible.

4 **Presser** un bord de 7,5 cm (3 po) sur un côté. Déplier le bord pressé et le retourner en l'alignant sur la ligne de pliure. Presser le pli extérieur. Insérer un poids entre les épaisseurs de l'ourlet inférieur et le fixer en place. Replier le bord à 3,8 cm (1 ½ po) de manière à former un ourlet latéral double. Piquer au point invisible. Répéter pour chaque côté des panneaux.

5 **Presser** un bord de 1,3 cm (½ po) sur le haut. Puis presser une bande égale à la profondeur de la coulisse et à la hauteur de la tête. Si le rideau doit être monté sur une tringle coudée, omettre les étapes 6 à 8.

6 **Monter** la tringle sur un support en bois, un support en forme de trou de serrure ou un coude. Mesurer la distance entre le mur et le centre de la tringle.

7 **Déplier** le bord supérieur du rideau sur la partie retour du panneau. Sur l'endroit du tissu, mesurer du bord latéral une distance égale à la mesure de l'étape 6 ; marquer au centre de la coulisse. Si le rideau doit être monté sur des supports en forme de trou de serrure, omettre l'étape 8.

8 **Couper** une bande d'entoilage thermocollant mesurant 2,5 cm (1 po) de plus que la coulisse. Thermocoller l'entoilage sur l'envers du panneau, en le centrant directement sur la marque indiquée à l'étape 7. Sur l'endroit, coudre une boutonnière verticale à la marque. Replier le bord supérieur du panneau le long des lignes pressées et épingler.

9 **Piquer** près du premier pli ; piquer à hauteur de la tête en utilisant comme guide un ruban adhésif collé sur le tablier de la machine à coudre comme guide.

Comment confectionner des rideaux à coulisse doublés

(1) **Suivre** les étapes 1 à 3 de la page précédente pour les rideaux non doublés. Répéter pour la doublure, mais faire un ourlet double de 5 cm (2 po) et omettre les poids.

(2) **Placer** les panneaux de tissu et de doublure envers contre envers, en alignant les bords vifs sur les côtés et le haut; épingler. Dans le bas, la doublure aura 2,5 cm (1 po) de moins que le panneau du rideau. Finir le rideau tel qu'indiqué aux étapes 4 à 9, en manipulant les tissus de décoration et de doublure comme s'il ne s'agissait que d'un seul.

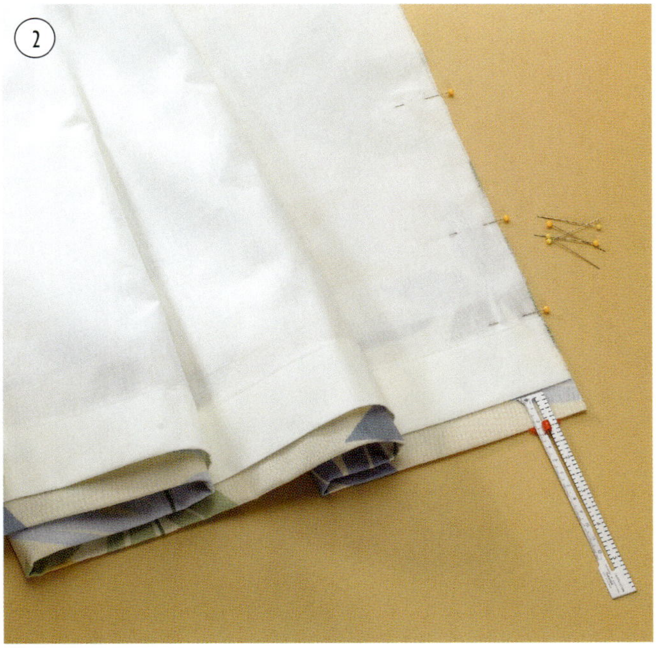

Comment poser des rideaux à coulisse

(a) **Tringle avec supports et embouts en bois**
Enlever les embouts; insérer la tringle dans la coulisse, en passant les extrémités dans les boutonnières. Remettre les embouts; monter la tringle. Fixer le retour sur le support en bois à l'aide d'une bande autogrippante adhésive.

(b) **Tringle avec supports en forme de trou de serrure et embouts**
Entailler la coulisse au point marqué à l'étape 7 de la page précédente. Insérer la tringle dans la coulisse. Tirer le retour sur l'extrémité de la tringle, en alignant l'entaille sur le trou de la vis d'embout; poser les embouts à travers les fentes et monter la tringle. Poser un anneau à épingle sur le bord intérieur du retour et le fixer sur un crochet vissé dans le mur.

(c) **Tringle coudée**
Insérer la tringle dans la coulisse; tirer le rideau afin de dégager les petites vis. Monter la tringle sur les supports. Glisser le rideau sur les supports.

LES DRAPERIES À PLIS PINCÉS

Les draperies à plis pincés classiques constituent la parure idéale en termes de polyvalence et de style. Montées sur une tringle chemin de fer, elles s'ouvrent facilement pour révéler la vue par la fenêtre. Fermées, elles assurent l'intimité, bloquent la lumière du jour et possèdent même des propriétés isolantes. On peut également en faire des draperies fixes. Les plis triples classiques tombent uniformément et avec élégance.

Les instructions qui suivent concernent une paire de panneaux montés sur une tringle chemin de fer à deux rails. Dans votre plan de coupe, tenez compte de l'espace de rangement (page 273), soit l'espace nécessaire sur les côtés de la fenêtre pour la dégager. Cet espace varie en fonction du poids du tissu, de l'ampleur et de la présence ou non d'une doublure, mais on l'estime généralement à un tiers de la largeur de la fenêtre; comptez la moitié de cet espace pour chaque côté de la fenêtre.

Un vaste éventail de tissus convient à cette parure, dont les tissus diaphanes et semi-diaphanes, les voilages et les tissus de poids moyen imprimés et unis. L'ampleur est généralement de deux fois et demie la largeur finale mais pour les tissus diaphanes, elle peut être triple. Pour les draperies de dentelle, tenez-vous-en à une ampleur de deux fois et demie afin que le motif de la dentelle soit bien visible.

Après avoir mesuré la fenêtre et déterminé l'espace de rangement, procurez-vous la tringle et montez-la sur le mur au-dessus du cadre de la fenêtre, en la faisant déborder aux deux extrémités. Si les draperies doivent être suspendues sur une traverse chemin de fer simple, mesurez la longueur finale entre le haut de la tringle et l'endroit où elles tomberont; ajoutez 1,3 cm (½ po) afin de tenir compte de la partie qui débordera de la tringle dans le haut. Si les draperies doivent être suspendues sur une tringle décorative, mesurez entre le bas de la tringle et le bas de la longueur finale désirée. Si elles sont suspendues sur une tringle avec anneaux, mesurez entre les trous d'épingle des anneaux et le bas de la longueur finale désirée.

La coupe

- Consulter le tableau de la page 319 pour déterminer les mesures requises. Il faut souvent plusieurs largeurs de tissu. Couper le nombre de largeurs de tissu nécessaires pour obtenir la longueur de coupe des draperies.

MATÉRIEL REQUIS

- tringle chemin de fer courante ou décorative
- outils et pièces de quincaillerie pour la pose
- tissu de décoration
- poids
- doublure pour les draperies doublées
- bougran de 10 cm (4 po) de large
- crochets pour draperies

Comment confectionner des draperies à plis pincés non doublées

(1) **Assembler** des largeurs de tissu pour chacun des panneaux, au besoin, en ajoutant, si nécessaire, des demi-largeurs sur les côtés. Finir les réserves de couture ensemble et les presser vers le bord latéral du panneau.

(2) **Presser** l'ourlet inférieur à 20,5 cm (8 po). Déplier et retourner le bord coupé en l'alignant sur la ligne de pliure. Presser le pli extérieur. Si le panneau a plus d'une largeur de tissu, fixer un poids sur la couche de tissu du dessus, à la base de chaque couture, le bas du poids près du pli intérieur.

(3) **Replier** le bord inférieur pour former un ourlet double de 10 cm (4 po), en enfermant les poids aux coutures. Épingler. Piquer au point invisible ou droit selon qu'on souhaite un ourlet invisible ou visible.

(4) **Presser** un bord de 20,5 cm (8 po) sur le haut. Déplier et retourner le bord coupé en le ramenant contre la ligne de pliure. Presser le pli extérieur. Couper une bande de bougran égale à la largeur de chacun des panneaux. Le glisser sous le premier pli, puis replier le haut en l'enfermant. Épingler.

(5) **Presser** un bord de 7,5 cm (3 po) sur un côté. Déplier et retourner le bord pressé en l'alignant sur la ligne de pliure. Presser le pli extérieur. Insérer un poids entre les couches de l'ourlet inférieur et le fixer en place. Replier le bord à 3,8 cm (1 ½ po) de manière à former un ourlet latéral double. Piquer au point invisible. Répéter pour chaque côté des panneaux.

(6) **Déterminer** le nombre et les dimensions des plis et espaces entre eux selon le tableau à droite. La quantité recommandée de tissu est de 10 à 15 cm (4 à 6 po) pour chacun des plis et de 9 à 10 cm (3 ½ à 4 po) pour les espaces. Si, d'après les calculs du tableau, on obtient des plis ou des espaces plus grands que ceux qui sont recommandés, ajouter un pli et un espace. S'ils sont plus petits, soustraire un pli et un espace.

Feuille de calcul pour le métrage de la draperie

Longueur de la draperie

Longueur finale désirée
+ 20,5 cm (8 po) pour la tête
+ 20,5 cm (8 po) pour un ourlet double de 10 cm (4 po)
= longueur de coupe de la draperie*

*Pour un imprimé, la longueur de coupe doit être arrondie au nombre divisible par la répétition du patron le plus près.

Largeur de la draperie

Longueur de la tringle (d'un support à l'autre pour une tringle courante ; du premier au dernier anneau pour une tringle décorative)
+ quantité requise pour deux retours (projection de la tringle plus 1,3 cm/½ po par retour)
+ 9 cm (3½ po) pour le recouvrement
= largeur finale de la draperie

Nombre total de largeurs de tissu pour la draperie

Largeur finale de la draperie
× par 2½ à 3 fois l'ampleur
÷ par la largeur du tissu
= nombre total de largeurs de tissu requises, arrondi au nombre entier le plus près

Nombre de largeurs de tissu par panneau

Nombre total de largeurs de tissu
÷ par 2
= nombre de largeurs de tissu par panneau

Quantité totale de tissu requise

Nombre total de largeurs de tissu
× par la longueur de coupe
= quantité totale de tissu requise

Feuille de calcul pour le métrage de la doublure

Longueur de la doublure

Longueur de coupe de la draperie
– 13 cm (5 po)
= longueur de coupe de la doublure

Nombre de largeurs de tissu de doublure

Égal au nombre total de largeurs de tissu pour la draperie (ci-dessus).
La largeur du tissu de doublure doit être égale à celle du tissu de décoration.

Feuille de calcul pour les plis

Largeur finale du panneau

Largeur finale de la draperie (à gauche)
÷ par 2
= largeur finale du panneau

Nombre de plis par panneau

Nombre de largeurs de tissu par panneau (voir tableau à gauche)
× par le nombre de plis par largeur*
= nombre de plis par panneau

Espace entre les plis

Largeur finale du panneau (à gauche)
– le recouvrement et les retours
= largeur à plisser
÷ par le nombre d'espaces par panneau (un de moins que les plis)
= espace entre les plis

Taille des plis

Largeur à plat du panneau ourlé
– largeur finale du panneau (à gauche)
= quantité totale pour le fond de pli
÷ par le nombre de plis par panneau (calculé ci-dessus)
= taille des plis

* Compter 5 plis par largeur de tissu de 122 cm (48 po) et 6 plis par largeur de 137 cm (54 po). Par exemple, pour du tissu de 137 cm (54 po) de large, il y aura 3 largeurs par panneau, donc 18 plis. Pour une demi-largeur de tissu, compter 2 ou 3 plis.

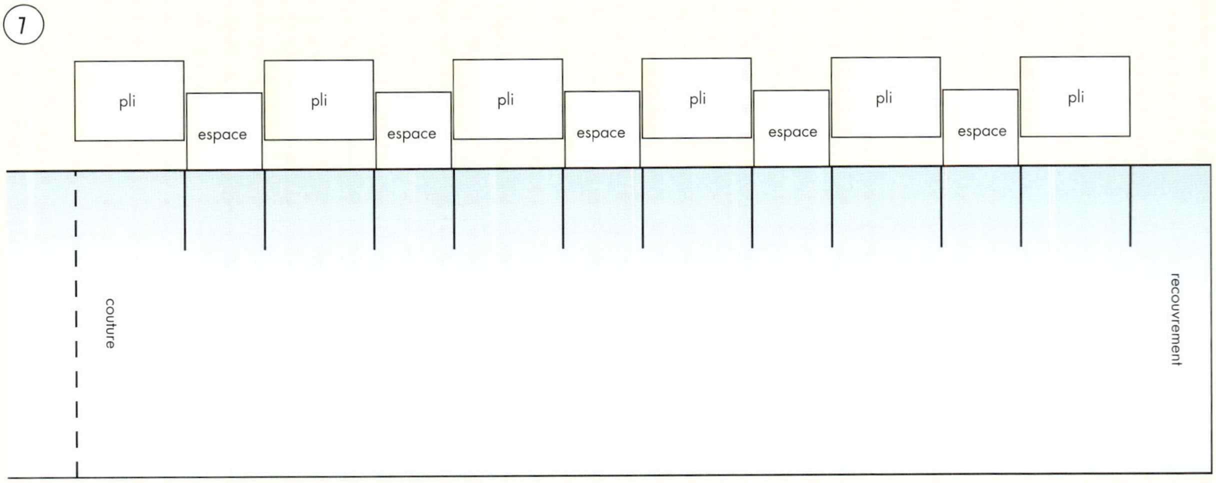
7
pli
espace
pli
espace
pli
espace
pli
espace
pli
espace
pli
couture
recouvrement

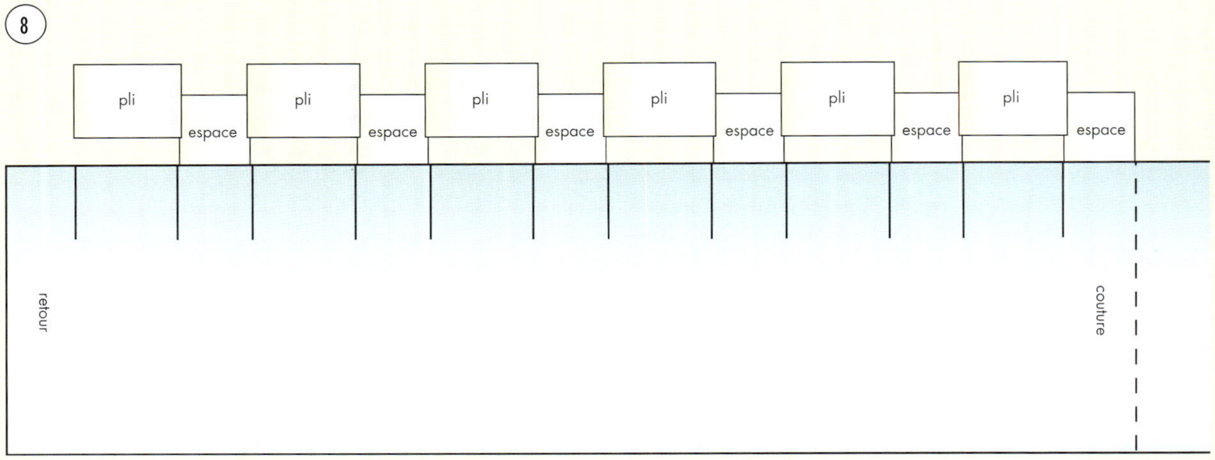
8
pli
espace
pli
espace
pli
espace
pli
espace
pli
espace
pli
espace
retour
couture

7 **Couper** des pièces de bougran aux dimensions des plis et espaces ; en couper cinq de chaque pour du tissu de 122 cm (48 po) et six de chaque pour un tissu de 137 cm (54 po). À l'aide d'une craie, marquer l'emplacement du recouvrement et du retour sur le côté droit d'un panneau. Disposer les pièces de bougran sur la première largeur de tissu de sorte que le premier pli soit sur la ligne de recouvrement et le dernier sur la ligne de couture. Il y aura un espace en moins. Ajuster les dimensions des plis de sorte que les espaces soient uniformes. Marquer la tête de sorte qu'elle soit alignée sur les bords extérieurs des pièces d'espacement.

8 **Disposer** les pièces de bougran sur la deuxième largeur de tissu à partir du recouvrement, le premier espace commençant à la première ligne de couture à partir de celui-ci et le dernier pli finissant à la ligne de couture suivante ; comptez un même nombre de plis et d'espaces. Répéter pour chaque panneau. (Le dernier pli finit à la marque du retour sur la dernière largeur de tissu.) Ajuster les plis au besoin ; marquer les espaces. Si le retour du panneau a une demie largeur de tissu, compter deux plis pour un tissu de 122 cm (48 po) de large et trois, pour un de 137 cm (54 po). Reporter les marques sur le panneau opposé en les disposant selon une image inversée.

9 **Plier** chaque pli en réunissant les lignes de pliure ; épingler. Plier le bougran sur la cassure.

10 **Piquer** sur la ligne de pli, du haut de la tête au bord inférieur du bougran ; bloquer la couture. Répéter pour tous les plis de chacun des panneaux.

11 **Vérifier** la largeur finale du panneau contre la tête. Au besoin, ajuster les dimensions de quelques plis de sorte que la largeur du panneau soit adéquate.

12 **Pour diviser** chacun des plis en trois plis égaux, pincer le tissu au niveau de la cassure centrale et le ramener contre la ligne de couture ; deux plis se formeront sur les côtés. Former trois plis égaux et presser avec les doigts afin de plier le bougran sur les cassures.

13 **Fixer** les plis à la machine en faisant une bride d'arrêt juste au-dessus du bord inférieur du bougran ; ou les fixer à la main en effectuant une piqûre à plat et en utilisant un dé robuste.

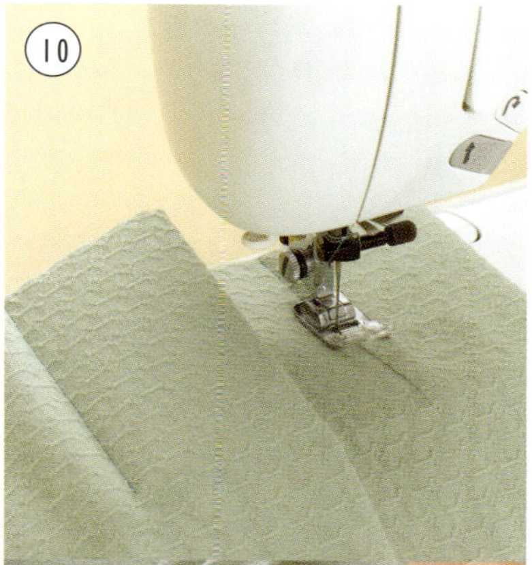

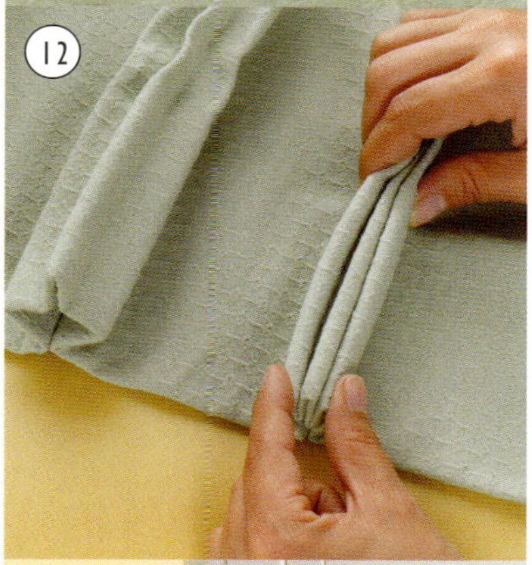

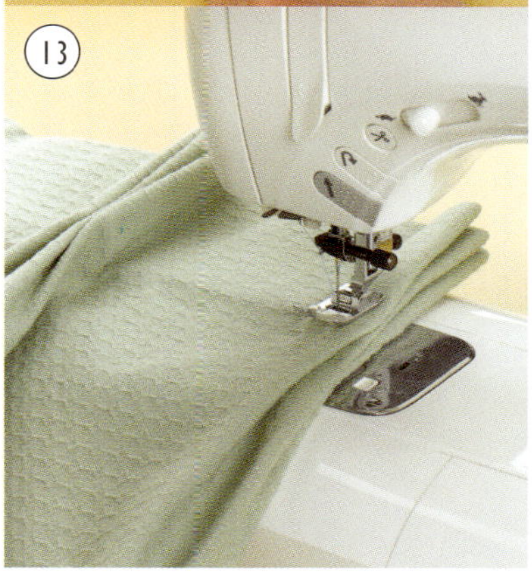

Comment suspendre et dresser les draperies

(1) **Insérer** les crochets à draperie à raison d'un par pli et d'un près de chacune des extrémités du panneau. Sur une tringle courante (a), le haut du crochet est à 4,5 cm ($1\frac{3}{4}$ po) du bord supérieur de la draperie du dessus ou à 3,2 cm ($1\frac{1}{4}$ po) de celle du dessous. Sur une tringle à chemin de fer décorative (b), il est à 2 à 2,5 cm ($\frac{3}{4}$ à 1 po) du bord supérieur. Sur une tringle à anneaux (c), il est à 6 mm ($\frac{1}{4}$ po) du bord supérieur. (Montré sur une tringle à chemin de fer pour plus de clarté.)

(2) **Plier** le bougran à mi-chemin entre les plis, vers l'avant pour une tringle à chemin de fer courante ou vers l'arrière, pour une décorative. Pour désigner cette opération, on parle de plier le bougran sur la cassure. Une fois qu'elle est terminée, presser les draperies avec un fer tiède et sec.

(3) **Suspendre** le crochet d'extrémité au retour dans le trou situé sur le côté du support (a). Suspendre celui du premier pli dans le trou situé sur le coin avant du support (b).

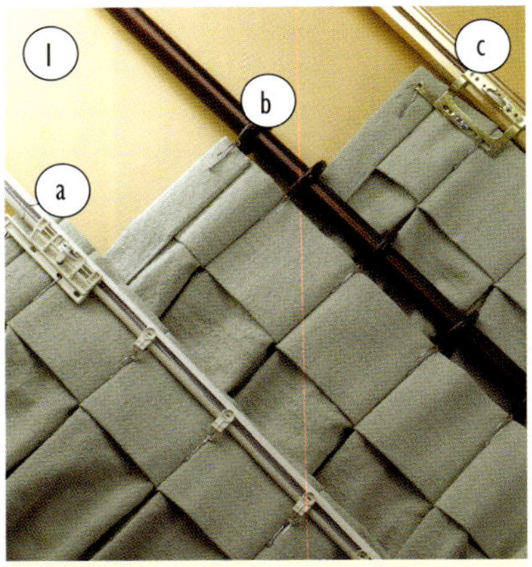

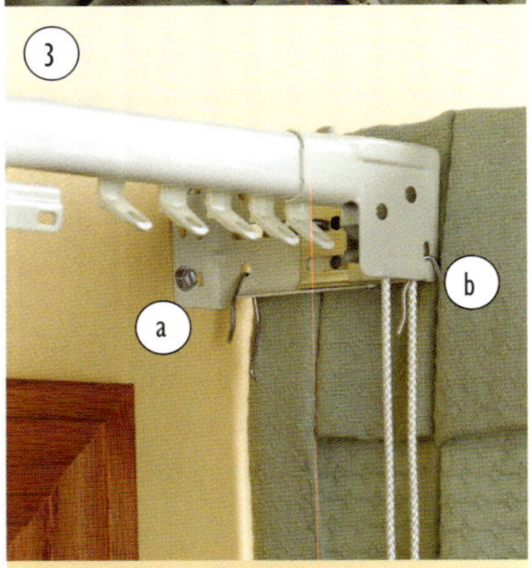

(4) **Suspendre** les crochets des plis mitoyens sur les galets ; enlever tout galet non utilisé. Suspendre le crochet du dernier pli dans le premier trou du chariot et le dernier crochet sur le recouvrement de la draperie dans le trou d'extrémité du chariot. Pincer les crochets sur les chariots pour les fermer et éviter qu'ils n'agrippent le tissu quand les draperies sont tirées ; tirer le chariot de devant légèrement, au besoin.

(5) **Ouvrir** complètement les draperies. Vérifier la tête pour s'assurer que le bougran est plié sur les cassures tel qu'indiqué à l'étape 2. En partant du haut, former le tissu en plis souples en les répartissant également et en veillant à ce qu'ils aient la même profondeur ; se servir du droit fil du tissu comme guide pour les aligner perpendiculairement au sol.

(6) **Agrafer** une bande étroite du même tissu ou de mousseline autour du panneau de la draperie, à mi-chemin entre la tête et l'ourlet afin de maintenir les plis en place. Attacher lâchement pour éviter les faux plis.

(7) **Agrafer** une seconde bande de tissu à la ligne de l'ourlet. Vérifier que les draperies tombent bien droit de la tringle. Les laisser dans cette position deux semaines afin de fixer les plis. Si l'air est humide, une semaine pourrait suffire.

Comment confectionner des draperies doublées à plis pincés

(1) **Préparer** les panneaux tel qu'indiqué aux étapes 1 à 3 de la page 318. Répéter pour les panneaux de doublure, en faisant des ourlets inférieurs de 5 cm (2 po) et en omettant les poids.

(2) **Disposer** le panneau sur une grande surface plane. Superposer le panneau de doublure sur celui de la draperie, envers contre envers, le bord inférieur de la doublure 2,5 cm (1 po) plus haut que celui de la draperie ; s'assurer que les bords vifs sont alignés sur les côtés.

(3) **Marquer** le panneau de doublure à 20,5 cm (8 po) du bord supérieur de la draperie. Raser le long de la ligne. Le bord sera à égalité avec le pli supérieur de la tête.

(4) **Finir** les draperies tel qu'indiqué aux étapes 4 à 13 des pages 318 à 321, en manipulant les tissus de décoration et de doublure comme s'il ne s'agissait que d'un seul. La doublure sera prise dans les points des plis et des ourlets latéraux.

(3)

Autres styles de plis

Vous pouvez changer l'apparence des draperies à plis pincés en utilisant l'une ou l'autre de ces variantes. Suivez les indications données ci-dessus jusqu'à l'étape de la confection des plis. Puis, formez les plis selon l'un des styles suivants.

(a) **Plis gobelet**

Fixez les plis au point de bâti juste au-dessus du bord inférieur du bougran. Donnez à chacun la forme d'un gobelet. Insérez un mouchoir en papier dans les plis pour qu'ils préservent leur forme.

(b) **Plis éventail**

Fixez les plis au point de bâti au bord supérieur de la draperie et laissez-les s'ouvrir en éventail depuis le haut.

(c) **Plis pincés inversés**

Pliez les plis vers le dos plutôt que le devant et fixez-les au point de bâti. Le devant de la tête paraîtra plat.

(d) **Plis cartouche**

Comptez un pli de plus par largeur et demi-largeur de tissu. Ne pliez pas le bougran sur la cassure quand vous cousez les plis ; laissez-les plutôt former un cylindre. Pour qu'ils préservent cette forme, insérez une section d'isolant pour tuyaux en mousse dans chacun d'eux.

(a)

(b)

(c)

(d)

Le lit et la salle de bain

LE COUVRE-OREILLER À GRANDE BORDURE DROITE

Le couvre-oreiller à grande bordure droite transforme les oreillers ordinaires en articles de décoration. Ils peuvent être de format standard, grand ou très grand. Une fermeture à recouvrement au milieu du dos permet d'insérer et d'enlever facilement l'oreiller de la housse. Choisissez un tissu de décoration assorti à votre couette ou à votre couvre-lit.

La coupe

- Couper une pièce pour le devant et deux pièces pour le dos selon les mesures figurant au tableau de la page 326.

MATÉRIEL REQUIS

- 1,5 m (1⅝ vg) de tissu de décoration par couvre-oreiller
- fil
- ruban-cache

Comment coudre un couvre-oreiller

(1) **Presser** des ourlets doubles de 1,3 cm (½ po) sur l'un des longs côtés de chaque pièce du dos (ils composeront les bords de recouvrement verticaux). Piquer les ourlets.

(2) **Placer** les pièces du dos sur celle du devant, endroit contre endroit, en alignant les bords vifs et en recouvrant les bords ourlés du dos sur 7,5 cm (3 po). Épingler les épaisseurs de tissu sur le pourtour.

(3) **Piquer** à 1,3 cm (½ po) du bord, en pivotant aux coins. Raser les réserves de couture à angle aux quatre coins afin de réduire le surplus de volume.

Dimensions de l'oreiller	Dimensions de coupe du devant	Dimensions de coupe des pièces du dos
Format standard 51 x 66 cm (20 x 26 po)	68,5 x 84 cm (27 x 33 po)	68,5 x 48,5 cm (27 x 19 po)
Grand format 51 x 76 cm (20 x 30 po)	68,5 x 94 cm (27 x 37 po)	68,5 x 53,5 cm (27 x 21 po)
Très grand format 51 x 91,5 cm (20 x 36 po)	68,5 x 109 cm (27 x 43 po)	68,5 x 61 cm (27 x 24 po)

(4) **Insérer** un cylindre de carton épais, ou une jeannette, dans l'ouverture en le plaçant sous la couture. Ouvrir les réserves de couture au fer, en appliquant une pression légère avec la pointe du fer dans le sillon de la couture.

(5) **Retourner** le couvre-oreiller à l'endroit, en repoussant les coins de l'intérieur. Insérer un tourneur ou un instrument pointu similaire et pousser délicatement les pointes pour former des coins parfaits.

(6) **Presser** les bords cousus. Le devant dessus, épingler les épaisseurs de tissu à environ 7,5 cm (3 po) des quatre côtés. Marquer de petits points à cette distance ; ces marques indiqueront où faire pivoter le tissu.

(7) **Coller** un morceau de ruban-cache sur le tablier de la machine à 7,5 cm (3 po) à droite de l'aiguille et parallèle au guide de réserve de couture. Piquer la bordure, en gardant le bord cousu contre le ruban et en pivotant aux coins.

LA HOUSSE DE COUETTE

La housse de couette ou de couvre-lit préserve ces articles de la saleté et s'enlève facilement quand on doit la laver. Les étapes de la confection sont relativement simples ; la principale difficulté réside dans la manipulation des grandes pièces de tissu. Installez une table à cartes près de votre machine à coudre afin de vous faciliter la tâche. La housse de couette requiert généralement deux largeurs ou plus de tissu qui sont réunies pour former le devant et le dos : une pleine largeur pour la partie centrale complétée de largeurs partielles égales sur les côtés. Choisissez un tissu léger, ferme et lavable.

Comment coudre une housse de couette

(1) **Mesurer** la couette ou l'édredon afin de déterminer les dimensions finales de la housse. Utiliser la formule de la page 330 pour déterminer la longueur et la largeur de coupe des pièces et la quantité de tissu requise. Les dimensions données ici sont celles d'une housse de couette pour grand lit ; les vôtres pourraient être différentes.

(2) **Mesurer** et marquer l'emplacement de chacune des lignes de coupe sur la lisière. Couper les pièces en suivant les indications données à la page 221. S'il n'est pas nécessaire de raccorder les motifs (page 222), raser les lisières. Couper une pièce du devant et une du dos en deux dans le sens de la longueur.

MATÉRIEL REQUIS

- tissu pour le devant et le dos de la housse, selon la quantité déterminée à l'étape 1
- fil
- boutons de 1,3 à 1,5 cm (½ à ⅝ po) de diamètre
- galon croisé
- quatre petits anneaux de plastique

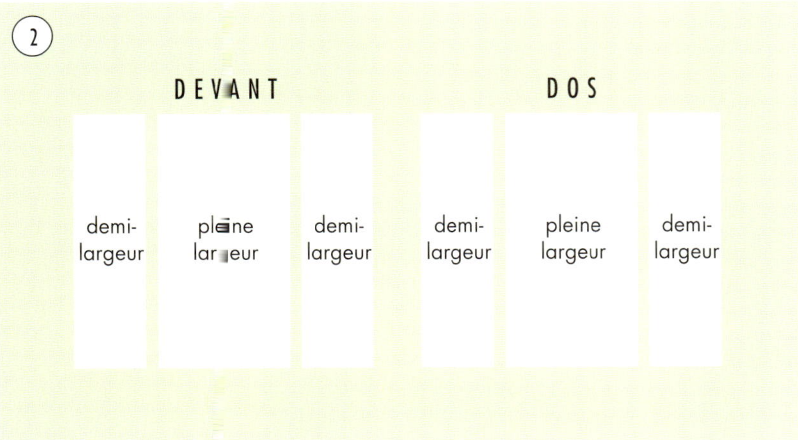

Longueur finale de la housse de couette		218,5 cm (86 po)
Ajouter 2,5 cm (1 po) pour les réserves de couture	+	2,5 cm (1 po)
pour déterminer la longueur de coupe du devant*	=	221 cm (87 po)
Longueur finale de la housse de couette		218,5 cm (86 po)
Ajouter 22 cm (8½ po)	+	22 cm (8½ po)
pour déterminer la longueur de coupe du dos*	=	240 cm (94½ po)
Largeur finale de la housse de couette		218,5 cm (86 po)
Ajouter 2,5 cm (1 po) pour les réserves de couture	+	2,5 cm (1 po)
pour déterminer la largeur de coupe de la housse	=	221 cm (87 po)
Diviser la largeur de coupe		221 cm (87 po)
par la largeur du tissu	÷	137 cm (54 po)
Arrondir au nombre entier le plus près		1,6
pour déterminer le nombre de largeurs requises		2
Multiplier le nombre de largeurs		2
par la longueur de coupe du devant	×	221 cm (87 po)
pour déterminer la quantité requise pour le devant	=	442 cm (174 po)
Multiplier le nombre de largeurs		2
par la longueur de coupe du dos	×	240 cm (94½ po)
pour déterminer la quantité requise pour le dos	=	480 cm (189 po)
Ajouter la quantité requise pour le devant		442 cm (174 po)
à la quantité requise pour le dos	+	480 cm (189 po)
pour déterminer la quantité totale requise	=	922 cm (363 po)
Convertir en mètres (verges) ; arrondir	=	9,25 m (10⅛ vg)

*S'il s'agit d'un imprimé, les longueurs de coupe doivent être arrondies au nombre divisible également par la répétition du motif le plus près. Dans notre exemple, si la longueur de la répétition est de 18 cm (7 po), les longueurs de coupe sont de 231 et 249 cm (91 et 98 po) plutôt que de 221 et 240 cm (87 et 94½ po). Faites vos calculs en utilisant les longueurs de coupe révisées.

(3) **Épingler** une pièce de demi-largeur à une pièce du devant de pleine largeur, endroit contre endroit, sur le long côté. Raccorder les motifs, au besoin, en suivant les indications données à la page 222. Piquer à 1,3 cm (½ po) du bord. Répéter sur l'autre côté. Finir les réserves de couture et les ouvrir au fer.

(4) **Mesurer** et couper le devant de la housse à la largeur de coupe précise déterminée dans le tableau. Veiller à tailler des quantités égales des deux côtés.

(5) **Répéter** les étapes 3 et 4 pour le dos de la housse. Tirer un trait à 30,5 cm (12 po) du bord inférieur du dos. Couper le long du trait.

(6) **Presser** un ourlet double de 3,8 cm (1 ½ po) dans le haut de la petite pièce du dos. Piquer l'ourlet.

(7) **Presser** et piquer un ourlet double de 3,8 cm (1 ½ po) dans le bas de la grande pièce du dos. Marquer l'emplacement et la longueur des boutonnières sur l'ourlet de la grande pièce, en les centrant entre le pli et la ligne de couture. Faire les marques extérieures à 15 cm (6 po) de chaque côté et espacer les autres de 25,5 à 30,5 cm (10 à 12 po). Faire les marques perpendiculaires au bord de l'ourlet.

(8) **Coudre** des boutonnières sur les traits. Appliquer du liquide prévenant l'effilochage sur les boutonnières; laisser sécher puis couper les boutonnières pour les ouvrir.

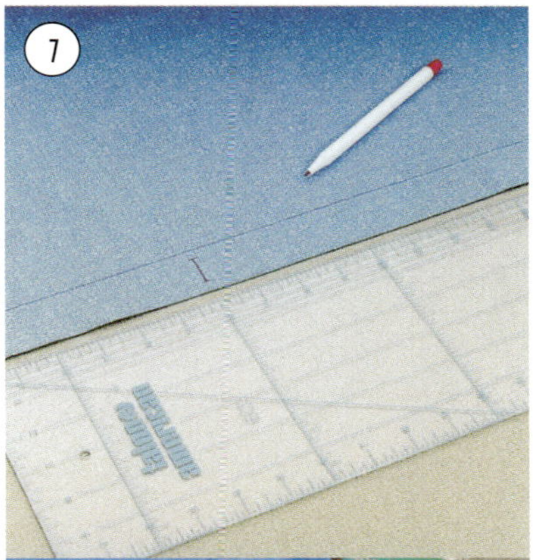

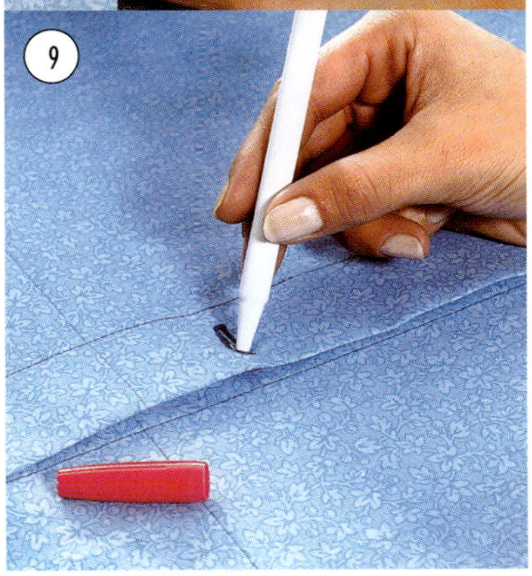

(9) **Recouvrir** les pièces du dos aux lignes d'ourlet sur 3,8 cm (1 ½ po) et les épingler sur les bords extérieurs. Marquer l'emplacement des boutons sur la ligne de l'ourlet de la petite pièce de dos. Coudre les boutons sur les marques.

(10) **Boutonner** les pièces du dos. Mettre le dos de la housse sur le devant, endroit contre endroit, en alignant les bords extérieurs. Épingler. Plier en deux une pièce de galon croisé de 51 cm (20 po). Aligner le bord plié sur le bord extérieur de la housse à 1,3 cm (½ po) du coin et épingler. Répéter à chaque coin.

(11) **Piquer** une couture de 1,3 cm (½ po) sur le pourtour de la housse, en pivotant aux coins et en prenant le bout plié du galon dans la piqûre. Raser à angle les réserves de couture des coins. Ne pas couper le galon.

(12) **Déboutonner** l'ouverture. Insérez un cylindre de carton épais, ou une jeannette, dans l'ouverture et le placer sous la couture. Ouvrir les réserves de couture en appliquant une légère pression avec le bout du fer dans le sillon de la couture.

(13) **Coudre** un anneau de plastique à chaque coin de la couette ou de l'édredon. Étendre la couette ou l'édredon sur la housse et attacher le galon aux anneaux des coins. Retourner la housse à l'endroit en enfermant la couette ou l'édredon.

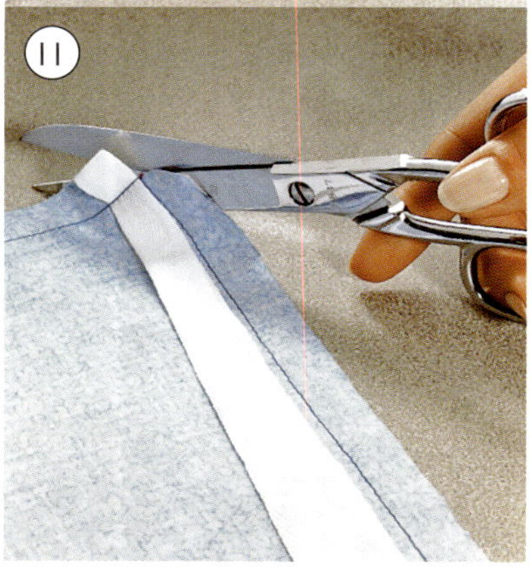

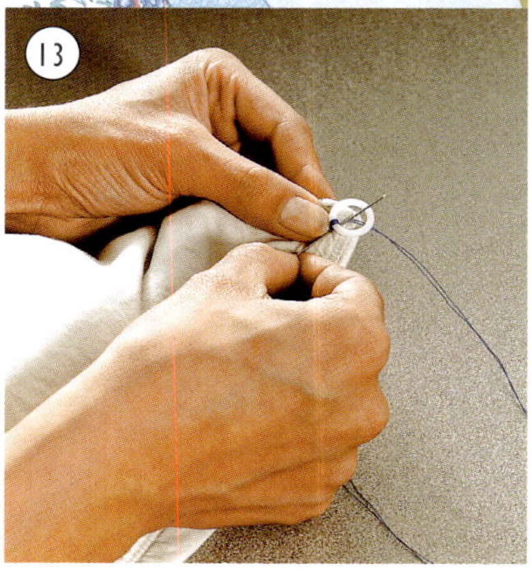

LES VOLANTS DE LIT ET LES JUPONNAGES

MATÉRIEL REQUIS

- tissu de décoration pour le volant de lit ou le juponnage
- drap-housse pour la base du volant de lit froncé
- broadcloth, drap plat ou mousseline pour le juponnage à plis

Les volants et juponnages de lit dissimulent le sommier et les pieds d'un lit recouvert d'une couette ou d'un édredon. Les volants froncés confèrent de la douceur à l'ensemble, tandis que les juponnages à plis sont plus classiques. Les uns et les autres couvrent les côtés et le pied du lit et peuvent être à coins séparés (pour accommoder des poteaux et un panneau de pied) ou ininterrompus (pour les lits sans panneau de pied).

Les volants de lit froncés sont constitués d'une ou de deux épaisseurs de tissus froncés. Pour la confection de volants à deux épaisseurs, il faut les froncer en une seule étape. Le type de tissu détermine la largeur du volant. Allouez trois fois la largeur pour un tissu léger et de deux à trois fois la largeur pour un tissu de poids moyen.

Les directives qui suivent s'appliquent à un volant de lit à coins séparés, assemblé à un drap-housse. Ce type de volant, en trois sections, convient à un lit avec panneau de pied. Les volants de lit peuvent également être confectionnés en une seule pièce, pour les lits sans panneau de pied.

Les juponnages à plis sont coupés dans des tissus de poids moyens à lourds pour des lits sans panneau de pied. Les directives suivantes s'appliquent à un juponnage à plis profonds de 15 cm (6 po) à chaque coin et au centre de chaque côté. Un ourlet double de 2,5 cm (1 po) garnit le bord inférieur et les côtés du juponnage ; le juponnage est cousu à une base en mousseline, en broadcloth ou encore à un drap plat de couleur assortie au juponnage.

La coupe

- Pour un volant de lit froncé, couper deux pièces, chacune mesurant un certain nombre de fois la longueur du sommier selon l'ampleur désirée, plus 10 cm (4 po) pour obtenir un ourlet double de 2,5 cm (1 po) sur les côtés ; couper une pièce mesurant un certain nombre de fois la largeur du sommier selon l'ampleur désirée, plus 10 cm (4 po) pour obtenir un ourlet double de 2,5 cm (1 po) sur les côtés. La hauteur du volant est égale à la distance entre le dessus du sommier et le plancher, plus 10 cm (4 po).

- Pour un juponnage à plis, couper une base de 2,5 cm (1 po) plus large et plus longue que le sommier. Couper le juponnage sur le droit fil. Couper deux pièces de la longueur du sommier, plus 46 cm (18 po) ; couper une pièce de la largeur du sommier, plus 46 cm (18 po). La hauteur égale la distance entre le haut du sommier et le plancher, moins 6 mm (¼ po) pour le dégagement, et plus 6,5 cm (2 ½ po) pour la couture et l'ourlet.

Comment confectionner un juponnage froncé à coins ouverts

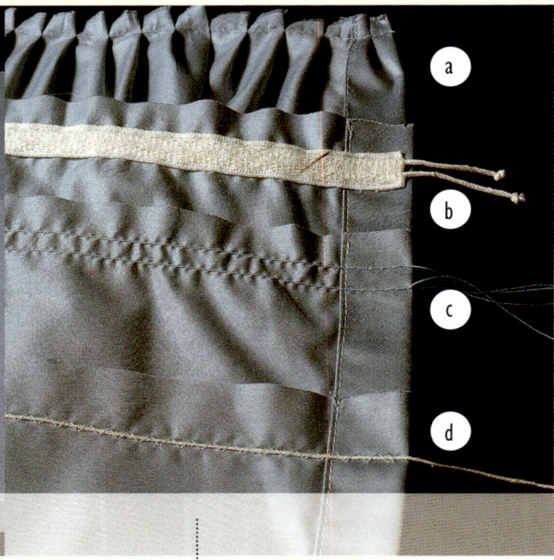

1 **Faire** un ourlet double à 2,5 cm (1 po) du bord au bas des trois pièces et plier et coudre un ourlet double aux deux extrémités de chacune des pièces.

2 **Froncer** à 2,5 cm (1 po) du bord supérieur avec l'accessoire pour bouillonnés (a), un ruban à froncer à deux cordes (b), deux rangs de points de bâti (c), ou un cordonnet recouvert d'un point zigzag (d).

3 **Installer** le drap-housse sur le sommier. Tracer la ligne du bord supérieur du sommier sur le drap et faire une marque tous les 30,5 cm (12 po). Faire une marque sur le juponnage tous les 61 cm (24 po) pour une ampleur double et tous les 91,5 cm (36 po) pour une ampleur triple.

4 **Épingler** le juponnage à la base, endroit contre endroit, en plaçant un ourlet latéral contre l'entaille à une extrémité (flèche). Faire des plis de 15 cm (6 po) aux entailles latérales et aux coins. La couture arrivera à l'intérieur du pli.

5 **Enlever** le juponnage et bâtir les plis à la machine. Replacer la jupe sur la base. Épingler, endroit contre endroit. Entailler le milieu des plis aux coins. Piquer à 1,3 cm (½ po).

6 **Presser** la réserve de couture vers la base. Presser l'ourlet double à 6 mm (¼ po) à l'extrémité ouverte de la base. Finir l'ourlet. Surpiquer la réserve de couture du juponnage à la base. Presser les plis.

Comment confectionner un juponnage à plis

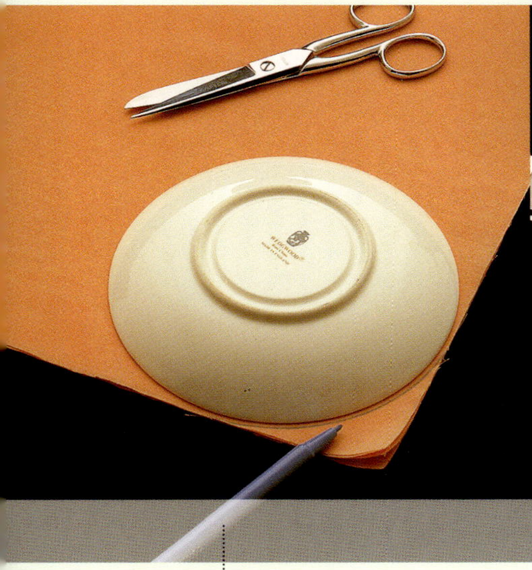

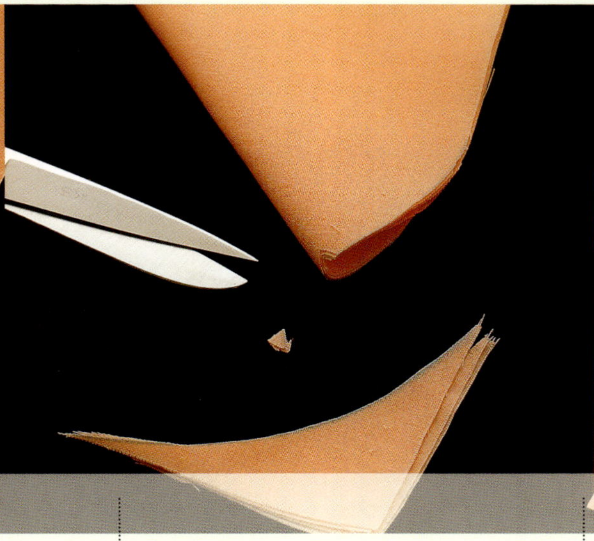

(1) **Plier** la base en deux dans le sens de la longueur, puis en deux dans le sens de la largeur, afin que les coins se chevauchent. En vous guidant avec une soucoupe, tailler les coins en rond.

(2) **Plier** les coins en deux afin d'en déterminer le centre ; faire une incision de 6 mm (¼ po). Inciser également au milieu de chaque côté.

(3) **Assembler** les pièces du juponnage, endroit contre endroit, aux extrémités étroites, en plaçant la pièce la plus courte au milieu. Faire un ourlet double de 2,5 cm (1 po) au bord inférieur et aux bords latéraux.

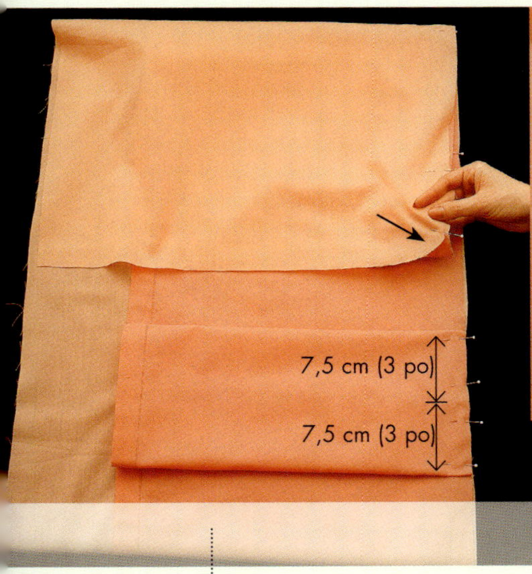

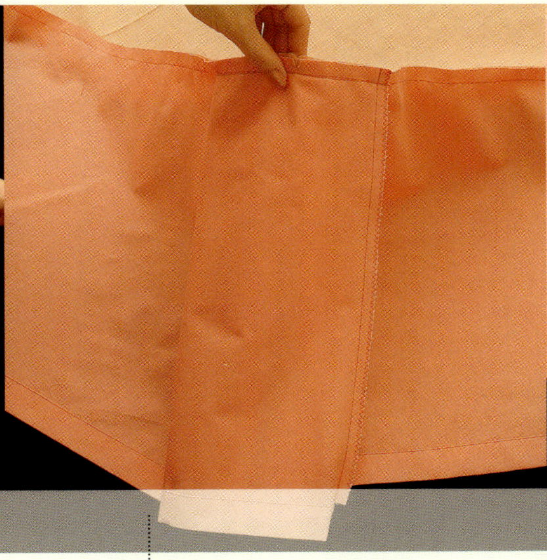

(4) **Épingler** l'endroit du juponnage le long des trois côtés du drap, le bord vif sur la ligne, les ourlets se chevauchant aux coins. Aligner les marques du juponnage et celles du drap. Froncer.

(5) **Retirer** le drap en gardant le volant épinglé. Coudre sur la ligne des fronces à 2,5 cm (1 po) du bord vif du juponnage.

(6) **Retourner** le juponnage vers le bas, par-dessus le bord du drap. Si désiré, surpiquer à 1,3 cm (½ po) de la couture, au travers du volant et du drap.

LE RIDEAU DE DOUCHE

Le rideau de douche est facile à coudre. Vous pouvez choisir un tissu assorti à vos appareils, à la couleur des carreaux et à la parure de la fenêtre. Ce rideau comprend des œillets posés sur l'ourlet du haut et dont les espacements correspondent à ceux d'une doublure de rideau de douche standard. Réunissez les panneaux de tissu au moyen d'une couture anglaise afin de lui donner un aspect net sur les deux faces.
Pour un rideau lavable, optez pour un tissu lavable que vous prérétrécirez avant de le couper.

La coupe

- Couper deux pièces de tissu de pleine largeur de 208,5 cm (82 po) de long. Le rideau sera coupé à la largeur de coupe requise à l'étape 2.

Comment coudre un rideau de douche

MATÉRIEL REQUIS

- 4,25 m (4⅝ vg) de tissu
- crayon à encre délébile
- douze œillets, de taille 0 ou de 6 mm (¼ po) et outil pour les poser
- fil assorti au tissu

(1) **Enlever** les lisières en les coupant également. Joindre les deux longueurs en effectuant une couture anglaise (page 106). La largeur totale des réserves de couture étant de 1,3 cm (½ po), faire une couture de 6 mm (¼ po) chaque fois.

(2) **Couper** un bord latéral du rideau de sorte que la largeur totale soit de 193 cm (76 po). La largeur finale d'un rideau de douche standard est de 183 cm (72 po). Les ourlets latéraux auront donc 5 cm (2 po) chacun.

(3) **Presser** un ourlet double de 7,6 cm (3 po) sur le bord inférieur ; piquer l'ourlet.

(4) **Presser** un ourlet double de 7,6 cm (2 po) de chaque côté. Déplier le tissu dans les coins supérieurs. Raser l'excédent de tissu sur la couche intérieure, tel qu'illustré, à 1 cm (⅜ po) du pli. Replier le bord supérieur et épingler ; piquer l'ourlet du haut.

(5) **Marquer** au crayon délébile l'emplacement des douze œillets en les espaçant également le long de l'ourlet du haut. Positionner les œillets à 2 cm (¾ po) du bord supérieur, celles des extrémités centrées sur les ourlets latéraux. Lire le mode d'emploi du fabricant pour la pose des œillets et faire un essai sur un tissu replié quelques fois. Poser les œillets.

Les parures de table

Les parures de table faites sur mesure constituent une manière économique de transformer l'aspect de la salle à dîner ou de la cuisine. Contrairement aux nappes et serviettes du commerce, celles qu'on confectionne à la maison ne se limitent pas à un choix réduit de tailles standard. Vous pouvez confectionner des nappes qui s'ajusteront parfaitement aux dimensions et à la forme de votre table. Le choix des couleurs, motifs et textures des tissus étant vaste, vous en trouverez certainement qui seront assortis au décor de la pièce.

Le choix du tissu

Lorsque vous planifiez la réalisation de votre nappe, recherchez un tissu durable, résistant aux taches et à l'eau. Les tissus infroissables sont faciles d'entretien. Drapez le tissu autour de votre main pour en évaluer le tombé.

Le coton léger convient pour un usage quotidien ; utilisez une nappe légère avec une sous-nappe afin de protéger les tables de bois. Pour une allure élégante, choisissez une dentelle ajourée ou une broderie anglaise par-dessus un tissu plus lourd.

De petits motifs non directionnels sont plus faciles à assembler que ceux qui doivent correspondre. Évitez les tissus très duveteux ou les tissus aux motifs difficiles à assembler, tels les tissus à carreaux ou à rayures, en diagonale ou unidirectionnels.

LES MESURES DE LA TABLE

La longueur de la nappe, du bord de la table jusqu'au bas, s'appelle la chute. Incluez toujours la longueur de la chute dans les mesures de votre nappe.

La chute est habituellement de trois longueurs: courte, de 25,5 à 30,5 cm (10 à 12 po); moyenne, de 40,5 à 61 cm (16 à 24 po) et longue, de 71 à 73,5 cm (28 à 29 po). Les chutes courtes tombent environ à la hauteur du siège et conviennent à un usage quotidien. Les moyennes sont plus formelles et les élégantes chutes longues, qui tombent jusqu'au plancher, sont utilisées pour les buffets et pour les nappes décoratives.

Nappe ronde. Mesurer le diamètre de la table et calculer ensuite la longueur de la chute. Le format de la nappe égale le diamètre de la table, plus le double de la longueur de chute, plus 2,5 cm (1 po) pour un ourlet étroit (la meilleure façon de border une nappe ronde).

Nappe carrée. Mesurer la largeur du plateau de la table; calculer ensuite la longueur de chute. Ajouter le double de la longueur de chute, plus 2,5 cm (1 po) pour un ourlet étroit et 6,5 cm (2 ½ po) pour un ourlet large.

Nappe rectangulaire. Mesurer la longueur et la largeur du plateau de la table, puis calculer la longueur de chute. Le format de la nappe finie égale la largeur du plateau, plus le double de la chute, et la longueur du plateau plus le double de la longueur de chute. Ajouter 2,5 cm (1 po) pour un ourlet étroit et 6,5 cm (2 ½ po) pour un ourlet large.

Nappe ovale. Mesurer la longueur et la largeur du plateau de la table et calculer ensuite la longueur de chute. Assembler si nécessaire les largeurs du tissu pour arriver à une laize rectangulaire de la longueur du plateau, plus le double de la longueur de chute, et de la largeur du plateau, plus le double de la longueur de chute; ajouter 2,5 cm (1 po) à chaque mesure pour un ourlet étroit. Il faut faire un ourlet étroit sur une nappe ovale, parce que c'est la façon la plus simple de finir un bord arrondi. Comme la forme des tables ovales varie, établir la dimension finale en plaçant le tissu sur la table, sous des poids, afin de l'empêcher de glisser, et utiliser un marqueur d'ourlet ou un gabarit en carton pour marquer la longueur de chute.

On finit le bord de la nappe ronde au moyen d'un ourlet double de 6 mm (¼ po) ou d'un passepoil. Pour estimer le métrage requis, divisez le diamètre de la table par la largeur du tissu moins 2,5 cm (1 po). Comptez les fractions comme s'il s'agissait d'une largeur. C'est le nombre de largeurs dont vous aurez besoin. Multipliez ensuite ce nombre par le diamètre et divisez par 100 cm (36 po) afin de déterminer le nombre total de mètres (verges).

La coupe

- Les dimensions de coupe de la nappe correspondent au diamètre de la table plus deux fois la longueur de la chute. Ajouter 2,5 cm (1 po) pour des réserves de couture étroites. Pour un bord passepoilé, les dimensions de coupe sont égales aux dimensions finales. Déterminer l'emplacement désiré des coutures selon l'une de ces deux méthodes :

- Méthode (a). Effectuer une seule couture si le diamètre de la nappe est de moins d'une fois et demie la largeur du tissu. Soustraire la largeur du tissu du diamètre de la nappe. Sur une des pièces, couper une bande dans le sens de la longueur ayant 5,1 cm (2 po) de plus que cette mesure.

- Méthode (b). Effectuer deux coutures si le diamètre de la nappe est de plus d'une fois et demie la largeur du tissu. Couper une pièce en deux dans le sens de la longueur.

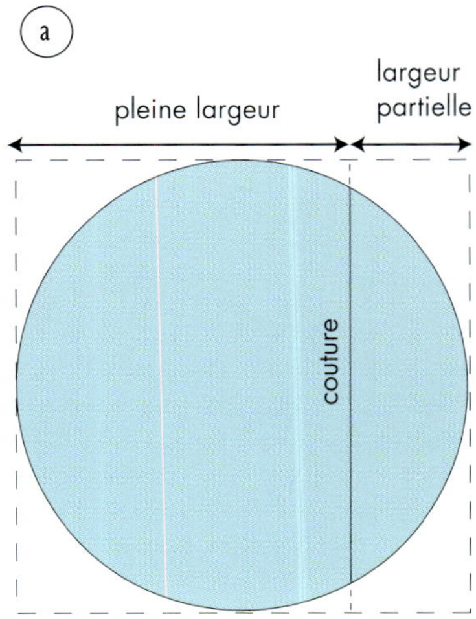

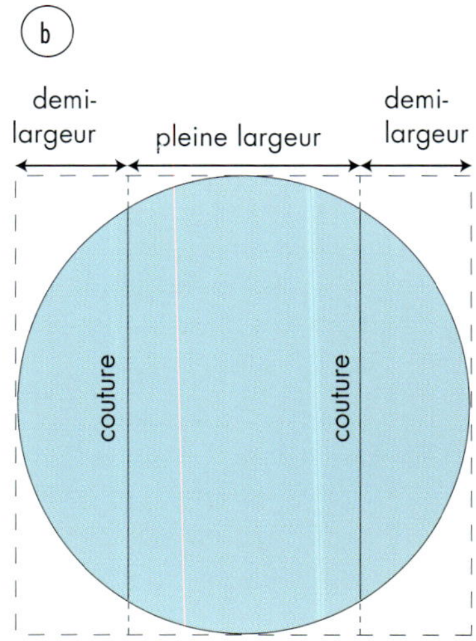

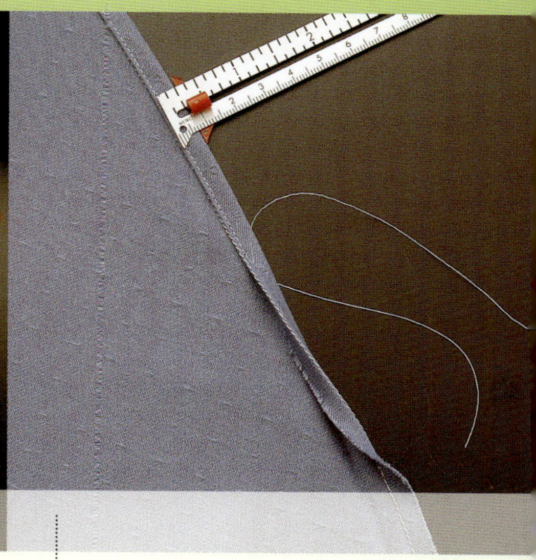

Comment tailler une nappe ronde

(1) **Réunir** les pans de tissu, endroit contre endroit, en laissant 1,3 cm (½ po) pour les coutures afin de former un carré. Plier le carré en quatre. Épingler les épaisseurs afin qu'elles ne glissent pas.

(2) **Mesurer** une corde de la longueur du rayon de la nappe. Attacher un crayon marqueur à une extrémité de la corde ; épingler l'autre au centre du coin plié. Tracer un cercle en utilisant la corde et le crayon comme un compas. Couper sur la ligne ; enlever les épingles.

Comment confectionner un volant avec un ourlet étroit

Ourlet étroit. Piquer autour de la nappe à 6 mm (¼ po) du bord. Faire un rentré et presser sur la couture. Faire à nouveau un rentré et presser à 6 mm (¼ po), en répartissant l'ampleur autour des courbes. Piquer sur le bord, près de la pliure, ou utiliser un ourleur étroit.

Comment confectionner une bordure passepoilée

(1) **Multiplier** par 3,5 le diamètre de la nappe pour déterminer la longueur du passepoil. Tailler et assembler les bandes de biais, endroit contre endroit, afin de couvrir la corde (voir page 247).

(2) **Couvrir** le passepoil et le fixer sur l'endroit (voir pages 247 et 248, étapes 3 à 7). Faire un zigzag en pressant contre l'envers de la nappe. Surpiquer à 6 mm (¼ po) de la couture du passepoil.

LES NAPPES CARRÉES ET RECTANGULAIRES

Vous pouvez confectionner des nappes de la largeur désirée en réunissant des largeurs de tissu, au besoin, en utilisant des pleines largeurs au centre et des largeurs partielles sur les côtés dans le sens du droit fil de chaîne. Redressez les extrémités sur le droit fil de trame du tissu (page 221) afin d'obtenir des coins bien droits. Utilisez une couture simple, anglaise ou un point de surjet.

Faites des ourlets doubles de 6 mm (¼ po) sur les bords ou, pour leur donner plus de tenue, de 2,5 cm (1 po). L'assemblage des coins à onglet constitue la meilleure méthode pour obtenir des coins droits, car il permet de couvrir les bords vifs et d'éliminer le surplus de volume.

Pour déterminer la quantité de tissu dont vous aurez besoin, divisez la largeur totale de la nappe par la largeur du tissu, moins 2,5 cm (1 po) pour les réserves de couture. Comptez les fractions comme s'il s'agissait d'une largeur. Multipliez le nombre obtenu, soit le nombre de panneaux requis, par la longueur totale de la nappe. Divisez ce chiffre par 100 cm (36 po) pour déterminer le nombre total de mètres (verges) requis.

La coupe

- La longueur de coupe de la nappe égale la longueur de la table plus deux fois la longueur de la chute, plus 10 cm (4 po) pour les ourlets. La largeur de coupe égale la largeur de la table plus deux fois la longueur de la chute, plus 10 cm (4 po) pour les ourlets. Pour les nappes nécessitant plus d'une largeur de tissu, couper deux pièces de la longueur requise et les réunir en suivant les indications données à gauche. Couper ensuite à la largeur requise.

Comment coudre un ourlet large à onglet

(1) **Presser** un bord de 5 cm (2 po) sur les quatre côtés de la nappe. Déplier. Presser chacun des coins en diagonale au point de rencontre des plis. Raser un coin en diagonale d'une ligne de pliure à l'autre. Pour maintenir le coin en place, appliquer un point de colle à tissu en bâton.

(2) **Plier** chacun des bords coupés, en les alignant sur la première ligne de pliure ; presser le pli extérieur.

(3) **Replier** l'ourlet, en enfermant le bord vif. Épingler. Aux coins, les plis se joindront, formant un coin à onglet. Appliquer d'autre colle afin de maintenir les plis en place.

(4) **Surpiquer** le long du pli intérieur. Pivoter aux coins. Presser.

LES NAPPERONS RÉVERSIBLES

Ces napperons octogonaux réversibles égayeront la table de votre salle à manger ou votre coin petit-déjeuner. Ils sont doublés jusqu'au bord et peuvent être réversibles si vous employez deux tissus de décoration pour leur confection. Ils sont bordés d'un passepoil (page 247), qui est offert en de nombreuses dimensions et couleurs. Vous pouvez aussi confectionner le vôtre. Pour en faciliter la pose, choisissez-en un dont la largeur ne dépasse pas les 4,5 mm (3/16 po).

Comment confectionner un napperon réversible

(1) **Dessiner** un rectangle de 33 x 48,5 cm (13 x 19 po) sur du papier. Marquer un point à 9 cm (3½ po) de chaque coin. Relier les points par des traits diagonaux ; raser les coins.

(2) **Prérétrécir** les tissus (page 220). Pour prérétrécir le passepoil, l'enrouler en grandes boucles et le nouer au centre au moyen d'un nœud lâche. Le faire tremper dans l'eau tiède et l'essorer à la main. Le déposer dans un filet à linge ou un bas de nylon avant de le passer au sèche-linge. Ainsi, il risquera moins de s'entortiller. Une fois sec, en presser le bord plat.

(3) **Couper** le devant et le dos de chaque napperon, en utilisant le patron. S'assurer que les bords soient parallèles au droit fil.

MATÉRIEL REQUIS

Pour quatre napperons :

- papier pour dessiner le patron
- 0,7 m (3/4 vg) de tissu pour les devants, des napperons
- 0,7 m (3/4 vg) de tissu pour les cos des napperons
- passepoil de 6,4 m (7 vg)
- fil assorti aux tissus

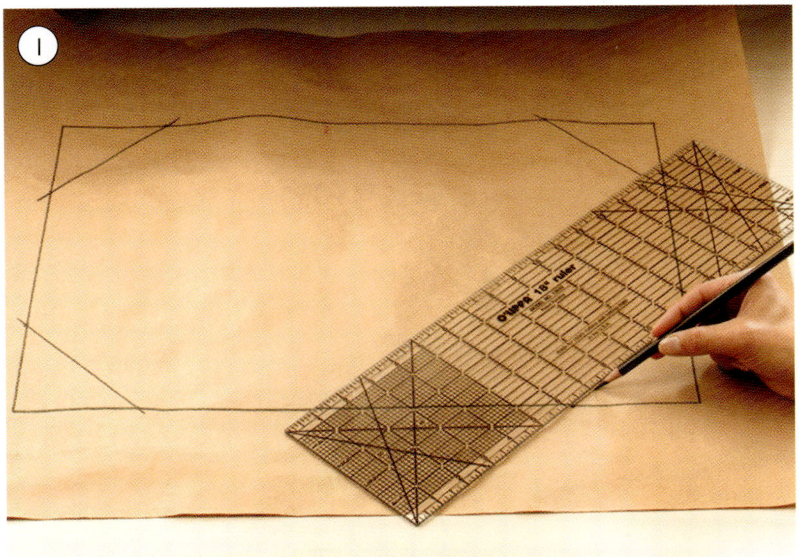

(4) **Épingler** le passepoil sur l'endroit du devant du napperon. Ne pas le tendre. Entailler la réserve de couture du passepoil à chaque coin exactement à l'endroit où il fait un coude. Entailler jusqu'à la ligne de couture sans couper le fil, de sorte que les réserves de couture s'écartent et reposent à plat.

(5) **Coudre** le passepoil sur le devant du napperon tel qu'indiqué pour le coussin passepoilé à la page 248.

(6) **Épingler** le devant du napperon sur le dos, endroit contre endroit, en prenant le passepoil dans les épaisseurs de tissu et en alignant les bords extérieurs. Piquer juste à l'intérieur de la première ligne de couture, en laissant une ouverture sur un côté pour retourner le napperon.

(7) **Raser** les réserves de couture en diagonale à chaque coin. Retourner et presser une réserve de couture de 1,3 cm (½ po) au niveau de l'ouverture.

(8) **Retourner** le napperon à l'endroit par l'ouverture. À l'aide d'un tourneur, ressortir les coins. Presser le napperon jusqu'au passepoil, en lissant et tirant ce dernier vers le bord avec les doigts. Fermer l'ouverture à points coulés.

LES SERVIETTES DE TABLE

La confection de serviettes de table coordonnées met la touche finale à votre parure de table. Les serviettes standard sont des carrés de 35,5 ou 43 cm (14 ou 17 po). Avant la coupe, vérifiez à l'aide d'une équerre si les extrémités sont bien à angle droit. Pour obtenir des serviettes à franges, vous devez équarrir les extrémités en tirant un fil.

Les ourlets des serviettes peuvent être décoratifs. Faites l'essai des points décoratifs intégrés à votre machine. Les techniques démontrées ici peuvent également être utilisées pour les nappes et les napperons.

La coupe

- Tailler les serviettes 2,5 cm (1 po) de plus que le format fini. Un mètre (verge) de tissu de 91,5 cm (36 po) de largeur donne quatre serviettes de 43 cm (17 po). Une pièce de 115 cm (45 po) de largeur donne neuf serviettes de 35,5 cm (14 po).

Six façons de confectionner et d'ourler les serviettes de table

Point de bourdon. Faire un rentré de 1,3 cm (½ po) de tous les côtés. Façonner des onglets aux coins (voir page 341). Piquer sur les bords avec le bord vif comme guide. Utiliser un point zigzag large et rapproché pour piquer à l'endroit par-dessus la couture précédente.

Bordure au point zigzag. Raser les fils qui dépassent aux bords de la serviette. Coudre sur le bord vif avec un point zigzag large et rapproché. Utiliser un pied spécial afin que la largeur du point soit constante.

Point décoratif. Faire un rentré de 6 mm (¼ po) et coudre. Faire une piqûre décorative à l'endroit en se guidant sur la couture droite. Le point démontré ici ressemble au point ajouré.

Ourlet double replié. Plier et presser les bords à 6 mm (¼ po) sur tous les côtés. Faire un autre rentré de 6 mm (¼ po). Finir les coins en onglet tel qu'indiqué pour les ourlets étroits (voir page 341). Piquer près du bord plié.

Frange. Tailler la serviette le long d'un fil tiré afin de redresser les bords. Piquer à 1,3 cm (½ po) du bord vif au point droit court ou au point zigzag étroit et rapproché. Tirer les fils et les enlever jusqu'à la couture.

Ourlet surjeté. Piquer les bords à la surjeteuse. Enfiler les boucleurs au fil mousse afin de bien couvrir les bords. Piquer deux côtés opposés, puis les autres, en laissant de longs bouts. Glisser les bouts sous les points de surjets sur 2,5 cm (1 po) (a); couper les bouts. Ou appliquer du liquide prévenant l'effilochage aux coins (b); laisser sécher et couper les bouts.

Index